A CONSTRUÇÃO DA PARENTALIDADE

Blucher

A CONSTRUÇÃO DA PARENTALIDADE

Intervenção e prevenção

Maria Cecília Pereira da Silva

A construção da parentalidade: intervenção e prevenção © 2024 Maria Cecília Pereira da Silva
Editora Edgard Blücher Ltda.

Publisher Edgard Blücher
Editor Eduardo Blücher
Coordenador editorial Rafael Fulanetti
Coordenação de produção Andressa Lira
Produção editorial Departamento de produção
Preparação de texto Estúdio dS
Diagramação Estúdio dS
Revisão de texto Regiane da Silva Miyashiro
Capa Laércio Flenic
Imagem da capa Several Circles, 1926, Kandinsky – via Wikimedia Commons

Blucher

Rua Pedroso Alvarenga, 1245, 4º andar
04531-934 – São Paulo – SP – Brasil
Tel.: 55 11 3078-5366
contato@blucher.com.br
www.blucher.com.br

Segundo o Novo Acordo Ortográfico, conforme 6. ed. do *Vocabulário Ortográfico da Língua Portuguesa*, Academia Brasileira de Letras, julho de 2021.

Dados Internacionais de Catalogação na Publicação (CIP)
Angélica Ilacqua CRB-8/7057

Silva, Maria Cecília Pereira da
A construção da parentalidade : intervenção e prevenção / Maria Cecília Pereira da Silva. – 1. ed. - São Paulo : Blucher, 2024.

456 p.
Bibliografia
ISBN 978-85-212-2315-3

1. Psicanálise 2. Parentalidade I. Título II. Série

24-3700 CDD 150.195

Índices para catálogo sistemático:
1. Psicanálise

Para Marina e João,
pais das futuras gerações

Agradecimentos

Agradeço às mães adolescentes que participaram desta pesquisa e que tanto me ensinaram sobre a parentalidade na adolescência. E aos pais que visitam meu consultório e ampliam minha compreensão sobre a construção dos vínculos iniciais.

Ao Departamento de Psicologia Clínica do setor de Pós-graduação da Pontifícia Universidade Católica de São Paulo (PUC/SP) pela disponibilidade e pelo interesse em sediar esta pesquisa.

Ao querido Prof. Dr. Gilberto Safra pela amizade e pelo carinho com que me recebe há tantos anos, sempre com palavras precisas e concisas que fazem toda a diferença no mundo das ideias e da escrita.

Aos funcionários do Hospital do Campo Limpo, pela disponibilidade em nos receber e colaborar com esta pesquisa, especialmente à Dra. Cheung Lee Russo, médica coordenadora da Unidade Neonatal e do Berçário, à equipe de profissionais de saúde da unidade materno-infantil, às assistentes sociais Leda Cristina Nabuco de Campos e Adélia V. Tanaka e à psicóloga Luciana Fátima de Carvalho.

À Honorina de Almeida e à Fernanda Pires, que me introduziram no Hospital do Campo Limpo. Sem elas, esta pesquisa não teria colhido um material tão vivo e genuíno.

À Denise Serber e à Patricia Oliveira de Souza, psicólogas, minhas assistentes na organização, na filmagem e nos atendimentos.

À Izelinda Garcia de Barros, que me ajuda a ampliar minha função parental e minha escuta psicanalítica.

À Mariângela Mendes de Almeida, minha querida amiga, com quem converso toda semana sobre bebês e, a cada encontro, aprendo mais sobre eles e seus pais.

À Magaly Miranda Marconato Callia (*in memoriam*), amiga do coração e também bebelóloga que me ensinou a observar em qual situação devo ser menos vigorosa.

À Rosa Resegue, pediatra do desenvolvimento, parceira de muitas trocas sempre enriquecedoras sobre os bebês e a rede parental.

Às minhas alunas e colegas que participaram do grupo de estudos sobre a relação pais-bebês a partir de consultas filmadas, pela contribuição enriquecedora para a compreensão da dinâmica psíquica envolvida na parentalidade das mães adolescentes: Beatriz Panizza Andrade Silva, Fernanda Cristina Gaspar Salomão, Genny Serber, Lilian Finkelstein, Maria Teresa F. Nogueira, Renata Simon, Stephania Batista, Vera Meireles e Viviane Galvão.

Ao Setor de Saúde Mental do Departamento de Pediatria da Universidade Federal de São Paulo (Unifesp), cuja equipe foi parceira nos cuidados com os bebês: Dra. Mary Lise Moyses Silveira, Prof. Dr. Rudolf Wechsler, Alexandra Huebner Giorge, Ida Bechelli, Karen Maciel, Luciane Faccini, Maria Dirce Benedito, Silvia Mara Joppert, Nivea Moreira Batista, Luiza de Azevedo Costa Nogara, Patricia Yumi, Beatriz Helena Falcão Botelho, Carla Lam, Claudio Castelo Filho, Conceição Aparecida Nazareth e, especialmente, Mariângela Mendes de Almeida, a quem sou muito grata por ter me apresentado ao setor.

Aos membros da Clínica 0 a 3 – Intervenção nas relações iniciais pais-bebê do Centro de Atendimento Psicanalítico da SBPSP, colegas queridas pela parceria e troca enriquecedora dos últimos anos.

À Ana Maria Stucchi Vannucchi, Joyce Kacelnik, Maria Thereza S. C. Coelho de Souza e Yvette Piha Lehman, amigas de todas as horas, pela disponibilidade de estarem sempre por perto.

À Greice Mara da Silva Caballi e à Patricia Oliveira de Souza, que não mediram esforços para transcrever mais de 50 horas de consultas filmadas. À Icléia Alves Cury pelas últimas revisões, fundamentais.

À Editora Blucher, Kiyomi e Andressa, pelo cuidado com as revisões e com esta publicação ampliada sobre a parentalidade.

À minha família, aos irmãos, às cunhadas e aos sobrinhos, que enchem meu coração de alegria e inspiram meus escritos sobre pais e filhos.

Ao meu pai, uma homenagem póstuma, e à minha mãe, que pelo avesso e pelo direito também parentalizaram este trabalho.

Ao Chô, companheiro de tantos anos, com quem descobri e descubro os ingredientes da parentalidade. À Marina e ao Luiz Fernando, e também ao João e à Branca, que me tornaram mãe e me ensinam as eternas vicissitudes da função materna.

Conteúdo

Prefácio

Este livro, inicialmente, fruto do pós-doutorado de Maria Cecília sobre o tornar-se mãe durante a adolescência, apresenta um tema de grande relevância, tratado com originalidade e sensibilidade, que estimula o leitor à reflexão e a um mergulho nas questões ligadas ao processo de construção da parentalidade. Os desdobramentos deste trabalho podem ser vislumbrados nas aplicações teórico-metodológicas na clínica da parentalidade, tão bem ilustrada com vinhetas de mães/famílias acompanhadas.

Ter sido convidada para escrever o prefácio da segunda edição deste livro me honrou e me alegrou, além de me remeter às primeiras trocas que tive com Maria Cecília e do quanto rapidamente identificamos nossos interesses em comum no tema da construção da parentalidade e do lugar que creditamos ao analista como facilitador desse processo, sobretudo em situações nas quais a parentalidade está em risco.

A gestação e o puerpério são períodos de forte ebulição psíquica em que a mãe é lançada a fantasias arcaicas e confrontada com suas vivências edípicas. Passar do *status* de filha à mãe remete às identificações primárias, bem como à identificação com o bebê.

A construção da parentalidade na adolescência requer, tanto da mãe como do pai, uma travessia sinuosa, na qual habitam lado a lado suas próprias histórias como filhos, seus processos inconscientes, assim como o que o bebê desperta e reativa neles.

Os remanejamentos psíquicos do processo de tornar-se mãe ganham cores mais complexas quando ocorrem no período da adolescência, podendo deixar a jovem mãe mais vulnerável no exercício da maternidade e nas trocas iniciais com seu bebê.

O desamparo e a turbulência psíquica vivida por muitas mães adolescentes podem prejudicá-las na capacidade de interpretar aquilo que emana do bebê e de funcionar como um filtro que o protege das angústias advindas de excitações internas e externas e das demandas pulsionais que ele, com um psiquismo ainda incipiente, não consegue dar conta sozinho.

As valiosas contribuições de Maria Cecília apontam para a possibilidade da utilização de consultas terapêuticas para acompanhamento das mães que estão muitas vezes em situação de vulnerabilidade, vivendo ao mesmo tempo o processo da adolescência e da maternidade.

Nesta segunda edição, a autora acrescenta "A consulta terapêutica: um espaço potencial para a construção da parentalidade", em que apresenta o acompanhamento de uma mãe adolescente com sua bebê, possibilitando-nos testemunhar a evolução desse processo, que gradualmente ganha cores, formas e sons e valida, mais uma vez, a proposta de Maria Cecília na utilização dessas consultas terapêuticas como favorecedoras da construção da parentalidade.

Como pesquisadora e analista, Maria Cecília nos traz belas passagens desses encontros, revelando-nos como pôde, por meio da *rêverie,* se emprestar como continente das projeções maternas e da criança, ajudando na criação de um berço psíquico no qual o bebê/a criança pudesse se constituir como sujeito.

Acompanhamos como a autora, ancorada nessa clínica da parentalidade, construiu um espaço potencial que restabeleceu a confiança da criança na mãe e no pai, bem como proporcionou que estes se oferecessem como objeto diante das necessidades do bebê, de acordo com uma função parental ressignificada. Com sua escuta sensível e acolhedora, recorrendo à consulta terapêutica no *setting* da pesquisa, Maria Cecília nos mostra a possibilidade desse tipo de intervenção ser utilizado como facilitador dos processos de filiação e afiliação.

A autora considera o *setting* das consultas terapêuticas um espaço potencial para a construção da parentalidade e um modo de intervenção quando o laço mãe-bebê parece em risco, comprometendo o desenvolvimento e a estruturação psíquica da criança. Ao propor uma clínica da parentalidade, que engloba as dimensões intersubjetiva e intrapsíquica, Maria Cecília apresenta um modelo de intervenção e prevenção como mais uma ferramenta para os profissionais que trabalham com pais adolescentes e seus bebês e/ou suas crianças pequenas, abrindo horizontes para novas formas de escuta e aplicação das consultas terapêuticas, extrapolando também o período da adolescência.

O texto revela alguns dos efeitos do olhar e da escuta continentes e narcisisantes de Maria Cecília com relação às mães da pesquisa, fragilizadas no processo de constituição da parentalidade. Testemunhamos, assim, o quanto a pesquisadora/analista pôde lidar com o impacto das emoções despertadas pelo contato com mãe-pai-bebê, e o modo que funcionou como *holding* e modelo de identificação, respeitando sempre o protagonismo dos pais e do bebê, com uma relevância ética que é importante destacar.

Novos capítulos compõem esta segunda edição. Um acréscimo foi a aplicação da observação da relação pais-bebê baseada no método Esther Bick, como um instrumento para o desenvolvimento da capacidade de continência do analista na clínica com crianças e seus pais. Em outros capítulos, Maria Cecília apresenta o atendimento a uma adolescente psicótica no dispositivo de um hospital-dia e na clínica transcultural com famílias migrantes, elemento que nos toca pela atualidade.

Desejo que você, leitor deste livro, possa, assim como eu, deixar-se penetrar pelas emoções apresentadas nos relatos de Maria Cecília, pelas inovações bem fundamentadas que ela apresenta e com a certeza de que uma escuta psicanalítica tem importante lugar no campo da pesquisa, como tão bem demonstrado aqui.

Enquanto prefaciadora, chega a hora de parar e sugerir veementemente que você, caro leitor, adiante-se na leitura deste livro escrito de forma tão cuidadosa por quem muito entende sobre o tema.

Maria do Carmo Camarotti

Psicóloga. Psicanalista. Mestre em Saúde Materno-infantil (Instituto de Medicina Integral Professor Fernando Figueira). Especialista e formadora em Intervenção Precoce Pais-Bebê. Membro fundador da Rede Internacional de Estudos em Psicanálise e Psicopatologia do Infans (RIEPPI). Membro da Coordination Internationale entre Psychothérapeutes Psychanalystes s'occupant de Personnes Autistes (CIPPA). Fundadora e Coordenadora do Ciclos da Vida – Centro de Formação e Acompanhamento (Recife).

Apresentação

Este livro é uma coletânea de trabalhos escritos nos últimos anos sobre a construção da parentalidade e está dividido em duas partes.

Na Parte I apresento o resultado de minha pesquisa de pós-doutorado intitulada "A construção da parentalidade em mães adolescentes com vistas à prevenção de transtornos globais do desenvolvimento", do Programa de Estudos de Pós-graduados em Psicologia Clínica da Pontifícia Universidade Católica de São Paulo (PUC/SP), Núcleo de Psicanálise, supervisionada pelo Prof. Dr. Gilberto Safra, concluída em 2009 e foi primeiramente publicada pela Editora Escuta.

Em vários capítulos descrevo a pesquisa na qual investiguei o processo de construção da parentalidade em dez mães adolescentes com idades entre 13 e 18 anos que deram à luz no Hospital Municipal do Campo Limpo "Dr. Fernando Mauro Pires da Rocha" de São Paulo/SP, no período de 2006 a 2007.

Como metodologia utilizei a pesquisa-ação e o *setting* de consulta terapêutica de duas a dez consultas na presença das mães, de seus bebês e de alguns pais. As consultas foram filmadas, gravadas e transcritas, e, para esse procedimento, foi estabelecido um contrato ético com os participantes para que o material coletado pudesse ser utilizado, mantendo anônimos a identidade dos entrevistados e os dados que pudessem identificá-los.

Com essa investigação desvelaram-se três registros significativos obstaculizantes ao processo de parentalização: registro social, registro transgeracional e registro psíquico. Propus, então, um modelo de intervenção clínica como contribuição para políticas públicas na área da saúde relativas à prevenção da maternidade na adolescência e à construção da parentalidade nessa população, com vistas à prevenção de transtornos globais do desenvolvimento. Esse modelo de intervenção e prevenção pode se constituir em um instrumento para os profissionais que trabalham com pais adolescentes e seus bebês e/ou suas crianças pequenas, contribuindo para a construção de uma "clínica da parentalidade", com uma dimensão intersubjetiva e intrapsíquica.

Nesta edição, como parte ainda da pesquisa, acrescentei um novo capítulo: "A consulta terapêutica: um espaço potencial para a construção da parentalidade". Trata-se do trabalho desenvolvido com a mãe que chamei de Maria Lúcia e sua bebê Laura, desde o seu nascimento até o final do primeiro ano de vida, compilando os dados da investigação nos vários registros, somados à consulta de *follow-up* quando a criança estava com quase 3 anos. Discuto como as consultas terapêuticas utilizadas em intervenções nas relações iniciais pais-bebês são favorecedoras da constituição da parentalidade. Destaco como este *setting* constrói um espaço potencial fundamental para o estabelecimento da parentalidade e a prevenção de transtornos de desenvolvimento, especialmente naquelas duplas pais-bebês caracterizadas como em situações de risco.

Na Parte II apresento a construção da parentalidade na clínica psicanalítica, ou seja, na observação da relação pais-bebê com base no método Esther Bick, na intervenção na relação entre pais e seus bebês na qual os fenômenos transgeracionais se sobressaem, assim como no atendimento de uma adolescente psicótica, na clínica transcultural com famílias migrantes e na clínica com crianças.

Finalizo com um texto sobre o trabalho psicanalítico realizado com pais e seus bebês e/ou crianças, "O lugar dos pais na psicanálise com bebês e crianças: de coadjuvantes a coatores principais do processo analítico", em que parto do texto de Freud sobre o atendimento do pequeno Hans e alguns desdobramentos da psicanálise clássica para destacar que os pais deixam de ser vistos como coadjuvantes no trabalho com a criança e passam a ser atores principais na clínica psicanalítica atual.

Desejo que o leitor possa mergulhar nesse mar da parentalidade, uma temática tão necessária para esse mundo contemporâneo.

PARTE I

A construção da parentalidade em mães adolescentes com vistas à prevenção de transtornos de desenvolvimento: um modelo de intervenção e prevenção

Introdução

Existe uma tribo no leste da África na qual a arte da verdadeira intimidade (podemos chamar de vínculo) é forjada mesmo antes do nascimento. Nessa tribo, a data de nascimento de uma criança não é contada a partir do dia do seu nascimento físico, nem mesmo do dia da sua concepção, como em outras culturas. Para essa tribo, a data de nascimento acontece na primeira vez em que a criança se constitui num pensamento na mente da mãe. Consciente de sua intenção de conceber a criança com um pai em particular, a mãe se retira para sentar-se sozinha embaixo de uma árvore. Lá ela senta e espera até conseguir ouvir a canção da criança que ela deseja conceber. Uma vez que tenha ouvido essa música, ela retorna ao seu vilarejo e a ensina para o pai para que eles possam cantá-la juntos enquanto fazem amor, convidando a criança a se juntar a eles. Depois que a criança é concebida, ela canta para o bebê em seu ventre. Então, ela ensina para as mulheres mais velhas e cunhadas do vilarejo, para que, durante

> *o trabalho de parto e no milagroso momento do próprio nascimento, a criança seja recepcionada com sua música. Depois do nascimento, todos os cidadãos do vilarejo aprendem a música de seu novo membro e cantam para a criança quando ela cai ou se machuca. Ela é cantada em momentos de glória ou crise, em rituais e iniciações. A música se torna uma parte da cerimônia de casamento quando a criança cresce. E no final da vida, seus entes queridos vão se reunir em torno de seu leito de morte entoando essa canção pela última vez.*[1]
>
> Verny (1997)

Para as mães adolescentes, ao contrário das mulheres dessa tribo africana, a gravidez é inesperada e o bebê chega de forma abrupta – um susto –, sem que o processo de parentalização tenha se iniciado. É esse o ponto que motivou a pesquisa aqui apresentada, cujo foco é o estudo dos mecanismos terapêuticos que possam favorecer a aproximação do processo de parentalização com essa lenda para que as mães adolescentes se tornem mães, em um momento em que elas ainda estão construindo a própria identidade. Além disso, há uma preocupação com o estabelecimento do vínculo afetivo pais adolescentes-bebê e a prevenção de transtornos de desenvolvimento ou psicopatologias do bebê.

Justificativa

A adolescência é um período em que os jovens constroem sua identidade. Incluir a parentalidade nesse momento da vida torna-se uma tarefa difícil de ser desempenhada satisfatoriamente sem a ajuda da família ampliada ou de uma intervenção psicológica preventiva. Em

1 Tradução livre.

contrapartida, segundo os setores da saúde da primeira infância, ser mãe adolescente tem sido considerado um dos indicadores de risco que demandam um acompanhamento especial da criança (Brasil, 2005).

Além disso, a qualidade das primeiras relações emocionais pais-bebê, especialmente mãe-bebê, são determinantes para o desenvolvimento global sadio das crianças. A clínica contemporânea aborda falhas na constituição do sujeito decorrentes da ausência ou da deficiência da maternagem na infância precoce. As diversas psicopatologias derivadas de dificuldades de formação dos vínculos familiares precoces são encontradas no exercício clínico do atendimento a populações desprovidas economicamente, tanto no consultório como nas instituições de saúde.

Para a compreensão da construção da parentalidade na adolescência, faz-se mister situar as características desse período, as estatísticas e as vicissitudes da gravidez nesse momento de vida, o conceito de parentalidade e o trabalho de intervenção clínica nas relações iniciais pais-bebê.

Sobre a adolescência e a mãe adolescente

A adolescência é caracterizada por um processo de transição para a vida adulta, e essa passagem envolve a elaboração de lutos infantis e de conflitos edípicos, além da construção da identidade unida ao despertar da sexualidade. A sexualidade aflora com toda a sua força sob a influência dos hormônios sexuais, responsáveis pelo aparecimento dos caracteres sexuais secundários, conduzindo o adolescente ao interesse pelo sexo oposto com curiosidade e desejo – este ainda incontrolável. Apoiados no pensamento mágico, independentemente do meio social em que estejam inseridos e do conhecimento prévio dos métodos contraceptivos, os jovens expõem-se, frequentemente, ao risco da gestação não planejada (Souza, 2002). Na contemporaneidade, essa passagem é marcada por uma multiplicidade de situações inauguradoras de experiências na vida do(a) jovem, entre as quais se destacam: a iniciação sexual, a primeira gravidez e o primeiro filho. Assim, a situação de parentalidade na adolescência revela uma diversidade de razões, causas, motivações e perfis desses sujeitos, retratando uma peculiar heterogeneidade.

Segundo dados do IBGE (2000), a população de adolescentes entre 10 e 19 anos é de 35 milhões, praticamente 21% de 170 milhões da população de brasileiros. Os dados de 1994 (IBGE, 1994) já indicavam que os adolescentes representavam 10,3% da população brasileira, demandando uma atenção especializada no que tange à problemática da saúde, especialmente porque a maioria deles pertence a famílias com baixa condição econômica. No Brasil, 50% das jovens e 78% dos jovens têm a sua primeira experiência sexual até os 24 anos, com idade mediana da sexarca de 16,4 anos para as garotas e 15,3 anos para os rapazes. Apenas 33% dos jovens relatam uso de contracepção na primeira relação sexual. Em 1998, 25% dos partos do Sistema Único de Saúde (SUS) foram de adolescentes. Os dados do IBGE entre 1981 e 1990 constataram que o total de filhos de mães adolescentes quase dobrou de 4.500 para 8.300, e a maioria dessas mães pertence às camadas populares da sociedade brasileira. Os dados da pesquisa nacional sobre demografia e saúde de 1996, realizada em 1997 pela Bem-estar Familiar no Brasil (Bemfam, 1997), indicam que 18% das adolescentes entrevistadas entre 15 e 19 anos já haviam ficado grávidas pelo menos uma vez e que quanto mais baixa a escolarização da mulher, mais cedo ela se tornava mãe. Os enfoques predominantes apontam a gravidez na adolescência como sendo indesejada e decorrente da desinformação sexual dos jovens (Souza, 2002; Jornal do Brasil, 1996; O Globo, 1997).

A Pesquisa Nacional Violência, Aids e Drogas nas Escolas, realizada pela Unesco em 2001, confirma esses dados. Foram pesquisadas 13 capitais brasileiras: Belém, Cuiabá, Florianópolis, Fortaleza, Goiânia,

Maceió, Manaus, Porto Alegre, Recife, Rio de Janeiro, Salvador, São Paulo e Vitória, além do Distrito Federal. Foram entrevistadas 24.053 pessoas, das quais eram 16.422 alunos, 4.532 pais e 3.099 professores. O percentual de jovens alunas que afirmam já terem engravidado alguma vez varia entre 36,9% em Recife, e 12,2% em Florianópolis. Essa taxa cresce na medida em que aumenta a faixa etária. Chama particularmente a atenção que 33,3% e 22,2% de alunas na faixa de 10 a 14 anos moradoras das cidades de Fortaleza e Cuiabá, respectivamente, declararam que já ficaram grávidas alguma vez. A idade da primeira gravidez, em cada capital estudada, ocorre por volta dos 16 anos, chegando a 17,5 anos em Belém, confirmando as informações de que a primeira gravidez ocorre na faixa etária de 15 a 19 anos de idade. Na percepção dos pesquisados, a classificação da gravidez na juventude é considerada "problema". Além de julgarem como irresponsabilidade e falta de consciência dos jovens sobre significados futuros, maternidade ou paternidade, alegam que uma gravidez não planejada decorre da intensidade do desejo sexual, do momento, da imaturidade psicológica, da falta de diálogo entre pais e filhos (Falcão & Salomão, 2006).

Falcão e Salomão (2006) apontaram que as Estatísticas do Registro Civil de 2003, divulgadas pelo Instituto Brasileiro de Geografia e Estatística em 2005, sistematizaram as informações remetidas ao Instituto pelos cartórios de todo o país, bem como revelaram o aumento relativo do número de nascimentos cujas mães eram adolescentes e pertencentes às classes de baixa renda. Por sua vez, constataram que a maternidade na adolescência tem sido considerada por vários pesquisadores um problema de saúde pública e familiar, trazendo consequências como a dependência financeira dos adolescentes à família de origem e o abandono escolar. Entre as diversas maneiras de viver a maternidade na adolescência, há aquelas em que essa experiência é desejada e plena de significados positivos para as mães. Falcão e Salomão (2006) afirmaram ainda que a maternidade é uma experiência difícil em qualquer etapa da vida, e a mãe adolescente, como qualquer pessoa, tem o direito de desenvolver suas capacidades maternais e reconheceram muitas das preocupações da sociedade em relação à saúde da adolescente e de seu filho. Todavia, alertaram que as concepções negativas e reducionistas acerca do "problema" da gravidez e do exercício da maternidade nesse período implicam restrições teóricas e práticas dos profissionais que lidam com esse grupo. Mostraram que, para algumas adolescentes, a gravidez ocorria quando a necessidade infantil de atenção e proteção não havia sido satisfeita. Em suas fantasias, o bebê seria alguém a quem poderia expressar todo o amor e dar todo o cuidado que buscou para si mesma, alguém que necessitaria dela e não a abandonaria. Mas é comum as jovens terem de arcar com a responsabilidade de criar seus filhos sem a colaboração do pai. Nesse caso, muitas vezes os cuidados com a criança são divididos com a família de origem. Também apontam, no rol de problemas, a falta de condições econômicas, a imaturidade fisiológica e o despreparo emocional para a criação dos filhos (Falcão & Salomão, 2006).

Outros aspectos se destacaram na história de vida dessas adolescentes: a repetição de histórias familiares e o envolvimento intergeracional na assimilação dos papéis de mãe e de avó; uma tendência da gravidez estar relacionada ao processo de consolidação da identidade do adolescente, que necessita sentir-se diferente de seus familiares e, ao mesmo tempo, busca apoio e identificação entre os iguais; as relações familiares durante a gravidez das adolescentes mantiveram-se conflituosas, especialmente com o pai do bebê. Também revelaram a importância da implantação e da execução de programas de apoio às adolescentes e a seus familiares, no sentido de promover a saúde entre os membros e políticas públicas e educacionais voltadas para apoiar as pessoas envolvidas com a temática em pauta (Falcão & Salomão, 2006).

Os dados dessa pesquisa apontam para a complexidade psicológica e sociológica de uma gravidez na adolescência e a importância de um estudo mais cuidadoso sobre a construção da parentalidade nessa faixa etária, indicando a necessidade de políticas públicas de saúde e educação com programas voltados ao apoio às adolescentes e a seu entorno.

O trabalho de Dias e Aquino (2006) segue na mesma direção, constatando que a maternidade na adolescência é um tema que vem suscitando não só o interesse entre estudiosos da demografia, da saúde pública e das ciências sociais, mas também o debate público. O aumento da taxa específica de fecundidade e uma elevação relativa de nascimentos em mulheres de 15 a 19 anos reforçam o argumento da gravidez na adolescência como "problema social" e enfatizam os riscos para a saúde das mães e das crianças provenientes de gestação em mulheres muito jovens. O enfoque de "risco" é ressaltado e associado a um imaginário contemporâneo, que concebe a adolescência como um período de instabilidade, caracterizado por crises, atitudes "descompromissadas" e um estilo de vida efêmero, o que contribui para uma construção negativa dessa fase da vida.

Essa pesquisa realizada em Porto Alegre, Recife e Salvador descreve algumas especificidades nas biografias dos jovens que tiveram experiência de parentalidade na adolescência, em comparação com aqueles que não vivenciaram essa experiência. Os jovens pais/mães apresentam baixa escolaridade e inserção mais precoce no mercado de trabalho. No entanto, essa situação não aparece como consequência direta da gravidez na adolescência. O percurso escolar desses jovens é marcado por interrupções do estudo que antecedem esse evento, assim como o início das atividades remuneradas. O fortalecimento do argumento da maternidade e paternidade juvenis busca reconhecimento e inserção sociais dos sujeitos, em que pese a heterogeneidade de situações que envolvam jovens e questões presentes na decisão de levar a gravidez a termo. Há maior participação do pai não circunscrita ao sustento do filho. No entanto, prevalece, ainda, a lógica de gênero que define o espaço doméstico, sobretudo o cuidado com a criança como domínio do feminino e a função de provedor associada ao masculino. A rede de solidariedade, cooperação e apoio afetivo que se estabelece para ajudar a adolescente mãe é composta, na sua maioria, da família ou de mulheres com algum parentesco (Dias & Aquino, 2006).

Com base nesses dados, é possível observar a complexidade da rede de apoio, ou de sua falta, com a chegada de um bebê na adolescência, marcada por dificuldades econômicas, rupturas na vida acadêmica dos jovens pais e o lugar do pai nesse contexto. A pesquisa realizada por Diana Dadoorian (2000) confirma esses dados.

Essa autora, ampliando o ponto de vista de Falcão e Salomão (2006), afirma que "a causa da gravidez na adolescência vai além da questão da informação, pois ela envolve, sobretudo, os aspectos emocionais e sociais presentes na situação, já que a sexualidade emergente provoca ansiedade, mal-estar e conflitos nos adolescentes" (p. 29). A maternidade adolescente no nível socioeconômico médio é, geralmente, indesejada, pois a pressão social familiar se expressa por meio do incentivo ao estudo e ao trabalho. Em contrapartida, a maternidade é valorizada nas classes populares, nas quais ser mãe equivale a assumir um novo *status* social, o de ser mulher. A adolescente está em plena transformação de seu *status* de menina para mulher-adulta: "Culturalmente, a função social feminina se mostrou relacionada à maternidade: ser mulher, para muitas adolescentes, ainda equivale a ser mãe" (p. 172). Além disso, destaca que as situações de carência afetiva e relacional com a família também despertam o desejo da adolescente de ter um filho para preencher esse vazio. Constata que a jovem, que será filha e mãe ao mesmo tempo, terá características diferenciadas e dificuldades próprias na elaboração das diversas etapas evolutivas de sua sexualidade, ficando assim prejudicada a vivência da maternidade: "O filho aparece, em muitos casos, como um presente da adolescente para a própria mãe" (Dadoorian, 2000, p. 172).

Dessa pesquisa, destacam-se as representações encontradas pela autora para a gravidez nesse momento da vida, ou seja, aquisição de um novo *status* social, o filho com a função de preencher carências e um vazio interno e o filho como um presente para a própria mãe. Esses aspectos indicam o quanto a gravidez na adolescência envolve fenômenos inconscientes difíceis de serem abordados sem uma intervenção clínica, justificando a importância de se construir um modelo de intervenção que, por um lado, previna a gravidez e, por outro, favoreça a construção da parentalidade e a subjetividade do bebê.

Dadoorian (2003), com base no trabalho com adolescentes grávidas de classes populares em hospital público no Rio de Janeiro, constatou o desamparo dessas jovens mães e suas famílias, que não possuem os meios econômicos adequados para cuidar de mais uma criança. A isso se soma o abandono dos estudos e o aumento do número de menores abandonados e de menores infratores, filhos dessas jovens mães. Contrariamente à literatura tradicional, a gravidez para essas adolescentes é desejada, o que permite dizer que ela exerce uma função no psiquismo dessas jovens, e aponta para a importância de se estudar aspectos psicossociais presentes nessa questão. Nesse contexto, as mudanças (adolescência, união de cônjuges, nascimento do bebê, entre outras variáveis) vivenciadas pelos membros familiares alteram o equilíbrio dinâmico da família, sendo necessária a mobilização de recursos internos de seus integrantes, no sentido de conservar um mínimo de suporte para se vivenciar a situação.

Esses trabalhos de Dadoorian demonstram que muitas vezes a gravidez para a adolescente é desejada, embora ela não tenha condições psicossociais para oferecer os cuidados físicos e emocionais necessários para o desenvolvimento do bebê. Revelam também a importância de políticas públicas e de redes de apoio para os jovens pais adolescentes no sentido de prevenir a violência desencadeada pelo desamparo infantil.

Um estudo realizado por Maier (*apud* Doering, 1989) indica que a informação sobre a anticoncepção não é o fator mais importante para diminuir o número de gestações em adolescentes, mas, sim, a ansiedade sexual, a perda da segurança, a dificuldade em aceitar responsabilidades, além da rebelião contra a autoridade paterna, da procura de aventura e da pressão exercida pelo desejo sexual. Denuncia que as famílias da periferia de São Paulo são em sua maioria migrantes de outras regiões do país, perdendo seus vínculos com a família nuclear de origem, o que se reflete nas funções parentais.

Brandão (2003), em sua tese de doutoramento, estudou as famílias dos segmentos médios da cidade do Rio de Janeiro, cujos filhos permaneciam solteiros e residindo com os pais. A análise dos dados aponta o contraste entre gerações (pais e filhos jovens), gêneros (rapazes e moças) e relações de parentesco: consanguíneo ou por afinidade. Conclui mostrando como os jovens integram a parentalidade na adolescência ao processo de busca de autonomia e construção da identidade, favorecidos pelo apoio parental que preserva a individualização dos filhos. Os pais, por sua vez, interpretam o evento de um prisma diferente, evidenciando os significados que ele condensa para o grupo familiar.

Essas pesquisas comprovam como os conflitos identitários e a eclosão da sexualidade, próprios da adolescência, são componentes relevantes a serem considerados ao tratar o tema desta obra.

Estudos na área de orientação sexual nas escolas afirmam que não basta informação sobre os métodos contraceptivos, pois não são suficientes para o adolescente se prevenir contra infecções sexualmente transmissíveis (IST), aids e uma gravidez não planejada. Um trabalho sistemático nas escolas durante a puberdade e toda adolescência se faz mister. Ao refletir e ao debater com os colegas, o adolescente pode confrontar seu desejo, seus sonhos e projetos de futuro e suas possibilidades de realização com as responsabilidades de ser mãe e pai e as necessidades emocionais de um filho, construir seus próprios valores e um exercício de sua sexualidade com prazer e responsabilidade. Portanto, o processo de aprender a cuidar da própria saúde sexual requer espaços de reflexão, nos quais os adolescentes possam discutir as informações recebidas e encontrar sua forma de lidar com elas em seu cotidiano, em sua vida (GTPOS, 2002).

Essas análises indicam a necessidade de os jovens terem acesso a programas de orientação sexual nas escolas, além de serviços de qualidade de assistência integral à saúde do adolescente e aos métodos anticoncepcionais, conhecerem seus direitos sexuais e reprodutivos e saberem como exercê-los.

Com o objetivo de conhecer a percepção das mães adolescentes sobre o cuidar do filho, Matos e Madeira (2000), da área de enfermagem, realizaram uma pesquisa qualitativa e verificaram o significado para as adolescentes de cuidar do filho: alimentar a criança, fazer a higiene, tratar a doença, promover o sono, dar atenção e carinho, promover a recreação e a educação, caracterizando três categorias abertas, isto é, atender as necessidades biológicas, psíquicas e sociais da criança.

Cabe aqui uma reflexão: as jovens mães descrevem as necessidades básicas do bebê, mas será que são capazes de dar conta de todas elas?

Battikha (2003), em sua dissertação de mestrado, investigou as representações psíquicas maternas acerca do nascimento de bebês com doenças graves. Constatou as implicações traumáticas do luto do bebê imaginado e, ao mesmo tempo, os efeitos terapêuticos das entrevistas realizadas por ela. Destaca a importância de um espaço dentro da instituição hospitalar para a escuta analítica dessa mãe para favorecer a constituição da subjetividade do bebê e de sua historicidade. Acrescenta, ainda, a necessidade de um espaço de interlocução para os profissionais de saúde envolvidos no atendimento do bebê para elaboração de angústias e questões despertadas pelo sofrimento emocional envolvido.

Como desdobramento dessa investigação, destaco a importância de um suporte às mães adolescentes que tiverem seus bebês com alguma doença grave ou mesmo prematuro. Faz-se necessário, pois, que se desenvolva uma rede de apoio psicológico nas maternidades e UTI neonatais para atender a essa demanda das duplas mães-bebê e da equipe de saúde.

Para Romera (1999), a gravidez na adolescência configura-se como tentativa de desconstrução de vínculos em busca de uma nova forma de estruturação psíquica. A complexidade na forma de vinculação está relacionada com a figura materna. O temor de separar-se dessa figura e o impulso de fazê-lo à procura de novos objetos mais satisfatórios determinam que a jovem realize, na gravidez e por meio dela, aquilo que essa autora denomina separação abortiva. O vínculo problemático com a figura materna (e com a própria mãe) não oferece sustentação para que a adolescente suporte o período de emoções exacerbadas, ambivalentes, de revivescência do conflito edípico, necessários ao amadurecimento psíquico. A gravidez, também, parece representar uma maneira de agir no mundo, de contra-atacar seu meio, de reproduzir e, assim, sentir-se útil e atingir um *status*. Essa situação lhe garante a formação de uma família, um resgate de estrutura idealizada que pode compensar a catástrofe da estrutura real da infância e da própria sociedade, que tem sido ingrata com os jovens. Muitas vezes, porém, a eleição de um parceiro sexual, também imaturo, para assumir uma relação no nível genital procriativo, faz a jovem constituir algo que se assemelhe a uma família, quando não, que fique abandonada ou abandone seu bebê.

No trabalho de Romera, destaca-se o vínculo simbiótico da jovem adolescente com a figura materna e a gravidez como uma solução reativa na tentativa de individualização em uma fantasia de constituição de uma família idealizada, envolvendo uma escolha imatura do parceiro sexual, apontando para a necessidade de uma intervenção que favoreça a construção da identidade dos jovens pais e da função parental, assim como o desenvolvimento saudável do bebê.

Dados semelhantes foram obtidos por Teresa Lartigue e Juan Vives (2004) com base em pesquisa realizada no México com adolescentes grávidas entre 11 e 15 anos – um grupo de alto risco. Os problemas mais relevantes encontrados foram: a morte após uma gravidez indesejada e interrompida; numerosas complicações no decorrer da gravidez em razão da deficiência de cuidados médicos e psicológicos; mortalidade infantil e perinatal mais elevada; maior número de hipóxias perinatais e de partos prematuros; peso insuficiente dos recém-nascidos e complicações associadas. Essas adolescentes apresentam uma tendência a engravidar repetidamente antes de atingir a maioridade, e seus filhos, por sua vez, terão maior probabilidade de se tornar pais adolescentes. A gravidez das adolescentes está associada a importantes deficiências na estrutura e na dinâmica familiares, à ignorância, à escolaridade insuficiente, aos fracassos escolares e à não utilização de métodos contraceptivos.

O estudo de um subgrupo de doze adolescentes grávidas, de 12 a 17 anos, revelou a influência de vários fatores psicodinâmicos e perturbações emocionais do grupo nesses casos de gravidez conscientemente indesejada pelas adolescentes. Das doze adolescentes, nove encontravam-se em uma situação caracterizada por uma tríade de fenômenos que compreendiam a interrupção do desenvolvimento, a regressão a estados anteriores de relação e de funcionamento do ego e o aumento simultâneo das exigências pessoais e sociais. As três jovens que aceitaram a gravidez desde o início, ou logo depois, evidenciaram que a gestação as havia ajudado no que tange à progressão de seu desenvolvimento de adolescentes (de maneira nítida no caso de duas delas). No caso das nove adolescentes, o vínculo com o bebê era nulo, inexistente, negado ou muito frágil antes dos primeiros movimentos do feto. A atividade fetal provocou, em razão da inevitabilidade de sua presença, o início da representação mental de um bebê imaginário, assim como o começo da relação mãe-bebê evidenciando a necessidade de um trabalho de parentalização. No caso dessas nove jovens, a motivação inconsciente para a gravidez visava à dependência infantil da mãe, ao prolongamento da simbiose e ao estabelecimento de um contorno da individuação. O papel do pai enquanto terceiro, aquele que instaura a lei e a ordem e que permite a separação da simbiose mãe-bebê, também era falho. Dos doze pais das adolescentes, nove haviam abandonado a família (em quatro casos, quando do nascimento da jovem). Apenas três pais estavam no seio da família quando sua filha engravidou. Além disso, a família de origem supria com sua ajuda e continência a ausência do companheiro da adolescente (Lartigue & Vives, 2004).

A pesquisa com jovens mexicanas corrobora os estudos brasileiros, exibindo a importância de se oferecer uma sustentação emocional para a construção da parentalidade nesse momento da vida e a prevenção da repetição de outras gravidezes na adolescência das futuras gerações.

Essa revisão bibliográfica faz um diagnóstico da situação da gravidez na adolescência, especialmente no Brasil. Tornar-se pai ou mãe quando os jovens estão elaborando lutos infantis, construindo sua identidade e vivendo o despertar da sexualidade não é uma tarefa fácil de ser desempenhada satisfatoriamente sem a ajuda da família ampliada ou de uma intervenção psicológica preventiva. Além disso, essa situação é considerada pelos setores da primeira infância da rede pública um dos indicadores de risco. Diante disso, essa revisão bibliográfica aponta para conflitos emocionais, econômicos e familiares vividos pelas mães adolescentes, fortalecendo a importância desse estudo para a construção e o fortalecimento da parentalidade.

Sobre a parentalidade

Para se pensar a construção da parentalidade em mães adolescentes, é necessário percorrer a definição do conceito de parentalidade e os diferentes aspectos que a compõem. Para além da procriação e da função biológica, a *parentalidade* é produto do parentesco biológico e do processo de tornar-se pai e mãe. É uma reflexão sobre a descendência que implica um complexo processo psíquico-simbólico que articula diferentes perspectivas teóricas em um contexto psicossocial. O conceito de *parentalidade*, portanto, contém a ideia da função parental e a ideia de parentesco, e a história da origem do bebê e das gerações que precedem seu nascimento.

Desde meados dos anos 1980, as funções e os papéis parentais foram reagrupados sob a designação de *parentalidade*. Esse neologismo teve sua origem em 1961, quando o psicanalista francês Paul-Claude Racamier propôs o termo *maternalidade*[2] para definir "o conjunto dos processos psicoafetivos que se desenvolvem e se integram na mulher por ocasião da maternidade". Ele propôs traduzir o termo inglês *motherhood* por *maternalidade* com uma intenção manifesta de conferir a esse vocábulo um significado mais dinâmico que o da tradução habitual, *maternidade*,[3] e, ainda, acrescentou a este primeiro neologismo outros dois: *paternalidade* e *parentalidade*.[4] Racamier apoiou-se nos trabalhos de Bibring *et al.* (1961) e de Benedeck (1959), psicanalistas anglo-saxões, que acentuaram os aspectos dinâmicos e processuais da experiência de se tornar mãe, isto é, uma fase da existência na qual o sujeito é confrontado com transformações identificatórias profundas, que são ditadas pela revivescência de conflitos antigos profundos, por ocasião de uma nova fase evolutiva da personalidade. O termo *parentalidade* permaneceu em desuso por mais de vinte anos, até que reapareceu em 1985 sob a pluma de René Clément. É preciso sublinhar que esses neologismos surgiram por ocasião do estudo de uma das patologias psiquiátricas mais severas da *parentalidade*, as psicoses puerperais, que eram objeto do artigo de Racamier *et al.* Esse processo chamado *transição em direção à parentalidade* ou ainda *processo de*

2 *Maternalité* no original.

3 *Maternité* no original.

4 *Paternalité* e *parentalité* no original.

parentificação tem sido objeto de inúmeros trabalhos, principalmente com as mães e, mais recentemente, também com os pais.

O termo *parentalidade*, portanto, assinala que não basta ser genitor nem ser designado como pais – é necessário *tornar-se pais*, o que se faz por meio de um complexo processo, implicando níveis conscientes e inconscientes do funcionamento mental, que vão muito além do que costumamos denominar função dos pais (Solis-Ponton, 2004).

A metamorfose nas constelações familiares de nossos dias coloca-nos diante de uma nova geometria um tanto inquietante: as famílias homoparentais, as famílias reconstituídas (que originam questões ligadas aos direitos e deveres do padrasto), as famílias monoparentais (geralmente a ausência é da figura masculina) e os novos processos de reprodução. Todas elas provocam novos debates e demandam um novo desafio tanto para os profissionais da saúde como da educação.

O estudo da parentalidade refere-se aos laços parentais, aos vínculos afetivos que se estabelecem muito precocemente entre pais e filhos e que são o umbral com base no qual se constrói o processo de subjetivação, a vida psíquica do bebê. Ter um filho não é o mesmo que se tornar pai ou mãe, a parentalidade humana não é um processo biológico, mas um processo complexo que se concebe na mente dos pais e que necessita muitas vezes de um acompanhamento cuidadoso, especialmente tratando-se de mães adolescentes. A parentalidade, assim como a filiação, forma-se no aparelho psíquico, esses dois processos complementares incluem a história do bebê, de seus pais e de seus avós, assim como o reconhecimento da sexualidade infantil, isto é, das pulsões inconscientes.

No processo de construção da parentalidade, estão envolvidos aspectos psíquicos inconscientes que são transmitidos por gerações: aspectos intergeracionais e transgeracionais (Silva, 2003, 2007). Essa transmissão[5] de objetos transgeracionais e intergeracionais se constitui com base em mecanismos de identificação[6] e pode ser observada por meio da identificação mórbida[7] (Silva, 2002, 2003), aquela que é patológica em si e que adoece o outro, enquanto o objeto interno introjetado é transformado pelo indivíduo e inaugura a capacidade de pensar – o pensamento (Bion, 1962/1990). Esses objetos permanecem enquistados, incorporados e inertes, quando são transferíveis por meio das identificações mórbidas e não são transformados pela transmissão. Esse fenômeno também é abordado na afirmação de Winnicott (1963/1994) sobre um vivido-não-vivido e sempre a

5 Além do sentido específico de transferência que adquiriu no campo psicanalítico, Übertragung é também empregado para designar os processos de transmissão de pensamento, telepatia, indução, fenômenos de contágio e de imitação em funcionamento nas multidões, modalidades da prescrição do tabu. Übertragung é também um dos termos utilizados no debate freudiano sobre a hereditariedade e a etiologia da neurose, quando se vincula à questão da aquisição (*Erwerbung*) e da transmissão, por via psíquica, da doença. No texto freudiano, pelo menos quatro termos designam a transmissão: *Die* Übertragung, que, com outros termos forjados sobre essa base, qualifica o fato de transmitir (übertragen) ou a transmissibilidade (*Die* Übertragbarkeit). O mesmo termo designa a transferência, no sentido psicanalítico estrito, mas também a translação, a tradução e, em uma acepção mais restrita, a comunicação por contágio; *Die Vererbung*, que serve para designar o que se transmite por hereditariedade ou por herança; *Die Erwerbung*, que indica a aquisição como resultado da transmissão: é o que se expressa nesse verso de *Fausto* de Goethe, termo formado com base no adjetivo *erblich* (hereditário, transmissível por hereditariedade biológica ou por sucessão jurídica) e utilizado para designar a hereditariedade ou a herança (Kaës, 1993, p. 27).

6 É importante notar que, no contexto do relacionamento pais-filho(a), os processos de identificação se dão via identificação projetiva, mas a noção de identificação projetiva não tem uma conotação negativa necessariamente. As identificações projetivas com a criança podem ser um veículo de empatia dos pais com ela e dessa forma contribuir para o seu desenvolvimento psíquico (Bion, 1962; Grinberg, 1976; Grotstein, 1981).

7 Do latim *morbus*, termo que significa doença, desordem física, doença da alma, paixão, sofrimento. Personificado, sofre um processo de divinização e ganha uma genealogia: torna-se a divindade Doença, filha do Érebo (trevas infernais) e da Noite (Gaffiot, 1934; Grimal, 1988).

reviver e sobre o temor de um colapso que já ocorreu, mas sem que o ego seja capaz de metabolizar o que então foi vivido sem qualquer representação de palavras.

Didier Houzel (2004) propõe que sejam considerados três eixos da parentalidade:

a. O exercício da parentalidade: entendido próximo ao sentido jurídico, define um domínio que transcende o indivíduo, sua subjetividade e seus comportamentos, situando cada indivíduo em seus laços de parentesco e, com eles, direitos e deveres.
b. A experiência da parentalidade: trata-se da experiência subjetiva consciente e inconsciente do fato de vir a ser pai ou mãe e de preencher os papéis parentais, como o desejo pela criança e o processo de transição em direção à parentalidade ou parentificação (modificações psíquicas que se produzem nos pais no decorrer de sua transição para a paternalidade descritos por Winnicott, 1956/1988; Bydlowski, 1995; e Stern, 1997).
c. A prática da parentalidade: as tarefas cotidianas que os pais devem executar com a criança, ou seja, os cuidados parentais, físicos e psíquicos, concernentes a todos os aspectos da transmissão simbólica que se operam no seio da família e inscrevem o indivíduo em sua filiação.

Houzel (2004, p. 51) afirma que:

> *a família é ao mesmo tempo o lugar de inscrição da criança numa genealogia e numa filiação, inscrição necessária à constituição de sua identidade e de seu processo de humanização, e o lugar de confronto de três diferenças fundadoras com que todo psiquismo humano deve deparar e resolver: a diferença de si e do outro (a alteridade), a diferença de sexos e a diferença de gerações. Queiramos ou não, nenhuma instituição pode pretender substituir a família nessas implicações fundamentais. Portanto, é urgente favorecer ao*

máximo o funcionamento das famílias para ajudá-las a responder nas suas tarefas e, quando necessário diante das falhas graves, proporcionar substituições, mas fazê-lo respeitando tudo o que pode ser mantido dos papéis parentais.

Houzel destaca, portanto, a importância de uma intervenção clínica que favoreça a construção da parentalidade que se potencializa tratando-se de uma maternidade adolescente na qual o exercício da parentalidade, com seus direitos e deveres, fica ameaçada de ser embargada pelos avós; a experiência da parentalidade está envolta por conflitos intrapsíquicos e a sua prática prejudicada pela imaturidade própria da adolescência.

Além disso, a parentalidade, assim como a filiação, constrói-se tanto no relacionamento desenvolvido entre pais e filhos como no mundo emocional e psíquico; esses dois processos complementares incluem a história da criança, de seus pais e de seus avós, tanto quanto o reconhecimento da história e do desenvolvimento psicossexual infantil como suas vicissitudes. Quando perturbações ou carências são encontradas nas relações entre a criança e seus pais durante os três primeiros anos de vida, existem fortes riscos de que se desenvolva uma patologia ligada ao seu processo de subjetivação, que mais tarde demandará cuidados muitas vezes mais complexos (Solis-Ponton, 2004).

Para o desenvolvimento saudável dos bebês, são necessários cuidadores que exerçam as funções materna e paterna. Di Loreto (1997) propõe que, para que isso seja possível, o bebê conte com alguém que cuide com prazer e disponibilidade (função materna, o que permitirá a construção da confiança e da crença no encontro de um objeto que a compreenda) e alguém que coloque limite de forma firme e sólida (função paterna, o que favorecerá o processo de separação, individuação e simbolização). E, ainda, que haja sintonia e parceria entre os pais, um vínculo cooperativo, que possa conter os ataques dissociantes e incestuosos que venham a eclodir durante o crescimento dos filhos. Na construção desse vínculo cooperativo, os pais também devem transmitir às crianças valores éticos em relação à realidade e à verdade em que vivem.

A forma como Di Loreto descreve as funções maternas e paternas necessárias para o desenvolvimento sadio do bebê não é tarefa fácil tratando-se de mães adolescentes. Muitas vezes, a figura paterna está ausente na vida desses bebês e mesmo de suas mães. Os conflitos intrapsíquicos vividos pela mãe adolescente também interferem em sua disponibilidade emocional para exercer a função materna. E diante da imaturidade própria da adolescência, é difícil que elas tenham claro quais são seus valores éticos. Esses aspectos revelam mais uma vez a importância de uma intervenção clínica que favoreça a construção da parentalidade.

Harris e Meltzer (1986/1990) apontam que as funções parentais que os preocupam profundamente podem não ter nenhuma semelhança com aquelas funções que envolvem os papéis nominais (os pais, o bebê, as crianças em idade pré-escolar, as crianças em idade escolar, os membros da comunidade adolescente, avós e membros da família ampliada). Acreditam que essas funções sejam: "gerar amor ou expressar o ódio, promover a esperança ou semear desesperança, conter a dor depressiva ou emanar a angústia persecutória, criar confusão ou promover o pensar" (p. 36). Qualquer uma dessas funções pode ser instrumentada mediante ações ou comunicações abertas ou encobertas mediante verdades ou mentiras, isto é, ações ou declarações com significados falsos.

As funções parentais do ponto de vista de Harris e Meltzer (1986/1990) requerem um desenvolvimento emocional dos pais que muitos adultos têm dificuldade em adquirir. Tratando-se de pais adolescentes, esse processo não seria ainda mais complexo?

Já Shuttleworth (1997, p. 29-30) discute as condições básicas da função parental para que se estabeleça o vínculo mãe-bebê:

a mãe ter maturidade emocional suficiente para poder vivenciar todos os tipos de sentimentos suscitados pelo cuidado do bebê sem senti-los como ameaçadores, o bebê ter capacidade de solicitar o contato, a mãe ter suporte ambiental e um limite de demandas que ela possa suportar.

Shuttleworth chama atenção para a qualidade da relação que se estabelece entre pais-bebê apontando condições intrapsíquicas dos pais e do bebê e ambientais. Destaca-se a capacidade ou não de convocação do bebê como um componente importante para a construção da parentalidade.

Diante dos arranjos familiares atuais, os pais, especialmente os adolescentes, encontram-se muitas vezes despojados dessas competências básicas da função parental. Sabe-se que a chegada de uma criança reestrutura a vida do pai e/ou da mãe e estabelece ressignificações das relações familiares. Anseios, medos, inquietações surgem, e notam-se alterações nos projetos de vida individuais e familiares, o que leva à necessidade de readaptações de todos os membros da família. Um filho é um terceiro que deverá ter garantido, na vida e na mente dos pais, um lugar de existência para vir a constituir sua subjetividade e construir uma história própria. Levados a situações sociais às vezes dramáticas, em que a família tradicional já não existe ou é quase inexistente, pretendo estudar como esses pais adolescentes estabelecerão os novos laços familiares e a construção da parentalidade, realizando uma intervenção clínica preventiva de patologias na relação pais-bebê.

O trabalho de intervenção clínica com pais-bebê

Ao lado do complexo processo de construção da parentalidade e do alto índice de gravidez entre as adolescentes brasileiras, há uma grande preocupação nesta obra com a prevenção de transtornos globais do desenvolvimento e/ou patologias do bebê.

Essa preocupação encontra eco em uma pesquisa na área de desenvolvimento integral da criança realizada pelo Ministério da Saúde, reconhecendo que a prevenção de patologias nesse período exerce efeitos duradouros na constituição do ser humano. Com base no Censo 2000, que indicou que a taxa de mortalidade infantil caiu 38% no Brasil, formou-se o Grupo Nacional de Pesquisa Multicêntrica do Ministério da Saúde para Validação de Indicadores de Desenvolvimento para o Pediatra (GNP), iniciado em 2002, confirmando a necessidade de implementação de um trabalho específico voltado para crianças de 0 a 3 anos na cidade de São Paulo e no Brasil (Kupfer, 2008; Kupfer *et al.*, 2009).

Em termos de saúde pública, o modelo de intervenção precoce ou de consulta terapêutica na relação pais-bebê está sendo adotado também nos países mais desenvolvidos. Na França, Laznik (2001) vem coordenando a Enquête Nationale Sur le Développement du Nourrisson, Centres de Protection Maternelle et Infantile du Département el l'Association *PREAUT*. Esse projeto de pesquisa é parte integrante da rede nacional de investigação sobre o autismo nesse país, em que os pediatras são formados para reconhecerem os indicadores precoces de riscos no desenvolvimento, especialmente o autismo. Esse trabalho conjunto entre médicos e psicanalistas tem sido muito bem acolhido pelos médicos da primeira infância, confirma Laznik, corroborando o que Winnicott, psicanalista, médico pediatra de formação, dizia sobre o papel essencial do pediatra de prevenir doenças mentais.

Laznik, ainda, em conferência realizada em 2001 – Detecção Precoce pelo Pediatra dos Distúrbios no Vínculo Pais/Bebê (Ênfase no Risco de Evolução Autística), afirmou que 1 em 1.000 crianças apresentam distúrbios invasivos do desenvolvimento e lembrou que Serge Lebovici afirmava que a intervenção nos primeiros doze meses era capaz de reverter ou curar o autismo.

O estudo clínico da psicopatologia[8] do bebê é uma nova área de pesquisa que permite a compreensão das psicopatologias precoces presentes tanto no bebê como em sua relação com seus pais, e possíveis intervenções que auxiliem na prevenção de transtornos mais graves de desenvolvimento, não apenas do autismo.

As psicopatologias são detectadas com base na capacidade de observação do médico ou do profissional de saúde em relação ao bebê e em relação ao vínculo pais-bebê durante as consultas. Uma vez excluídas todas as possibilidades de causas orgânicas, ou mesmo em sua existência, um manejo mais eficiente das orientações poderá ser realizado e uma intervenção se fará necessária para a remoção dos sintomas. Entre as expressões sintomáticas do bebê mais comumente observadas, segundo Mazet e Stoleru (1990), estão: transtorno da expressão somática; síndromes gerais; transtornos do desenvolvimento; transtornos do comportamento; manifestações afetivas e os grandes agrupamentos nosográficos como transtornos globais de desenvolvimento e estados deficitários, tão frequentes em situações clínicas.

Stern (1997) propõe várias janelas clínicas para a avaliação da interação pais-bebês: no período de 0 a 2,5 meses, observa a capacidade da mãe de alimentar e/ou colocar o bebê para dormir e episódios de choro e tranquilização; entre 2,5 e 5,5 meses, a interação social face a face, sem brinquedos ou outros objetos; entre 5,5 e 9 meses, observa o brincar com um objeto inanimado, como a mãe/o pai e o bebê

8 O termo "psicopatologia" não é tomado aqui de forma estanque e totalmente definida como um quadro nosográfico. Significa um conjunto de sintomas e desordens que, com frequência, revelam desadaptações no funcionamento das relações pais-bebês, em que estas têm possibilidade de modificações sempre que um dos membros da relação se modifique. O estudo das psicopatologias do bebê desenvolvido por Lebovici e Weil-Halpern (1989) é resultado de uma investigação multidisciplinar do estudo do desenvolvimento precoce do recém-nascido inserido em um contexto familiar e sociocultural, abarcando várias especialidades: psiquiatria, pediatria, psicanálise infantil, psicologia social, psicossomática, etologia humana.

conduzem a "direção, *timing*, foco, elaboração, estimulação, mudança de assunto e desligamento em relação àquela brincadeira" (p. 76); entre 8 e 12 meses, observa dois eventos desenvolvimentais importantes que são o apego e a separação em relação à cuidadora primária; entre 18 e 24 meses, observa o advento da linguagem e a capacidade de brincar com os objetos, assim como o aumento na mobilidade e na capacidade física, que leva à necessidade de estabelecer limites, e processo de socialização.

Pesquisas norte-americanas apontam que os indicadores de violência estão relacionados ao modo pelo qual tratamos nossas crianças desde o início de suas vidas (Verny, 1997). O estudo das psicopatologias do bebê, assim como o trabalho de construção da parentalidade, são preventivos nesse sentido também.

A terapia do relacionamento pais-filho tem sido recomendada por numerosos autores psicanalistas para prevenção de psicopatologias do bebê diante de algum indicador de risco. Winnicott (1971), apesar de ter levado em consideração a influência dos pais na patologia da criança, raramente intervinha de forma direta nas interações entre eles durante as consultas terapêuticas. Mahler (1967) utilizava a psicoterapia mãe-filho nos casos de psicose simbiótica, nos quais as fantasias maternas eram importantes para a manutenção da ilusão simbiótica da criança. No entanto, a introdução sistemática do trabalho de psicoterapia ou de psicoterapia breve com mães e bebês, nos países de língua inglesa, deve-se principalmente a Fraiberg (Fraiberg , Adelson & Shapiro, 1975), pois foi ela quem chamou a atenção para a invasão das fantasias maternas no funcionamento do bebê, em forma de "fantasmas no quarto das crianças". Ainda entre os ingleses, destaca-se o método de observação de bebês desenvolvido por Esther Bick (1948/1967), que se desdobrou em contribuições ímpares sobre o desenvolvimento emocional do recém-nascido e sobre o vínculo afetivo mãe-bebê. Entre seus discípulos estão: Perez-Sanchez (1983), Piontelli (1986), Harris (1988), Stern (1992), Salinas *et al.* (1992), Mélega

(1997), Vilete (1997) e Caron (1997). Mais recentemente, tem derivado em intervenções na relação pais-bebê com base nesse método, como os trabalhos de Williams (1997a, 1997b, 1999), Houzel (2000), Mendes de Almeida (1997), Mendes de Almeida, Marconato e Silva (2004), Marconato (1997), Moro e Barriguete (1998), Farias (2000) e Silva (2002).

Nos países de língua francesa, Lebovici (1986) foi pioneiro nas consultas terapêuticas que incluem o brincar da criança na presença da mãe, possibilitando romper certos círculos viciosos sintomáticos. Por anos, esse autor pesquisou mais profunda e produtivamente a noção de consultas terapêuticas de pais-bebês (Lebovici, 1991), desenvolvendo conceitos que se tornaram clássicos desde então, como "transmissão de geração para geração", empatia metaforizante[9] e *enactment*.[10] A característica original da abordagem de Lebovici é a intervenção direta com o bebê na presença dos pais, e as repercussões terapêuticas resultantes na situação familiar como um todo e, em particular, nas repetições transgeracionais dos pais.

Outra figura pioneira é Cramer (1974), com seu trabalho sobre intervenções terapêuticas breves e seu importante conceito de "mutualidade psíquica" entre pais e filhos, mediada por processos de projeção, introjeção e identificação. Seu trabalho ilustra os resultados positivos desse tipo de terapia (Cramer & Stern, 1988) e a natureza do processo psicoterapêutico dessa abordagem (Cramer & Palacio Espasa, 1993) que ele recomenda, particularmente, no período

---

9 Empatia metaforizante é um estado de ligação perceptiva e emocional com o sofrimento da família que até o momento não pôde ser nomeado, mas que, ao ser trabalhado com o terapeuta, pode ser vivido como uma experiência corretiva do que não foi possibilitado no início do desenvolvimento. Uma intervenção do terapeuta pode condensar aspectos de observação de interações e percepções de conteúdos fantasmáticos transgeracionais, permitindo o contato com esses aspectos até então inconscientes.

10 O *enactment* propicia a interpretação metaforizante do analista e, portanto, uma percepção empática. O *enactment* é a promulgação do mandato transgeracional.

imediatamente após o nascimento do bebê (Cramer, 1982). Ele tem chamado a atenção do terapeuta para a importância técnica de formular um "foco terapêutico" e de descobrir as "sequências interativas sintomáticas" entre o bebê e a mãe, tendo em vista a elaboração desse foco (Cramer & Palacio Espasa, 1993). Manzano e Palacio Espasa utilizam o termo "consultas terapêuticas" para nomear o trabalho de psicoterapia breve com mãe e filhos muito jovens (1981, 1982 e 1994). Essa concepção mais ampla da consulta terapêutica, na qual a terapia é efetuada de ambas as formas, com cada um dos pais e com o filho, de acordo com as circunstâncias, é atualmente usada na França, e alguns dos clínicos que trabalham com essa modalidade têm ampliado de forma produtiva e original esse modelo de intervenção – em particular Lebovici (1993a), Berger (1987), Golse (1966), Houzel (1995), Sanchez-Cardenas (1994), Moro (2005), Guedeney (2001) e Solis-Ponton (2004).

Bowlby (1990) investigou o papel fundamental dos vínculos de apego desde o nascimento e a primeira infância para a formação do sujeito. Ressalta as diversas formas de privação de cuidados maternos como precursores de transtornos psicopatológicos na criança e suas repercussões no desenvolvimento socioemocional do indivíduo. As relações familiares se sustentam pelo apego, que constitui a base essencial dos vínculos sociais e que unem as gerações sucessivas na espécie humana. Winnicott (1975a) destaca a preocupação materna primária como fundamental para o desenvolvimento emocional do bebê, ou seja, a capacidade da mãe de poder ir ao encontro das necessidades básicas de seu bebê. Lebovici (1991) chama de antecipações maternas essa capacidade de responder ao bebê com base em sinais que ele transmite sobre suas necessidades, fundamental como indicativo da reciprocidade das relações afetivas para o desenvolvimento progressivo da inter-relação. Durante as consultas, Lebovici se interessa justamente por essas interações, as modalidades e as sutilezas das comunicações mãe-pai-bebê, e suas ressonâncias nos terapeutas, por meio dos processos de transferência e contratransferência.

Durante uma consulta terapêutica, procura-se conhecer o bebê no discurso dos pais colhendo dados das entrevistas e da observação direta do bebê real (Silva, 2002). A investigação deve se fazer tanto a partir das descrições que a mãe e o pai fazem de seu filho no momento atual (pesquisa sincrônica) como das descrições feitas da própria história e da história do bebê (pesquisa diacrônica).

Com base na utilização de consultas terapêuticas com a família, procura-se o acesso a diferentes representações do bebê imaginário,[11] fantasmático,[12] cultural[13] e real,[14] que os progenitores, em função de sua história, têm de seu pequeno filho. O objetivo dessas consultas é,

---

11 O bebê imaginário é essencialmente pré-consciente, elaborado durante a gravidez mediante um processo de *rêverie* diurno (sonhar acordado e devaneios). Esses devaneios podem ou não ser compartilhados entre os pais. Nesse espaço psíquico, têm lugar a escolha do nome do bebê e outros processos semelhantes repletos de expectativas e idealização, influenciados pelo processamento (ou metabolismo) da idealização da criança por meio da vida conjugal dos pais.

12 O bebê fantasmático é essencialmente inconsciente. Sua origem remete às raízes infantis do desejo da menina de ter um bebê. Na menina que logo será a mãe, aparece o desejo de concepção próximo à figura do avô materno do bebê. No menino existe o mesmo desejo, de ser pai com a futura avó paterna do bebê. Os conflitos não elaborados regem fortemente as notas dessa dimensão intrapsíquica que se pode considerar determinante da relação. Em muitas situações, os conflitos não resolvidos dessa etapa da vida podem retornar com muita força no período perinatal (por exemplo, o medo do incesto).

13 O conceito de bebê cultural tem origem na antropologia; ele é concreto e real, tem de ser construído com a mãe, o pai, a família e compartilhado com todos em todos os níveis de relações e interações: comportamentais (muitas vezes a mãe não olha o bebê, às vezes não toca o bebê), interações afetivas (desejar ou rejeitar o bebê, tudo o que se espera do bebê), fantasmático (ser mãe e mulher é a mesma coisa ou não).

14 O bebê real é aquele que podemos observar e confrontar o que observamos com as representações imaginárias e fantasmáticas do bebê relatadas pelos pais (Lebovici, 1993a, 1993b; Lebovici *et al.*, 1998).

por meio da investigação das fantasias transgeracionais, retirar o bebê dos investimentos inconscientes nele depositados pelos pais e favorecer a elaboração de conflitos associados à parentalidade (Lebovici, 1993a, 1993b).

Freud, durante a Conferência de 17 de novembro de 1909, "O que pode esperar a pediatria da pesquisa psicanalítica", na Sociedade Psicanalítica de Viena, referindo-se às descobertas da psicanálise com relação ao desenvolvimento emocional infantil e às fantasias inconscientes, comentou: "Todas as coisas que afirmamos têm a sua origem na infância, embora naturalmente não têm sido descobertas na criança. Então só as poderíamos considerar estabelecidas uma vez confirmadas pelo pediatra" (1967, p. 319).

E mais a seguir disse:

> *o pediatra deveria incluir na descrição do quadro clínico certas circunstâncias da vida da criança, se é o primeiro ou último filho, os acontecimentos anteriores ao aparecimento da doença (conflitos, nascimentos, mortes etc.), enfim toda a situação familiar. Desse jeito se fará manifesto qual é a parte dos fenômenos psíquicos que retorna na patologia orgânica, e assim podemos descobrir a contribuição do psíquico. Também é importante distinguir o que é herança, do que é adquirido. O pediatra nos pode brindar com esclarecimentos sobre a origem dos afetos. Durante um certo tempo a pesquisa com crianças deverá estar dominada pela experiência adquirida no tratamento dos adultos, embora não seja o ideal. [...] A neurose dos pais se levanta como um muro diante da neurose da criança (p. 319-20).*

Nesse sentido, o pediatra Leonardo Posternak (2001) lembra que Winnicott, em seu duplo papel de pediatra e psicanalista e com sua imensa sabedoria, tentou (bem que ele tentou) dar seu aporte e mostrar que ser pediatra tem outros significados ligados a seu papel na prevenção da doença mental. E conclui seu texto solicitando aos psicanalistas que ajudem pediatras e médicos em geral a entender que:

> *a transferência e a contratransferência existem em toda a relação humana, não só em psicanálise; que a ansiedade forma parte da nossa tarefa; que ao respeitar o ritmo das pessoas e das famílias, com muito cuidado, companhia e paciência os pediatras podem colaborar no melhor desempenho e adequação; que a família é um local de afetos e conflitos de que os pediatras devem cuidar muito e sempre; que é importante o olhar do pediatra para si próprio, para as outras disciplinas e para a sociedade com um olhar diferente (p. 73).*

É nesse âmbito que esta pesquisa se insere: por um lado, favorecer a construção da parentalidade em mães adolescentes, investigando e identificando quais são os fatores mais importantes nessa construção e prevenindo os possíveis transtornos de desenvolvimento de seus bebês. Por meio do trabalho de intervenção precoce, pretende ajudar principalmente as mães adolescentes a olhar pelos olhos da criança; a compreender ansiedades, necessidades, comportamentos e comunicações de seus bebês; discriminar os incômodos das crianças de transtornos ou desordens emocionais; desenvolver a função materna e paterna e recuperar o infantil no adulto; discriminar os problemas próprios que são projetados sobre seus bebês; lidar com situações de ansiedade impensáveis e encorajar a confiança em suas capacidades. E, por outro, pretende contribuir com os profissionais de saúde assinalando aspectos que apontam para a importância das funções materna e paterna nos primeiros tempos de vida, indicando características envolvidas nos vínculos familiares que interferem no desenvolvimento global da criança. Dessa forma, esses profissionais, de extrema relevância social e enquanto "multiplicadores de saúde" junto a amplos setores da população, de posse dos dados aqui apresentados, podem se tornar mais atentos aos fenômenos relacionados à construção da parentalidade e favorecer os vínculos familiares diferenciando os aspectos obstaculizantes do crescimento físico e emocional da criança, encaminhando-a a profissionais especializados e prevenindo, dessa forma, os transtornos de desenvolvimento.

Por fim, este livro propõe um modelo de intervenção para se constituir em um instrumento para os profissionais que trabalham com pais adolescentes e seus bebês e/ou crianças pequenas, contribuindo para a construção de uma *clínica da parentalidade* com uma dimensão intersubjetiva e intrapsíquica.

1. Os caminhos da pesquisa: metodologia

Esta pesquisa utilizou-se da metodologia da pesquisa-ação no campo clínico. A estratégia metodológica da pesquisa-ação está muito presente no campo da sociologia, educação, organização, comunicação, saúde, trabalho, moradia, vida política, entre outros, e aqui no campo clínico. Trata-se de uma metodologia de articulação do conhecer e do agir. Paralelamente ao "agir existe o fazer que corresponde a uma ação transformadora" (Thiollent, 2007, p. 100). Portanto, é uma investigação em que o pesquisador coleta os dados de seu interesse de estudo, além de promover uma transformação no campo[1] (Laville & Dionne, 1999; Thiollent, 2007). Ou seja, nesse caso, essa pesquisa-ação não se limitou a um levantamento de dados sobre a construção da

---

1 "Se, em ciências humanas, os fatos dificilmente podem ser considerados como coisas, uma vez que os objetos de estudo pensam, agem e reagem, que são atores podendo orientar a situação de diversas maneiras, o mesmo ocorre com o pesquisador: ele também é um ator agindo e exercendo sua influência. É mais que um observador objetivo: é um ator aí envolvido" (Laville & Dionne, 1999, p. 33-4).

parentalidade em mães adolescentes, mas também contou com uma intervenção clínica favorecendo a parentalização e a prevenção de transtornos globais de desenvolvimento.

A pesquisa-ação é uma estratégia metodológica de pesquisa da área de ciências humanas na qual há uma ampla e explícita interação entre pesquisadores e pessoas implicadas na situação investigada; dessa interação resulta a ordem de prioridade dos problemas a serem pesquisados e das soluções a serem encaminhadas sob forma de ação concreta. Tem como objetivo resolver ou, pelo menos, esclarecer os problemas da situação observada e acompanhar as decisões, as ações e toda a atividade intencional dos atores da situação. Não se limita a uma forma de ação, mas pretende aumentar o conhecimento dos pesquisadores e o conhecimento ou o "nível de consciência" das pessoas e grupos considerados (Thiollent, 2007, p. 18-9).

Além da observação participativa dos fenômenos, que é o instrumento privilegiado dessa abordagem para se conhecer e coletar dados verbalizados e não verbalizados, procurei colher os depoimentos das mães adolescentes, por meio de entrevistas não diretivas em consultas terapêuticas, o que permitiu a exploração e seus conhecimentos sobre ser mãe, mas também de suas representações, crenças, valores, opiniões, sentimentos, esperanças, desejos, projetos etc. (Laville & Dionne, 1999).

Com essa orientação metodológica da pesquisa-ação, no campo clínico, obtive informações e conhecimentos de uso mais efetivo, contribuindo para a construção da parentalidade e transformações nas relações mães adolescentes-bebês. Como afirma Thiollent (2007, p. 97-8):

> *Na concepção da pesquisa-ação há um reconhecimento do papel ativo dos observadores na situação investigada e dos membros representativos desta situação. Logo, a questão da objetividade deve ser colocada em termos diferentes do padrão observacional da pesquisa empírica clássica,*

frequentemente influenciado pela filosofia positivista da ciência da natureza. Em todo caso, a questão da objetividade não desaparece. Para que uma ação seja realizável, não basta a vontade subjetiva de alguns indivíduos. Tais exigências são conhecidas por meio da observação, da análise da situação e por meio de uma avaliação das possibilidades. A ação é baseada em descrição objetiva, mas subjetivamente é assumida pelo conjunto dos participantes que se comprometem na sua efetiva realização.

Objetivos

a. Estudar as características do estabelecimento da parentalidade em dez mães adolescentes, momento ainda da construção da própria identidade.
b. Desenvolver um modelo de trabalho clínico que favoreça a prevenção de transtornos de desenvolvimento e de situações de violência nessas duplas mães-bebês.

Passos da pesquisa

Foi realizada uma investigação clínica, por meio de um acompanhamento que buscou conhecer o modo como a parentalidade acontece com as mães estudadas, ao mesmo tempo que se procurou desenvolver um modelo de trabalho preventivo, que constou dos seguintes passos:

a. Consultas terapêuticas, no período de 2006 a 2008, com dez mães adolescentes com até 18 anos que deram à luz no Hospital de Campo Limpo, encaminhadas pela equipe de saúde materno-infantil (neonatologista, obstetra, psicóloga, enfermeiras e assistente social), logo após o parto.

b. Acompanhamento por um mínimo de duas consultas terapêuticas e no máximo de dez com a presença da mãe e, quando possível, do pai e de seu bebê.
c. Acompanhamento das duplas pelo tempo necessário ou encaminhamento para serviços especializados, em situações indicativas de dificuldades no vínculo mãe-bebê, de psicopatologias e/ou transtornos de desenvolvimento no bebê. As crianças que necessitaram de acompanhamento psicológico foram atendidas por mim nos primeiros meses. Houve apenas um caso encaminhado para duas colegas da área.
d. Solicitação de avaliação pediátrica ou neuropediátrica a profissionais da rede SUS quando houvesse suspeita de as crianças apresentarem algum distúrbio neurológico, mas não houve necessidade em nenhum caso atendido. A participação nesta pesquisa e possíveis encaminhamentos não substituíram e não excluíram a necessidade das crianças e das mães serem acompanhadas em seus locais de referência, em suas unidades básicas de saúde.

Caracterização da população que participou da pesquisa

Participaram dessa pesquisa dez mães adolescentes com idade entre 13 e 18 anos, cujo responsável estava de acordo. Todas aceitaram fazer parte desse estudo e tiveram condições de comparecer às demais consultas. A primeira entrevista foi no período de internação por ocasião do parto, e os demais encontros foram marcados após esse primeiro contato. Foram excluídas as mães adolescentes contatadas que não aceitaram participar da pesquisa ou que não se disponibilizaram a retornar às demais consultas. As dez mães que participaram da pesquisa não tinham qualificação profissional, cinco delas não haviam completado o ensino fundamental, quatro estavam cursando o ensino médio e uma já havia concluído. Somente duas mães retomaram os estudos depois do nascimento de seus filhos. Duas viviam com o pai do bebê e as outras oito moravam com os pais/avós e seus bebês. Na época das consultas, só uma estava de licença remunerada do trabalho, todas as outras eram dependentes de seus pais ou do companheiro. Uma delas se juntou com o pai do bebê no período das consultas.

Procedimentos metodológicos

Setting de intervenção precoce

Ao utilizar o *setting* de intervenção precoce (Winnicott, 1971; Lebovici, 1983, 1993a), o método de observação de bebês segundo Esther Bick (1948/1967) e o método de consulta psicanalítica, foram utilizados o mínimo de duas consultas terapêuticas e o máximo de dez, com dez mães adolescentes e seus bebês, e sempre que possível, com a presença dos pais dos bebês. Os atendimentos contaram com a participação de mais duas psicólogas.[2]

Em virtude da importância da descrição das interações, as consultas foram gravadas e/ou filmadas e transcritas com o consentimento dos participantes. Para esse procedimento, foi estabelecido um contrato ético (ver Anexos, ao final da Parte I) com os participantes da pesquisa para que o conteúdo das consultas pudesse ser utilizado, mantendo anônimos a identidade dos entrevistados e os dados que pudessem identificá-los. No final, todos receberam uma cópia do que foi filmado.[3]

---

2 Denise Serber e Patricia Oliveira de Souza.

3 "Uma das grandes vantagens do vídeo é a capacidade de *replay* imediato. O observador não só pode ver exatamente o que aconteceu como também, igualmente importante, ao repetir uma sequência pode rapidamente aprendê-la 'de cor'. A estrutura e a função da interação ficam mais claras. Uma vez que essa técnica de observação tenha sido aprendida com o vídeo, ela pode ser aplicada a interações em processo. Uma segunda vantagem do vídeo é o congelamento da imagem. Pensar e enxergar em imagens congeladas aumenta a sensibilidade ao ponto máximo de uma interação, o momento em que a sequência muda. Ela é particularmente útil para 'enxergar' no nível dos microeventos." (Stern, 1997, p. 69)

Uma Carta Informativa com os objetivos da pesquisa foi entregue ao responsável e aos participantes do projeto, assim como o Termo de Consentimento Livre e Esclarecido para que as consultas pudessem ser gravadas e/ou filmadas e os dados utilizados para esta pesquisa, mantendo anônimos a identidade dos entrevistados e os dados que, porventura, os identificassem (esses documentos encontram-se nos Anexos, ao final da Parte I).

Durante as consultas, as entrevistas sofreram a menor interferência possível, atribuindo aos participantes a organização de seu discurso, suas associações livres em relação ao tema proposto, procurando não introduzir temas pessoais. Procurou-se utilizar os próprios conteúdos do discurso dos participantes para ampliar e aprofundar o tema proposto.

Essa técnica de entrevista se aproxima da ideia de primeira entrevista psicanalítica descrita por Bleger (1980), que propõe a obtenção de alguns dados objetivos, um entendimento da história de vida do indivíduo, sem, contudo, deixar de apreender também aquilo que está sendo dito nas entrelinhas da narrativa.

No campo antropológico, Guy Michelat justifica as contribuições trazidas para o campo científico com a utilização de entrevistas não diretivas (1987, p. 192-4):

> *Sua contribuição parece-nos essencial todas as vezes que se procura apreender e prestar conta dos sistemas de valores, de normas, de representações, de símbolos próprios a uma cultura ou a uma subcultura. [...] O recurso à entrevista não diretiva repousa igualmente sobre a hipótese de que a informação mais facilmente acessível, aquela que é conseguida por questionário, é a mais superficial, a mais estereotipada e a mais racionalizada. [...] Ao contrário, a informação conseguida pela entrevista não diretiva é considerada como correspondendo a níveis mais*

> *profundos, isto porque parece existir uma relação entre o grau de liberdade deixado ao entrevistado e o nível de profundidade das informações que ele pode fornecer. A liberdade deixada ao entrevistado (sendo a não diretividade todavia relativa) facilita a produção de informações sintomáticas que correriam o risco de serem censuradas num outro tipo de entrevista. [...] Quanto mais importante é o material, mais ele se enriquece com elementos que permitem ao analista atingir níveis mais profundos. [...] o que é da ordem afetiva é mais profundo, mais significativo e mais determinante dos comportamentos do que o que é apenas intelectualizado. Isto não quer dizer que o que é afetivo não tem seu correspondente numa expressão intelectualizada, ou não tem componente intelectualizado. [...] Considera-se que a entrevista não diretiva permite, melhor do que outros métodos, a emergência deste conteúdo socioafetivo profundo, facilitando ao entrevistador o acesso às informações que não podem ser atingidas diretamente.*

Michelat procura abordar, a partir do individual e do afetivo, o sociológico, principalmente, tendo em vista que o indivíduo, por causa da interiorização dos modelos culturais, não fala o que sabe, mas o que sente e pensa enquanto representante de um grupo. Cabe ao pesquisador reconhecer e captar no discurso manifesto do entrevistado o conteúdo latente, no sentido psicanalítico, para se chegar a hipóteses de interpretação (Michelat, 1987, p. 205).

Essas contribuições de Michelat trazem substrato metodológico para possibilitar o desenvolvimento desta pesquisa. A experiência demonstrada pelo autor confirma a veracidade deste estudo, que, partindo de entrevistas não diretivas, pretende chegar a conteúdos mais significativos e de ordem afetiva, portanto, menos racionalizados. É um recurso metodológico que permite a interpretação psicanalítica, o acesso ao mundo inconsciente das mães e dos pais adolescentes por meio de seu discurso consciente.

Foram elaborados alguns pontos para coleta de dados em uma entrevista aberta, como:

a. Como engravidou?
b. Verificar fantasias de bebês inesperados, não planejados (trauma).
c. O que você imaginava antes do bebê nascer?
d. Como seria o bebê?
e. O que você sentiu quando viu o bebê pela primeira vez?
f. Como ele é? Com quem ele se parece?
g. Como o nome foi escolhido?
h. O que mudou em você ao nascer o bebê?
i. Conte-me sobre seu filho e sobre sua rotina com o bebê.[4]
j. Quais são as necessidades do bebê? O que você acha que o bebê precisa?
k. O que é ser mãe para você? (figura materna e sua representação)
l. O que sonha para seu bebê?
m. O que você achou de participar dessa pesquisa?

Desenvolvimento emocional dos bebês

O desenvolvimento emocional dos bebês foi avaliado segundo as janelas clínicas para a interação pais-bebê estabelecidas por Daniel Stern (1997):

a. 0 a 2,5 meses – nesse período foi observada a capacidade da mãe de alimentar o bebê, a qualidade do sono e a capacidade dela de

4 A cada consulta, procurava investigar o que a mãe vinha descobrindo de seu bebê, o que ela aprendia com ele ou o que ele a ensinava, questões que visavam a subjetivação do bebê e a identificação de suas competências, além de verificar as competências maternas para isso.

tranquilizar a criança nos momentos de choro e de desconforto, e os intercâmbios sociais (os sorrisos parentais e o jeito de falar com o bebê). Procuramos observar as questões clínicas de "responsividade, sensibilidade, ajuste temporal, controle excessivo, controle insuficiente, caráter bizarro etc. nos pais e no bebê" (p. 72).

b. 2,5 a 5,5 meses – observou-se a interação social face a face, isto é, o controle do olhar, o sorriso responsivo e a vocalização do bebê.
c. 5,5 a 9 meses – foi observada a capacidade de brincar juntos – mãe e bebê – com um objeto inanimado, como a mãe/o pai e o bebê conduzem a "direção, *timing*, foco, elaboração, estimulação, mudança de assunto e desligamento em relação àquela brincadeira" (p. 76).
d. 8 a 12 meses – observaram-se os comportamentos característicos de apego e separação em relação à mãe/ao pai, isto é, a capacidade de estabelecer um vínculo de confiança, afeto, conforto, na interação, a presença da negociação e da regulação da "intersubjetividade", os "limites de exploração e distância física" entre a mãe e o bebê (p. 74-5).
e. A partir dos 12 meses, foram observados o advento da linguagem, a forma de brincar com os objetos, a mobilidade física, o processo de socialização e a qualidade da interação, levando-se em conta a experiência subjetiva do bebê.

Consultas terapêuticas

Durante as consultas terapêuticas, procurou-se estudar a construção da parentalidade investigando-se a história relacional do bebê com sua mãe e família, o exercício, a experiência e a prática da parentalidade (Houzel, 2004) com base em um relacionamento humano natural e principalmente de livre movimentação, dentro de um *setting* de consultas terapêuticas, conforme definiu Winnicott (1971).

Equipe de saúde materno-infantil

Realizaram-se três encontros com a equipe de saúde materno-infantil (neonatologista, obstetra, psicóloga, enfermeiras e assistente social) do Hospital do Campo Limpo para apresentação dos dados obtidos desse estudo e seus desdobramentos para um modelo de intervenção no hospital e/ou nos Programas de Saúde da Família (PSF).

Análise dos resultados

O desenho de análise deste estudo sobre a "construção da parentalidade em mães adolescentes com vistas à prevenção de transtornos de desenvolvimento", com base no material coletado, é qualitativo seguindo o método psicanalítico, o método de observação de bebês (Bick, 1948/1967) e os indicadores de desenvolvimento infantil (Stern, 1997).

A consulta terapêutica consiste em uma observação pluridimensional que nos permite observar o bebê e sua modalidade de funcionamento, os fenômenos de interação que caracterizam a relação bebê-mãe-pai-família, as características do entorno dos cuidados maternos, as personalidades da mãe, do pai, de sua família em seu conjunto e finalmente a dimensão sociocultural[5] (Lebovici *et al.*, 1998, p. 392). Portanto, a interpretação dos dados envolveu um campo analítico intersubjetivo com os diversos níveis de troca e comunicação

5 O enquadre da etnopsicanálise, proposto por Marie-Rose Moro (2005), conta com a transferência positiva e com o dispositivo do grupo de terapeutas para facilitar o contato e a aliança terapêutica. Diante de uma família, portanto um grupo, a relação dual não faz sentido. Quando estamos diante de uma família de uma cultura diferente da dos terapeutas, incluir coterapeutas da mesma cultura da família pode ser fundamental, não só para que a família se sinta mais acolhida, mas também para que possamos compreendê-la na sua especificidade mítica e cultural. Permite que a mãe tenha menos receio de falar de seus medos, esclarece que ela não está só, o grupo a protege.

que ocorre na relação analítica que cria algo conjunto, novo e único, composto da mente do analista e dos pais-bebê e dos fenômenos transferenciais e contratransferenciais relativos à dupla (Baranger & Baranger, 1969).

A partir do material coletado, procurei analisar a parentalização a partir do exercício, da experiência e da prática da parentalidade (Houzel, 2004), do relato da história do desejo de ser mãe e de sua relação com aspectos transgeracionais e intergeracionais (Silva, 2002, 2003), das identificações femininas (mãe/avó/tia), dos conflitos entre ser mãe e ser adolescente, dos conflitos entre o desejo de ter o filho e da culpa de não o desejar, da observação da capacidade da mãe de se relacionar com o bebê como outro e subjetivá-lo, das fantasias inconscientes trans ou intergeracionais projetadas sobre o bebê (conflitos edípicos e fantasias incestuosas), dos conflitos entre o bebê imaginário e o bebê real e da capacidade da mãe de reconhecer as competências do bebê e as da função parental. Dessa forma, observaram-se três tipos de registros: o social, o transgeracional e o psíquico. Privilegiou-se analisar os fenômenos inconscientes identificados nos relatos das mães adolescentes, fundamentais para a clínica da parentalidade.

Além do conteúdo do discurso nesse estudo, foram fundamentais as observações da relação mãe-bebê ali, no aqui e agora das consultas, que também permitiram analisar o desenvolvimento emocional dos bebês segundo as janelas clínicas propostas por Stern (1997), descritas anteriormente.

As consultas terapêuticas com as mães adolescentes, observando a interação mãe-bebê e, sempre que possível, com os outros membros da família, sobretudo o pai, permitiram que falassem sobre o bebê, sobre eles mesmos e sobre suas famílias, sobre seu passado e sobre a repetição de suas condutas. Procurou-se colher a história do bebê desde o relacionamento de seus pais com seus próprios pais, até a concepção, o nascimento e o desenvolvimento da criança naquele período. Buscou-se o acesso às diferentes representações do bebê imaginário, fantasmático, cultural e real, que os progenitores, em função de sua história, tinham de seu pequeno filho (Lebovici & Stoleru, 1983; Lebovici & Weil-Halpern, 1989; Lebovici, Mazet & Visier, 1989; Lebovici, 1986, 1991, 1993b, Lebovici et al., 1998).

Os relatos possibilitaram observar aspectos psíquicos inconscientes que foram transmitidos por gerações: aspectos transgeracionais.

Como apontado na introdução, acredito que a transmissão dos objetos transgeracionais e intergeracionais se constitui a partir de mecanismos de identificação e pode ser observada por meio da identificação mórbida (Silva, 2002, 2003), aquela que é patológica em si e que adoece o outro, enquanto o objeto interno introjetado é transformado pelo indivíduo e inaugura a capacidade de pensar, o pensamento (Bion, 1962/1990).

Esses objetos permanecem enquistados, incorporados e inertes, quando são transferíveis por meio das identificações mórbidas e não são transformados pela transmissão. É esse fenômeno que também podemos ver abordado na afirmação de Winnicott (1963/1994), quando fala de um vivido-não-vivido e sempre a reviver e do temor de um colapso que já ocorreu, mas sem que o ego seja capaz de metabolizar o que então foi vivido sem qualquer representação de palavras.

A análise interpretativa, do ponto de vista psicanalítico, não tem fim, assim como se pode considerar que uma entrevista não tem fim (Silva, 2010a). É sempre possível modificar o esquema obtido, prosseguir a interpretação descobrindo novas interpretações, como afirma Michelat (1987, p. 208):

> *Os temas se desdobram ao infinito. O único critério de que podemos dispor é constituído pela coerência interna entre o material coletado nas entrevistas e as hipóteses interpretativas que tentarei desenvolver: do conteúdo*

> *manifesto, articulado coerentemente, com o conteúdo latente interpretado.*

Nos próximos capítulos, ilustro os diversos aspectos pesquisados sobre a construção da parentalidade com relatos das mães e dos pais adolescentes, apontando para o leitor, sempre que considerei relevante, a consulta em que o relato ocorreu.

2. Retrato das mães adolescentes: intervenção clínica

Esperança

Parto todos os dias

Ao meio

Ao meio-dia

Parto todos os dias

Ao meio

E do parto de todos os dias

Renasço

Na esperança de ser feliz.

Antônio Carlos Pucci (2000)

Essa pesquisa iniciou-se em novembro de 2006 e terminou no final de 2008. Foi realizada com mães adolescentes que deram à luz no Hospital Municipal do Campo Limpo "Dr. Fernando Mauro Pires da Rocha" na região do Campo Limpo, Zona Sul de São Paulo. Nessa área, predomina a população de classe média baixa e beneficiária do serviço de saúde pública.

Convidamos a participar dessa pesquisa as mães adolescentes, com idade até 18 anos, que deram à luz entre os meses de novembro de 2006 e junho de 2007. Foram contatadas ao todo 47 mães, das quais 6 não aceitaram participar da pesquisa, 29 não retornaram para as consultas, 1 o bebê morreu, 1 deu à luz um bebê com problema cardíaco sério, foi internado na UTI neonatal, sendo logo transferido para outro hospital. No conjunto, restaram dez mães, que aceitaram e participaram da pesquisa.

Passo então a descrever neste capítulo um retrato das dez mães adolescentes que compareceram entre 2 e 10 consultas terapêuticas.[1] Será feita uma apresentação geral de cada uma das dez duplas mãe-bebê, baseada em uma narrativa histórica das consultas para, no Capítulo 3 – "Considerações sobre a parentalidade", apresentar de forma detalhada os diálogos específicos relacionados a esse tema. Entre os encontros com as mães, um deles foi em grupo com a presença de oito duplas mães-bebês. Os atendimentos foram feitos por mim e duas psicólogas[2] e filmados e transcritos com autorização dos participantes da pesquisa.

Além dessas consultas, tivemos três conversas com a equipe de profissionais de saúde do setor de ginecologia e obstetrícia e da UTI neonatal, apresentadas no Capítulo 5 – "Contrapartida da pesquisa: conversa com equipe de profissionais de saúde".

Mãe 1 – Maria Lídia e Lucas

> Ser mãe, você não aprende, não tem uma apostila ensinando, você aprende sozinha, então tem um milhão de coisas que você precisa para ser mãe, e isso brota, né, de dentro de você, ninguém ensina, é o cuidado,

1 Nas transcrições dos diálogos com as mães adolescentes, foram respeitadas as marcas de oralidade, bem como os usos que fogem à norma culta padrão da língua portuguesa.

2 Denise Serber e Patricia Oliveira de Souza.

> o carinho, a vontade de ensinar, de estar perto, de querer o bem. [...] É um amor que não acaba nunca. Você tem certeza de que vai durar para sempre...

Maria Lídia já tinha concluído o ensino médio quando foi mãe aos 17 anos. Deu à luz um menino que nasceu a termo, de parto normal. Ela namorava há dois anos e, quando engravidou, foram morar juntos. O excesso de ciúmes do companheiro levou à separação aos seis meses de gravidez. Maria Lídia é católica praticante e acreditava que foi um erro gravíssimo ter engravidado, enfatizando seu ponto de vista moral. Para seus pais, foi uma tragédia por ela ser tão nova, mas ficaram muito felizes quando souberam que era um menino.

É a mais velha de uma prole de três meninas. Quando tinha 7 anos, seus pais se separaram. Desde então, as três filhas passaram a morar com o pai, pois este descobriu que sua mulher o traía. Após a separação, Maria Lídia enxugou as lágrimas do pai. Com o nascimento de seu filho, foi morar com sua mãe, pois acreditava que ela poderia ajudá-la, uma vez que, além de ter mais experiência, era enfermeira. Nos primeiros meses ela pôde contar com uma rede de apoio para maternar: sua mãe e o pai do bebê, que a visitava 2 a 3 vezes por semana. Nesse momento, eles ofereceram suporte.

Depois, o pai do bebê casou-se com outra pessoa, e Maria Lídia viveu uma grande desilusão. Para ela, foi muito difícil se separar do namorado/pai do bebê, pois alimentava o desejo de poder oferecer para seu filho a família que não teve. A partir desse momento, sentiu-se muito sozinha na casa da mãe e passou a ficar mais tempo na casa de seu pai com suas irmãs.

Na primeira consulta, ela nos contou que o nome do filho foi escolhido pelo pai do bebê e por sua irmã. Durante todas as consultas, conversava com o bebê e atendia às suas necessidades afetivas e emocionais, demonstrando como ele desde o início se constituía em um sujeito para ela.

O trabalho com essa dupla procurou fortalecer a função materna diante da ausência do pai do bebê, elaborando a frustração vivida por Maria Lídia de não ter constituído uma família enquanto fantasia reparatória da família original. Nesse processo, foi possível perceber como o bebê tinha a função de lhe fazer companhia em substituição ao lugar vazio deixado pelo pai do bebê ao abandoná-la.

Quando o bebê estava com 8 meses, Maria Lídia voltou a procurar emprego, pois dizia que "cabeça vazia é oficina do diabo". No início, enquanto trabalhava, o bebê ficava com sua irmã, depois foi para o berçário, mas continuou amamentando até 1 ano. Quando tiver condições econômicas, pretende fazer faculdade de enfermagem.

Na sétima consulta, a última em que estivemos juntas, Maria Lídia nos falou que ser mãe para ela é algo que brotou de dentro dela e que representava: "o cuidado, o carinho, a vontade de ensinar, de estar perto, de querer o bem. [...] É um amor que não acaba nunca, você tem certeza de que vai durar para sempre", demonstrando sua capacidade de maternar.

Aos 18 meses, Lucas andava pela sala e explorava curiosamente os brinquedos, comunicando-se e fazendo-se compreender, indicando um desenvolvimento emocional de acordo com a quinta janela clínica descrita por Stern (1997).

Mãe 2 – Mariana e Guilherme

> Eu não queria não, mas veio, que seja bem-vindo, né [...]. Que ele seja um rapaz de bem, né, seja um homem trabalhador e me ajude também, e à família dele.

Mariana foi mãe aos 15 anos. Deu à luz um menino que nasceu a termo de parto cesáreo. Estava no 7º ano quando engravidou de um senhor que fazia obras em sua casa. Este senhor estava com 46 anos, a mesma idade de seu pai. Dizia "é melhor um coroa que um jovem que não paga nada". Ele assumiu todas as responsabilidades pelo filho e, aos 12 meses do bebê, decidiram morar juntos.

Era a filha predileta de seu pai e todos os dias ele trazia algum presente para ela, até que nasceu seu primeiro neto. Mariana se sentiu deixada de lado, pois o netinho passou a ser o centro das atenções. Coincidentemente, nesse mesmo período, Mariana engravidou do senhor que trabalhava em sua casa.

Ela era a quinta filha de uma prole de sete. Sua história foi marcada por acontecimentos trágicos. Quando tinha 7 anos, seu irmão de 13 anos foi espancado e morto por um motivo banal. Seu outro irmão mais velho teve uma filha de uma "mulher de rua" que veio a falecer, deixando-a com 4 meses, em um estado muito precário de saúde, aos cuidados de Mariana.

A rede de apoio com que podia contar deixava-a muito desamparada durante o dia. Morou com os pais até Guilherme ter 1 ano. Durante esse período, enquanto sua mãe trabalhava, ela cuidava sozinha do filho, de dois sobrinhos (um deles era um bebê de 4 meses) e da irmã de 10 anos. Depois que se casou, continuou cuidando dos sobrinhos.

A primeira consulta só aconteceu após três meses do parto, pois o bebê teve broncopneumonia e foi internado por seis dias. A mãe também tinha bronquite.

Mariana compareceu a nove consultas. Na primeira, contou-nos que foi ela quem escolheu o nome do bebê. Durante as consultas, observamos que o bebê apresentava certa precocidade motora: aos 3 meses, ele já segurava com firmeza os brinquedos e tinha uma tonicidade corporal acima do esperado para sua idade. A mãe tinha dificuldade em identificar seu choro, oferecendo o peito a todo o momento e ele sempre "golfava", como se colocasse para fora tudo que era demais projetado sobre ele. Ela segurava a criança de forma inconsistente, sem suporte adequado para sua idade, e reparamos que o bebê estava todo assado, indicando certo descuido. Além disso, Mariana era muito prestativa, mas descrevia todas as suas relações de forma muito desafetada, sugerindo um fundo depressivo. Em função disso, intensificamos o número de consultas e fizemos um acompanhamento até os 15 meses de Guilherme, buscando desenvolver sua capacidade materna para reconhecer as necessidades físicas e emocionais do bebê.

Durante as consultas, procuramos desenvolver sua função materna, ajudando-a a elaborar a despedida da infância e a perda da adolescência, acompanhando os significados de ser mãe para ela.

Na quarta consulta, quando o bebê estava com 4 meses e 15 dias, ela disse: "A gente tinha que ir na C&A porque furou todas as meias dele. Eu fui lá com a minha mãe comprar, aí chegou lá, tinha que comprar umas coisas para mim, eu deixei de comprar para mim para comprar para ele. A gente esquece da gente nessa hora...".

Assim, Mariana contou-nos que o bebê era tudo para ela e que, ao ser mãe, ela ganhara um novo *status*: tornou-se mulher, passou para o mundo adulto, saltando a adolescência.

Na quinta consulta, quando o bebê estava com 5 meses e 20 dias, ela disse:

> É muito gostoso, começa uma nova vida. Acho muito bom. [...] Pegando a gente vai se acostumando com essa vida, é muito gostoso. [...] É muita responsabilidade, mas que é gostoso; no começo é difícil aceitar, ainda mais pessoa nova, mas depois a pessoa vai se acostumando. [...] O mais legal é quando está perto do dia de chegar, do nenê nascer, você fica muito ansiosa para ver o nenê, para mim o legal foi a hora que ele nasceu, uma emoção bastante forte [...].

À medida que Guilherme foi crescendo, ser mãe para Mariana se tornou melhor, pois sentia o bebê mais independente e entretido com seus brinquedos.

Na sexta consulta, quando o bebê estava com 8 meses e 19 dias, Mariana disse:

> É muito importante, né? É uma vida que a gente começa. Quando a gente não é mãe, a gente aproveita tudo, né? Sai, brinca, sai com os amigos, agora a gente tem que curtir só ele. [...] Eu acho que mãe é mãe, mãe a pessoa sempre sente falta. Ela vai querer saber onde está a mãe dela, vai ter bastante pergunta. Ela vai querer saber o jeito, como a mãe dela era. O que aconteceu com os irmãos dela.

O quadro depressivo que Mariana apresentava estava relacionado a fantasias edípicas incestuosas não elaboradas que se reatualizavam em sua escolha afetiva: um casamento com um homem trinta anos mais velho que ela. Ao mesmo tempo, dentro de seu quadro social, essa união parecia ser a única saída possível.

Mariana amamentou até quando soube que estava novamente grávida, aos 17 meses de Guilherme. Seu projeto de voltar a estudar foi adiado, mais uma vez, em função dessa segunda gravidez.

Durante as consultas, procuramos dar sustentação e continência emocional e nos oferecer como modelo da função parental. Apontávamos competências da mãe e do bebê, mas pudemos observar que para Mariana o bebê não se constituía em um sujeito, funcionava como uma continuidade dela, que lhe fazia companhia na hora de dormir e que, ao mesmo tempo, era um presente para seu pai, buscando o amor perdido com o nascimento de seu sobrinho.

Seu filho sempre apresentou certa precocidade motora. Com 1 ano e 3 meses, na nona consulta, observamos que ele estava muito irritadiço, andava pela sala jogando todos os brinquedos para longe e se atirava ao chão quando contrariado, indicando que o ambiente materno estava falhando em atender às suas necessidades emocionais. Embora tenha demonstrado capacidade de simbolização ao brincar de faz-de-conta com as xicrinhas de café, sua capacidade de se comunicar e de se fazer entender eram muito incipientes, apontando falhas na aquisição das características apontadas na quinta janela clínica proposta por Stern (1997). Além disso, percebemos que sua mãe estava muito sobrecarregada, apática e desvitalizada psiquicamente, embora dissesse que estava boa a vida de casada. Em função desses aspectos, ela foi encaminhada para uma intervenção na relação pais-bebê.

Mãe 3 – Maria Lúcia e Laura

> É muita responsabilidade, eu tenho muito medo agora de acontecer alguma coisa com ela. Ela me dá susto. [...] É, por um lado é ruim, por outro é bom.

Maria Lúcia, aos 17 anos, cursava o 2º ano do ensino médio e namorava há alguns meses quando ficou um mês sem usar a camisinha e engravidou. Levou um susto, não queria e tentou de todas as maneiras abortar.

Ela sempre foi muito "baladeira" e não queria perder as festas para cuidar de um bebê. Seus amigos tiravam "sarro" dela, diziam que ela não poderia mais sair, teria de ficar presa em casa e perderia sua liberdade. Maria Lúcia sentia que foi muito influenciada por eles, e isso a levou a tomar remédios para abortar.

Deu à luz uma menina, que nasceu a termo de parto normal, mas com sequelas na laringe. Em função disso, a bebê ficou 21 dias na UTI neonatal sendo alimentada por sonda e em observação. No início, a bebê não conseguia pegar o bico do seio e tinha dificuldade para mamar. Durante o primeiro mês, a bebê ficou gripada e precisou ser internada para inalação, pois "tossia muito e chegou a ficar roxinha".

Maria Lúcia amamentou exclusivamente até o primeiro mês, depois passou a complementar com leite em pó e, aos 3 meses, não amamentava mais, pois seu leite havia secado. Durante a primeira consulta, expressou o desejo de que a bebê crescesse logo, pois tinha muito medo dela engasgar com o refluxo; quando isso ocorria ela se assustava.

Ela tinha dois irmãos mais velhos, uma casada com três filhos e outro que seria pai e morava com ela na casa de seus pais. Quando souberam da gravidez, seu pai "quis morrer" e sua mãe "quis bater", ficou muito nervosa, depois ambos aceitaram.

O pai da bebê ficou ao seu lado e disse: "Se você quiser tirar você tira, se você quiser ter você vai ter e nóis vai criar". Continuou namorando o pai de sua filha, mas cada um morando em sua casa, com seus respectivos pais, e ele assumiu a filha. Maria Lúcia tinha muito medo do que pudesse acontecer com sua bebê, achava que era muita responsabilidade ser mãe. Os avôs maternos ajudavam bastante e muitas vezes tornavam-se os pais da bebê, o que aumentava ainda mais o desafio para Maria Lúcia tornar-se mãe. A avó pegava a bebê para dormir com ela no meio da noite. A forma intrusiva da avó pôde ser observada por nós na primeira consulta em que ela compareceu e atropelava a fala de sua filha. Essa era a rede de apoio de Maria Lúcia: muita gente, porém pouco continente.

As falhas da função materna foram se evidenciando durante as consultas por meio dos adjetivos que Maria Lúcia atribuía à bebê: bagunceira, agoniada, medrosa, assustada, gulosa, traiçoeira, escandalosa, enganadora, enjoadinha, sapeca, danada. Por sua vez, ela nos contou que a escolha do nome da bebê foi dela, pois era o nome de uma menininha que conhecera na praia e a achou bonita e esperta. Assim, ela nos descrevia o bebê imaginário que foi construindo durante a gravidez, indicando um potencial materno a se desenvolver. Ao longo das consultas, Maria Lúcia foi desenvolvendo a função materna e lidando com seus sentimentos ambivalentes. Na segunda consulta, quando a bebê estava com 1 mês, ela disse:

> Ser mãe é bom e é ruim. Não é nem por não sair mais. É muita responsabilidade, eu tenho muito medo agora de acontecer alguma coisa com ela. Ela me dá susto. Tem vez que eu dou mamadeira assim e ela fica *rrhhaaa*, ela perde o ar sabe, sei lá. Aí depois ela volta, aí eu espero ela descansar depois dou de novo. [...] Eu não deixo ninguém dar mamadeira para ela. [...] Tudo o que for, todo lugar tem que levar. É complicado. [...] É, por um lado é ruim, por outro é bom.
>
> Ah, bom é sei lá, que ela é minha filha. É tudo. Por outro lado, é ruim, nem tudo eu posso ir. [...] Não pode sair. Meus amigos ficam me pirraçando. Eles vão para a balada, eles me ligam duas horas da manhã. Fica mandando eu escutar a música, dá a maior raiva. Esse dia um amigo meu me ligou, estava passando a música que eu adoro, aí ele me ligou e mandou eu escutar. Falou: "Ah, vai, olha eu tô aqui curtindo e você está aí". Aí eu falei: "Ah, tá, vai chegar a minha hora". [...] Ah, mas eu vou curtir bastante, né, com a minha filha.

Maria Lúcia sentia-se insuficiente na função materna e acreditava que o colo da avó era melhor que o dela:

> É bom e é ruim, como eu já disse. É muita responsabilidade, tudo é a minha mãe. Qualquer coisa: "Mãe!". Muita responsabilidade, não sei. Eu fico nervosa também às vezes quando ela chora. Quando ela chora muito ela não quer pegar a mamadeira, aí tem que acalmar ela. E com a minha mãe, sei lá, parece uma coisa, pega ela e ela já fica quieta.

Durante as consultas, foram trabalhados os conflitos gerados pelo desejo de viver a adolescência e não se responsabilizar pela maternidade, que estavam muito presentes nessa dupla mãe-bebê. Maria Lúcia expressava sua frustração em abdicar dos prazeres da adolescência e dos estudos: não voltou a estudar. Ela, que adorava sair à noite, na hora da balada sua bebê acordava, dava-lhe um "baile", fazia-lhe companhia, enquanto os amigos telefonavam para ela, provocando inveja e raiva. Maria Lúcia também nos contou que quando saía e levava a bebê, às vezes a esquecia e voltava para casa sem ela: esquecia que tinha uma filha.

Quando a bebê estava com 7 meses, na sexta consulta, pudemos ver o esboço da função materna de forma mais consistente:

> Agora está bom. Assim é bom porque ela não é chata, se ela fosse chata às vezes eu perco a paciência. Depende do jeito que fala, ela já sente, ela chora, só de olhar feio para ela, ela começa a chorar. [...] Essa fase está boa. Vai melhorar mais quando ela estiver andando e saber pedir as coisas. [...] Era bem difícil, agora é fácil, agora eu sei. Mais ou menos. A fralda eu olho, se é água, ela bebe muita água. Dor de cabeça... [...] Assim, eu sinto quando ela está muito quente, aí eu dou um remedinho. Precisando de banho também porque ela sua muito. Eu dou banho nela umas três vezes por dia, ontem eu dei quatro. Eu não gosto de passar o lencinho né, porque ela está assada aí eu lavo com água morna.

Na oitava consulta, quando a bebê estava com um 1 ano e 3 meses, Maria Lúcia falou: "Eu acho que está na melhor fase, ela sabe pedir as coisas. [...] A Laura é a filhinha que eu pedi a Deus".

Durante nossos encontros, procuramos trabalhar o sentimento de culpa relacionado à rejeição inicial à gravidez e ao desejo de abortar, obstaculizante do desenvolvimento da função materna e da constituição do vínculo. Como a bebê nasceu com sequelas na laringe, que provocavam dificuldades na alimentação/respiração e falta de ar, Maria Lúcia assustava-se e nesses momentos reeditavam-se as angústias de quando recebeu a notícia da gravidez. Maria Lúcia sentia-se enganada, traída pelo desejo inconsciente de ser mãe e Laura tornara-se o bebê do susto e do engano.

Nosso trabalho foi o de desfazer essa experiência de susto e engano, contribuindo para a subjetivação do bebê, como exemplifica o diálogo a seguir:

> MARIA CECÍLIA: Teve um monte de enganos... Às vezes, a gente pensa que só dar uma namoradinha não vai ter nenê, né? Mas a gente se engana.
> MARIA LÚCIA: É. Essa namoradinha sempre leva... não, mas está bom assim.
> MC: Mas também dá muita raiva, e a gente pode falar da raiva porque também tem muito amor. A gente estava observando você olhando para ela, você toda apaixonada; podemos ver no jeito que você olha e admira sua filha que tem muito amor, mas também tem raiva porque virou a sua vida de ponta-cabeça, não é?
> ML: A minha mãe falou isso...
> MC: E para você poder falar disso, tem que acreditar o quanto você também é capaz de amar a Laura. É mesmo uma mudança muito grande na sua vida. Todos os seus sonhos têm que ser adiados, não precisam acabar, mas adiados um pouco...

Na oitava consulta, a bebê estava com 1 ano e 3 meses, andava pela sala de forma solta e curiosa, interagia com as terapeutas e já era capaz de brincar de faz-de-conta com as xícaras de café, mostrando ter atingido a quinta janela clínica descrita por Stern (1997). Nessa consulta, pudemos observar Maria Lúcia mais próxima de sua filha, atendendo adequadamente às suas necessidades.

Durante essa consulta, a bebê brincou de esconde-esconde com a cadeira, e a mãe fez o mesmo com a chupeta, como um resquício das brincadeiras iniciais que envolviam enganar a bebê. Relatou que costumava brincar de esconde-esconde com a bebê em casa, as duas elaboravam dessa forma o processo de separação e individuação.

A mãe pareceu mais amadurecida, embora ainda disputando a função materna com sua mãe/avó. Sentia-se mais segura na maternagem na medida em que a bebê conseguia se expressar pedindo o que queria.

Mãe 4 – Kátia Maria e Odylon

> Ah, eu pensei "não vou tirar", já tenho um, por que não posso ter outro? Logo comecei a comprar as roupinhas... Porque você procura filho, tem que saber cuidar.

Kátia Maria foi a única mãe que participou desta pesquisa que já tinha um filho quando engravidou novamente aos 18 anos. Já era mãe de Philip, com 2 anos e 4 meses que, segundo ela, não ficou com ciúmes de seu irmãozinho Odylon. Foram os dois, ela e seu primeiro filho, que escolheram o nome do bebê. Ela fez questão que os nomes dos filhos possuíssem uma grafia especial. Não conhecemos Philip porque ficava com a avó materna na hora de nossas consultas.

Ela estava com quase três meses de gravidez, mas sua menstruação vinha normal. Não tomava pílula, pois tinha alergia. A camisinha estourou. Fez ultrassom porque a barriga estava crescendo e achou muito estranho. O pai do bebê não falava nada a respeito da gravidez, ficava indeciso e, na ocasião, ainda estavam juntos. Quando ele soube da gravidez, se separaram: ela não queria mais nada com ele, e ele também não queria saber. Ele não a procurou mais. No início, quando soube da gravidez, seu pai (avô) demonstrou estar chateado, por uns dois dias ficou diferente com ela, pois achava que ela era muito nova para já ter dois filhos.

O pai de Odylon não apareceu na maternidade, e ela o registrou sozinha. Achou normal ele não aparecer, não queria mesmo que ele o registrasse. "Ele não vai ter direito nenhum sobre o bebê", ela dizia.

Depois de alguns meses, ele passou a visitar o filho no final de semana. O pai de Philip é outro; Kátia Maria sempre teve contato com ele. Ele assumiu o filho e se viam toda semana. Ficaram quatro anos namorando, e no último ano moraram juntos, mas não deu certo, pois brigavam muito. Ao final dos atendimentos eles tinham voltado a namorar.

Durante a gestação, Kátia Maria sentia muita dor de cabeça. Quando estourou a bolsa, já esperava ansiosa a chegada do bebê, mas não queria que ele precisasse ficar na UTI neonatal em função do baixo peso, como ocorreu: ficou *doida*. Odylon nasceu de parto normal, com 35 semanas.

Kátia Maria possuía uma boa rede de apoio. Morava na casa dos pais com seus quatro irmãos menores e seus dois filhos. Ela se dava muito bem com seu pai (avô). Os irmãos brigavam entre si às vezes. Seus pais (avós do bebê) a apoiavam e ajudavam, e sentia segurança para deixar os filhos com eles. Sua avó materna mora perto, ficava quase todo o tempo em sua casa. A família era próxima, todos sempre estavam juntos.

Seus pais ocupavam o papel de pais de seus filhos, e o filho mais velho chamava o avô de pai e, até há pouco tempo, a avó de mãe. Parece que seus filhos eram presentes para os pais, representando uma fantasia reparatória. Os pais dos dois meninos não se incomodavam de ver os filhos chamando o avô de pai. Os avós se preocupavam com os netos e não queriam que eles fossem para a creche. Kátia Maria concordava com seus pais de que a creche poderia ser perigosa.

Kátia Maria continuou estudando, estava no 2º ano do ensino médio e queria fazer faculdade de direito: achava a profissão muito bonita. Dizia que não podia parar de estudar. Voltou a estudar à noite quando o bebê tinha 5 meses; deixava seu leite com a avó que ficava com seus dois filhos em casa. Aos 6 meses iniciou o desmame.

Para Kátia Maria o bebê tinha a função de preencher todas as carências e vazios internos e, ao mesmo tempo, era tudo, um "representante do falo": "É tudo. É muito bom… É uma companhia para gente, companhia que não vai te deixar nunca […]."

Para ela, ser mãe era saber cuidar, oferecer carinho e ter uma responsabilidade, conforme descreve nos trechos a seguir:

> Tem sempre mãe que sabe cuidar do filho melhor, sempre deixa ele limpinho. […] Alimenta ele nas horas certas. Dá muito carinho e amor… [primeira consulta, bebê com 1 mês].
> É tudo porque assim, porque quando a gente não tem filho não liga para nada, não está nem aí, mas quando tem filho é diferente. Tem que cuidar, tem que dar carinho. […] Ah… eu sou muito feliz com esses dois. […] E também é uma responsabilidade maior. […] É porque a gente quer sair, não liga de ficar dentro de casa, não fica em casa de final de semana, quer sair com os amigos. Porque quando eu não tinha eles dois eu saía direto [segunda consulta, bebê com um mês e 28 dias].
> Porque você procura filho tem que saber cuidar. Assim, o nenê é pequeno, ele não entende nada, tem que ficar com eles, tem que cuidar, sim. Eu não deixo eles sozinhos para poder sair. Só se for caso de precisar mesmo, ter que ir ao médico, procurar trabalho, estudo, eu deixo com a minha mãe, eu sei que ela vai esperar eu chegar da escola, eu chego 11 horas. Mas aí passar a noite toda fora, a criança ficar sozinha para poder ir se divertir… Eu não acho justo [terceira consulta, bebê com 6 meses e 25 dias]

Na quinta consulta Odylon estava com 10 meses e 29 dias e mostrava um bom vínculo com sua mãe. Engatinhava confiante pela sala explorando os brinquedos que estavam esparramados pelo chão e demonstrando ter atingido a quarta janela clínica descrita por Stern (1997).

Assim como Kátia Maria não se importava que seus filhos chamassem seus avós de pai e mãe, outras situações do cotidiano também eram amenizadas e descritas com um tom de normalidade, indicando certo descompromisso com sua função parental.

Este trabalho favoreceu o vínculo com os filhos e a função materna, e contribuiu para que ela pudesse tolerar as diferenças e restabelecer o relacionamento com o pai de seu primeiro filho.

Mãe 5 – Maria de Fátima e Ana

É um amor tão grande que você não sabe resumir.

Maria de Fátima namorava há um mês quando engravidou, pois deixou de usar camisinha contando com a tabelinha como método contraceptivo. Aos 16 anos deu à luz uma menina, que nasceu a termo de parto normal. Morava com os pais, era a caçula e seu irmão estava com 18 anos. Tinha contato com a família do pai da bebê, Alan, 20 anos, que a princípio disse que assumiria a filha. Estava cursando o 1º ano do ensino médio e continuou a estudar após a licença-maternidade, mas revelou dificuldade em se concentrar na aula e se desligar de sua filha.

Quando soube da gravidez, seu pai não aceitou e ficou sem falar com ela por uma semana, pois sempre foi o "bebezão do papai".

Contou-nos que o nome da bebê foi uma ideia de seu irmão e uma homenagem sua à avó materna. Amamentou por quase três meses. No início, a bebê dormia com ela, pois tinha medo de deixá-la sozinha, e fazia horário de adolescente. A seguir, o relato da primeira consulta, bebê com 1 mês:

> Assim, dorme muito, até demais, tem vez que eu falo assim: ela não vai dormir à noite. Só que aí à noite também dorme a noite todinha. De manhã ela dorme, acorda umas 10:30, 11 horas, aí ela mama, aí toma banho,

> aí fica acordada um pouquinho e depois dorme de novo. Aí ela acorda para mamar, mama e, mesmo lá, vira e já dorme, aí dorme e lá para umas 18 horas ela acorda e fica acordada até umas 23 horas, que é o horário que a gente em casa vai dormir. Aí 23 horas ela mama de novo e dorme.

Sonhava em poder trabalhar para comprar uma casa para morar só com sua filha, sustentá-la: "Viver tipo mãe e filha e marido, não. Aí minha mãe fala: 'Que tanto você fala que nunca vai casar, casa viu?'". Pretendia estudar enfermagem.

Possuía uma boa rede de apoio, mas sentia que seus pais a desautorizavam. Então, defendia com unhas e dentes a maternagem: não queria que sua filha chamasse a avó de mãe. Durante as consultas, observamos que Maria de Fátima atendia às necessidades da bebê, embora escondesse por trás de um sorriso nervoso sua dificuldade em se oferecer emocionalmente à filha, indicando uma qualidade afetiva de contato embaçada.

Durante as consultas, procuramos trabalhar o corte abrupto da infância e da adolescência que Maria de Fátima viveu em função da gravidez. Ela deixou de ser o "bebezão do papai" e, ao mesmo tempo, assumiu as responsabilidades de um adulto com uma filha. Ela imaginava confusamente *que ia esperar a bebê crescer para virar adolescente*, não sabia mais quem era ela, nem filha nem adolescente, negando a parentalidade. Nesse momento, foi possível trabalhar os conflitos de uma mãe adolescente, os projetos de vida atuais, resgatar sonhos perdidos com a chegada do bebê.

Na terceira consulta, quando a bebê estava com 4 meses e 6 dias, tivemos o seguinte diálogo:

> MARIA DE FÁTIMA: Se ela acorda no meio da noite, eu puxo ela para debaixo da minha asa. Mas aí quando ela acorda eu já dou uns beijos nela, abraço. Minha mãe diz: "Vai machucar". [...] E também quando ela dorme no berço eu acordo toda hora para olhar ela, se ela está direitinho, se ela

está coberta... aí toda hora eu acordo. Se ela quer comer, ela acorda mais quando ela está no berço do que quando ela está na cama. Eu falo: "Ela está longe de mim, eu não estou sentindo se ela está acordando ou não".

MARIA CECÍLIA: Mas você tem ou teve algum pensamento ruim, assim em relação a ela, quando você estava grávida? Nunca ficou preocupada com alguma coisa estranha?

MF: Não. Logo que eu a ganhei, eu tinha vários sonhos que iam levar ela de mim, assim... acho que também isso, né? Aí eu tinha muito medo de deixar ela só, até dentro de casa mesmo, eu ficava com ela 24 horas. Aí foi só no começo, nos primeiros 15 dias eu sempre sonhava com alguma coisa assim.

MC: De você ser assaltada, ser roubada...

MF: Ser roubada, essas coisas, mas agora não.

MC: Mas de certa forma ela roubou a tua juventude, as tuas baladas.

MF: Aham.

MC: Na escola você também fica aflita.

MF: Fico na escola prestando atenção e com o pensamento lá longe nela em casa. O que será que ela está fazendo, será que ela comeu, será que ela dormiu?

MC: Então você teve que passar das baladas para uma responsabilidade muito grande, né? De ter um bebê. E às vezes parece que você fica muito aflita, sem saber se você vai dar conta de cuidar dela.

MF: Aham.

Ao longo das consultas, fomos parentalizando, construindo e fortalecendo sua função materna, apontando as competências da mãe e do bebê e sinalizando as áreas de ambivalência:

MARIA CECÍLIA: Mas pelo que a gente está vendo, né, Ana, a mamãe está cuidando bem de você.

MARIA DE FÁTIMA: Fala para ela: "Eu estou resfriadinha". Eu peguei resfriado e passei para ela. Eu fico com ela, fico, fico, termina passando, né.

Aí como eu saio para ir para escola no frio, peguei friagem e passei para ela. Aí logo a levei ao médico. É tão pequenininha para ficar doente.
MC: Sabe, Maria de Fátima, parece que quando você conta que você chega em casa, abraça, beija muito ela, que a sua mãe até fala que você vai esganar a menina, e você diz que você chega e não vê a hora dela acordar para poder pôr ela na cama junto de você, parece que você se sente muito aflita com ela, como se você estivesse em dívida. Talvez porque, às vezes, você deve ter esse sentimento de raiva dela ter roubado a tua juventude, as tuas baladas e aí você precisa ser a mãe mais legal do mundo, a mãe mais carinhosa do mundo, e você nem pode dormir sossegada, põe ela na sua cama e nem uma nem outra dorme bem, né?
MF: Abro mão de um sono gostoso para poder ficar com ela. Dá raiva não poder sair para as festas... [...] Aí tem uma festa para você ir. Aí você pensa: "Eu queria ir, mas e minha filha?". Aí você pensa: "Mas e se eu não tivesse ela?". Eu poderia ir. Mas aí eu tenho responsabilidade, então vamos... fazer o que, né? Esperar ela crescer. Depois que ela crescer, eu vou virar adolescente.
MC: É. Será que dá para voltar para trás?
MF: Não sei, acho que não.
MC: Será que dá para você deixar de ser mãe quando ela crescer?
MF: Não.
MC: Uma vez mãe, sempre mãe, né? Mas às vezes você não sai um pouco com as suas amigas?
MF: Tem vez que dá, eu peço para minha mãe, ela fica. Só que eu penso assim: eu não vou sempre pedir, pedir. Coisa de uma vez por mês assim, ela fica. Só que assim não tem só uma vez no mês... eu também não vou pedir para ela todo o final de semana. Ela também tem que curtir meu pai, tem que sair também. Então, a filha é minha. Também eu não posso explorar a minha mãe, ela já fica para eu ir para escola, já fica para eu sair para algum lugar. Então não vou: "Mãe, fica com ela para eu sair". Sempre. Então é ruim, eu me acho assim, além de eu estar dentro da casa dela, sustentar minha filha e tudo, aí eu explorar

> ela para ficar assim para eu sair... Então, agora de vez em quando, sim. Eu peço para ela, e ela fica.
>
> [...]
>
> MC: Olha só, a outra vez ela não segurava tão forte assim na cobrinha.
>
> MF: Aham. Ela aprendeu a segurar, ela segura até a minha mão com muita força. Eu falo: "Ana, está me machucando". Ela pega com muita força.
>
> MC: É porque ela não quer que você escape. Ela quer você pertinho dela. [...] Ela está muito esperta, olha tudo, conversa...
>
> MF: Reclama. Aprendeu a gritar. Dá uns gritos, eu falo: "Ana, silêncio". Ela olha, aonde ela vai, ela olha. Faz força para virar para olhar o que tem: "Ana, você é curiosa".

Também fomos trabalhando conflitos e fantasias ligadas à figura materna: Maria de Fátima tinha uma fantasia tanto de presentear sua mãe com esta bebê, quanto de que sua mãe pudesse roubá-la de si. Do ponto de vista transgeracional, havia um desejo de Maria de Fátima de reparar o sofrimento de sua mãe que precocemente perdera sua própria mãe. A partir do trabalho com os aspectos de identificação com a figura materna, buscamos o que tinha de mais espontâneo e genuíno na relação de Maria de Fátima com Ana, apontando para ela as competências de sua filha. Na quarta consulta, quando a bebê estava com 5 meses e 10 dias, ela disse:

> Ah, ser mãe é uma coisa ótima, é uma maravilha. Eu pensava, assim, o que minha mãe fazia por mim que eu achava superchato: "Você enche o saco". Agora eu penso que ela estava fazendo pelo meu bem e eu falava para ela que ela estava enchendo o saco. Agora eu vejo que não, tem que fazer quase as mesmas coisas que a minha mãe fazia para mim, mas é bom. É uma experiência ótima, ela é uma criança que... já cuidei dos meus primos, já gostei muito deles, mas eles são meus primos, agora é bem diferente, é minha. Eu não quero dividir com ninguém. É minha, é

> diferente. [...] Você cuida com mais cuidado, com mais carinho, tem o seu jeito de cuidar da sua filha e cuidar de outra criança, é totalmente diferente, pelo menos para mim. [...] É especial das outras crianças. É sua, nasceu de você, está com você 24 horas, aí agora que nasceu, continua junto, mas não 24 horas.

Durante a quinta consulta, Ana estava com quase 8 meses e com um olhar vivo brincava com sua mãe, que lhe oferecia uma bola e uma "cobrinha" de pelúcias, interagindo adequadamente. Pudemos observar que a bebê estava se desenvolvendo de acordo com a terceira janela clínica proposta por Stern (1997).

Nessa última consulta, pudemos observar Maria de Fátima mais integrada e realizada na sua função materna:

> Ah, ser mãe. [...] É uma coisa que não tem como explicar assim totalmente: é isso, isso e isso. É uma coisa tão boa, que você termina não sabendo explicar. Acho que se alguém chegasse em mim e falasse assim: "O que é ser mãe?". Eu ia falar assim: "Quando você tiver uma filha, você vai saber", porque não tem como explicar o que é ser mãe. Porque é um amor tão grande que você não sabe resumir.

Mãe 6 – Marisa e Mariana

> Porque toda vez que minha mãe chega, se a menina chora, ela dá mamadeira, sei lá, a menina já vomitou duas vezes por causa disso... Eu falei para ela que a menina não estava com fome, ela ficou teimando comigo que ela estava com fome, fez leite para menina e ela vomitou tudo. Ela não estava com fome, eu sei quando ela está com fome. Aí ela chega em casa e fala: "Ah, a menina está trocada?". Vai ver, eu tinha acabado de trocar a menina. Aí se cai nisso a gente briga bastante, acaba discutindo bastante por causa disso. Eu falo uma coisa, ela acha que não. É complicado.

Aos 16 anos, Marisa deu à luz uma menina que nasceu a termo de parto normal. Marisa é a caçula de uma prole de quatro filhos. Engravidou após dois meses de namoro. Só descobriu que estava grávida depois que havia terminado o namoro. O pai da bebê, Wilson, de 23 anos, soube do nascimento de sua filha quando ela tinha completado 1 mês e adorou a ideia de ser pai. Ele ajuda financeiramente e a visita na casa da mãe.

A história familiar de Marisa era repleta de tragédias. Sua família era da Bahia. Quando tinha 2 anos, seu pai abandonou sua mãe. Dos 2 aos 6 anos, foi criada, com seus irmãos, por sua avó materna. Aos 6 anos, sua mãe teve uma depressão grave, desencadeada pelo acidente que matou um primo muito querido. Com a depressão veio uma insônia, e sua mãe não conseguiu mais dormir. Em função disso, ela se mudou com sua mãe para São Paulo para ela se tratar. E Marisa passou a dormir com ela, cuidando dela. O pai ficou na Bahia com seus três irmãos e casou-se novamente. A nova mulher do pai tratava muito mal seus irmãos que, pouco a pouco, acabaram vindo para São Paulo. Desde então, não fazia questão de ter contato com seu pai, que era caminhoneiro, pois "*ele nunca ligou para a família*".

Sentia muita falta de sua avó e se emocionava toda vez que falava dela, pois ela era como se fosse o pai que não teve. A avó tem um filho deficiente mental e outro que já tentou suicídio, os dois dependiam de seus cuidados, o que a impedia de se juntar à família em São Paulo.

Marisa morava com sua mãe, que mantinha um quadro depressivo, e dois de seus irmãos. Sua irmã mais velha era casada. Embora rodeada de familiares, vivia uma solidão enorme, sentia-se muito sozinha durante o dia – não contava com uma boa rede de apoio.

Sua mãe a criticava e desconfiava de sua capacidade de maternar, pois sempre havia sido uma adolescente muito rebelde e, por isso, desautorizava-a o tempo inteiro. Marisa mal pôde escolher o nome de sua filha, foi sua mãe quem o fez.

Na primeira consulta, quando a bebê estava com 1 mês e 24 dias, ela contou:

> MARISA: Na verdade eu sempre gostei de Giovana, para mim ia ser Giovana. Só que aí foi tanta coisa, tanto nome para escolher, aí eu fui e escolhi Mariane, aí minha tia disse: "Mariane, não coloca, é feio". Aí eu fiquei pensando um tempão, aí minha mãe fez uma toalhinha escrito o nome dela, Mariana. Aí pronto, já que já escreveu, né. Então pode ser Mariana mesmo. Minha mãe já queria, na verdade foi ela quem deu a ideia. Então, tá, então vai ser Mariana mesmo.
>
> MARIA CECÍLIA: Quer dizer que você não escolheu o nome?
>
> M: É assim eu, eu mesmo não. Para mim ia ser Mariane, só que aí minha mãe quis Mariana, ficou Mariana mesmo. Mas foi, eu também gostei.

Marisa sempre dormiu com sua avó na mesma cama quando pequena, depois com sua mãe e agora dorme na sala com sua filha. Podemos conjecturar que Marisa engravidou como uma tentativa de individuação que fracassou. Sua bebê parece que ocupava o lugar de *um objeto transicional negativo* (Silva, 1994b): a bebê veio para cuidar de sua mãe, pois lhe fazia companhia durante o dia e a noite. Marisa relatou que, como sua mãe, também não conseguia dormir, pois ficava preocupada com sua filha, com medo de que também lhe acontecesse um acidente, evidenciando um aspecto intergeracional.

Durante as consultas, Marisa mostrou-se muito frágil e submissa à sua própria mãe, sentindo-se sem recursos emocionais, limitando a função materna às condições econômicas: "Eu abro mão dela assim porque eu não tenho condições de dar nada para a menina, porque se eu tivesse condições..." (ela disse isso na quarta consulta, quando a bebê estava com 4 meses e 23 dias).

Os conflitos de Marisa com sua própria mãe enfraqueciam sua capacidade de maternar e provavelmente interferiram na amamentação, pois ela amamentou por apenas dois meses e passou a complementar com mamadeira; sentia que seu leite era insuficiente; talvez pudéssemos dizer que ela se sentia insuficiente para ser mãe.

Todo nosso trabalho foi o de construir e fortalecer sua capacidade de maternar, subjetivando mãe e filha. Ao falar sobre ser mãe, ela nos contou como precisou amadurecer à força, como relatou na segunda consulta, quando a bebê estava com 2 meses e 8 dias:

> Não. Agora você para para pensar o que era certo, o que era errado que na época você estava fazendo, você não enxergava isso. Não adianta ninguém chegar em você e falar, falar, você nunca vai enxergar nada. Você tem que se tocar por si. Várias pessoas que eram falsas comigo, eu só vim descobrir isso hoje. Só hoje que eu vim descobrir, aconteciam situações que eu entendia uma coisa na época, agora você para para pensar que é outra coisa. Que era outra situação que você passava na época. Agora é tudo muito diferente.

Ao mesmo tempo em que havia em Marisa um lado rebelde e aprontador, pudemos perceber que havia um lado que cuidava: da avó, da mãe, da bebê, muita coisa para os seus 16 anos.

Na quinta consulta, a bebê estava com 5 meses e 13 dias, olhava atentamente para o que estava ao seu redor, interessando-se pelos brinquedos que lhe eram oferecidos, mostrando boa apreensão. A bebê desenvolvia-se bem, conforme a terceira janela clínica segundo Stern (1997).

Nessa última consulta, Marisa estava noiva e pretendia casar-se com outro rapaz que não era o pai de sua filha: parecia que essa era sua única saída para individualizar-se e existir.

Mãe 7 – Maria Luiza e Maria Mariana

> Eu sou mulher de fazer, sou mulher de criar. [...] Agora minha balada é ela.

Maria Luiza namorava há sete meses quando engravidou, ela aos 17 anos e ele aos 19. Separaram-se no primeiro mês da gravidez e só voltaram a ter contato depois que a bebê nasceu. Quando soube da gravidez, ficou com medo de contar para seus pais. Ao saber, seu pai ficou muito bravo porque seu irmão já havia engravidado outra menina, e a neta acabara de fazer 1 ano. Mas os pais logo aceitaram, e, quando nasceu, a bebê foi um fator de união da família. Maria Luiza não pensou em interromper a gravidez, porque *é mulher de fazer e mulher de criar*.

O parto foi cesariana, pois estava com 42 semanas e não tinha dilatação – *estava passando da hora*. Na hora do parto, teve uma hemorragia forte que a deixou muito fraca e assustada e saiu do hospital sem saber por que isso acontecera, ninguém explicou. Voltar ao hospital para as consultas terapêuticas a remetia à situação do parto e a deixava apavorada.

Possuía uma boa rede de apoio: morava com os pais e seus dois irmãos mais velhos, e sua cunhada (irmã do namorado) estava sempre ao lado para ajudar nos cuidados com a bebê.

O namoro com o pai da bebê tinha idas e vindas, principalmente porque o pai de Maria Luiza implicava muito com ele. Aí se coloca uma questão edipiana às avessas. Apesar do namoro instável, ele contribui economicamente para as despesas da bebê.

Quando Maria Luiza falava do namorado, ficava envergonhada, deixando transparecer a menina que ainda estava se transformando em mulher.

O nome da bebê foi ela quem escolheu e colocou Maria em homenagem à mãe e à sogra. O pai não deu muito palpite, qualquer nome para ele estava bom.

A bebê dormia com a mãe para atendê-la prontamente se ela chorasse. Contou que sua filha dormia à meia-noite e acordava às 11 horas, fazia horário de adolescente. Sentia-se muito insegura para exercer a função materna, relatou que ficava nervosa, com tremedeira por qualquer coisa. Sua cunhada servia de apoio: quando estava com ela, sentia-se mais calma e segura. Amamentou por dois meses. A bebê teve dificuldade para pegar o seio e logo no início (três semanas) ofereceu a mamadeira, embora tivesse um sonho de amamentar.

Ela pensava em terminar os estudos e começar a trabalhar para sustentar a filha.

Na primeira consulta, ela entrou acompanhada de sua cunhada que segurou a bebê durante toda a sessão. Na segunda consulta, fiz uma intervenção solicitando que sua cunhada a aguardasse do lado de fora da sala de consulta. No início, tudo transcorreu bem, até que a bebê começou a chorar. Maria Luiza ficou muito aflita e andava pela sala com sua bebê no colo, muito próxima da porta como se quisesse sair em busca do suporte oferecido por sua cunhada. Identificada com seu desespero, novamente precisei intervir,[3] oferecendo-me como modelo parental – tomei a bebê em meu colo, ajudando a acalmá-la, bem como a sua mãe. Passado esse momento de tensão, a bebê retornou para o colo da mãe e pudemos apontar sua competência agora oferecendo um colo aconchegante.

A maternidade mudou sua vida. Sem perspectiva de futuro, a gravidez foi um corte abrupto do mundo onipotente da adolescência para a entrada no mundo adulto. No relato a seguir, a terceira consulta, a bebê com 2 meses, foi possível observar sua identificação com a figura materna, com aspectos reparatórios, e o contato com sentimentos de dependência e de responsabilidade diante da maternagem:

> Ser mãe é tudo, mudou minha vida, era muito agitada com tudo, agora converso mais com a minha mãe. Era muito afastada de todos, agora não, a vida antes era sair. Agora minha balada é ela! [...] Porque, que nem eu falei, eu não tinha carinho, eu não era calma, era muito agitada.

---

3 Esse tipo de intervenção, Lebovici denominava *enactment*.

> Mudou a minha vida essa menina. Agora eu converso, converso mais com a minha mãe que era uma coisa que eu não conversava. Carinho, ela mudou minha vida, mudou minha vida todinha. Eu era agitada com o pai dela, agora a gente senta para conversar, para falar do futuro dela como é que vai ser. Ela me mudou, nossa! Totalmente, totalmente.

Nessa consulta já foi possível observar que Maria Luiza estava mais segura para maternar sua filha. Olhava para ela apaixonadamente: estava surpresa com o que fora capaz de fazer. A bebê dormiu tranquilamente em seu colo durante a consulta, demonstrando sua sensibilidade e capacidade de oferecer continência, conforme descreve Stern (1997) na primeira janela clínica.

Como atendíamos no próprio hospital em que as mães haviam dado à luz, a vivência traumática do parto de Maria Luiza se reeditava a cada encontro. Seu medo decorrente dessa experiência impediu que ela retornasse.

Mãe 8 – Maria Rita e Ana Lúcia

> Para te dizer a verdade, eu não sei o que é amor de mãe, pai mesmo eu não tenho, mas de mãe eu não sei...

Este foi o caso mais grave e trágico que atendemos. Tivemos de ser muito persistentes para conseguirmos completar apenas três consultas durante os primeiros seis meses da bebê.

Maria Rita teve sua filha aos 13 anos. Namorava há três meses quando engravidou, e, durante a gravidez, o pai da bebê, Alberto, foi preso. Maria Rita recebia suas cartas, mas não as respondia, pois decidiu que não queria que ele participasse da vida de sua filha por ter entrado no crime e ser usuário de droga (maconha). Gostava dele, mas não acreditava que saísse dessa: "Porque para mim quem entra nessa vida não sai mais...".

Usava anticoncepcional, mas ficou sem tomar e engravidou. Fez teste no posto, teve medo de falar para sua mãe, que já estava desconfiada. A princípio sua mãe não disse nada, depois *brigou e xingou muito*. Maria Rita contou que durante a gestação sua mãe a agredia, ficava com raiva do pai da bebê e descontava nela. Quando sua mãe descobriu que o pai era usuário de drogas, foi necessário chamar a polícia de tanto que ela brigou com Maria Rita. A avó desejou a morte da neta: "Essa criança não vai vingar, essa criança vai ganhar o mundo".

Deu à luz uma menina por meio de uma cesariana, pois *começou a ficar roxa devido a diabetes* e não tinha dilatação suficiente para parto normal. A bebê nasceu roxinha. Depois do parto, sua mãe foi lhe pedir perdão. Apesar dessa ligação masoquista com sua mãe, foram Maria Rita e o pai da bebê que escolheram o nome e ela conseguiu amamentar por apenas três meses.

A história familiar de Maria Rita é repleta de mortes trágicas: seu pai morreu quando ela tinha 3 anos. Sua mãe perdeu três filhos: um com febre alta, outro por causa da pressão alta da mãe (eclâmpsia) na hora do parto e uma atropelada enquanto trabalhava no farol. Esta última resultou em uma queixa policial pelo fato de a mãe ter deixado a filha menor de idade nessa condição. Maria Rita tem um irmão casado, que perdeu um filho quando a esposa estava grávida de 7 meses, e duas irmãs que também são casadas com as quais não tem contato. Além disso, contou da morte dos avós maternos, tia materna e avós paternos, dos quais não tem lembrança. Sua mãe sempre foi nervosa, rancorosa e piorou depois que ela engravidou.

Moravam a avó, a mãe e a bebê em condições muito precárias. Pareciam ciganas, sem vínculos, pois se mudavam de casa com frequência. Relatou que ela e sua mãe viviam em um clima de terror no quintal onde moravam: "eu e minha mãe vivemos apavoradas, porque a gente não sabe o que pode acontecer".

Relatou que nos últimos seis meses, por várias vezes, sua mãe ameaçou agredi-la e tomar Ana Lúcia de seus cuidados. Os vizinhos chamaram a polícia em função dos escândalos e das ameaças de agressões de sua mãe quando a bebê chorava.

Maria Rita contava apenas com o apoio de uma prima distante que a acompanhou nas três consultas em que compareceu. Maria Rita passava a maior parte do tempo em sua casa, onde se sentia mais segura para ficar com sua filha.

Cuidar da Ana Lúcia para Maria Rita era um jeito de ser diferente da própria mãe, pois ela podia ser mãe e ser carinhosa como ela gostaria que sua mãe tivesse sido. Parecia que Maria Rita sabia o que era amor de mãe pelo seu oposto, pelo desamor, e procurava fazer com a sua filha tudo ao contrário do que fizeram com ela, embora tivesse poucos recursos emocionais para isso.

Ela disse na segunda consulta, quando a bebê estava com 3 meses e 17 dias: "Para te dizer a verdade, eu não sei o que é amor de mãe, pai mesmo eu não tenho, mas de mãe eu não sei...".

Na terceira consulta, quando a bebê estava com 6 meses e 16 dias, pudemos observá-la ora muito atenta a tudo a sua volta, ora com um olhar distante, para o infinito. Ana Lúcia era uma bebê sedutora, sorridente, alerta, com uma prontidão precoce, como se buscasse um objeto que pudesse garantir sua sobrevivência.

Durante as consultas, a mãe falava muito tempo como se não tivesse um bebê em seu colo, não olhava no olho da bebê (colocava a bebê de frente para nós) e seu tom de voz parecia desafetado (durante todo relato trágico de sua vida e de sua relação com a mãe, não demonstrou nenhuma emoção). Em outros momentos, olhava para sua filha e esquecia-se de nós. A forma enfática de descrever sua tragédia parecia um jeito de buscar ser adotada pelas terapeutas.

Quando a bebê resmungava, Maria Rita a sacudia em seu colo de forma automática, como se fosse uma boneca e não um ser humano.

Engravidar refletia seu desejo de se sentir preenchida, de ter algo dentro. Engravidar não representava o desejo de ter um filho, mas de ter alguma coisa, algo para lhe fazer companhia e, ao mesmo tempo, parecia-nos que a bebê fora concebida como um presente para a avó materna que perdera três filhos, que resultara em uma tentativa fracassada de reparação.

Do ponto de vista do desenvolvimento emocional, Maria Rita progredia precocemente sem poder viver a dependência do objeto. Diante de tanta vulnerabilidade e violência, faltava a essa mãe disponibilidade psíquica para maternar.

Nessa dupla mãe-bebê, estava prejudicada a capacidade de brincar juntas com um objeto inanimado e de conduzir a "direção, *timing*, foco, elaboração, estimulação, mudança de assunto e desligamento em relação àquela brincadeira", conforme propõe Stern (1997) na terceira janela clínica.

Esse caso condensa uma tentativa fracassada de individualização dessa relação recheada de amor e ódio com a figura materna – um processo de luto trágico. Ao mesmo tempo que Maria Rita tentava saber quem era, buscava construir uma identidade, tinha a tarefa de ser mãe, sem modelos identificatórios de continência. Durante as consultas, procuramos oferecer continência aos aspectos desamparados da mãe, apontando as competências da dupla e subjetivando a bebê. Esse era um caso que deveria ter sido acompanhado de perto por muito tempo, mas infelizmente perdemos contato.

Mãe 9 – Jaime, Maria Elisa e Greyce

> Eu sempre gostei de criança. Eu falei: "Ah, eu queria ter um filho". Quando ela já estiver grande eu vou estar um pouco nova. Vou poder sair junto...

Maria Elisa deu à luz aos 15 anos de idade como sua própria mãe e irmã, evidenciando um aspecto transgeracional no destino traçado às mulheres dessa família. Jaime e Maria Elisa namoravam há dois anos. Depois de sete meses que começaram a ter vida sexual, ela engravidou e foram morar juntos na casa dos pais de Maria Elisa. Já planejavam a chegada do bebê que nasceu de 39 semanas de parto normal. Maria Elisa estudou até o 8º ano e pretendia voltar a estudar quando encontrasse alguém para ficar com sua filha.

Jaime, o pai, 18 anos, que estudou até o 5º ano, era muito tímido e desconfiado. Gêmeo, carregava uma história trágica: quando tinha 13 anos, sua mãe e seu irmão foram assassinados em uma chacina e ele assistira a tudo. Depois da morte de sua mãe, foi com sua irmã para a casa de uma tia, pois seus pais já eram separados, até ir morar com Maria Elisa. Vivia da pensão deixada por sua mãe, pois estava desempregado.

Na primeira consulta, o casal compareceu com a bebê de 1 mês e 17 dias. No início da consulta, a bebê dormia no colo da mãe, e o pai a pegou e a colocou em seu colo. Ele se mostrava totalmente apaixonado pela filha enquanto a segurava e falava conosco olhando só para ela. Diante da paternidade, ele dizia: "Não dá para acreditar. [...] Graças a Deus tem sido maravilhoso".

Enquanto a bebê dormia, parecia que o pai queria acordá-la como se estivesse presente alguma angústia de morte, talvez ligada ao irmão que perdera. Ele ficou com a filha no colo quase toda a sessão, como se quisesse se apropriar da função materna.

Com o nascimento de Greyce, Maria Elisa aproximou-se mais de sua mãe, sentindo que havia se tornado mulher e ingressado na vida adulta: "Ser mãe é se sentir mulher, eu acho".

Maria Elisa amamentou por mais de cinco meses e não tinha conflitos em se colocar disponível emocionalmente para sua filha: "Aí, pronto. Cuidar dela, eu gosto. Dar peito. Ela não chora. [...] É boa, só acorda uma vez de madrugada. Mas isso eu não ligo, não. Se for preciso ficar a madrugada toda, eu fico com ela".

Nosso trabalho foi o de fortalecer a função materna, já que a mãe no início se sentia frágil diante da apropriação do bebê pelo pai. No final da primeira consulta, foi possível ver nesses pais um casal unido em torno da filha, revezando as funções parentais. O lugar do bebê já estava constituído na mente parental, talvez por isso não tenham se interessado em retornar às consultas sugeridas entre 2 e 5 meses.

Na segunda consulta, quando a bebê estava com 5 meses e 13 dias, ela compareceu sem o pai. As duas brincaram harmoniosamente, com sensibilidade da mãe e interesse da filha, características da terceira janela clínica descrita por Stern (1997).

Mãe 10 – Marcos, Maria Rosa e Glória

> Estava dando a hora dela mamar, meu peito começou a doer porque estava enchendo de leite para ela mamar, aí pronto, ele levou minha menina embora, minha menina está com fome nessas horas... [...] Acha legal levar minha menina e me deixar desesperada dentro de casa?

Maria Rosa, 15 anos, já estava casada com Marcos, 19 anos, há seis meses e planejavam há tempos ter um filho, quando engravidou. Deu à luz Glória, nome escolhido pelo casal, de parto normal, mas de 32 semanas, por isso a bebê ficou dez dias na UTI neonatal. Nesse período, Maria Rosa visitava a filha todos os dias, amamentando-a.

Maria Rosa estudou até o 6º ano, era a caçula de seis irmãos, uns de parte de pai e outros de parte de mãe, mas não conhecia a todos. Sua mãe morava longe, e seu pai próximo à sua casa e a visitava sempre. Marcos, o pai, parou de estudar no 8º ano, era o único homem de uma prole de três filhos. A avó paterna sentiu muito ciúmes da neta e da nora, pois o filho sempre a ajudava nas tarefas domésticas e lhe fazia companhia, e ele deixou de fazer isso depois que se casou. Quando jovem, Marcos cuidou de duas crianças, o que se refletia agora nos cuidados com sua filha.

Durante a gravidez, Maria Rosa relatou que foi muito ridicularizada pelo próprio pai e pelo marido: "Você parece um hipopótamo".

Na primeira consulta, o tempo todo Marcos segurou sua filha de 1 mês no colo – o pai queria ser mãe: "Aí eu só dou de mamar, ele faz tudo de novo, ele troca, dá banho de novo...", Maria Rosa queixou-se.

Marcos nos contou na segunda consulta, quando a bebê estava com 1 mês e 16 dias, que costumava sair com a filha sozinho, deixando a mãe aflita em casa, como se ele a raptasse e destituísse o lugar materno:

> MARCOS: Eu falo: "Vou lá em cima falar com meu pai, já volto, vou levar ela". Ela achou que eu ia e questão de um minuto voltava. Aí eu fui lá, o cara pediu para eu fazer isso. Aí eu começava a fazer isso, fazer aquilo, o tempo passava e ela no carrinho. Estou chegando em casa, ela estava chorando. Eu perguntei: "O que foi?". Ela disse: "Achei que você tinha sumido com a minha filha, ido embora com ela". Achou que eu tinha fugido com a menina.
> MARIA ROSA: Estava demorando muito. Estava dando a hora dela mamar, meu peito começou a doer porque estava enchendo de leite para ela mamar, aí, pronto, ele levou minha menina embora, minha menina está com fome nessas horas...
> M: Ela acordou bem na hora que eu entrei em casa, estava dormindo. Agora quando eu falo que vou levar ela ali, ela não deixa...
> MR: Eu não deixo!

Essa situação reavivou na mãe fantasmas intergeracionais experimentados durante a gravidez relacionados à possibilidade de perder sua filha: ela guardava um segredo repleto de mágoa em relação à sua irmã, dando a entender que sua filha nasceu prematura por praga rogada por ela.

Maria Rosa não contava com uma boa rede de apoio, sua mãe morava longe, a sogra a rejeitava, não confiava nessa irmã e seu pai muitas vezes a desautorizava na função materna. Ela se apoiava fundamentalmente em Marcos, ficando muito só quando ele ia trabalhar e dependia dele para comparecer às consultas.

Quando os pais relataram os conflitos com a avó paterna, Glória chorou e pudemos apontar como a bebê era sensível aos sentimentos dos pais. Pudemos observar os cuidados maternos e a capacidade da mãe em acalmar sua filha.

Na segunda consulta, a bebê estava com 1 mês e 16 dias, e foram observadas a capacidade da mãe de alimentar o bebê, a qualidade do sono e a capacidade da mãe de tranquilizar o bebê nos momentos de choro e de desconforto, de acordo com a primeira janela clínica de Stern (1997).

Nosso trabalho nessas duas consultas foi o de autorizar e fortalecer a confiança na função materna. Pareceu-nos que, com nossas intervenções, o casal uniu-se na função parental e não teve interesse em retornar para outras consultas.

Tabela com o resumo dos casos

Casos	Nomes (mãe/ bebê/pai)	Número de consultas	Idade da mãe e do pai	Tipo de parto	Estado civil
M1	Maria Lídia Lucas Alvaro	7	17 e 23	Cesariana	Solteira
M2	Mariana Guilherme Alceu	9	15 e 46	Cesariana	Solteira, depois de 1 ano amasiou
M3	Maria Lúcia Laura Marcos	8	18 e 24	Normal	Solteira
M4	Kátia Maria Odylon Ricardo	5	18 e 23	Normal	Solteira
M5	Maria de Fátima Ana Alan	5	16 e 20	Normal	Solteira
M6	Marisa Mariana Wilson	5	16 e 23	Normal	Solteira
M7	Maria Luíza Maria Mariana Pedro	3	17 e 19	Cesariana	Solteira
M8	Maria Rita Ana Lúcia Alberto	3	13 e 21	Cesariana	Solteira
M9	Maria Elisa Greyce Jaime	2	15 e 18	Normal	Moram juntos
M10	Maria Rosa Glória Marcos	2	15 e 19	Normal	Moram juntos

Número de filhos	Escolaridade	Rede de apoio	Amamentação (meses)
1	Ensino médio completo	Com a vinda do bebê, foi morar com a mãe (enfermeira). Tem contato com o pai. Teve contato com o pai do bebê até um ano	+ de 6 meses
1	7º ano	Mora com os pais. Cuida da casa e dos sobrinhos enquanto a avó materna trabalha. Foi morar com o pai do bebê, quando este tinha 1 ano e engravidou novamente logo em seguida	+ de 6 meses
1	2º ano do Ensino médio	Mora com os pais. Voltou a namorar com o pai da bebê	2 meses
2	Cursando o 2º ano do Ensino médio	Mora com os pais. Atualmente está namorando com o pai do primeiro filho	+ de 6 meses
1	Cursando o 1º ano do Ensino médio	Mora com os pais. Tem contato com a família do pai da bebê, mas tem pouco contato com ele	Quase 3 meses
1	6º ano	Mora com a mãe. Pais separados. Avó materna com quadro de depressão, avô materno caminhoneiro	2 meses
1	1º ano do Ensino médio	Filha caçula, mora com os pais. Está namorando com o pai da bebê	2 meses
1	7º ano	Mora com a mãe, com quem tem dificuldade de relacionamento. O pai da bebê está preso. Não tem contato com ele	3 meses
1	8º ano	Moram junto há mais de um ano, no mesmo quintal dos avós maternos	+ de 5 meses
1	6º ano	Mora com o pai da bebê. Tem mais contato com o avô materno que mora próximo. Avós maternos separados. A sogra não conversa com Maria Rosa	+ de 2 meses

3. Considerações sobre a parentalidade

Eu não tenho pai nem mãe, nem parente nem irmão:
sou filho de uma saudade, cruzada com uma paixão.

João Guimarães Rosa (1965)

Neste capítulo será discutido como se constitui a parentalidade na população estudada, ilustrando com os diálogos estabelecidos nas consultas terapêuticas. No próximo capítulo, serão apontadas as intervenções consideradas favorecedoras da construção da parentalidade em mães adolescentes, do fortalecimento do vínculo mãe-bebê e da promoção do desenvolvimento emocional do bebê, enquanto modelo de intervenção com vistas à prevenção de transtornos globais de desenvolvimento.

Como assinalado na "Introdução", o estudo da parentalidade refere-se aos laços parentais, aos vínculos afetivos que se estabelecem muito precocemente entre pais e filhos e que são a base na qual se constrói o processo de subjetivação, a vida psíquica do bebê. Ter um filho não é o mesmo que se tornar pai ou mãe, a parentalidade humana não é inata, tampouco um processo biológico, mas um processo psicológico complexo que se estrutura na mente dos pais e que necessita muitas vezes de acompanhamento cuidadoso, especialmente tratando-se de mães adolescentes. Ao mesmo tempo, são os filhos que permitem a parentalização.

A parentalidade, assim como a filiação, constrói-se no aparelho psíquico. Esses dois processos complementares incluem a história do bebê, de seus pais e de seus avós, assim como o reconhecimento da sexualidade infantil, isto é, das pulsões inconscientes. Quando encontramos algum tipo de perturbação ou carência nas relações entre a criança e seus pais, há fortes riscos de que se desenvolva alguma patologia desse processo. Esta pesquisa foi também uma ação terapêutica preventiva que procurou evitar o estabelecimento de patologias severas, que mais tarde demandariam cuidados mais sérios e nem sempre com os melhores resultados.

Procurou-se analisar a parentalização com base no exercício; na experiência e na prática da parentalidade (Houzel, 2004); no relato da história do desejo de ser mãe e sua relação com aspectos transgeracionais e intergeracionais; nas identificações femininas (mãe/avó/tia); nos conflitos entre ser mãe e ser adolescente; nos conflitos entre o desejo de ter o filho e a culpa de não o desejar; na observação da capacidade da mãe de se relacionar com o bebê como outro e subjetivá-lo; nas fantasias inconscientes transgeracionais ou intergeracionais projetadas no bebê (conflitos edípicos e fantasias incestuosas); nos conflitos entre o bebê imaginário e o bebê real; e na capacidade da mãe de reconhecer as competências do bebê e as da função parental.

Ao engravidarem, as adolescentes vivem uma comoção física e psíquica, expressa obrigatoriamente por meio de uma fragilidade emocional. Elas têm de se deparar com as necessidades do bebê, e, para isso, é imperativo que se tornem mais sensíveis e desenvolvam outras formas de sentir e perceber os acontecimentos emocionais para que se tornem capazes de ajustar-se às necessidades desconhecidas de um bebê também desconhecido. Elas têm de passar por uma profunda transformação psíquica, que prepara o salto ao desconhecido que permitirá o vir a ser mãe. Nesse processo, mobilizam-se também todos os recursos defensivos que se têm à disposição: pensamento mágico, apelação a princípios morais, rigidez, barreiras, estruturas preconcebidas em função das defesas e não das necessidades internas. A esses aspectos, soma-se o fato de a maternidade promover uma mudança de identidade. Mas, tratando-se de mães adolescentes, isso se torna mais complexo porque estamos diante de garotas que ainda estavam constituindo a própria identidade.

No relato e no trabalho desenvolvido com as mães adolescentes, pudemos[1] perceber que a construção da parentalidade processa-se em três registros: o social, o transgeracional e o psíquico. Passo, então, a apresentar esses registros ilustrando com os diálogos dessas mães.[2]

Registro social

Como assinalou Dadoorian (2003), nas mães adolescentes, a curiosidade em testar seu aparelho reprodutor é desencadeada pela atividade hormonal ocorrida nesse período da vida, que leva ao ato sexual. As jovens iniciam sua vida sexual logo após a primeira menstruação e engravidam em um curto período. A gravidez certifica para a adolescente que o corpo já está preparado para a concepção. A confirmação da sua capacidade reprodutiva desencadeia um sentimento de surpresa (não esperavam a gravidez), em que ela pode constatar que não é mais menina, e, sim, mulher. Para elas, há uma equivalência na qual exercer a sexualidade significa ter um filho, marcando sua entrada na vida adulta. Nesse imaginário cultural e social, é possível observar as situações que serão descritas a seguir.

1 Também participaram das consultas as psicólogas Denise Serber e Patricia Oliveira de Souza.

2 Nas transcrições dos diálogos foram respeitadas as marcas de oralidade, bem como os usos que fogem à norma culta padrão da língua portuguesa.

Falhas de informações sobre os cuidados com a saúde sexual

Apesar de quase todas as jovens terem o ensino fundamental completo e terem informações sobre os métodos contraceptivos, sabemos que o processo de aprender a cuidar da própria saúde é gradual, requer espaços de reflexão, nos quais os adolescentes possam discutir as informações recebidas e encontrar sua forma de lidar com elas em seu cotidiano, em sua vida (GTPOS, 2002). Ter acesso a programas de orientação sexual nas escolas, serviços de qualidade de assistência integral à saúde do adolescente e métodos anticoncepcionais, conhecer os direitos sexuais e reprodutivos e saber como exercê-los não se mostraram eficazes, conforme observado no discurso dessas jovens.

> MARIA LÍDIA (M1): Pelo tempo que a gente namorava, meu pai já imaginava que isso ia acontecer uma hora, então ele ficou chateado comigo, assim, por não ter, como eu vou dizer, por não ter tido a preocupação de contar primeiro para ele. Ele foi o último a saber, porque primeiro eu conversei com a minha mãe, depois com o meu namorado, mas conversei com a minha mãe para ter certeza se eu estava mesmo. E aí quando eu tive certeza, ele foi lá na casa do meu pai, onde eu morava, minha mãe foi e a gente sentou os quatro e conversou. E primeiro ele ficou muito chateado, ele falou para mim: "Eu sabia que isso ia acontecer". Porque eu ia muito dormir na casa do meu namorado, ficava lá um, dois dias. Ele não se importava. Mas sempre me aconselhava a me prevenir, fazer tudo direitinho. Mais chateado ele ficou por eu não ter falado primeiro para ele, porque eu morava com ele, tal. Mas depois ele ficou superfeliz. [...] Na verdade eu me preveni, só que não deu...

> MARIANA (M2): Acho que é porque eu não tinha o preservativo [ela nos disse quando engravidou pela segunda vez depois de ter ido morar com o pai do primeiro filho].

> MARIA LÚCIA (M3): A gente usava, mas a gente ficou sem usar um mês. [...] Eu não usava a camisinha, tinha dado um tempo. Aí eu logo vi que eu estava porque para mim não atrasa, adianta. Aí eu estava indo numa

festa com o pai dela de moto e com mais um amigo e uma amiga de moto também. Aí eu falei assim: "Vamos ali na farmácia". Ele: "Fazer o quê?". Isso já ia dar meia-noite na Drogaria [...] que é 24 horas, aí eu fui lá e comprei aquele Confirme®. Aí eu fui para a festa, era uma quermesse, foi no mês de junho do ano passado. Aí quando chegou lá em casa, eu fiz o teste. Peguei o copinho descartável da festa e fiz. Aí eu fiz um pouco de xixi e coloquei. Aí duas risquinhas na hora.

KÁTIA MARIA (M4): Estava com quase 3 meses. Eu fiz ultrassom. A minha menstruação veio normal. Aí quando eu fui descobrir eu já estava com quase três meses. [...] Eu tenho alergia, não posso tomar pílula, já tomei várias vezes... A camisinha estourou [...], eu estava achando muito estranho, a minha barriga estava crescendo, achei estranho e fiz o ultrassom.

MARIA DE FÁTIMA (M5): Sempre usava camisinha, só que aí terminei não usando. Minha tia conversou comigo e me ensinou a fazer tabelinha, e eu fui nessa de tabelinha e engravidei.

MARIA LUIZA (M7): Porque foi assim, como eu era de menor, a médica falou assim que não era bom usar comprimido, era para se prevenir na camisinha, mas só que aí na hora esqueceu. Não tinha, né. Aí acabou acontecendo, e eu fiquei grávida. É complicado, quando eu fiquei sabendo, por causa dos meus pais, só que depois fui acostumando com a ideia.

MARIA RITA (M8): Eu usava anticoncepcional só que no dia que a minha cunhada foi fazer a faxina, que eu colocava ele em cima da geladeira, ela não olhou a cartela atrás, aí ela jogou fora. Ela pensou que era remédio da minha mãe. Aí no dia que eu fui procurar, eu falei: "Tia, cadê meu remédio?". Ela: "Ih, que remédio? O que estava em cima da geladeira? Ih, joguei fora". Eu falei: "Ai, meu Deus!". Aí eu tive relação com ele, aí acabou ficando grávida mesmo. Eu fui no posto, fiz o teste, aí deu positivo, ainda eu chorei, sentei no posto, chorei, chorei, falei para minha cunhada me belisca que é mentira, me belisca, não é verdade.

Gravidez na adolescência como parte da cultura dessa população

É interessante observar que uma gravidez inesperada na adolescência faz mais parte da cultura dessa população que o aborto, as pílulas do dia seguinte ou mesmo contraceptivos.

> MARIA LÍDIA (M1): Na minha idade, eu achava um absurdo, achava muito ruim, muito. Porque eu tinha muitas amigas na escola que já tinham dois filhos. Eu achava aquilo um absurdo. Eu ficava indignada com elas, eu falava: "Como é que você foi fazer isso? Você não tem condições de criar". Hoje em dia, o emprego está muito difícil, ainda mais para quem não tem uma faculdade. Eu ficava indignada, eu achava um absurdo que elas engravidavam e aí aconteceu, eu tive que me conformar. Depois que eu descobri que estava grávida eu quis o tempo todo, nunca passou pela minha cabeça de tirar, eu quis o tempo todo.

> KÁTIA MARIA (M4): Ah, eu pensei "não vou tirar, já tenho um porque não posso ter outro?". Logo comecei a comprar as roupinhas...

> MARIA FÁTIMA (M5): A gente namorou um tempo, um mês, logo depois eu engravidei, ele queria que eu tirasse, e eu disse: "Não, eu fiz, está dentro de mim, vamos assumir a responsabilidade", disse que não ia tomar remédio para poder abortar. Aí conversei com meus pais, eles ficaram muito chateado tudo, porque eu namorava com ele um tempo. Aí eu pensei: "Eu não tenho vontade de ficar com um cara que não quer responsabilidade, que quer tirar um filho que é dele", aí eu terminei com ele.

> MARIA LUIZA (M7): O pai da bebê ficou numa boa, porque ele pensou que, pelo fato de eu ter engravidado e era de menor, podia passar na minha mente de eu tirar ela. [...] Aí ele começou a falar: "E se você tirar minha filha, você vai ver o que vai acontecer". Ele falou que ia me entregar para a polícia. Eu falei: "Nunca eu vou tirar minha filha, eu sou

mulher de fazer, eu sou mulher de criar". [...] Tem gente que pergunta: "Você se arrepende?". Não.

Interrupção dos estudos

Outro aspecto que se destaca é que a maioria das mães adolescentes, ao engravidar, não voltou a estudar, indicando certa vergonha em desnudar sua vida sexual ativa diante dos colegas.

> MARIANA (M2): Só vou voltar a estudar quando ele estiver com uns 6 meses. Aí eu volto [primeira consulta]. Parei de estudar. Parei de sair, que eu saía. [...] Às vezes eu fico pensando que podia estar na escola. Estudar, né. Agora ficou difícil... [segunda consulta]. Quando eu for estudar, vou estudar à noite, no vespertino [diz isso na quarta consulta, mas não voltou até quando nos encontramos pela última vez].

> MARIA LUIZA (M7): A cesta eu ganhei do pai dela no dia das mães.
> MARIA CECÍLIA: Vocês estão namorando de novo? [Mãe faz que sim e fica envergonhada de falar sobre a volta com o namorado.]
> M7: Estou contente, mas tenho vergonha. [...] Como ele trabalha fora, ele vem três, dois dias para ver ela na semana. Então com ele eu não fico assim muito tempo também não. [...] Eu não estou pensando mais de terminar os estudos e já começar a trabalhar. Não penso em curso, quero mesmo é trabalhar para cuidar dela.

Carência: desejo de preencher o vazio interno

As famílias das mães adolescentes são muito carentes: de afeto e de condições materiais. São originárias, em sua maioria, de fora de São Paulo, são famílias desterradas, desenraizadas, imigrantes e repletas de histórias trágicas, então há um desejo de construir um núcleo familiar. O desejo de ter um filho, apesar do medo de aumentar a família, representa o desejo de preencher o vazio interno, de ter um bebê que vai amá-la incondicionalmente e, ao mesmo tempo, de construir uma dupla mãe-bebê que não pôde viver com a própria mãe.

> MARIA DE FÁTIMA (M5): Assim meus avós maternos moram longe, eles moram no Norte, então elas se ligam, não sempre, uma vez por mês, quando é alguma coisa, aniversário. Aí elas se ligam. Só que a mãe dela morreu, só tem o pai, então não é assim, eu falo para ela: "Eu queria que meu avô morasse aqui". Porque ia ser melhor, já não tem a mãe, e o pai ainda mora longe. Aí só que ele não quer, quer ficar lá, não quer vir morar aqui.
> MARIA CECÍLIA: Sei. E a sua mãe veio para cá quando?
> M5: Ela veio antes dela casar, ela tinha acho que 18 anos, aí veio, conheceu meu pai aqui, casou teve eu e meu irmão. Meu irmão e eu, eu sou a mais nova. Depois voltou para lá com a gente e depois de sete anos ela veio para cá de volta. [...] Ela veio porque a tia dela morava aqui, aí primeiro veio o irmão dela e falaram que era melhor para conseguir emprego, essas coisas, então ela veio. Aí ela veio e ficou aqui, casou depois de um bom tempo. [...] A minha avó morreu, minha mãe tinha 14 anos.
> MC: Com quantos anos você teve a sua filha?
> M5: Com 16.
> MC: E do lado do seu pai, como que é a sua avó, seu avô?
> M5: Ah, também mora lá no Norte, tudo longe. Eu tenho os dois, meu avô e minha avó, só que o meu pai viaja muito, então, é difícil ele chegar, parar e vou ligar para o meu pai, então ele liga pouco, pouco. Tem vez que a gente liga, pergunta como que está, mas só que assim meu pai mesmo ligar, perguntar é difícil.
> MC: Quer dizer que vocês são uma família muito sozinha aqui em São Paulo?
> M5: É, mas eu tenho os meus tios, as minhas tias, pela minha mãe e pelo meu pai não. Todos os irmãos da minha mãe moram aqui, então para minha mãe não é tanto porque sempre assim no final de semana se

> reúne toda a família, aí a gente sempre faz alguma coisa, aí sempre fica a família toda reunida na casa de alguém.

Carta de alforria, respeito da comunidade e autonomia

Como assinalei, a gravidez nessa classe social representa a conquista de um estatuto de mulher e de se tornar adulta, com o ganho de maior respeito pela comunidade, autonomia e independência (Brandão, 2003), como se fosse a aquisição de uma carta de alforria que liberta da condição de dependência infantil. Sou mulher, sou alguma coisa.

Além disso, a gravidez na adolescência é um fato rotineiro e comum nessa classe social. As colegas, irmãs e, em alguns casos, a própria mãe das garotas são ou foram mães adolescentes. Representa uma via de acesso à feminilidade. Dadoorian (2003) aponta que, como a afirmação social nesse meio se expressa na maternidade, poderíamos dizer que se trata de uma gravidez social, isto é, maternidade social.

> MARIANA (M2): Agora amizade mesmo é minha mãe, as vizinhas mais de idade, mais cabeça. Já com as meninas de antes, não tem muita amizade mais não [oitava consulta].

> KÁTIA MARIA (M4): O bebê é tudo, é muito bom... É uma companhia para gente, companhia que não vai te deixar nunca. [...] Tem sempre mãe que sabe cuidar do filho melhor, sempre deixa ele limpinho. [...] Alimenta ele nas horas certas. Dá muito carinho e amor.

> MARIA LUIZA (M7): Ser mãe é tudo, mudou minha vida, era muito agitada com tudo, agora converso mais com a minha mãe. Era muito afastada de todos, agora não, a vida antes era sair. Agora minha balada é ela! Porque, que nem eu falei, eu não tinha carinho, eu não era calma, era muito agitada. Mudou a minha vida essa menina. Agora eu converso, converso mais com a minha mãe que era uma coisa que eu não conversava. Carinho, ela

mudou minha vida, mudou minha vida todinha. Eu era agitada com o pai dela, agora a gente senta para conversar, para falar do futuro dela, como é que vai ser. Ela me mudou, nossa, totalmente, totalmente.

Gravidez como fator de união familiar

A gravidez na adolescência nessa classe social é vista como um fator de união – um bebê une a família, é motivo de alegria. Passado o impacto da notícia da gravidez, as famílias acolhem a mãe adolescente, e o bebê chega promovendo encontro entre os familiares. O apoio da família é fundamental, pois a garota engravida em um momento em que ela está construindo sua própria identidade, isto é, quando ela ainda está descobrindo quem ela é, ela já se percebe mãe.

> MARIA LÚCIA (M1): Nossa, acho que os dois, né, meu pai e minha mãe não queriam antes, achavam uma tragédia eu ter engravidado tão nova. Mas agora, não tem o que fazer, né, tem que aceitar. Mas eles gostam muito, porque eles têm três meninas, agora veio meu menino. [...] Ele já tem até chuteira, porque o único menino tem que aprender a jogar [risos] [primeira consulta].

> MARIA DE FÁTIMA (M5): Meu pai até nem falava comigo, passou mais de uma semana sem falar comigo, aí depois a gente... eu fui puxando assunto com ele até a gente voltar a ter o clima normal, porque o clima dentro de casa ficou péssimo, tenso, horrível, e meu irmão também não queria que eu encostasse nele, até que depois de um mês mais ou menos voltou tudo ao normal. Eles encostavam na minha barriga, sentiam ela mexendo tudo, mas no começo foi um clima horrível, porque a única que aceitava assim melhor era minha mãe, mas com meu irmão, meu pai... [primeira consulta].

> MARIA LUIZA (M7): Porque assim, quando eu estava grávida, o meu pai criticou, meu pai me esculachou, aí ele falou: "É, essa menina vai vir, vai

> ficar chorando. Não quero criança aqui na minha casa não, chorando no meu ouvido porque eu vou ter que levantar para trabalhar". Aí às vezes ela acorda assim de madrugada ele fala: "Oh, meu Deus, levanta vai dar leitinho para a menina, ela está chorando, tadinha". Ele é assim, agora tudo é ela. Ele compra o leite, fala: "Está aqui minha netinha, para você". O xodó dele. Para quem tanto criticou, né? Olha aí agora. [...] Aí domingo dia das mães reuniu a família inteira, veio o pai dela, veio a avó, a tia, o tio, veio todo mundo. Aí juntou todo mundo lá em casa, fez churrasquinho para comemorar, né? [terceira consulta].

Registro transgeracional

As consultas terapêuticas com as mães adolescentes, observando a interação mãe-bebê e, sempre que possível, com os outros membros da família, sobretudo o pai, permitiram que falassem sobre o bebê, sobre eles mesmos e sobre suas famílias, sobre seu passado e sobre a repetição de condutas. Procurou-se colher a história do bebê desde o relacionamento de seus pais com seus próprios pais, até a concepção, o nascimento e o desenvolvimento do bebê naquele período. Buscou-se o acesso às diferentes representações do bebê imaginário, fantasmático, cultural e real, que os progenitores, em função de sua história, tinham de seu pequeno filho (Lebovici & Stoleru, 1983; Lebovici & Weil-Halpern, 1989; Lebovici, Mazet & Visier,1989; Lebovici, 1986, 1991, 1993b; Lebovici *et al.*, 1998).

Nos relatos, foi possível observar aspectos psíquicos inconscientes que foram transmitidos por gerações: aspectos transgeracionais.

Como apontei anteriormente, acredito que a transmissão dos objetos transgeracionais e intergeracionais se constitui a partir dos mecanismos de identificação e pode ser observada por meio da identificação mórbida (Silva, 2003, 2007), enquanto patológica em si e que adoece o outro. Esses mecanismos de identificação mórbida podem ser observados em alguns relatos das mães adolescentes.

Esses objetos permanecem enquistados, incorporados e inertes; quando são transferíveis por meio das identificações mórbidas, e não são transformados pela transmissão. É esse fenômeno que também é possível ver abordado na afirmação de Winnicott (1963/1994) quando fala de um vivido-não-vivido e sempre a reviver e sobre o temor de um colapso que já ocorreu, mas sem que o ego seja capaz de metabolizar o que então foi vivido sem qualquer representação de palavras.

O registro transgeracional das mães adolescentes estava relacionado a fantasias reparatórias, à identificação mórbida, à gravidez como repetição, a histórias familiares trágicas e traumáticas e a aspectos inconscientes obstaculizantes do exercício da função parental e do desenvolvimento do bebê, como ilustro a seguir.

Fantasias reparatórias: desejo de constituir uma família, que resulta na repetição de sua história familiar

> Maria Lídia (M1): Eu tinha outros planos para mim, e a gente até estava conversando disso ontem, com ele [pai do bebê], e ele falou para mim de vir todo dia, porque eu briguei com a minha mãe ontem por causa dele [pai do bebê], porque ela falou que ele não estava dando as coisas para o filho dele, que ele podia estar mais presente, podia estar ajudando mais, [...] porque o bebê ainda não entende muito da presença dele, está começando a reconhecer as pessoas agora, então eu não acho que seja assim, aquela coisa todo dia, em cima do menino o tempo todo. Mas eu acho que o que ele faz é o suficiente, mas a minha mãe já acha que não. Ela acha que ele tinha que estar lá o tempo todo, sabe, dando atenção o tempo todo. E a gente discutiu ontem por isso. E quando a gente fala sobre isso, a gente lembra muito do passado do que aconteceu com ela, dela ter saído de casa, do meu pai, então, acho que é um problema que eu tenho, porque ela sente remorso, não sei, acho que eu estou triste ainda pelo que ela fez, então a gente discutiu sobre isso ontem, e ela começou

> a falar dele para o meu filho, que o pai dele não prestava, que o pai dele não dava atenção para ele, e isso eu não quero. Porque se isso for verdade mais tarde, meu filho vai ver. Então eu comecei a discutir com ela por isso, porque eu não quero que ela fale isso para ele. E ela afirmava que se ele morasse com ela, uma hora ele ia saber, ela ia falar para ele. E eu não quero isso para ele porque, depois que minha mãe foi embora, eu tive o tempo todo meu pai falando que a minha mãe era uma vagabunda, porque tinha traído ele, porque tinha saído de casa e deixado a gente com ele, ela não estava nem aí para a gente. Então eu tive isso a minha vida inteira, eu não quero que meu filho passe pela mesma coisa. Então, se o pai dele no futuro não prestar, mais tarde ele vai saber, quando ele começar a entender as coisas. [...] Quando a gente não ficou junto, a primeira coisa que eu pensei que para ele [o bebê] ia ser igual foi para mim. O pai de um lado e a mãe do outro. E para mim foi difícil porque eu era nova. Então, assim, quando ele crescer dá para eu explicar e ele entender melhor, mas, quando ele crescer, eu falar: "Ó, a mamãe estava grávida, mas a gente se separou". Mas é difícil mesmo assim, né, aí vai na escolinha, vê a mãe e o pai que às vezes vai buscar, eu acho que, não sei, vai ser meio difícil para ele, mas eu vou fazer de tudo para que não seja [terceira consulta].

Repetição da história de uma gravidez precoce: ter filho cedo

Nesse processo repetitivo, muitas vezes o filho torna-se um presente para a avó, para ela criar, dificultando a parentalização.

> MARIANA (M2): A minha mãe também ficou grávida quando ela era novinha. Só pegava coroa para namorar [segunda consulta].

> MARIA CECÍLIA: E como foi quando você percebeu que estava grávida?
> MARIA ELISA (M9): Foi bom e ruim. Foi bom porque eu gosto de criança, fiquei feliz. Mas eu fiquei pensando no meu pai, porque ele é um

pouco ruim, ele fica bravo. Porque eu sou nova, minha irmã também engravidou igual eu com 15 anos. Dela ele ficou bravo, já de mim ele não ficou muito não. Ele gosta dela, tudo.

Nesse relato, é possível observar a presença de identificações mórbidas:

MARIA CECÍLIA: Então, quando você perdeu seu pai e sua mãe ficou deprimida, você ficou cuidando de sua mãe.

MARISA (M6): É, eu acho que ela viu o acidente. Foi com uma carreta, bateu numa carreta e começou a ficar com depressão. E insônia. Aí não conseguiu mais dormir.
MC: Você está falando uma coisa parecida, né. Você também não consegue dormir e fica preocupada com sua filha o tempo inteiro, que aconteça um acidente com ela. É muito parecido.
M6: É.
MC: É como se você também ficasse com uma marca desse acidente e você carregasse essa dor da sua mãe... e não dorme tranquila
M6: faz sinal positivo com a cabeça. [primeira consulta].

Histórias familiares trágicas e traumáticas

A presença de histórias familiares trágicas e traumáticas recheia o discurso de várias mães adolescentes. Sabemos que os traumas muito precoces irrepresentáveis foram considerados por Freud, implicando um alargamento da prática analítica. A definição clássica de trauma, ou mais exatamente de traumatismo, responde à ideia de um acontecimento que se deu na vida real. É inesperado, violento, surpreende o sujeito sem que ele tenha tempo de se preparar, desorganiza-o e provoca a repetição incansável da percepção traumática impossível de esquecer, repetição que não corresponde mais à noção da lembrança.

Essa noção evoluiu constantemente dentro da obra freudiana (Freud, 1897/1976, 1918/1976, 1939 [1934-1938]/1976) até a descrição de um tipo de trauma que ele qualifica de traumas de efeitos negativos. Estes são os traumas precoces, das impressões recebidas em uma época em que o aparelho psíquico da criança ainda não está pronto para acolhê-las (Freud, 1937/1976). Freud ignorava que o inacessível é motivado por aquilo que na realidade são traumas sem lembrança. Ideia que mais tarde Winnicott captou perfeitamente, quando descreveu, em um artigo póstumo, traumas que não foram ainda sentidos pelo paciente. E aqueles traumas em negativo provocados porque alguma coisa que deveria ter acontecido, não aconteceu (Botella, 2005).

Acredito que as situações traumáticas retratam falhas ambientais iniciais e vivências muito precoces e que não havia um ego capaz de dar representação. E como um *après-coup*, elas retornam nas experiências atuais. Podemos imaginar, com base nos relatos, que essas jovens não puderam contar com um ambiente favorecedor desde o início de suas vidas. Winnicott coloca que é por meio de uma espécie de regressão a serviço do outro, o bebê, que a mãe poderá compreender, de forma criativa, seu infante, suas comunicações, identificando-se com suas necessidades e suas vulnerabilidades (o estado de preocupação materna primária). Assim se dá o exercício de *holding*, essa identificação não é paralisadora, estagnante, mas, pelo contrário, é metabolizadora para favorecer o desenvolvimento do outro. Segundo Winnicott (1951/1988, p. 16), a mãe suficientemente boa:

> *é capaz de se identificar com o bebê, receber suas demandas e gestos espontâneos, suportar e dar suporte, permanecer lá e, sem alteração da qualidade de sua presença, estar disponível para cuidar do bebê nos momentos de tranquilidade do holding. E assim se inicia a humanização do bebê, e o pensar e o fantasiar se vinculam a essas experiências primitivas. Se tudo correr bem, as experiências*

relativas aos fenômenos transicionais virão naturalmente e serão uma passagem para o bebê poder lidar com as ansiedades de perda e separação.

Mas ele afirma que, para o bebê que espera tempo demais por sua mãe, a única coisa real é a lacuna, ou seja, a morte ou a ausência, ou a amnésia (Winnicott, 1951/1988). Pois: se a mãe ficar distante mais do que x minutos, então a imago se esmaece e, justamente com ela, cessa a capacidade do bebê de utilizar o símbolo da união. O bebê fica aflito, mas essa aflição é logo corrigida, pois a mãe retorna em x + y minutos. Em x + y minutos, o bebê não se alterou. Em x + y + z minutos, o bebê ficou traumatizado, o trauma implica que o bebê experimentou uma ruptura na continuidade da vida, de modo que defesas primitivas agora se organizam contra a repetição da ansiedade impensável (Winnicott, 1971, p. 135). Essas falhas ambientais se tornam traumáticas se não forem elaboradas.

MARIANA (M2): Um irmão morreu. [...] Ele caiu do prédio. [...] Tinha um pessoal lá na minha rua que tinha inveja do meu irmão, sabe. Aí por causa de R$ 10,00 levaram ele num prédio abandonado. Não sei se você já ouviu falar do prédio da Encol que tinha atrás onde era Bili? Levaram ele lá, espancaram ele e ficou lá. Trouxeram ele para cá para o Campo Limpo. Aí deram várias porradas na cabeça dele, aí jogaram ele lá embaixo, caiu dentro do poço, mas ainda ficou vivo. Ninguém socorria com medo dos marginais. Aí trouxe para cá ainda estava vivo, aí, quando a gente foi ver, ele já tinha falecido. E esses marginais não foram presos, eles moram lá na minha rua ainda. [...] Ele tinha 13 anos, ele era bem novinho ainda. [...] Ele vendia bala, ele ia dar o dinheiro para o homem. [...] Faz oito anos já [primeira consulta]. [...] Eu tenho uma sobrinha que a mãe dela faleceu aqui no hospital, quando ela faleceu estava com 4 meses. [...] Morreu de leptospirose. [...] É filha do meu irmão. Agora ela está com a gente também, eu é que cuido. [...] A mãe dela deixou seis filhos com 26 anos. [...] Só ela que é filha do meu irmão. Os outros pais, um está no Norte, outro está em outro lugar. Tudo de pai separado. Ela não deixava a gente ver a menina não [sexta consulta].

MARISA (M6): Meu pai mora em Salvador. A gente morava lá na Bahia. Aí ele terminou com a minha mãe e foi para Salvador. Aí minha mãe, um primo dela teve um acidente, aí ela ficou em depressão, aí ela veio para cá para se tratar. Eu vim junto com ela, e ela deixou meus irmãos com meu pai. Aí depois de cinco anos ela foi buscar os meus irmãos, e a gente está até hoje. [...] Aí como as coisas aqui são melhores, lá a gente tinha muita dificuldade, a gente ficou aqui mesmo. [...] Na verdade eu conheci meu pai há dois anos atrás. [...] Ele abandonou minha mãe quando eu ia fazer 2 anos ainda. [...] Eu vim para cá com 6 anos com a minha mãe porque eu era a menor, aí ela deixou os meus irmãos com meu pai. Aí não deu certo por causa da madrasta, e eles tiveram que vir. [...] Conhecer ele não fez diferença, foi até pior. Porque ele foi uma pessoa que nunca deu nada para nenhum dos meus irmãos. Não estava aqui, não fez diferença. [...] Ele nunca liga para saber como a gente está. Não faz diferença. Eu ligo mais para os meus tios.
MARIA CECÍLIA: E a sua mãe?
M6: Não, sarou da depressão, mas ela ainda está com insônia. Tem noite que ela ainda não consegue dormir. Ela toma remédio para dormir, quando falta ela não dorme. Mas mesmo tomando remédio, de vez em quando ela não dorme.

MARIA RITA (M8): Ela falou para ele [pai do bebê]: "Sai daqui, eu não quero brigar com você". E ele não escutou ela, errado foi os dois. Aí daí para frente foi briga, a minha mãe desejou a morte da minha filha, a minha mãe desejou a minha morte, ela falou assim: "Essa criança não vai vingar, essa criança vai ganhar o mundo". Um monte de coisa. [...] Ela sempre nervosa, ela sempre foi um pouquinho rancorosa. Ela gosta das coisas muito certo. E é assim, depois que eu ganhei a bebê, ela pediu desculpa, só que eu falei para ela: "Mãe, a senhora falava as coisas que não devia ter falado, e se Deus tivesse me levado dessa terra?". E a minha mãe já teve uma filha que morreu com 12 anos, atropelada. [...] Tinha um irmão que morreu um de febre alta, e outro, de parto. [...] Um foi de febre muito alta. Ela trouxe no hospital, deram remédio para ele, deram aquele banho morninho para baixar a febre, a febre dele não abaixava. Quando a minha mãe voltou para casa, que ela pegou ele no berço, ele morreu nos braços dela. [...] O de parto foi porque a minha mãe estava com a pressão muito alta, muito alta, e os médicos não sabiam ou se salvava a minha mãe ou se salvava o bebê. E como os médicos sabiam que a minha mãe tinha mais filhos, eles decidiram salvar a minha mãe. O pescoço da minha irmã foi deslocado, teve que deslocar o pescocinho dela, aí são três filhos mortos [primeira consulta]. [...] A minha mãe tentou agredir minha filha. [...] De novo ela veio para me bater, se não fosse a minha tia separar, não sei o que ela tinha feito comigo. Não sei o que passa pela cabeça dela. Eu sei que eu vivo um inferno na minha vida. [...] É um medo dentro de mim mesma. Eu mesma não sei dizer. É um medo que sai de mim mesmo, eu não sei por que tenho esse medo. Eu não sei se é o medo do que ela pode estar fazendo comigo, o meu maior medo na vida, porque ela já me bateu muitas vezes, eu tenho medo de apanhar de novo. Ela já me bateu grávida, ela já me bateu depois que eu engravidei, me bateu agora de novo. Então, não dá. Todas as vezes que ela vai me bater, a minha sorte é que tem sempre alguém por perto. Porque se ela me bater e não aparecer ninguém, ela não vai me bater, ela vai acabar me matando. Entendeu? Meu medo é isso [terceira consulta].

Aspectos inconscientes e duplas mensagens obstaculizantes do exercício da função parental e do desenvolvimento do bebê

Observamos, nos relatos das mães, fantasias e desejos inconscientes presentes em suas relações com os bebês. Fraiberg, Adelson e Shapiro (1975) chamaram a atenção para a invasão das fantasias maternas no funcionamento do bebê, em forma de "fantasmas no quarto das crianças".

> MARIA CECÍLIA: A gente ficou pensando um pouco nisso, sabe, de quanto você talvez ficou chateada porque você talvez tivesse um sonho de fazer uma família feliz, que é a família que você não teve.
> MARIA LÚCIA (M1): Com certeza, a primeira coisa que eu pensei que para ele ia ser igual foi para mim. O pai de um lado e a mãe do outro. E para mim foi difícil porque eu era nova. Então, assim, quando ele crescer, dá para eu explicar e ele entender melhor, mas, quando ele crescer, eu falar: "Ó, a mamãe estava grávida, mas a gente se separou". Mas é difícil mesmo assim, né, aí vai na escolinha, vê a mãe e o pai que às vezes vai buscar, eu acho que, não sei, vai ser meio difícil para ele, mas eu vou fazer de tudo para que não seja.
> MC: Mas eu também fiquei pensando que também é difícil para você. Porque você falou que, quando os seus pais se separaram, eles brigavam muito e que até hoje um fica falando mal do outro, e você ficava num fogo cruzado... Então eu fiquei pensando um pouco de quanto para você deve ser difícil isso. Você agora não está podendo estar com o Alvaro junto, como se essa separação fizesse você viver de novo aquilo de quando você era pequenininha.
> M1: E, às vezes, eu estou arrumando ele, nas pequenas coisas a gente percebe que seria diferente se ele tivesse pai, às vezes, eu estar arrumando a casa, fazendo alguma coisa, e ele chora, ele quer um colo, quer afeto. [...] E aí eu penso que se o pai dele estivesse por perto era só dar no colo do pai dele e continuar fazendo o que eu estava fazendo, mas aí eu penso, eu penso nisso todos os dias, mas não como eu ficava antes, triste, sabe.
> MC: Sei, é um projeto que não deu certo, e a gente fica triste...
> M1: Eu estou tentando pensar como uma coisa que não deu certo, como qualquer outra coisa, não é qualquer outra coisa, porque isso é muito importante, mas eu preciso pensar assim...

MC: Mas você falou que ele joga tudo e você acabou de fazer a mesma coisa.

MARIANA (M2): Ah, joguei para lá, senão ele ia bater na cabeça do menino.
MC: Então, mas aí ele repete, né? Ele joga como você. Você poderia conversar com ele, né, Guilherme? Não pode bater no nenê...

MARIA LÚCIA (M3): Ela é muito medrosa.
MC: Ela assusta...
M3: Em casa, o meu pai fala alto, o jeito que a gente fala com ela. Ela até assusta. Eu faço assim com ela, ontem eu estava fazendo não sei o que, e ela estava olhando para mim, e eu fiz assim: "Buuu!" [dá risada]. Ela fez assim [cara de susto]. Eu comecei a rir sozinha. Ela é muito medrosa.
MC: Mas por que você acha legal assustar ela?
M3: [ri] Ah, sei lá. Eu não assusto ela.
MC: Será que, quando você olha para ela, não é você que leva um susto? De ver que você já fez uma filha pequenininha que está crescendo, que você tem responsabilidade?
M3: Eu apaguei a luz do meu quarto, porque ela está dormindo comigo, né, dia frio assim, eu ponho ela no cantinho. Aí eu apaguei a luz, e ela abriu um olhão. Aí eu tenho uma luzinha que eu ponho na tomada, é verde, que deixa o quarto bem verdinho assim, sabe? Não fica escuro. Aí quando eu apaguei a luz, ela abriu o olho bem assim grandão, aí eu acendo a luz, e ela voltou. Ela tem medo do escuro.
MC: Você tem medo?
M3: Oi?
MC: Você tem coisas que te dão medo?
M3: Tenho. Antes eu tinha de perder ela, porque eu tomei tudo aquilo, aí eu pensava se ela ia nascer linda, perfeita, quando eu pegar ela nos braços, eu só pensava nisso. Eu tinha muito medo se ia acontecer alguma coisa, sei lá. Dela nascer sem uma mão, sei lá. Aí quando ela nasceu,

eu fui perguntando. Aí colocaram no meu braço, aí ela estava roxinha, eu fiquei com medo. Mas eu acho que é normal nascer roxinha, né? [...] Sei lá, mas ela não precisou ficar dentro daquele negócio para tomar banho de luz, ela nasceu coradinha com as bochechinhas rosa.

DENISE: Mas, aí, Maria Lúcia, sempre que ela chora o medo parece que volta?

M3: Volta. Porque eu tenho medo dela engasgar, por causa do negocinho, eu não deixo ela chorar. Eu estava no banheiro hoje tomando banho, eu saí correndo, que meu pai estava na escada do lado de fora, não dava para escutar ela chorar, aí ela chorou e eu saí correndo para pegar ela, aí ela chorou estranho, né, tem que prestar atenção.

D: O choro dela te assusta, né?

M3: Aham.

MC: Volta todo esse medo, né, dela engasgar, dela morrer, dela ter algum problema, de você perdê-la...

M3: Quando ela engasga, ela fica assim querendo ar e não tem.

Registro psíquico

No registro psíquico, pudemos observar que a maternidade para a mãe adolescente está relacionada a fantasias e conflitos psíquicos com relação à identidade feminina, ao bebê e à gravidez. São muitas as fantasias que permeiam a relação da mãe adolescente com a própria mãe, com a gravidez e com o bebê, e o bebê e a maternidade assumem representações distintas.

A feminilidade: conflitos e identificação com a figura materna

No caso específico da menina, será por intermédio do desejo de ser mãe que ela se tornará mulher. Para Freud (1931/1976), o caminho que leva à feminilidade se dá por meio da maternidade. Assim, a maternidade se coloca como um atributo que caracteriza o feminino e a jovem mãe vai reviver todos os conflitos identificatórios com a figura materna.

> Maria Lídia (M1): Fui morar com a minha mãe, porque é diferente, né, uma mulher. É assim, tudo que eu queria antes, queria muito morar com ela antes e quero continuar agora, porque, mesmo meu pai sendo muito meu amigo para as conversas, é mais confortável conversar com a minha mãe do que com meu pai. Mesmo antes eu tinha algum probleminha já ligava para ela para conversar, mas era difícil pelo contato que a gente não tinha, ela trabalhava, chegava muito tarde, às vezes eu passava lá, às vezes a gente se falava no fim de semana. Mas aí, sabe, se a gente tem alguma coisa para conversar de urgência, aí eu vou conversar com quem? E ela não estava próxima. Agora é superfácil, eu chego em casa e falo: "Ah, mãe, tenho uma coisa para falar com você". É melhor. Eu gosto muito da minha mãe, por isso eu acho bem melhor morar com ela. [...] [primeira consulta].

> Mariana (M2): Agora amizade mesmo é minha mãe, as vizinhas mais de idade, mais cabeça. Já com as meninas de antes, não tem muita amizade mais não [...] [oitava consulta].

> Maria de Fátima (M5): Mais amigas, a gente sempre foi muito amiga, sempre conversamos, sempre fomos assim, tanto que minhas amigas falavam assim: "Nossa, queria ter uma mãe como a sua". Eu: "Mas por quê?". "Ah, porque ela fala tudo, conversa, e minha mãe não faz isso." Eu falei: "Ah, é só você começar a conversar com a sua mãe, ter um diálogo melhor". Aí ela: "Ah, mas a minha mãe é mais fechada, minha mãe não é assim". Eu falo: "Não tenho culpa" [segunda consulta].

> Marisa (M6): Eu já dei muito trabalho para minha mãe. [...] Eu saía, ficava uma semana sem avisar para ela, ficava uma semana sem dormir em casa, eu não avisava para ela para onde eu saía. [...] Eu ia para casa

de amiga minha, achava que lá estava melhor que a minha casa. Gostava de ir para balada. No começo eu apanhava bastante, mas depois que ela cansou, ela não ligava mais. Mas ela ficava com raiva. Eu aprontava demais. [...] Agora é totalmente diferente. Agora eu fico em casa o dia todo, mal saio, quando saio vou para casa de amiga minha, volto cedo por causa da nenê. Vou de vez em quando, nem sempre eu saio para ela não ficar doente nem nada. Teve uma época que eu experimentei droga também, minha mãe ficou sabendo. Já usei maconha e farinha [...]. Tinha vários amigos meus, todos eles cheiravam. Então um certo dia eu comecei a namorar com um cara, aí ele queria porque queria que eu cheirasse. Eu não queria, porque eu sentia medo, ficava com medo de *overdose*, essas coisas. Aí foi quando eu comecei a cheirar, aí eu acabei cheirando, eu fiquei três dias cheirando direto e eu tive um começo de *overdose*. Só que aí minha mãe descobriu tudo mais, eu comecei a chorar. E maconha eu usei umas três vezes. Mas eu não gostei de nenhum, ainda bem. [...] Foi depois de um bom tempo foi que eu vim engravidar. [...] Eu gostava de sair para balada, meu negócio não era bem a droga, era bem sair para balada mesmo que eu gostava. Eu nunca curti muito essas coisas não. [...] A maconha eu só dava risada, sentia muito sono e fome. Então eu não gostei. Já a farinha ela deixa o meu coração muito acelerado, eu olhava para tudo quanto era canto e achava que era uma pessoa. Eu via uma pessoa passar e falava: "Ah, é fulano". Minha amiga: "Não é, você está doida". Aí eu não gostei, sei lá, deixa a pessoa toda doida, sem saber de nada, então eu não gostei. [...] Eu era muito mente fraca. Estava todo mundo cheirando, eu achava que, como não fez nenhum efeito em mim, eu achava que não ia fazer. Então eu comecei a cheirar, cheirar, cheirar, foi quando eu tive um começo de *overdose*. [...] Estava eu e os meus amigos, e aí eu comecei a tremer toda, desmaiei, meu nariz começou a sangrar. Aí, depois de um tempo, assim meia hora, passou. Aí foi quando eu fui para casa. Aí chegou lá, minha mãe já sabia, não sei como. Ela já sabia, porque não foi perto de casa isso. Ela já sabia, ela começou a chorar, ela ficou decepcionada, porque eu era a única que fazia isso. Nenhum dos meus três irmãos, nenhum sai para balada, nenhum nunca fumou, não usava essas coisas. Eu era mais nova, achavam que eu ia dar menos trabalho que os outros. Mas fui a que mais deu trabalho para ela.

Maria Cecília: Sua mãe não confia em você...

M6: Não. Faz tempo que ela perdeu a confiança em mim. Desde quando eu pegava dinheiro dela para mim gastar, assim, com os meus amigos, mas nunca comprar droga. Gastar, assim, comigo mesma, comprar doce, essas coisas. [...] Teve uma vez que ela percebeu. Eu peguei R$ 20,00. Aí ela queria queimar a minha mão. [...] Só que aí, depois disso, também eu não peguei mais dinheiro dela, vi que isso também não era certo.

MC: Então mudou muita coisa na sua vida com a chegada de sua filha...

M6: Bastante. [...] Agora você para para pensar o que era certo, o que era errado, que na época você estava fazendo, você não enxergava isso. Não adianta ninguém chegar em você e falar, falar, você nunca vai enxergar nada. Você tem que se tocar por si. Várias pessoas que eram falsas comigo eu só vim descobrir isso hoje. Só hoje que eu vim descobrir, aconteciam situações que eu entendia uma coisa na época, agora você para para pensar que é outra coisa. Que era outra situação que você passava na época. Agora é tudo muito diferente. [...] De um jeito ou de outro, minha mãe não vai ficar com ela para mim sair. De um jeito ou de outro, vai ficar comigo, uma porque eu não quero, pode maltratar ela, e outra que a minha mãe, realmente, ela não vai ficar.

MC: Então tem um lado aprontador, mas também tem um lado que é bem cuidador, que você está sempre preocupada com a sua mãe, com a sua avó e com sua filha.

M6: É. Isso é verdade.

MC: Como foi quando sua mãe soube da gravidez?

Maria Rita (M8): Aí na hora eu cheguei, mostrei para ela. Aí está bom, ela ficou calada. No outro dia, foi uma xingação, o pau quebra. E aí ela me pegou, ela chegou a me agredir na gravidez. Teve um dia que a minha cunhada estava em casa, ela tentou. Aí a minha cunhada não deixou. Minha cunhada falou: "Você está nervosa com o pai da bebê e fica descontando nela". Só que aí minha mãe não conversava com o pai dela [da bebê], minha mãe tinha raiva dele ter feito isso comigo. Só que é como a minha tia falou assim: "Ele não me pegou a força e me colocou em cima de uma cama e tentou fazer sexo". Aí depois desse dia os dois não se deram mais bem. Quando se davam bem eram três dias, e a minha cunhada até falou assim: "Isso aí não dura três dias". Quando era o terceiro dia começava tudo de novo [bebê chora].

DENISE: A mamãe está falando de coisas difíceis, né?

M8: Ó, mamãe… Quer mamar? Mãe, dá o peito para bebê. […] Aí nunca mais. Aí depois minha mãe descobriu que ele era usuário de drogas, porque ele acabou levando maconha para dentro da minha casa. Aí no dia que a minha mãe estava mexendo numas coisas lá, a maconha estava num negócio preto bem na frente dela. Acho que a minha cunhada rezou tanto para Deus não mostrar aquilo para ela… Ela nem viu na frente dela, graças a Deus. Só que depois a minha cunhada acabou contando mesmo. Que não dava, o povo da rua falava para minha mãe, né: "Tira sua filha de perto dele, mesmo que ela esteja grávida, enquanto está cedo. Que mais tarde você vai ver, vai ser difícil para você". Aí a minha mãe perguntou para minha cunhada. A minha cunhada falou: "Ele trouxe droga para dentro de casa, você que não viu". A minha mãe nesse dia ficou revoltada com ele, nunca mais. Aí teve uma vez que ele foi desacatar a minha mãe, minha mãe pegou um pau e deu nas costas dele. Quebrou um cabo de vassoura nas costas dele. Aí veio polícia, aí o policial achou errado por ela ter agredido ele, né, mas achou errado dele quando ela pediu para ele sair. Ela falou para ele: "Sai daqui, eu não quero brigar com você. E ele não escutou ela, errado foi os dois. Aí, daí para frente, foi briga, a minha mãe desejou a morte da minha filha, a minha mãe desejou a minha morte, ela falou assim: "Essa criança não vai vingar, essa criança vai ganhar o mundo". Um monte de coisa.

MC: Ela ficou muito nervosa, então.

M8: Só que eu falava para Deus: "Deus, o senhor vai mostrar diferente para minha mãe". Até que teve um dia que eu enfrentei ela, mas eu fiquei com tanto medo, tanto medo [primeira consulta].

M8: Meu medo, não sei, de acabar acontecendo alguma coisa... Eu não queria, não quero fazer nada contra ela, porque ela é minha mãe, mesmo assim ela é a minha mãe. Eu gosto da minha mãe. O meu lado impede de eu fazer isso, de eu fazer uma denúncia. Só que o meu medo é dela fazer de novo contra a minha filha. Até a minha prima diz: "Vai no Conselho Tutelar, faz uma denúncia, sei que você ama ela". Mas não sei por que eu não vou, acho que é por causa disso, entendeu... [terceira consulta].

Com o nascimento de sua filha, M9 disse: "*Ser* mãe é se sentir mulher, eu acho", sentindo que se aproximou mais de sua mãe e que havia se tornado mulher e ingressado na vida adulta.

Representações psíquicas do bebê

Dentro do registro psíquico, quando observamos a relação das mães adolescentes com seu bebê, verificamos que, para a maioria, o bebê não se constituía em um sujeito-bebê; possuía diversas representações em seu mundo interno.

O bebê como falo: "é 'tudo' e veio preencher o vazio interno"

O desejo de ter um filho, isto é, o desejo de ter o falo, é algo bastante forte no inconsciente feminino (Freud, 1931/1976). No relato das mães adolescentes, pudemos observar como, por meio do filho, um ser que é uma extensão de seu próprio corpo, elas se sentiam plenas, nada lhes faltava. O bebê funcionava como um objeto que completava todas as suas carências e os seus desejos mais íntimos. Por sua vez, como essas jovens tinham uma situação econômica precária que lhes dificultava o acesso a bens e serviços essenciais, o falo aparece como o objeto privilegiado, capaz de possibilitar essa reparação narcísica.[3] O filho tem a função de preencher a carência afetiva, sem possibilidade de subjetivar-se.

Nos relatos, foi possível observar como o filho representava "tudo" para elas e que elas desejavam o melhor para ele, que ele estudasse, trabalhasse e não lhe faltasse nada.

> Maria Lúcia (M3): Ah, bom, é, sei lá, que ela é minha filha. É tudo.
>
> Kátia Maria (M4): O filho é uma companhia para gente, companhia que não vai te deixar nunca. [...] O filho é tudo, é muito bom... É uma companhia para gente, companhia que não vai te deixar nunca [...].
>
> Maria de Fátima (M5): Ah, [...] ter um filho é uma coisa que não tem como explicar, assim, totalmente, "é isso, isso e isso". É uma coisa tão boa que você termina não sabendo explicar. Acho que se alguém chegasse em mim e falasse assim: "O que é ser mãe?". Eu ia falar assim: "Quando você tiver uma filha, você vai saber, porque não tem como explicar o que é ser mãe". Porque é um amor tão grande que você não sabe resumir.
>
> Maria Luiza (M7): Não fico sozinha agora. Quando ela [cunhada] está com o namoradinho dela, ela fica para a casa dela e eu com a minha filha, ela namora com o namorado e eu com a minha filha.

3 O enfoque nesta tese remete ao narcisismo, entendido, como refere Bleichmar (1983), na valorização que o sujeito faz de si mesmo, por exemplo, a significação que o ego, como representação de si, toma para o sujeito, ou seja como se situa em uma escala de preferências, de valores e para a importância do narcisismo em sua função estruturante. A denominação "ferida narcísica" refere-se a tudo que venha a diminuir a autoestima da pessoa ou seu sentimento de ser amada por objetos valorizados.

O bebê como brinquedo

Ao observarmos a relação das mães adolescentes com seu bebê, verificamos que ele é tratado como um brinquedo, ilustrando como essas jovens ainda estão muito ligadas ao mundo infantil sem a elaboração do luto da infância, tão necessário para a passagem para a adolescência e depois para a vida adulta. O filho, portanto, chega inesperadamente na adolescência sem a elaboração do luto pela perda do lado infantil, e não há espaço para uma maternagem adequada.

> Maria Lúcia (M3): Esses dias eu fui cortar, cortei um pedacinho do dedo dela. Aí ficou vermelho o dedo dela [ri]. Aí minha mãe ficou brigando comigo. [...] Ela nem percebeu. Minha mãe que viu depois. Eu estava cortando com alicate de unha, aquele de cortar cutícula. [...] Eu me divirto muito com ela.
>
> Denise: Quase como se ela fosse um brinquedo.
>
> M3: Ela é muito engraçadinha, tudo que eu faço com ela, ela ri. Um dia eu estava cantando uma musiquinha para ela, hoje em dia tem umas musiquinhas bestas, né. Eu fico cantando a musiquinha para ela, e ela assim [dançando] no berço. Eu tenho que enganar ela, quando eu ponho ela no berço, ela chora. Aí eu já ponho, fico brincando. Aí ela esquece. Ela tem esses lacinhos de cabelo, quebrou, aí minha mãe pendurou no mosqueteiro... [...] Você quer o que bebê?
>
> Maria Cecília: Achou a mamãe. Quero olhar minha mãe.
>
> M3: Aí minha mãe pendurou um monte de chupeta, todas que ela gosta. Aí ela fica puxando, tem horas que, se fica olhando, ela pega e põe na boca.
>
> MC: Achou mamãe. É, a gente está falando que a mamãe some e você acha, né. A mamãe vira menina, mamãe vira moleca [a bebê brinca sentada no colo virada para a frente, levanta a cabeça para enxergar o rosto da mãe]. Olha só, achou a mamãe. É, às vezes, ela vai para balada, ela vai para a Cohab, some.

M3: Mas eu chego procurando ela. Eu vou no meu quarto. Tem vez que eu acordo ela, quando eu chego, ela está no berço. Eu já ponho ela para dormir comigo.
MC: É, achou a mamãe, muito bem, você sabe achar, né? É, a mamãe tem que achar às vezes dentro dela a sua mamãe.
M3: Eu tenho vontade de apertar ela. Adoro bebê assim de apertar.
MC: Então, mas você faz isso como se fosse uma boneca, uma boneca você pode apertar, mas uma pessoinha sente, né...
M3: Teve um dia, ela é tão gostosinha que eu fiquei assim, ó, batendo nela assim [dando tapinhas na perna]. Ela chorou.
MC: É, acho que você fica testando para ver se ela é de verdade.
M3: Ah, é tão gostoso, ela é muito branquela. Né, essas bochechas gostosas. E a mãe brinca com a bebê [quinta consulta].

O bebê como um objeto transicional negativo

Foi ele quem veio para cuidar da jovem mãe. Winnicott (1951/1988) descreve o objeto transicional como aquele objeto intermediário e necessário do mundo de fantasias do bebê, que é a zona intermediária entre o objeto subjetivo e o real, e que, como tal, o ajudará a lidar com a separação e a ausência da mãe e a sobreviver a essa desilusão, tão sofrida e frustrante, que envolve o crescimento emocional. É aquele objeto que emerge do campo de ilusão presente na relação mãe-bebê, fundamental para desenvolver a curiosidade e a criatividade do bebê. Poderíamos pensar o objeto transicional como uma metáfora positiva na díade mãe-bebê. Nesse caso, a mãe se identificaria com seu bebê e reexperimentaria momentos de ilusão vividos em sua infância, brincando com ele. É em função dessa identificação que ela é capaz de compreender e atender às necessidades do bebê.

Nesses momentos iniciais da relação com o bebê, a mãe estaria se remetendo a momentos vividos como fenômenos transicionais. O bebê, por sua vez, ser vivo e imaginário (objeto transicional da mãe), propiciaria à mãe, se ela mantém a criatividade, a identidade materna; ele ensina a mãe a ser mãe no exercício próprio da maternidade, e nessa função ela pode vir a se realizar psiquicamente. Nesse sentido, contextualiza-se um momento de transição inicial da relação mãe-bebê, até que a mãe possa permitir a desilusão, superando essa ocasião fusional de logo após o nascimento. No sentido metafórico negativo, a relação de dependência da mãe com o bebê evidenciaria um fenômeno transicional patológico dela. O tipo de preocupação materna é determinante para o bebê vir a ter um desenvolvimento normal. No relato das mães adolescentes, pudemos observar que o bebê não se constituía em algo externo a elas, pois no processo de constituição do objeto subjetivo das jovens mães houve uma falha. O bebê, então, representava para elas um prolongamento de si mesmas, um nada, uma coisa-infante, e a mãe apenas repetia com a criança seu próprio desamparo, sem poder oferecer a maternagem ativa que ela necessitava. A mãe, por sua vez, constituía-se para esse bebê em uma mãe intrusiva, narcísica, caótica, imprevisível ou morta, caracterizando-se uma situação de dependência revertida (Goldstein, 1994). O bebê nesse caso representava um objeto transicional negativo, como uma tentativa de construção imaginária e fictícia do sujeito enquanto repetição de uma patologia emocional muito primitiva (Silva, 1994b).

> MARIANA (M2): No berço ele está estranhando, no começo ele não estranhava, agora ele estranhou. Ele não quer ficar mais. Ele só gosta de ficar no chiqueirinho ou na cama. [...] Ah, assim ele fica olhando, ele vê que não está no lugar... um lugar sozinho. Não tem como eu ficar deixando ele direto lá, [...] à noite eu ponho ele lá no canto da cama, ele dorme junto comigo.
>
> MARIA CECÍLIA: Você está querendo que ele também seja um pouco sua companhia... Será que ele não é que nem um ursinho, uma bonequinha que dorme com você?

> M2: Ele só gosta de dormir assim. Não consigo deixar ele dormir sozinho, se ele acorda fica levantando, eu não posso ouvir ele chorar [terceira consulta].

> MARISA (M6): Não, não consigo deixar ela na cama, no berço dela. [...] Ela dorme comigo, fico preocupada, quando a gente está dormindo, não consigo virar as costas para ela também. [...] Ah, não sei, acho que é psicológico, porque desde que eu estava aqui no hospital, ela sempre dormiu comigo, né, as enfermeiras brigavam, mas ela sempre dormiu comigo mesmo assim. Eu não conseguia deixar ela no berço sozinha. Eu acho que ela ia se sentir muito só. Ela dorme comigo, no meu braço ainda. Não consigo deixar ela. [...] Assim que ela chora, eu já levanto, já acordo. Às vezes ela não está nem chorando, eu acho que ela está chorando, acordo, acho que é de mim mesma. [...] Eu acordo preocupada com ela já. Eu acho que ela está chorando alguma coisa. [...] Quando eu estou com ela, eu não me mexo. Nunca aconteceu de eu deitar em cima dela não. [...] Eu não consigo dormir se ela não tiver comigo [primeira consulta].

O bebê fruto do desejo edípico, o filho sonhado com o próprio pai, um presente recheado de fantasias incestuosas

Essa fantasia é essencialmente inconsciente e se relaciona ao bebê fantasmático. Sua origem remete às raízes infantis do desejo da menina de ter um bebê. Na menina, aparece o desejo de concepção próximo à figura do avô materno do bebê. No menino, existe o mesmo desejo, de ser pai junto com a futura avó paterna do bebê. Os conflitos não elaborados regem fortemente as notas dessa dimensão intrapsíquica que se pode considerar como uma determinante fundamental da relação. Em muitas situações, os conflitos edípicos não resolvidos durante a infância podem retornar com muita força no período perinatal, como o medo do incesto.

> MARIANA (M2): Não estava namorando com o pai do bebê quando engravidei. Eu não queria não, mas veio, que seja bem-vindo, né. [...] Ele é

muito diferente. [...] Ele tem uns 40 anos e alguma coisa. [...] Ele é bem mais velho do que eu. [...] É separado. [...] Tem três meninas. [...] Mas antes um coroa do que um novinho. [...] Tem muitas lá na minha rua que engravidou de rapaz novinho, e o cara não assumiu. [...] Primeiro, quando meu pai soube da gravidez, ele ficou assim, tipo, sabe, bem, ficou bastante triste, porque eu era a filha que ele mais gostava. Sempre fui o xodó dele, sabe. Depois ele mudou bastante agora. [...] Assim, ele chegava do trabalho, trazia um monte de coisa para mim. [...] Ele comprava bicicleta para mim, que eu gosto de carrinho. Comprava para mim, e não para os meus irmãos, às vezes até minha mãe discutia com ele por causa disso. Agora depois de mim, é o meu sobrinho de 3 anos.
Maria Cecília: Aí você arranjou um nenê para o seu pai te dar bola também [mãe dá risada e fica olhando para seu bebê deitado no sofá] [quarta consulta].

Kátia Maria (M4): Meu filho mais velho chama meu pai de pai também. Meu pai falou que ia levar ele no trabalho, e toda hora ele ficou falando: "Eu vou trabalhar com o pai, eu vou trabalhar com o pai".
MC: Ele quer ter um pai...
M4: Mas o pai dele vai lá direto. Pega ele no final de semana. Ele não liga porque meu pai convive mais que ele.

O bebê presente para a mãe/avó: a filha que ela não pôde ser ou a filha que a avó não pôde criar

O filho aparece, em muitos casos, como um presente da adolescente para a própria mãe
Dadoorian (2000, p. 172)

Kátia Maria (M4): Mas antes de eu ter esse bebê, eu trabalhava e estudava, e o meu primeiro filho não me chamava de mãe, chamava a minha mãe de mãe. Aí depois que eu parei de trabalhar, ele começou a ficar mais comigo, aí ele parou de chamar a minha mãe de mãe, chamava de vó [primeira consulta].

Maria Cecília: Você acha que você teve esse bebê também para presentear a sua mãe? Para dar de presente para ela?
Maria de Fátima (M5): Aham. Aí a gente sai e perguntam assim: "Ah, sua filha?". Ela fala assim: "Não, minha neta". E eu falo: "Eh mãe, e a vontade de falar que é sua filha, né?". Ela fala: "Você estava do meu lado, não tinha como falar".
MC: Estava pensando nesse sonho de roubar a bebê que você teve quando sua filha nasceu, também pode ser essa sua fantasia, da sua mãe ficar com a sua filhinha e você perdê-la.
M5: Aham, porque ela fala assim: "Ela vai me chamar de mãe". Eu falo: "Lógico que não, eu sou a mãe, eu vou ensinar para ela eu sou sua mãe e ela é a vovó... "Eu tenho uma prima que também morou com a avó, e ela chama minha avó de mãe, e não a mãe. Só que ela sabe que a mãe é a mãe, mas só que assim, ela chama a mãe pelo nome e a avó que é mãe. Minha filha vai ter que me chamar de mãe, eu que sou a mãe... Minha mãe fala: "Você vai para escola e eu vou ficar aqui, fala mamãe".
MC: E você fica angustiada com isso, imagina que se você dormir com ela, aí então ela vai te chamar de mamãe. Se você não dormir com ela, não agarrar e beijar muito, ela não vai saber que você é a mamãe. Mas ela sente o seu cheiro, ela sabe quem é você, ela distingue uma da outra (bebê brinca com bichos de pelúcia, derruba, mãe pega).
M5: Tem gente que fala assim, por ela gostar tanto do meu irmão, ela pode até o chamar de pai. Ele fala: "É, eu vou sair por aí em todo lugar com essa bebê, olha minha filha".
MC: Parece que a sua mãe perdeu a mãe tão cedo e está querendo dar duas mães para sua filha...
M5: É.
MC: Parece que a falta que ela sente da mãe dela, ela também quer substituir tudo com sua filha. É tão bom a gente ter mamãe, vovó, vovô, titio e papai. Tem lugar para todo mundo.

M5: Ah é. [terceira consulta]

MARIA CECÍLIA: Como ela não pôde escolher o nome da filha, escolheu o da neta.
MARISA (M6): É [terceira consulta] [...]
MC: Como você foi filha da sua avó, parece que sua bebê também é filha da sua mãe, né?
M6: É, é mais ou menos isso mesmo. Só que a questão é que a minha mãe tinha que ir trabalhar, né, por isso que eu fiquei com a minha avó. E já na questão da minha filha, porque eu não trabalho e ela dá as coisas, então eu não falo nada, tem que ser tudo do jeito que a minha mãe quer [quarta consulta].

Quando o bebê representa um presente para avó, podemos observar como a mãe adolescente abre uma brecha para a avó encampar a função materna.

MARIA LÚCIA (M3): Eu fico mais menina quando eu saio. Sei lá, todo mundo fala: "Nem parece que teve filho". Todo mundo fala para mim que não parece que eu sou mãe.
MARIA CECÍLIA: Para você também parece que você não é mãe, sua mãe te tira a nenê.
M3: É verdade. Ela fala que quando minha filha crescer vai chamar ela de mãe e não eu. Minha sobrinha chama ela de mãe, eu falo: "Ela não é sua mãe, ela é minha mãe. É sua avó. Eu que nasci da barriga dela, não foi você". Ela fala que não.

O bebê como reflexo das projeções inconscientes da mãe adolescente

Gianna Williams (1997a, 1997b, 1999) aponta que nas situações em que os pais são incapazes de conter suas projeções sobre o bebê, ele se torna um "receptáculo" (e não um continente) desses "corpos estranhos" dos pais (em vez de conteúdos), pois ele ainda é incapaz de metabolizar esses aspectos. Nesses casos, a falha da capacidade de continência é extremamente danosa e pode originar o "terror sem nome", como o reverso do modelo continente/contido (Bion, 1962/1990). Nesse sentido, o trabalho de parentalização com as mães adolescentes foi importante para ajudá-las a observar alguns aspectos da personalidade de seu bebê, do que ele gosta e do que não gosta, enquanto uma pessoa com necessidades próprias.

> Maria Lúcia (M3): Se tirar a pepeta feia, ela vai abrir um berreiro. [...] Ela é como que se fala [...], assim, traiçoeira. Porque você achou que ela estava dormindo, né, ela parece que está dormindo, ela abre o olhão, começa a brincar, ela engana a gente.
> Maria Cecília: Sei. Mas você também foi enganada... Você não acreditava que tinha sua filha na sua barriga?
> M3: Hoje está aqui, né.
> MC: Teve muitos enganos. Às vezes a gente pensa que só dar uma namoradinha não vai ter nenê, [...] a gente se engana.
> M3: É. Essa namoradinha sempre leva... Não, mas está bom assim.
> MC: Então, mas também dá muita raiva, e a gente pode falar da raiva, porque também tem muito amor. A gente estava olhando você olhando para ela, você apaixonada, o jeito que você olha, admira. Tem muito amor também, mas também tem raiva, porque virou a sua vida de ponta-cabeça...
> M3: Aham.
> MC: É mesmo uma mudança muito grande na sua vida, todos os seus sonhos têm que ser adiados, não é que precisam acabar, mas você tem que adiar um pouco... A gente vê que você também é capaz de cuidar e de amar sua filha, embora você se sinta enganada pela vida.

Essas projeções inconscientes também estavam recheadas de sentimentos de culpa em relação ao bebê não planejado.

> Maria Lúcia (M3): Ela é muito medrosa.
> Maria Cecília: Ela se assusta?

M3: Em casa o meu pai fala alto, o jeito que a gente fala com ela. Ela até assusta. Eu faço assim com ela, ontem eu estava fazendo não sei o que, e ela estava olhando para mim, e eu fiz assim: "Buuu!" [dá risada]. Ela fez assim [cara de susto]. Eu comecei a rir sozinha. Ela é muito medrosa.

MC: Você acha legal assustá-la?

M3: [ri] Ah, sei lá. Eu não assusto ela.

MC: Será que, quando você olha para ela, não é você que leva um susto de ver que você já fez uma filha pequenininha que está crescendo, que você tem responsabilidade...

M3: Eu apaguei a luz do meu quarto, porque ela está dormindo comigo, né, dia frio assim, eu ponho ela no cantinho. Aí eu apaguei a luz, e ela abriu um olhão. Aí eu tenho uma luzinha que eu ponho na tomada, é verde, que deixa o quarto bem verdinho assim, sabe? Não fica escuro. Aí quando eu apaguei a luz, ela abriu o olho bem assim grandão, aí eu acendo a luz, e ela voltou. Ela tem medo do escuro.

MC: Você tem medo? Tem coisas que te dão medo?

M3: Tenho. Antes eu tinha medo de perder ela, porque eu tomei tudo aquilo, aí eu pensava se ela ia nascer linda, perfeita, quando eu pegar ela nos braços, eu só pensava nisso. Eu tinha muito medo se ia acontecer alguma coisa, sei lá. Dela nascer sem uma mão, sei lá. Aí quando ela nasceu, eu fui perguntando. Aí colocaram no meu braço, aí ela estava roxinha, eu fiquei com medo. Mas eu acho que é normal nascer roxinha, né? [...] Sei lá, mas ela não precisou ficar dentro daquele negócio para tomar banho de luz, ela nasceu coradinha com as bochechinhas rosa.

DENISE: Mas, aí, sempre que ela chora, o medo parece que volta?

M3: Volta. Porque eu tenho medo dela engasgar, por causa do negocinho, eu não deixo ela chorar. Eu estava no banheiro hoje tomando banho, eu saí correndo, que meu pai estava na escada do lado de fora, não dava para escutar ela chorar, aí ela chorou e eu saí correndo para pegar ela, aí ela chorou estranho, né, tem que prestar atenção.

D: O choro dela te assusta, né?

M3: Aham.

MC: Volta todo esse medo, né, dela engasgar, dela morrer, dela ter algum problema, de você perdê-la.
M3: Quando ela engasga, ela fica assim, querendo ar e não tem. Ela ainda faz um barulhinho, mas nada como antes quando ela estava aqui no berçário, antes de um ano está normal. Mas diminuiu bastante. Antes só dela respirar fazia: ahn, ahn, ahn. Ficava agoniada.
D: Acho que nessas horas, de um jeito ou de outro, acaba lembrando da gravidez, de como foi difícil, que você não quis tê-la, tomou os remédios...
M3: Mas acho que eu sinto saudade da barriga, nossa, com sete meses ela me cutucava tanto aqui. Eu falava com ela, parecia que ela já entende, né. Ela pulava, me cutucava, era tão gostoso [quarta consulta].

Representações da gravidez para as adolescentes

No relato das adolescentes, a gravidez adquiriu muitos sentidos.

Gravidez como passo progressivo em direção à individualização

Pudemos observar como a gravidez na adolescência representava um passo progressivo em direção à individuação ou, ao contrário, uma regressão em direção à mãe simbiótica. A mãe adolescente buscou a maternidade como forma de se diferenciar de sua própria mãe, de se separar, que resultou em uma tentativa de separação que é abortiva (Romera, 1999). O bebê fica responsável pelo corte paternal que não foi possível em seu tempo. Como se tratava de um funcionamento reativo, e não propriamente reparatório, o bebê não é tomado por compaixão e *concerning*. A criança, nesse caso, ocupava o lugar da relação simbiótica com a mãe sendo e não sendo a mãe, um objeto transicional negativo (Silva, 1994b), como mencionado.

No relato a seguir, mostro como a mãe adolescente buscou um namorado e uma nova relação como uma tentativa de individuação em um processo de separação abortiva.

> Maria Cecília: Você também dormia com a sua mãe?
> Marisa (M6): Aham. Sempre dormi com ela. [...] Só eu e ela. Quando ela trabalhava, eu dormia com a minha avó. Ah, senti falta dela, assim de dormir com ela, mas agora tenho que dormir com a minha filha. [...] Não tem mais como. Mas enquanto ela não comprou o sofá-cama, eu dormi com ela e a bebê. Mas está melhor...
> MC: Agora você trocou a sua mãe pela sua filha [...].
> M6: Isso.
> MC: Não teve uma passagem de você deixar de ser filha para você ser mulher e viver sozinha, você já passou de filha para mãe.
> M6: Isso [segunda consulta].

Gravidez e conflitos entre ser mãe e ser adolescente

A gravidez também evidenciou os conflitos entre ser mãe e ser adolescente, um corte abrupto da adolescência, evidenciando a dificuldade em mediar os desejos e a responsabilidade da maternidade.

> Maria Lúcia (M3): Ela é muito gulosa, meu leite secou.
> Maria Cecília: Parece que ela percebe que você está dividida. Um lado seu que quer ser mamãe e amamentar, e um outro lado que quer ser garota e ir para a balada.
> M3: É. Minha mãe falou isso, minha mãe falou que ela está enjeitando o meu peito.

Na quinta consulta:

> Maria Cecília: Eu estou pensando que o seu projeto de ser mãe está meio atrapalhado. Te roubam a nenê, mandam em você, você leva bronca de um lado e de outro.
> Maria Lúcia (M3): Verdade. Eu não me sinto mãe. Tem horas que eu esqueço. Eu estou andando, me perguntam: "Cadê sua filha?". Eu só fico

saindo... Eu vou muito para a Cohab, eu conheço todo mundo ali. E na minha casa, eu não fico com ninguém. Aí o pessoal fica perguntando dela.

MC: Aí você até esquece que você é mãe. Mas de noite não, você põe ela para dormir com você.

M3: Porque eu estou com ela, se esquecer. Hoje eu acordei com ela em cima das minhas costas. Tem dia que eu durmo com ela aqui, e durmo. Tem dia, sei lá o que ela fez, ela vira a cama inteira. No berço, você põe ela em cima, quando vai ver, ela já está lá embaixo. [...] Quando fico longe, fico pensando nela toda hora. Quando eu fico com saudade, eu fico fuçando nas fotos, fico mostrando para todo mundo. Eu fico com saudade.

MC: Você fica com saudade, mas às vezes você esquece também?

M3: Não é que eu esqueço. É que, sei lá, eu fiquei mais menina depois que eu ganhei ela. Não que eu seja irresponsável. Eu não acho que eu sou irresponsável. Eu não deixo ela suja, essas crianças sujas, sabe? [...] Não sei, nossa, assim, eu estou saindo muito, eu saio, minha mãe não enche o saco. Só eu dar satisfação da onde eu estou, quando vou voltar. Eu também voltei rápido o meu corpo, emagreci o dobro. [...] Nossa, eu era mais gordinha antes. Eu usava 40, agora eu estou usando 36. Minhas amigas ficam zoando comigo. Teve um dia que eu estava numa festa, ela chegou perto de mim e falou: "Nossa, não sabia que era você". Ela falou que me olhou de longe e falou: "Quem é aquela magrela?". Porque antes eu era bem fortinha, assim, sabe. Tinha barriguinha, minhas pernas, esses dias eu estava com duas calças jeans, estava folgada. Tem um amigo meu que falou: "Você esqueceu sua bunda no parto, né". Secou tudo, tudo, tudo [...].

MC: Mas você acha que, depois que você teve nenê, você percebeu que deixou de fazer muita coisa e agora você quer tirar...

M3: Apesar que eu saía na gravidez. Saí até um dia antes de eu ganhar ela, eu estava numa festa normal. Mas está bom assim do jeito que está.

MC: Você falou que ficou mais menina, justo na hora que você tinha que virar mãe, mulher. Parece que você quer voltar para trás.

M3: Eu fico mais menina quando eu saio. Sei lá, todo mundo fala: "Nem parece que teve filho". Todo mundo fala para mim que não parece que eu sou mãe.

Na sétima consulta, surge uma mudança (bebê com 8 meses e 11 dias):

Maria Lúcia (M3): Estou mais em casa, estou saindo menos agora para ficar mais com ela... Só no domingo que eu levava ela para casa dos meus padrinhos. Estou mais em casa agora, cuidando mais dela. [...] Já quer andar [mãe mostra o bicho de pelúcia e o celular de brinquedo]. Tem hora que ela quer dançar. Está no posto, tinha um grupo lá, ela passou com um enfermeiro. Ela fica assim, ó, pulando, dançando.
Denise: Também gosta de balada?
M3: O pai e a mãe gosta, acho que ela vai gostar também. Ela fica dá, dá, dá, já quer pedir as coisas.

Kátia Maria (M4): É porque, quando a gente não tem filho, a gente não liga para nada, a gente quer sair, não fica em casa de final de semana, quer sair com os amigos. Porque, quando eu não tinha eles dois, eu saía direto.

Maria Cecília: Deve dar muita raiva de você não poder fazer só o que bem entende.
Maria de Fátima (M5): Não poder sair para as festas... [...] Aí tem uma festa para você ir. Aí você pensa: "Eu queria ir, mas e minha filha?".

Maria Luiza (M7): Porque assim, ó, quando eu não estava com ela, eu era muito agitada, eu arrumava a casa, saía, era agitada demais. Agora depois que eu tive ela, eu arrumo minha casa e à tarde, quando eu termino, eu vou e fico deitada com ela no sofá, brincando, assistindo televisão. Sou mais sossegada agora. A minha mãe falou que ela me mudou bastante.

Gravidez como um projeto idealizado

No relato a seguir, verifica-se a gravidez como um projeto idealizado de constituição de uma família que se frustra, tentativa reparatória.

> MARIA CECÍLIA: Dentro dos seus desejos, seus sonhos, um era de construir uma família, constituir a família que você nunca teve... Você sonhava em reconstruir uma história que você perdeu lá quando era pequenininha.
>
> MARIA LÍDIA (M1): É, é bem isso mesmo, é por saber a falta que faz a minha mãe em casa, e ele [namorado] também, embora ele fale que não precisa do pai, nunca precisou e nunca vai precisar, mas eu sei, eu sei que faz falta em alguma hora, a pessoa sente... Então, depois que ele perdeu o pai dele, ele ficou superfechado, a mãe dele fala que ele era um rapaz superconversador, conversava com todo mundo, e o pai dele foi embora, aí ele fechou, não contava os problemas, não contava mais nada para a mãe dele, se estava feliz, se não estava, e aí eu tenho medo de isso acontecer com meu filho, por não estar com o pai do lado assim [quinta consulta].

A seguir, apresento o modelo de intervenção construído com base nas consultas com as dez mães adolescentes e seus bebês.

4. Modelo de intervenção com vistas à prevenção de transtornos globais de desenvolvimento

Neste capítulo, é apresentado o modelo de intervenção com vistas à prevenção de transtornos globais de desenvolvimento resultante das consultas com as dez mães adolescentes e seus bebês. As consultas seguiram o *setting* de consultas terapêuticas (Winnicott, 1971) e de intervenção precoce (Lebovici, 1986, 1991; Mélega, 1997; Silva, 2002; Mendes de Almeida, Marconato & Silva, 2004), apoiadas nas questões levantadas na metodologia que nortearam os encontros com as mães adolescentes e seus bebês e alguns pais.

O foco das intervenções foi a interação dos pais em suas funções parentais, procurando construir a parentalidade e o lugar subjetivo do bebê.

As consultas terapêuticas visaram à observação da interação mãe-bebê e, sempre que possível, com os outros membros da família, sobretudo o pai. Elas permitiram que os pais falassem sobre o bebê, sobre eles mesmos e sobre suas famílias, sobre seu passado e sobre a repetição de suas condutas. Procurou-se colher a história do bebê desde o relacionamento de seus pais com seus próprios pais, até a concepção, o nascimento e o desenvolvimento, e ter acesso às diferentes representações do bebê imaginário,[1] fantasmático,[2] cultural[3] e real,[4] que os progenitores, em função de sua história, tinham de seu filho (Lebovici & Stoleru, 1983; Lebovici & Weil-Halpern, 1989; Lebovici, Mazet & Visiser, 1989; Lebovici, 1986, 1991, 1993b; Lebovici *et al.*, 1998), sempre com foco na construção da parentalidade. Durante as consultas, procurou-se observar a relação criada entre a mãe e seu bebê, estabelecendo redes de sentido que favorecessem a construção da parentalidade.

Com esses referenciais, e com base nas consultas com as dez mães adolescentes e seus bebês, foi possível propor um modelo de

---

1 O bebê imaginário é essencialmente pré-consciente, elaborado durante a gravidez mediante um processo de *rêverie* diurno (sonhar acordado e devaneios). Esses devaneios podem ou não ser compartilhados entre os pais. Nesse espaço psíquico, têm lugar a escolha do nome do bebê e outros processos semelhantes repletos de expectativas e idealização, influenciados pelo processamento (ou metabolismo) da idealização da criança por meio da vida conjugal dos pais.

2 O bebê fantasmático é essencialmente inconsciente. Sua origem remete às raízes infantis do desejo da menina de ter um bebê. Na menina que logo será a mãe, aparece o desejo de concepção próximo à figura do avô materno do bebê. No menino, existe o mesmo desejo de ser pai com a futura avó paterna do bebê. Os conflitos não elaborados regem fortemente as notas dessa dimensão intrapsíquica que se pode considerar determinante da relação. Em muitas situações, os conflitos não resolvidos dessa etapa da vida podem retornar com muita força no período perinatal (por exemplo, o medo do incesto).

3 O conceito de bebê cultural tem origem na antropologia, ele é concreto, real, tem de ser construído com a mãe, o pai, a família e compartilhado com todos nos diversos níveis de relações e interações: comportamentais (muitas vezes, a mãe não olha o bebê, às vezes, não toca o bebê), interações afetivas (desejar ou rejeitar o bebê, tudo o que esperamos do bebê), fantasmático (ser mãe e mulher é a mesma coisa ou não...).

4 O bebê real é aquele que podemos observar e confrontar, o que observamos com as representações imaginárias e fantasmáticas do bebê relatadas pelos pais (Lebovici *et al.*, 1998).

intervenção para a construção da parentalidade com vistas à prevenção de transtornos globais de desenvolvimento.

Percebemos que convocar as mães adolescentes para a pesquisa no leito do hospital, nas primeiras 72 horas pós-parto, foi a primeira intervenção realizada por nós que podemos considerar parentalizante, na medida em que as mães se sentiram reconhecidas e autorizadas em sua função materna.

As mães adolescentes, ao aceitarem participar da pesquisa e ao voltarem para a primeira consulta, às vezes com o seu bebê de 15 dias, poderiam já estar anunciando a necessidade desse acompanhamento.

Priorizar o atendimento somente da mãe com seu bebê e o pai foi outra intervenção fundamental para legitimar o lugar da mãe adolescente. Muitas vezes, elas vinham acompanhadas de irmãos menores, mãe, prima ou cunhada. Após oferecer um acolhimento aos acompanhantes, era solicitado que aguardassem do lado de fora da sala, valorizando e legitimando a dupla mãe-bebê.

O fato de as consultas serem filmadas, ao contrário de gerar persecutoriedade, favoreceu o vínculo mãe-bebê e a subjetivação da dupla. Elas se arrumavam para as consultas, assim como o bebê, e sentiam-se respeitadas e apreciadas, principalmente quando, no final da pesquisa, receberam uma cópia das filmagens.

As perguntas que nortearam as consultas mostraram-se eficientes no processo de parentalização ao aproximar a mãe de seu bebê com suas necessidades e sua subjetividade.

1. Como engravidou?
2. Verificar fantasias de bebês inesperados, não planejados (trauma).
3. O que você imaginava antes do bebê nascer?
4. Como seria o bebê?
5. O que você sentiu quando viu o bebê pela primeira vez?
6. Como ele é? Com quem ele se parece?
7. Como foi escolhido o nome do bebê?

8. O que mudou em você ao nascer o bebê/ter o bebê?
9. Conte-me sobre seu filho e sobre sua rotina com ele.[5]
10. Quais são as necessidades do bebê? O que você acha que o bebê precisa?
11. O que é ser mãe para você? A figura materna e sua representação.
12. O que sonha para seu bebê?
13. O que você achou de participar dessa pesquisa?

Essas questões nortearam as consultas. Algumas delas estavam ligadas a temas fundamentais envolvidos com a parentalidade na adolescência. Por exemplo, por meio da primeira questão, foi possível observar o desejo consciente e inconsciente de ter um filho, a capacidade egoica do casal parental, a capacidade de discriminar fantasia de realidade, o nível de atuação/passagem ao ato ou à impulsividade. Além disso, pudemos investigar que função teve a gravidez para a jovem adolescente, se visava à dependência infantil da mãe, ao prolongamento da simbiose ou ao estabelecimento de um contorno da individuação (Romera, 1999; Lartigue & Vives, 2004).

As questões de 2 a 6 procuraram investigar as fantasias da mãe em relação ao bebê fantasmático, imaginário e real, conforme definido na Introdução, ou mesmo da gravidez como uma situação traumática, pois, com base nessas representações, foi possível verificar a capacidade egoica da mãe para maternar e para subjetivar ou não o bebê. Ao descrever a rotina e o bebê real, também pudemos verificar a capacidade da mãe de considerá-lo outro. As imagens trazidas pela mãe contribuíram para conhecermos o lugar que esse bebê ocupava em sua mente e qual sua função psíquica. Na questão número 7, sobre a escolha do nome, pôde-se observar a capacidade

5 A cada consulta, procurava investigar o que a mãe vinha descobrindo de seu bebê, o que ela aprendia com ele, questões que visavam à subjetivação do bebê e à identificação de suas competências, além de verificar as competências maternas para isso.

da mãe de subjetivar ou não o bebê desde a gestação e de exercer ou não a função parental. A questão número 8 foi importante para conhecermos os processos envolvidos no luto da adolescência – como um momento de passagem – e verificarmos a capacidade depressiva do novo casal.

A questão número 9 indagou a respeito da representação que a mãe tinha de seu bebê, como uma construção subjetiva, e do exercício e da prática da parentalidade. Essa questão, assim como as questões 10 a 12, contribuiu para se conhecer sobre a construção da parentalidade, as relações intergeracionais e transgeracionais, que função psíquica ocupava o bebê na mente da mãe. Ao mesmo tempo que a questão 12 investigou as projeções inconscientes dos pais sobre o bebê, a capacidade da mãe de considerar o bebê distinto dela e sonhá-lo no futuro, também examinou as negociações internas que a mãe adolescente estava fazendo para elaborar os lutos e os desejos juvenis diante da responsabilidade de parentalizar um bebê. A questão número 13 teve por objetivo conhecer o potencial transformador dessa pesquisa no fortalecimento da capacidade egoica para se exercer a função parental.

As consultas em geral iniciavam com a proposição aberta: "Conte para nós sobre seu bebê". Nossa preocupação era indagar a respeito da representação imaginária, fantasmática e real que a mãe tinha de seu filho, representação aqui entendida como uma construção subjetiva. Dessa forma, iniciávamos uma narrativa daquela dupla mãe-bebê desde a concepção, passando pela gestação e pelo parto, até aquele momento. Uma narrativa enriquecida pela história pessoal, real e imaginária da mãe adolescente com seu filho, construindo um espaço mental para parentalizar o bebê que chegou inesperadamente para a maioria delas. Além disso, o resgate da história pessoal permitia que os aspectos transgeracionais fossem nomeados e os mandatos pudessem ser desfeitos.

Ao lado de pedir que elas falassem sobre seu bebê, a cada consulta perguntávamos: "E agora, o que é ser mãe para você? O que seu bebê precisa, do que ele já é capaz?". Assim foi possível observar o processo de parentalização se construindo, como ilustram os relatos a seguir.

Na primeira consulta, quando Lucas estava com 2 meses e 15 dias, Maria Lídia (M1) disse:

> Maria Lídia (M1): Eu fico com medo de não saber educar, de não saber criar ele. Eu tenho esse medo. Mas, eu tenho muito apoio, então me conforta saber que, mais tarde, eu tenho o apoio dos meus pais, eu tenho apoio do pai dele que já é tio de dois, ele ajudou bastante, já tem experiência com criança. Então isso me conforta, mas eu tenho esse medo, de não saber criar, sei lá, de mimar ele demais ou de não dar atenção demais, o suficiente. É a única coisa que me deixa aflita é isso, o futuro dele, aquilo que eu vou dar para ele [...]

Na terceira consulta, quando Lucas estava com 3 meses e 29 dias:

> Maria Lídia (M1): É difícil, não sei se tem uma definição do que é ser mãe. Acho que a maternidade... acho que é um instinto, você não tem até o momento em que você tem a criança. Porque eu não tinha antes, eu estava grávida, eu era molecona... [...] Gostava muito, assim, de criança, mas, assim, você pega: "Ai, que bonitinho!". Vai e dá no colo da mãe qualquer coisa. Agora, não. Agora eu tenho que cuidar, tenho que saber quando ele sente dor, o choro de sono, o choro de fome. Agora ele está chorando porque ele está com fome.[...] Quando nada está bom, aí eu vou, pego ele no colo, né... Quando ele ri e chora ao mesmo tempo, é fome. [...] E aí eu acho que não tem uma definição para ser mãe. [...] Estou tentando descobrir também o que é ser mãe. Mas eu acho que eu estou indo pelo caminho certo, porque as pessoas me elogiam, falam que eu cuido muito bem dele, que ele nunca teve nenhum probleminha, então eu cuido muito bem dele, eu estou tentando ser mãe, estou

tentando deixar de ser aquela babazinha, que cuidava do filhote dos outros, para cuidar agora só do meu.

Na quarta consulta, quando Lucas estava com 5 meses e 3 dias:

> Maria Lídia (M1): É complicado, né, falar o que é ser mãe, eu estou vivendo o ser mãe, aí é tão complicado, porque você não aprende, não tem uma apostila ensinando, você aprende sozinha, então tem um milhão de coisas que você precisa para ser mãe, e isso brota, né, de dentro de você, ninguém ensina, é o cuidado, o carinho, a vontade de ensinar, de estar perto, de querer o bem. Aí um amigo meu me perguntou ontem, né, "e o coração?", aí eu falei, "vivendo um novo amor", aí ele pensou que eu estava com um novo namorado, e eu coloquei a foto do Lucas para ele ver. "Ah, o novo amor é esse garoto lindo", é um amor que não acaba nunca, você tem certeza que vai durar para sempre, mesmo brigando, discutindo, que você sabe que acaba acontecendo, aí meu pai fala até que eu sou um pouco exagerada, que às vezes ele quer levar ele lá na casa da namorada dele, aí eu falo "ai, não, pai, e se ele quiser mamar, se ele ficar com fome", "se ele ficar com fome eu te ligo, que é superperto".

Na terceira consulta, quando Guilherme estava com 4 meses, Mariana (M2) disse: "Ser mãe é dar para o filho o que ele precisa".

Na quarta consulta, quando Guilherme estava com 4 meses e 15 dias:

> Mariana (M2): Acho que ele fica reclamando, né. Aí a pessoa entende. Eu já estou entendendo.
> Maria Cecília: Você está entendendo? [...], o que você já tem descoberto do jeitinho dele.
> M2: Se é o peito que ele está querendo, eu coloco na boca dele, se ele não pegar não é o peito, cólica ele nunca teve, acho que ele teve uma vez só, coloco ele de barriga para baixo e fico balançando ele assim. [...] Está

golfando,[6] é de engordar. A médica falou que ele está engordando muito. A barriga dele está cheia demais porque ele mama além da conta.

MC: Então nem sempre é leite.

M2: Também acho. [...] A gente tinha que ir na C&A porque furou todas as meias dele, eu fui lá com a minha mãe comprar, aí chegou lá, tinha que comprar umas coisas para mim, eu deixei de comprar para mim para comprar para ele. A gente esquece da gente nessa hora, né, para comprar uma coisa para a gente, a gente esquece. A gente vê cada coisa bonita. Eu comprei essa camiseta para ele e comprei umas meias lá para ele, para mim eu não comprei.

MC: Mãe esquece de si?

Na quinta consulta, quando Guilherme estava com 5 meses e 20 dias:

Mariana (M2): O que é ser mãe? É muito gostoso, começa uma nova vida. Acho muito bom [...] A gente vai se acostumando com essa vida, é muito gostoso [...] É muita responsabilidade, mas é gostoso, no começo é difícil aceitar, ainda mais pessoa nova, mas depois a pessoa vai se acostumando... [...] perdi toda a minha liberdade, sou menina nova, é muita responsabilidade. [...] A maioria aborta, uma menina da minha escola, ela abortou com 13 anos, não sei se era menino ou menina. Aí ela falava que não queria ter, que era muito nova e ela abortou. Então eu aconselhava ela a ter, né, porque é muito gostoso. Porque a maioria das meninas hoje em dia quer curtir só amigo, não quer curtir um filho... [...] O mais legal é quando está perto do dia de chegar do nenê nascer,

---

6 Do nosso ponto de vista, o golfar de Guilherme indicava uma expressão de oposição a um comportamento intrusivo de sua mãe. Na maioria dos casos, a mãe seleciona e reforça certas formas de expressão do(a) filho(a), de maneira que elas tendem a ser incluídas no sistema de comunicação específico mãe-filho(a) ou pais-filho(a).

você fica muito ansiosa para ver o nenê, para mim o legal era a hora que ele nasceu, uma emoção bastante forte.

Na sexta consulta, quando Guilherme estava com 8 meses e 19 dias:

> MARIA CECÍLIA: Como que é ser mãe do Guilherme de 8 meses?
> MARIANA (M2): Melhor do que quando ele era menor. [...] Ele fica mais no chão, né. [...] Agora ele fica no chiqueirinho, brincando, eu ponho um monte de bagunça lá. [...] É muito importante, né? É uma vida que a gente começa. Quando a gente não é mãe, a gente aproveita tudo, né. Sai, brinca, sai com os amigos, agora a gente tem que curtir só ele. [...] Eu acho que mãe é mãe, mãe a pessoa sempre sente falta. Ela vai querer saber onde está a mãe dele, vai ter bastante pergunta.

Na segunda consulta, quando Laura estava com 1 mês, Maria Lúcia (M3) nos disse:

> MARIA LÚCIA (M3): É bom e é ruim. Não é nem por não sair mais. É muita responsabilidade, eu tenho muito medo agora de acontecer alguma coisa com ela. Ela me dá susto. Tem vez que eu dou mamadeira assim e ela fica rrhhaaa, ela perde o ar sabe, sei lá. Aí depois ela volta, aí eu espero ela descansar, depois dou de novo [...].
> Eu não deixo ninguém dar mamadeira para ela. Eu deixei minha mãe hoje, enquanto eu me arrumava, porque eu estava atrasada. Porque na hora que eu estava saindo eu tive que dar banho nela, a minha mãe estava dormindo, eu tive que acordar a minha mãe, acabar de dar, aí ela vai e inventa de fazer cocô. Aí eu tive que trocar a fralda, fazer um monte de coisa, ficou chorando, tive que dar mamadeira. [...] Mas é muita coisa, sei lá. Tudo o que for, todo lugar tem que levar. É complicado. [...] Por um lado é ruim, por outro é bom. [...] Ah, bom é, sei lá, que ela é minha filha. É tudo. Por outro lado é ruim, nem tudo eu posso ir. [...] Não pode sair. Meus amigos ficam me pirraçando. Eles vão para a balada, eles me

ligam duas horas da manhã. Fica mandando eu escutar a música, dá a maior raiva. Esse dia um amigo meu me ligou, estava passando a música que eu adoro, aí ele me ligou e mandou eu escutar. Falou: "Ah, vai, olha, eu tô aqui curtindo e você está aí". Aí eu falei: "Ah, tá, vai chegar a minha hora". [...] Ah, mas eu vou curtir bastante, né, com a minha filha.

Na quarta consulta, quando Laura estava com 2 meses e 26 dias:

Maria Lúcia (M3): É bom e é ruim, como eu já disse. É muita responsabilidade, tudo é a minha mãe. Qualquer coisa: "Mãe!". Muita responsabilidade, não sei. Eu fico nervosa também às vezes quando ela chora. Quando ela chora muito, ela não quer pegar a mamadeira, aí tem que acalmar ela. E com a minha mãe, sei lá, parece uma coisa, pega ela e ela já fica quieta.
Maria Cecília: Então você está falando que ser mãe é não deixar o bebê chorar e é saber acalmar o bebê...
M3: Ai, muita coisa... Eu me preocupo com tudo, com ela, eu vejo, quando ela dispara a chorar tem que olhar tudo, né. Fralda, ver se alguma coisa está apertada. Esses dias eu apertei muito a fralda dela, eu não sabia o que era, e minha mãe viu e começou a brigar comigo. [...] Dor de ouvido, pode ser tanta coisa num bebezinho. A única defesa é o choro [...].
MC: Você falou que ficou mais menina justo na hora que você tinha que virar mãe, mulher, tal. Parece que você quer voltar para trás.
M3: Eu fico mais menina quando eu saio. Sei lá, todo mundo fala: "Nem parece que teve filho". Todo mundo fala para mim que não parece que eu sou mãe.
MC: Parece que, para você também, parece que você não é mãe, sua mãe te tira a nenê.
M3: É verdade. Minha mãe fala que, quando minha filha crescer, vai chamar ela de mãe e não eu. Minha sobrinha chama ela de mãe, eu falo: "Ela não é sua mãe, ela é minha mãe. É sua avó. Eu é que nasci da barriga dela, não foi você". Ela fala que não.

Na sexta consulta, quando Laura estava com 7 meses e 20 dias:

> MARIA LÚCIA (M3): Agora está bom. Assim é bom porque ela não é chata, se ela fosse chata, às vezes, eu perco a paciência. Depende do jeito que fala, ela já sente, ela chora, só de olhar feio para ela, começa a chorar. [...] Essa fase está boa. Vai melhorar mais quando ela estiver andando e saber pedir as coisas.
> DENISE: Você disse que vai melhorar quando ela pedir as coisas, você está conseguindo entender o que ela te pede? Porque quando ela era bem pequenininha você ficava aflita.
> M3: Era bem difícil, agora é fácil, agora eu sei. Mais ou menos. A fralda eu olho, se é água, ela bebe muita água. Dor de cabeça... Assim, eu sinto quando ela está muito quente, aí eu dou um remedinho. Precisando de banho também, porque ela sua muito. Eu dou banho nela umas três vezes por dia, ontem eu dei quatro. Eu não gosto de passar o lencinho né, porque ela está assada, aí eu lavo com água morna.

Na oitava consulta, quando Laura estava com 1 ano, 2 meses e 24 dias:

> MARIA CECÍLIA: Como que está sendo para você ser mãe agora?
> MARIA LÚCIA (M3): Eu acho que está na melhor fase, ela sabe pedir as coisas. [...] Agora é a melhor fase, agora. Ah, não sei. A Laura é a filhinha que eu pedi a Deus.

Na primeira consulta, quando Odylon estava com 1 mês, Kátia Maria (M4) nos disse:

> KÁTIA MARIA (M4): O bebê é tudo, é muito bom... É uma companhia para gente, companhia que não vai te deixar nunca. [...] Tem sempre mãe que sabe cuidar do filho melhor, sempre deixa ele limpinho. [...] Alimenta ele nas horas certas. Dá muito carinho e amor.

Na segunda consulta, quando Odylon estava com 1 mês e 28 dias:

> Kátia Maria (M4): Ah, ser mãe é tudo, [...] É tudo porque, assim, porque, quando a gente não tem filho, não liga para nada, não está nem aí, mas quando tem filho é diferente. Tem que cuidar, tem que dar carinho, [...] Ah... eu sou muito feliz com esses dois.
>
> Maria Cecília: Ser mãe é uma felicidade...
>
> M4: E também é uma responsabilidade maior.
>
> MC: Você falou assim: "Quando a gente não tem filho, a gente não liga para nada...".
>
> M4: É porque a gente quer sair, não quer ficar dentro de casa. Porque quando eu não tinha eles dois, eu saía direto, não ficava em casa de final de semana, queria sair com os amigos [...].
>
> MC: Então agora você só pensa neles...
>
> M4: É isso.

Na terceira consulta, quando Odylon estava com 6 meses e 25 dias:

> Kátia Maria (M4): Bom, tem uma vizinha que teve nenê mês passado, e ela deixa o nenê com a mãe dela para ir ao pancadão. E eu não acho isso justo, o nenê com 1 mês ela vai sair para o baile funk?! Aí, minha mãe estava falando: "Que bom que você não é assim. Porque você procura filho, tem que saber cuidar". Assim, o nenê é pequeno, ele não entende nada, que tem que ficar com eles, tem que cuidar sim. E se a mãe dela dormir, e não vai cuidar dele, quem vai cuidar? Não vai ter ninguém para cuidar, porque a mãe dela vai estar dormindo, o nenê vai ficar chorando lá sozinho. Eu não deixo eles sozinhos para poder sair assim. Só se for caso de precisar mesmo, ter que ir ao médico, procurar trabalho, estudo, eu deixo com a minha mãe, eu sei que ela vai esperar eu chegar da escola, eu chego 11 horas. Mas aí passar a noite toda fora e deixar a criança ficar sozinha para poder ir se divertir, eu não acho justo. Ela tem só 15 anos. Tem que pôr a cabeça no lugar.

Maria de Fátima (M5) nos disse na quarta consulta, quando Ana estava com 5 meses e 10 dias:

> Maria de Fátima (M5): Ah, ser mãe é uma coisa ótima, é uma maravilha. Eu penso, assim, o que minha mãe fazia por mim que eu achava superchato: "Você enche o saco". Agora eu penso que estava fazendo pelo meu bem e eu falava "está enchendo o saco". Agora eu vejo que não, tem que fazer quase as mesmas coisas que a minha mãe fazia para mim. Mas é bom. É uma experiência ótima, ela é uma criança que... já cuidei dos meus primos, já gostei muito deles, mas eles são meus primos, agora é bem diferente, é minha. Eu não quero dividir com ninguém. É minha, é diferente.
>
> Maria Cecília: E o que é diferente de você cuidar dos seus primos, sobrinhos, e você cuidar da Ana?
>
> M5: Você cuida com mais cuidado, com mais carinho, tem o seu cuidado de cuidar da sua filha, e cuidar de outra criança é totalmente diferente, pelo menos para mim.
>
> MC: Você está falando de um vínculo e um amor por ela que é especial.
>
> M5: Aham. É especial das outras crianças. É sua, nasceu de você, está com você 24 horas, aí, agora que nasceu, continua junto, mas não 24 horas.

Maria Luiza (M7) nos disse, na terceira consulta, quando Maria Mariana estava com 2 meses e 1 dia:

> Maria Luiza (M7): Ser mãe é tudo, mudou minha vida, era muito agitada com tudo, agora converso mais com a minha mãe. Era muito afastada de todos, agora não, a vida antes era sair. Agora minha balada é ela! Porque, que nem eu falei, eu não tinha carinho, eu não era calma, era muito agitada. Mudou a minha vida essa menina. Agora eu converso, converso mais com a minha mãe que era uma coisa que eu não conversava. Carinho, ela mudou minha vida, mudou minha vida todinha. Eu era agitada com o pai dela, agora a gente senta para conversar, para falar

do futuro dela, como é que vai ser. Ela me mudou, nossa, totalmente, totalmente.

Ao conversarmos sobre as necessidades do bebê e sobre o que as mães adolescentes sonham[7] para o seu filho, pudemos aproximá-las da função materna, discriminando o bebê real das projeções narcísicas da mãe, dos aspectos obstaculizantes para a subjetivação do bebê.

MARIA CECÍLIA: O que você sonha para ele?
MARIA LÍDIA (M1): Eu penso muito, mas aí eu sei que as crianças nunca fazem o que a gente quer para ela, o que eu quero é que ele tenha muito o meu apoio, e eu sei que ele vai ter, seguir o caminho dele, eu queria que ele fosse médico. Queria pagar o curso dele para ele fazer medicina, porque eu sei que é caro e é o meu sonho. Eu acho que os pais sempre querem para o filho aquilo que eles querem para si, então como eu queria muito ser médica...
MC: Mas você ainda pode ser médica, pode ir atrás do seu sonho...
M1: É, com certeza. Mas agora eu sonho isso para ele, que ele seja um médico. Mas ele vai poder jogar futebol, algum esporte... Menino, então, nem se fala, né...

MARIANA (M2): Que ele seja um rapaz de bem, né, seja um homem trabalhador e me ajude também, e a família dele.

7 A projeção dos pais na criança é, mais precisamente, uma identificação projetiva. É projetada uma representação do *self* dos pais, que é, dessa forma, investida com libido narcísica; pode tanto ser diretamente projetada como tal, conforme o exemplo dado acima a respeito da representação da criança ideal que o pai ou mãe gostariam de ter sido, ou por meio da imagem interna de um objeto. No segundo caso, essa imagem, o objeto interno dos pais, leva consigo uma autorrepresentação anteriormente projetada nele; em outras palavras, houve uma identificação com esse objeto. Logo, mesmo que a projeção na criança corresponda a uma imagem do objeto, necessariamente inclui uma autorrepresentação e é por isso narcísica por natureza (Manzano, Palacio Espasa & Zilkha, 2001).

Maria Cecília: E como você pensa que você pode ter um filho assim?
M2: Uma mãe que converse, que dê conselho, que ajude ele, né. [...] Que ajude ele na hora que ele precisar, que ajude na precisão de alguma coisa, tipo uma roupa, dar um dinheiro para ele ir lá e comprar. Que estude, estudar bastante, né.
Denise: Você falou de poder ajudar ele na hora que ele precisar, como é que será que a gente consegue saber do que o filho precisa para você poder ajudar?
M2: Ah, conversar, o que precisar, ele falar que tá precisando de alguma coisa, tem coisa que a gente não consegue saber, né, porque, se ele não falar, a gente nunca vai saber [...].
D: O que você pensa quando você olha para ele?
M2: Meu menino. [...] Acho que ele vai dar muito orgulho para mim. Eu acho que eu vou ter muito orgulho dele.
MC: Você já está orgulhosa de ter ele...
M2: É... Eu fico imaginando ele já grande, trabalhando, estudando.

Maria Cecília: Quando você olha assim para ela, parece que você está sonhando alguma coisa...
Maria Lúcia (M3): Tem hora que eu nem acredito que eu tenho ela.

Kátia Maria (M4): Quando ele crescer, eu acho que ele vai decidir o que ele quer ser, né, mas se fosse por mim, eu queria que os dois fossem advogados.
Denise: Você também falou que você queria ser advogada, né?
M4: Aham. Bom, eu pretendo fazer faculdade de Direito, eu gostaria que os dois fizessem, mas fica a critério deles. [...] Ah, eu acho uma profissão bonita.

Mária Fátima (M5): Nunca parei para pensar, assim, um sonho para minha filha. Eu sonho dela crescer sabendo toda a verdade, não vou mentir para minha filha sobre o pai dela, como foi minha gravidez, e

espero, assim, que ela fique comigo, me compreenda por tudo que eu fiz. Porque eu conheço vários filhos que a mãe conta, e o filho: "Ah, mas por que você não fez isso? Por que você nunca correu atrás?". Sabe, várias coisas. Eu espero que ela não faça isso. [...] Não me culpe por nada.
MC: Ela seria sua amiga...
M5: Aham, do mesmo jeito que eu sou amiga da minha mãe. [...] Ah, eu nunca pensei assim no que ela [pode] ser, eu acho que ela tem que ser assim o que ela quer, né, não o que eu quero. O que eu quero, mas vai saber se o que ela quer é o mesmo. Porque, assim, os meus pais nunca falaram assim para mim: "Você tem que ser isso. Eu gostaria que você fosse isso". Sempre deixou aberto para eu escolher uma profissão para mim. Nunca foi: "Eu gostaria que você fosse aquilo". [...] Uma advogada [risos]. Eu sempre também quis ser advogada, agora eu estou passando para ela: "Agora vai ser você".

Maria Luiza (M7): Nossa! Eu penso tanta coisa para essa menina. Eu quero trabalhar para poder dar as coisinhas para ela. Já estou pensando assim, no futuro dela, me preocupo bastante com isso. [...] Para mim, o fundamental é a educação. Porque, que nem eu falei para minha mãe, eu quero que ela tenha o que eu não tive, que ela faça tipo os estudos, entendeu, ter futuro para ela, ter a coisinha dela, já penso até na escola. Eu falo: "Mãe, é aqui, na Adventista, é aqui que ela vai estudar". Eu parei no primeiro. [...] Assim, porque desde pequenininha eu gostava de ficar cantando, aí eu falei assim: "Mãe, essa aqui [bebê] é a Sandy do futuro". Eu tenho vontade que ela cante, modelo, esse negócio eu quero que ela cresça, entendeu? [...]
Maria Cecília: E o que ela mais gosta?
M7: Colo. Porque ela gosta de ficar deitada na cama, que deita ela em cima da barriga e fique abraçando, ela gosta de que aperte, carinho assim, entendeu? Colo mesmo, nossa, carinho. Dá para perceber porque pega ela no colo e abraça, ela solta um sorrisinho no rosto dela.
MC: Como foi quando ela chegou...? O que você imaginava...?

M7: Assim, porque eu estava mal, né, cirurgia na minha barriga. Mas assim que tirou ela, assim, da minha barriga, que eu escutei aquele ehnn, que ela não chorou, ela só fez ehnn, aí eu comecei a chorar e pensar "é minha filha, é minha filha". Eu mandava "mãe, traz", eu não conseguia falar, mandava trazer ela. A hora que trouxe para eu dar aquele primeiro beijo, meu Deus do céu! Coisa mais linda! Eu só chorava. Eu chorava de dor, chorava por ela também.

MC: De emoção...

M7: De emoção. [...] Para mim, assim, lógico, né, para mim ia dar o maior trabalho, eu não vou ter paciência com essa menina, eu não vou ter paciência, essa menina vai ficar chorando a noite inteira, eu não vou ter paciência. Eu pensava que eu não ia ter paciência com ela. Aí quando eu ficava sozinha, assim, vendo aquela minha barriga, eu falava: "Ai, não vejo a hora de nascer, olhava para minha mãe para ela falar alguma coisa, ela falava que ela ia ficar chorando a noite inteira, eu falava: "Mãe, eu vou ter paciência". Aí quando eu ficava sozinha mexendo na minha barriga, ela me chutando, assim, eu não via a hora dela vir, não via a hora.

Maria Cecília: E o que você sonha para ela?

Maria Elisa (M9): Ah, ser muito feliz, ter tudo, porque ela está tendo tudo. Eu não tive muito como ela tem. Porque minha mãe falou que quando nós morávamos em Minas, nós não tínhamos muita coisa, era mais pobre. Não tinha quase nada do que ela tem, roupinha, assim. Usava fralda de pano, não tinha muita coisa. Graças a Deus, ela tem, o que ela está tendo até...

MC: Então o teu sonho é que ela seja feliz, que ela tenha de tudo...

M9: É.

P9: Que ela goste de escola.

MC: Ah, o pai também tem sonhos. [...] Goste de escola, que mais?

P9: Muitas coisas... Até lá... É... Mas esse sonho vai se tornar realidade [...].

Proponho que o modelo de intervenção junto às mães adolescentes com vistas à prevenção de transtornos no desenvolvimento procure seguir os dez passos descritos a seguir.

1. *Favorecer a disponibilidade emocional da mãe, necessária para o cuidado de um bebê e a identificação de suas necessidades físicas e emocionais*

As consultas buscavam ajudar as mães adolescentes, muito assustadas e despreparadas, a maternarem e a se reconstruírem subjetivamente e não somente trabalhar sobre suas defesas; isso só foi possível graças à transparência[8] psíquica e ao estado de preocupação materna primária,[9] próprias desse período.

> MARIA CECÍLIA: Quer dizer que você está falando que você não tem muita vez, não. Ninguém te respeita...

---

8 Monique Bydlowsky (1997) define transparência psíquica como uma espécie de "levantamento" da repressão ou uma diminuição de sua eficiência, o que permite o acesso, normalmente negado, a conteúdos e conflitos inconscientes, relativos a experiências e fantasias infantis, no período de gravidez, parto e puerpério, favorecendo o repertório psíquico da mãe e do pai para acolher a chegada do bebê na família.

9 Segundo Winnicott, nos primeiros momentos da relação mãe-bebê, a mãe experimenta uma regressão à dependência que a possibilita compreender e atender o desamparo vivido pelo bebê (estado de preocupação materna primária). É por meio dessa espécie de regressão a serviço do outro, o bebê, que a mãe poderá compreender, de forma criativa, seu infante, suas comunicações, identificando-se com suas necessidades e vulnerabilidades. Como em qualquer exercício de *holding*, essa identificação não é paralisadora, estagnante, mas, pelo contrário, é metabolizadora para favorecer o desenvolvimento do outro. A mãe suficientemente boa é capaz de se identificar com o bebê, receber suas demandas e gestos espontâneos, suportar e dar suporte, permanecer lá e, sem alteração da qualidade de sua presença, estar disponível para cuidar do bebê nos momentos de tranquilidade do *holding*. E assim se inicia a humanização do bebê e o pensar e o fantasiar se vinculam a essas experiências primitivas (Winnicott, 1951/1988).

MARIA ROSA (M10): Entende? Ela está me entendendo. Pelo menos uma pessoa no mundo me entendeu! Eu não tenho vez. [...] Ninguém me respeita. É complicado. [...] Meu pai adora tirar minha autoridade. O irmão do pai dela fala que vai levar ela para passear na casa da namorada dele, como eu sei onde é, qualquer coisa eu vou buscar lá. Aí ele [avô] fala "não vai". Eu falo: "Pode levar". E ele: "Não vai, a minha petequinha não vai, não". Eu olho para a cara dele e falo: "Não, me desculpa, mas quem é a mãe sou eu". Como vai ser depois, eu vou falar para ela não ir para a rua, e ele [avô] vai falar: "Não, pode brincar na calçada". Ela não vai me respeitar e ela vai falar: "Eu vou respeitar meu avô, porque meu avô deixa. Quem é ela para tirar a autoridade do meu avô?". Já falei: "Ela vai e ponto-final". Eu chamei ele [pai da bebê] e conversei, quando eu não estiver, se tiver que dar uma palavra mais alto, você que vai dar, está na sua casa, a filha é tua. Mesmo eu estando, você que vai dizer. Quando a gente está só em casa, aí manda um pouquinho dos dois, mas quem tem a palavra mais alta é ele [pai da bebê] [segunda consulta].

2. Favorecer o vínculo mãe-bebê desde o início para assegurar a amamentação

Podemos perceber a importância do trabalho de parentalização diante da amamentação. O desmame nas mães adolescentes costuma ser precoce: 2 a 3 meses. Elas se sentem inseguras e desaparelhadas para compreender o choro do bebê e logo se sentem insuficientes, dizem que o leite secou e introduzem a mamadeira para assegurarem-se ao ver a quantidade de leite administrada ao bebê. Além disso, há um desejo de que o bebê cresça logo e fique independente da mãe. Portanto, faz-se mister sempre que possível ajudá-las nas dificuldades do aleitamento e nos cuidados com o recém-nascido, pois há uma tentativa de delegar a outrem essas funções.

Maria Lúcia (M3): Não pega mais no peito, meu leite secou... Está só mamadeira agora... Tem ainda, mas ela não pega, eu ponho o peito na boca dela, fico uma meia hora, e ela não pega. Não sei se ela não sabe pegar mais, não sei. Com a mamadeira ela pega rapidinho, mas no peito acho que o bico é menor, aí é mais difícil. Ela toma mamadeira. Ela é muito gulosa. O certo é mamar de 2 em 2 horas, né? Mas ela mama de 1 em 1 hora. É muito gulosa... Mas eu estou diminuindo agora, senão vai ficar muito gorda. Foi três dias atrás, ela estava chorando, ela já tinha mamado, e eu dei mais 90 ml, aí ela voltou tudo para fora, acho que estava muito cheia a barriguinha dela. Mas ela está bem.
Maria Cecília: E por que você acha que o seu leite secou?
M3: Não sei, porque eu acho que eu dava os dois, né, eu acho que eu dava mais mamadeira do que peito e tem que ficar estimulando. Aí, ainda tem, mas não é o suficiente. Mas o meu leite não sustentava ela.
MC: Parece que ela percebe que você está dividida. Um lado seu que quer ser mamãe e amamentar, e um outro lado que quer ser garota e ir para a balada. Têm as duas coisas em você...
M3: É, minha mãe falou isso, minha mãe falou que ela está enjeitando o meu peito [...] [terceira consulta].

Maria de Fátima (M5): Amamentei até uns dois meses e pouco, quase três.
MC: O que aconteceu?
M5: Ah, meu leite começou a secar. Ela começou a chorar, chorava, eu não sei por que, assim, também eu ficava preocupada com muita coisa, assim, com tudo, dela dormir, a hora dela acordar, se acordou para mamar. Sabe, eu ficava paranoica mesmo. Aí, de repente, começou a secar e ela chorava muito. Chorava, chorava, e eu achava que era cólica, dor de ouvido, tudo, menos fome. Aí, depois meu pai sempre falava: "Vocês estão matando essa menina de fome". E eu: "Não está, pai, ela acabou de mamar". Depois que eu comecei a dar mamadeira e o peito, aí ela parou de chorar. Assim foi, automaticamente parou. Então eu acho assim que

o leite não estava sendo suficiente para encher a barriga dela... Parou, aí depois ela não quis mais o peito. Só a mamadeira. Se eu dava o peito ela tinha ânsia de vômito, botava para fora, fazia coisas horríveis, e eu: "Ai, meu Deus, será que o meu leite não está bom?" [...] Aí ela não quis, se eu ponho no peito, ela vira o rosto, faz cara feia. Não quer de nenhum jeito, só quer mamadeira agora. Acho também que a mamadeira é mais gostosa, né [segunda consulta].

MC: E ela está com dois meses, está mamando no peito?
Marisa (M6): Agora ela não tem mais paciência. Eu dou peito para ela, mas ela não tem mais paciência de ficar, porque, vai, sai muito pouquinho, mamadeira é mais rápido. Aí eu tenho leite, mas não estou dando mais peito para ela [segunda consulta].

Maria Luiza (M7): Ela não pegou no peito. Aí eu levei no médico e conversei com a enfermeira. Aí eu falei assim para ela que ela não tinha pegado no peito e tal. Aí eu falei que eu estava dando o Nan, só que o Nan é muito caro. Aí ela falou assim que eu podia dar leite de caixinha agora. Agora ela está bebendo o leite de caixinha puro, nem fez mal também [terceira consulta].

3. Apontar as competências da jovem mãe, legitimando a função materna ou oferecendo suporte diante dos conflitos com a figura materna

Os conflitos femininos em relação a figura materna se reacendem diante da maternidade. Em se tratando de mães adolescentes, esses conflitos podem ser mais intensos, pois a maternidade acontece em meio ao processo de construção da própria identidade, momento em que os conflitos edípicos se reeditam. Apontar as competências da jovem mãe contribui para que ela se aproprie dessa nova função e não seja engolfada pela figura da avó.

MARIA CECÍLIA: Sua mãe te ajuda?

MARIA LÚCIA (M3): Muito, muito, muito, parece que ela é mãe da menina. Ela fala que ela é mais mãe dela do que eu, porque ela é avó e mãe, né?

MC: Ela é mãe ao quadrado. É por isso? Mas a mãe é você.

M3: Ela falou: "Eu sou mais mãe dela do que você".

MC: Por que ela cuida mais do que você?

M3: Não que cuida mais. Quando ela está chorando, ela pega. Hoje ela deu banho nela para eu me arrumar, porque eu sempre arrumo ela primeiro para depois eu me arrumar, mas aí eu estava um pouco atrasada, eu fui tomar banho e ela arrumou a nenê... Eu fiquei falando que não. Que a mãe sou eu. Ela fala "não, eu sou mais mãe". Nossa, até enjoa de ver... [...] Ela fica pegando toda hora, falando que ela é muito linda... Eu fico com raiva. Eu falo: "Não vai pegar, não". Meu pai pega ela, ela dorme. Meu pai falou para o pai dela: "Essa menina dorme mais comigo do que com a mãe dela". É só ele pegar e colocar ela aqui assim, e ela dorme, com a minha mãe também. Aí coloca ela no berço, ela abre o olho assim... Ela engana a gente... Mas meu pai, quando eu falo: "Não pega", ele não pega. Ela fala: "Pega". Ele: "Ela não quer deixar". Meu pai quer pegar ela toda hora... Porque, quando ela chora, quer ficar pegando, eu falo: "depois você que cuida". Eu faço tudo, dou banho, ponho ela no berço para ela não ficar manhosa, senão toda hora ela vai querer colo. Mas eu pego ela, não deixo o dia inteiro no berço. Pego, brinco com ela.

MC: Mas a filha é sua.

M3: Então, mas ela que fica pegando. Eu falo: "Não pega". Mas ela fica chorando querendo colo. Mas ela não é chata não. [...] Ela fica agoniada... olha como ela fica. Tem hora que ela belisca o rosto dela. Ela puxa isso daqui [tiara de pano da cabeça]... Quando ela não consegue pegar a chupeta, também ela fica assim.

MC: Ela está falando alguma coisa. O que foi? [a bebê chora, e a mãe abraça a bebê]. [...] Quando você fica abraçadinha com ela, ela gosta? Olha como ficou quietinha.

M3: Ela está morrendo de sono.

MC: Você sabe cuidar dela, nem sempre precisa da sua mãe... Olha só, você pegou ela apertadinha e ela parou [a mãe fica olhando para a bebê em seu colo].
M3: Mas ela também não tem paciência, agora que ela provou da mamadeira, sai mais, ela não fica no peito, ela chora e, quando ela chora, não adianta dar o peito, ela não pega, tem que acalmar ela.
DENISE: Parece que é a mesma coisa quando você acha que só os seus pais conseguem cuidar dela e colocar ela para dormir. Olha só como você conseguiu fazer acalmar.
M3: É sono, fica chata.
MC: Pois é, mas a gente está vendo que ela tem uma mamãe que entende ela [terceira consulta].

MC: E a sua mãe está deixando você ser mais mãe dela?
MARIA FÁTIMA (M5): Ah, agora, sim. Antes era a filha dela, essa é minha filha, tudo era ela: "Mãe, eu que sou mãe". Tudo era ela: "Mas eu já cuidei de você, do seu irmão, eu sei". Mas eu falo: "Mas só que a mãe sou eu". Ela: "Mas quando ela crescer, ela vai me chamar de mãe". Como eu e meu irmão, né. Mas eu vou falar para ela: "A mãe não é ela, a mãe sou eu. Ela é a sua avó". Aí ela: "Eu vou ficar ensinando ela me chamar de mamãe, mamãe". "Ah, você quer ser a mãe, tomar a minha filha, né?" Aí ela fica boba, mãe, vovó coruja. Ciumenta com ela. Eu falo: "Mãe, para com isso". [...] Eu me defendo... e do meu pai também. No começo ele queria dar outro nome, e eu não queria. Ele queria Beatriz e eu: "Ah, Beatriz não...". Eu não queria, tudo o que o avô vê compra para ela e eu digo: "Pai, ela não está precisando". Ele: "Ah, mas eu achei tão lindo".

MARIA LUIZA (M7): Porque que nem eu falei, eu não tinha carinho, eu não era calma, era muito agitada. Mudou a minha vida essa menina. Agora eu converso, converso mais com a minha mãe, que era uma coisa que eu não conversava. Carinho, ela mudou minha vida, mudou minha vida todinha. Eu era agitada com o pai dela, agora a gente senta para conversar, para falar do futuro dela, como é que vai ser. Ela me mudou, nossa, totalmente, totalmente.

MC: Quer dizer que ela também te aproximou da sua mãe.

M7: Da minha mãe, eu não era de conversar com a minha mãe. Tipo, eu arrumava a minha casa, saía, quando voltava à noite, assim, "oi, mãe, tudo bem?", conversava do serviço dela, tchau e saía. Era assim. Com meu pai, eu não conversava com meus irmãos, nossa era muito afastada da minha família. Agora não. Agora eu estou mais dentro de casa, converso com a minha mãe, com meu pai, com meus irmãos. Agora eu estou assim. Com o pai dela eu só brigava, o pai dela vinha conversar comigo, eu não dava muita atenção para ele. Falava: "Tá, tá, eu vou sair". Era assim, a minha vida era sair. Agora, não. A minha mãe achou melhor, entendeu? Minha mãe não criticou tanto, que nem ela me falou foi esses dias: "Eu tinha falado para o seu pai que essa menina ia mudar a sua vida. Ia mudar, você ia parar de fazer tudo o que você fazia. Só sair e balada, esses negócios aí". Agora, não. Agora minha balada é ela. [...] Porque tipo assim, ó, eu saía muito à noite aí eu voltava, minha mãe estava acordada. Aí ela ficava: "Nossa, olha a hora que você está chegando". Eu falava: "Ah, mãe, vai dormir. Vai dormir, me deixa em paz". Eu era assim. Ela falava: "Um dia você vai ver o que é preocupação de uma mãe". Agora eu estou vendo. Entendeu? Aí esses dias me deu vontade de chorar, porque eu sou muito, eu me emociono. Eu saía, deixava minha mãe preocupada, xingava, não xingava assim, falava: "Ai, mãe...". Aumentava a voz para ela... [...] Não sabia, é a preocupação que eu estou tendo. Agora, que nem a madrinha dela, sai assim... Agora eu sei como é que é. E ela: "Eu e sua mãe falava para você, e você e ela: 'Só saíam, só saíam'". Aí às vezes eu converso assim com a minha amiga, e ela está parando de sair. Porque a Juliana pediu para dormir uns dias com ela, né, aí eu falei assim: "Só se eu for junto". Aí foi nós duas dormir na casa dela, aí ela estava com cólica e ficou chorando a noite, e eu fico muito nervosa: "Meu Pai, minha filha". Qualquer coisa eu quero levar ela no médico. Ela: "Calma, calma". Eu: "Agora você está vendo como é preocupação pelo filho, né". Ela falou assim: "É, mesmo, né, vou parar de sair, agora eu estou vendo como é que é, agora nem ela está saindo mais, porque a mãe dela teve pressão alta, passou mal, e ela está vendo também.

MC: Passou a cuidar um pouco da mãe...

M7: Passou a cuidar da mãe dela [...].

4. Assinalar o espaço de cada um na dupla mãe-bebê, especialmente quando a figura do pai for ausente

A tendência da jovem mãe de se ligar ao seu bebê de uma forma fusional, como muitas vezes se manteve com a própria mãe até o nascimento de seu bebê, é muito frequente. Apontar as necessidades e características do bebê como discriminadas das fantasiadas ou projetadas pela mãe favorece a subjetivação de seu filho, criando um espaço interno na mente da mãe para o bebê e, ao mesmo tempo, um espaço real para a existência desse novo ser.

MARIA CECÍLIA: Dorme a noite toda na caminha dela, como é?

MARIA FÁTIMA (M5): Na caminha dela, comigo.

MC: Ela não tem uma caminha dela?

M5: Tem. Tem dia que está muito frio, ela dorme na minha cama, aí quando chega o calor, ela não quer a cama dela, ela quer a minha cama. Aí teve uma vez que eu deixei, ela reclamou, reclamou, depois dormiu. Aí ela dormiu duas noites no berço dela. Aí ficou frio, aí vai para minha cama. Aí fica assim, só que é ruim para mim, porque nem eu durmo à vontade, né, porque eu fico com medo, toda hora eu acordo, ela se mexe, eu acordo. Então é ruim. Mas ela dorme mais comigo do que na caminha dela... Quando ela dorme, eu encosto o berço junto da minha cama para ficar mais perto... Mas mesmo assim é difícil ela dormir no berço. Dormia mais quando era bebezinha. Agora que está mais grandona...

MC: Você sente muita falta dela quando você chega da escola?

M5: Sinto. Ruim é quando ela está dormindo que não dá para eu ir lá mexer com ela. Aí minha mãe: "Não mexe, ela está dormindo, vai acordar". [...] Minha mãe põe ela no berço, põe ela no carrinho, fica brincando com ela, às vezes ela dorme. Quando ela acorda no meio da noite, eu puxo ela para debaixo da minha asa. Mas aí quando ela acorda, eu já dou uns beijos nela, abraço. Minha mãe: "Vai machucar...". E também quando ela dorme no berço, eu acordo toda hora para olhar ela, se ela está direitinho, se ela está coberta... aí toda hora eu acordo. Se ela quer comer, ela acorda mais quando ela está no berço do que quando ela está na cama. Eu falo: "Ela está longe de mim, eu não estou sentindo se ela está acordando ou não [terceira consulta].

Na quarta consulta, quando Ana estava com 5 meses e 10 dias:

Maria Cecília: Você pensou alguma coisa da nossa última conversa?
Maria Fátima (M5): Eu pensei, assim, eu falar com ela, ficar muito grudada nela, eu pensei, assim, que eu não tenho que ficar só com ela, também tenho que me divertir, fazer minhas coisas, eu não vou ficar grudada nela 24 horas. Aí eu comecei a me separar, não separar, mas, tipo, coisas que eu fazia, eu estou tentando mudar. Não totalmente, para não prejudicar ela. Assim, eu não estou dormindo mais com ela, eu ponho ela no berço.
MC: Olha só.
M5: Assim, eu caí mais na real depois que eu tive que sair e ela não quis deixar. Eu queria ir numa festa, e fui. Daqui a pouco minha mãe me liga, que ela estava chorando, chorando, chorando, não conseguia parar. E eu deixei ela dormindo. Vou colocar ela para dormir, depois eu vou para festa. Aí eu estou lá na festa, minha mãe me liga: "Vem embora, ela não quer parar de chorar, eu já tentei de tudo, ela só fica olhando para a porta". Na hora que eu chego, ela olha para minha cara, dá risada e para de chorar [quarta consulta].

Maria Cecília: Eu estou aqui pensando, parece que sua filha não tem muito espaço para ela. O espaço dela é no colo do pai ou da mãe. É como se ela não pudesse mesmo ficar no bercinho dela, no cantinho dela.

MARIA ROSA (M10): Só quando o pai dela está. Quando o pai dela está em casa, ela fica no carrinho ou no bercinho. Às vezes eu ponho ela na minha cama, no meio da cama, vou fazer as coisas, depois eu deito, assim, fico olhando para ela também.

MC: Parece que ela também tem que fazer um pouco de companhia para vocês, que você quer que ela durma com você, que ela que vai fazer você nanar...

M10: É, tudo ao contrário.

MC: Você só consegue dormir se ela estiver do seu ladinho.

PAI: Eu expliquei para ela, eu não consigo dormir de barriga para cima, mas eu fico com ela de barriga para cima e ponho ela no meu braço aqui, eu acordo, e a bichinha tá dormindo aqui e eu dormindo com a boca aberta. Meu braço estava assim [esticado, virado para o chão], se ela rolasse ia direto para o chão. Ela nem se mexeu [...] [segunda consulta].

5. Contribuir para a subjetivação da mãe e narcisizá-la, indicando as mínimas competências no cuidado com o bebê

Quando estamos diante da construção da parentalidade em mães adolescentes, devemos trabalhar sobre as mínimas competências da mãe nos cuidados físicos e emocionais do bebê, ou mesmo sobre aquelas em potencial. Isto é, devemos procurar trabalhar na potência e não na falha, naquilo em que a jovem mãe se mostra incompetente. Assim se faz um trabalho de subjetivação e de asseguramento da função materna que se inicia.

MARIA CECÍLIA: A gente fica olhando como você oferece o brinquedo devargazinho.

MARIA LÍDIA (M1): O problema é que ele quer tudo, você quer tudo, amor, não pode tudo, pega esse primeiro. Ah, bom, estava estranhando que você não colocava nada na boca. Essa bola é mais maciinha, né, parece mais um peitão. Aí onde ele passa com a mão assim, ele vai pegando tudo. Aí às vezes eu deixo ele deitado na cama e vou arrumando a roupa dele para gente vir para cá. Eu deixei a bolsa do lado da cama, o que ele olha, ele põe a mão, ele derruba tudo, a fralda descartável ele aperta [quarta consulta].

MC: Mas, por outro lado, você pode ver que você abriu mão de um monte de coisa da sua vida, mas que você tem muito orgulho de ser a mãe que você é, e de ver o seu filho crescendo e poder ficar orgulhoso da mãe que ele teve também. Não, é? Ele vai poder falar que contou com você. Porque no começo ele teve um pouquinho de asma, depois ele nem teve mais nada...
MARIANA (M2): Ele tomava amoxicilina e a inalação. Parou.
MC: Ele está sendo bem cuidado... Você também não teve mais nenhuma crise de bronquite...
M2: Não. Já tem bastante tempo, já. Às vezes, quando eu sentia cheiro do cigarro me dava um negócio assim [sexta consulta].

Bebê chora, e mãe abraça a bebê.

MARIA CECÍLIA: Quando você fica abraçadinha com ela, ela gosta? Olha como ficou quietinha.
MARIA LÚCIA (M3): Ela está morrendo de sono.
MC: Você sabe cuidar dela, nem sempre precisa da sua mãe? [...] Olha só, você pegou ela apertadinha, e ela parou.
[M3 FICA OLHANDO PARA A BEBÊ EM SEU COLO.] [...] MAS ELA TAMBÉM NÃO TEM PACIÊNCIA, AGORA QUE ELA PROVOU DA MAMADEIRA, SAI MAIS, ELA NÃO FICA NO PEITO, ELA CHORA E, QUANDO ELA CHORA, NÃO ADIANTA DAR O PEITO, ELA NÃO PEGA, TEM QUE ACALMAR ELA.
DENISE: Parece que é a mesma coisa, quando você acha que só os seus pais conseguem cuidar dela e colocar ela para dormir. Olha só como você conseguiu fazer acalmar.
M3: É sono, fica chata.

MC: Pois é, mas a gente está vendo que ela tem uma mãe que entende ela [terceira consulta].

D: Eu estou aqui pensando na história toda, do choro que a gente estava falando, quando ela começa a chorar, você fica numa aflição que logo você entrega ela para sua mãe. Daí...

M3: Às vezes eu não consigo acalmar ela, quando ela dispara.

D: E aqui, agora aconteceu a mesma coisa que aconteceu da outra vez que a gente se encontrou, porque ela começou a chorar...

M3: Aí eu abracei ela, e ela dormiu.

D: É. Ela começou a chorar, e você começou a brincar com ela, aconchegou um pouco mais no colo, e ela ficou mais calma.

M3: É.

MC: Olha, ela está quase dormindo. Talvez você fica mais tranquila quando a gente conversa... Você desabafa, você acha um jeitinho de acomodar ela, olha ela dormiu.

M3: É, depois de um banho é automático.

D: Depois de um banho, mas depois com a mãe junto ajudando.

M3: É. Depois que eu dou banho nela, eu dou mais na parte da manhã, se estiver muito calor dou outro de tarde, aí ela dorme, primeiro eu dou comida para ela, ela arrota.

MC: Ela já mamou?

M3: Já. Dormiu. Aí ela dorme [quarta consulta].

Maria Fátima (M5): Ela adora dormir no colo, colo para ela... Ela está com uma mania que não quer o colo da minha mãe, não quer o colo do meu irmão, não quer o colo de ninguém, só quer o meu. Eu falei: "Mãe, eu vou estudar! Como que ela vai ficar?". Ela fala: "Vai, sai daqui para ela não te ver". Fica só um pouquinho, daqui a pouco ela procura e vê: "Minha mãe não está". Se ela ficar com essa mania, não sei como vai ser...

MC: Mas você gosta dessa mania, você gosta que ela saiba quem é a mãe dela, né.

M5: É que é o colinho da mamãe. [...] Até o meu pai fala: "Me dá ela aqui um pouquinho". Aí ela fica me olhando, e ele tapa o olho dela para ela não me olhar, para ela olhar para ele. Eu falo: "Deixa a menina olhar para mim, deixa de ser chato". Ele fala: "Não, ela tem que olhar para o vovô, olha aqui para você conhecer o vovô, olha". Eu falo: "Pai, deixa de ser chato, coitada, ela quer olhar para mim, não quer saber de você".

MC: E às vezes parece que você fica muito aflita se você vai dar conta de cuidar dela.

M5: Aham.

MC: Mas pelo que a gente está vendo, a mamãe está cuidando bem de você.

M5: Fala para ela: "Eu estou resfriadinha". Eu peguei resfriado e passei para ela. Eu fico com ela, fico, fico, termina passando, né. Aí como eu saio para ir para a escola no frio, peguei friagem e passei para ela. Aí, logo a levei ao médico. É tão pequenininha para ficar doente [...] [terceira consulta].

MC: Estamos vendo como você é uma mãe que cuida, que brinca.

M5: Até minha mãe falou assim: "Ah, é bom ter filho cedo, porque assim você tem mais disposição para brincar, para correr". Eu falei: "Mas você acha que eu não canso não?". Ela fala: "Eu não tenho mais disposição de ir para o Ibirapuera, sair correndo, brincando". Eu falo: "Eu vou ter, mas não muito".

D: Mas olha para ela como você está brincando e ela está gostando.

M5: Aham [...].

MC: Ela está aproveitando dessa mamãe ao lado dela, né?

M5: Ela fica no berço assim se tiver alguém para conversar com ela, ficar brincando com ela. Ela sozinha, ela não gosta de ficar sozinha em lugar nenhum. Aí ontem, ela tem uma Minnie enorme, eu tive que pendurar a Minnie no carrinho, para eu poder fazer o leite dela porque ela não queria, queria que eu ficasse lá conversando com ela. Aí minha mãe foi trabalhar e chegou: "O que é isso?/É para ela ficar quieta, para eu poder fazer alguma coisa". Tem que ser assim, coisas que chamam atenção dela, ela fica olhando e esquece que não tem ninguém lá do lado dela [a mãe chacoalha a bola para a bebê. Mostra a cobrinha de pelúcia] [...].

MC: Eu estava pensando se para você não é legal vir aqui, porque é uma hora que a gente olha para você como a mãe da sua filha. E você parece que fica tranquila também olhando para ela, podendo ser mãe dela sem ninguém interferir.
M5: Aham.
MC: Você brinca, explora. Olha como ela mexe, como ela gosta. Vocês duas vão fazendo uma conversa, aí muda, mas que vocês vão se entendendo. Você está olhando para ela com um olhar tão apaixonado [terceira consulta].

Marisa (M6): De um jeito ou de outro, minha mãe não vai ficar com ela para mim sair. De um jeito ou de outro, vai ficar comigo, uma porque eu não quero, pode maltratar ela, e outra que a minha mãe, realmente, ela não vai ficar.
MC: Então tem um lado aprontador, mas também tem um lado que é bem cuidador, que você está sempre preocupada com a sua mãe, com a sua avó e com sua filha.
M6: É. Isso é verdade.

Maria Cecília: E ele gostou de ser vovô?
Maria Rosa (M10): Gostou, tem um ciúme. Não gosto dessa atitude dele [a mãe fala que o avô a desautoriza]. Se eu falar "você não vai!" E ela responde: "Mas meu avô deixou!". Ela não vai ter respeito por mim, vai respeitar o pai e o avô [bebê resmunga e dá uma choradinha]. [...] Elas pegam a menina e não voltam mais... [o pai conta que sua irmã passeia com a bebê].
MC: Mas você não precisa deixar. Mãe é assim, não gosta de ficar longe do nenê.
M10: O pai tinha que impedir que suas irmãs levassem a nenê [a mãe fala dos desentendimentos com a sogra, que tem ciúmes da bebê e o quanto fica incomodada quando levam a bebê para longe dela] [primeira consulta].

6. *Contribuir para a subjetivação do bebê, possibilitando aos pais identificar os diferentes significados das demandas físicas e emocionais da criança*

Isso é possível, por exemplo: perguntando o nome do bebê e como escolheram; sobre seus traços, com quem que eles acham que o bebê se parece, se lembra o pai, a avó ou a tia, o que têm em comum e o que têm de diferente. Essa subjetivação se dá por meio da *narcisização do bebê*, apontando alguma característica dele que ajude as mães a olhá-lo como uma pessoa diferente que acabara de nascer, com necessidades e um jeito próprio de ser, dependente delas, diferente de uma boneca. E, ainda, chamando atenção para alguma característica do bebê ("esse narizinho é muito fofinho, essa bochecha, como é gordinho"), identificando o choro e as suas necessidades.

> Maria Cecília: Mas uma coisa que você falou é interessante, que é tentar entender se ele está com fome, se ele está com cólica, se ele está com sono, com dor...
>
> Maria Lídia (M1): Aí, é, eu acho que é por muitos motivos que envolvem, né, porque eu não reparava assim numa diferença do choro da criança. Mas tem uma diferença muito grande, choro de sono, choro de fome, choro de dor, tem uma diferença. E agora eu vejo que tem diferença, então eu acho que é importante você saber, tentar pelo menos saber o que é que ele está precisando naquela hora, na hora que ela chora, na hora que ela faz manha. O mais difícil é quando ele está sentindo dor, porque é muito difícil ele sentir dor, então, é muito difícil reconhecer também.

> MC: Então, o que você está entendendo? [...] O que você já tem descoberto do jeitinho que ele faz manha que você descobre o que ele está querendo? Como você descobre se é leite ou se é cólica ou se é sono?
>
> Mariana (M2): Se é o peito que ele está querendo, eu coloco na boca dele; se ele não pegar, não é o peito; cólica ele nunca teve, acho que ele

teve uma vez só, coloco ele de barriga para baixo e fico balançando ele assim [quarta consulta].

[A BEBÊ BALBUCIA.]
MC: Está toda chique de sapato e fita no cabelo. Ela parece com quem? Com quem você acha que ela se parece?
MARIA LÚCIA (M3): Comigo.

Na segunda consulta, a bebê observa as terapeutas circulando pela sala.

MARIA CECÍLIA: Como ela fica atenta, né? Ela olha…
MARIA FÁTIMA (M5): Você vai para algum lugar, ela olha tudo, vira, se você não deixar ela virar para olhar, fica nervosa [segunda consulta].

Bebê deixa a cobrinha de pelúcia cair no chão e chora.

MARIA FÁTIMA (M5): Calma mamãe, tem outro ó […].
MARIA CECÍLIA: Você está vendo tudo, hein? Tem muita gente nessa sala olhando para você, né? Ela pedala bem…
M5: É. Ela está muito esperta […].

Bebê brinca com as pelúcias oferecidas pela mãe.

MARIA CECÍLIA: Olha só, a outra vez ela não segurava tão forte assim na cobrinha.
MARIA FÁTIMA (M5): Aham. Ela aprendeu a segurar, ela segura até a minha mão com muita força. Eu falo: "filha, você está me machucando". Ela pega com muita força.
MC: É porque ela não quer que você escape. Ela quer você pertinho dela…
M5: Ele só quer a etiqueta [do bicho de pelúcia]
MC: É, mas olha como ela pega bem, ela tem uma boa apreensão.

> M5: Ela tem muita força... Ela apronta cada uma para chamar a atenção. Ela pega a manta, está toda coberta, ela pega e puxa para o rosto. Só que não sufoca, porque ela é bem furada, ela faz que está sufocando para a gente tirar correndo, para dar atenção para ela. Quando a gente tira, ela começa a rir. Tipo: "Consegui o que eu quero, todo mundo está aqui perto de mim" [...].

> MARIA CECÍLIA: Que mais que ela já sabe fazer? Vocês contaram que ela puxa o nariz, puxa o boné do vô...
> PAI: Dá bastante risada.
> MARIA ROSA (M10): Ela fica ehehe [...].
> MC: Ela puxa o nariz, balança o pezinho de cólica, pedala, né?
> PAIS: É [...].
> P: Vocês falaram também que ela já vira...
> PAI: É, ela está virando, já.
> M10: Você coloca ela de um lado, quando você vai ver, ela já está do outro lado. Depois ela fica assim soltinha [a mãe imita a bebê com braços e corpo]. A gente deixa no meio da cama, quando vai ver, ela está bem na beirada.
> MC: E também vocês falaram que ela já engordou bastante...
> M10: 325 gramas [...]

Nesse processo de subjetivação do bebê, devemos contribuir para que a mãe possa identificar o seu choro.

> MARIANA (M2): Quando ele fica conversando muito, ele fica conversando, não dá para saber [...]. Tipo, quando ele está assim reclamando de alguma coisa eheheheh, tipo querendo falar? Aí não dá para entender o que ele está falando. Tem que opinar, até dá para entender alguma coisa também, quando ele fica olhando que ele quer alguma coisa assim. [...] Ele gosta de ficar olhando a televisão, parece que ele entende, ele olha e fica dando risada para o desenho.

Maria Cecília: E como é que a gente faz para tentar entender? Por que o nenê vai demorar para falar, né? Como é que você faz quando ele começa a reclamar?
M2: Às vezes, dou colo. [...] Às vezes, acho que é água, ele gosta de água. [...] Tem vez, quando ele está com a fralda assim, cheia. [...] Eu acho que é só isso mesmo, eu acho que dá para entender, né. [...] Tomar banho também, ele fica agoniado, se eu acordar e começar querer acordar direto, ele começa a chorar, se eu não tirar a roupa dele, ele fica chorando. [...] Quando está muito calor também, ele começa a suar, quer tomar banho... [...] Sono? Às vezes, sim, às vezes, não. Ele só dorme, às vezes ele dorme no colo também, mas para ele dormir bastante, é só se eu deitar do lado dele, aí ele dorme. Se não, ele não dorme muito, dorme um pouco no colo, ele acorda na hora.
MC: Então você está falando que ser mãe é uma coisa difícil. Para mãe entender o que o filho precisa, é uma coisa que não é muito óbvia, muito fácil...

7. Sinalizar aspectos inconscientes e duplas mensagens obstaculizantes do exercício da função parental e do desenvolvimento do bebê

Ao observarmos a relação da mãe e do pai com seu bebê, nas entrelinhas do discurso materno e paterno ou mesmo em seu comportamento com o bebê, podemos encontrar condutas e mensagens com duplos sentidos, com aspectos projetivos dos pais ou mesmo carregadas de aspectos transgeracionais. Ao apontarmos esses aspectos, favorecemos a qualidade do vínculo e da relação da mãe e do pai com seu bebê e o desenvolvimento emocional do bebê.

Na terceira consulta, quando Lucas estava com 2 meses e 29 dias, Maria Lídia nos disse:

MARIA CECÍLIA: A gente ficou pensando um pouco nisso, sabe, de quanto você talvez ficou chateada porque você talvez tivesse um sonho de fazer uma família feliz, que é a família que você não teve.

MARIA LÍDIA (M1): Com certeza, a primeira coisa que eu pensei que para ele ia ser igual foi para mim. O pai de um lado, e a mãe do outro. E para mim foi difícil, porque eu era nova. Então, assim, quando ele crescer, dá para eu explicar e ele entender melhor, mas, quando ele crescer, eu falar: "Ó, a mamãe estava grávida, mas a gente se separou". Mas é difícil mesmo assim, né, aí vai na escolinha, vê a mãe e o pai que às vezes vai buscar, eu acho que, não sei, vai ser meio difícil para ele, mas eu vou fazer de tudo para que não seja.

MC: Mas eu também fiquei pensando que também é difícil para você, porque você falou que quando os seus pais se separaram, eles brigavam muito e que, até hoje, um fica falando mal do outro, e você ficava num fogo cruzado, né? Então eu fiquei pensando um pouco de quanto para você deve ser difícil isso. Você agora não está podendo estar com o Alvaro junto, como se essa separação fizesse você viver de novo aquilo de quando você era pequenininha.

M1: E às vezes eu estou arrumando ele, nas pequenas coisas a gente percebe que seria diferente se eu tivesse pai; às vezes, eu estou arrumando a casa, fazendo alguma coisa e ele chora, ele quer um colo, quer afeto.[...] E aí eu penso que, se o pai dele estivesse por perto, era só dar no colo do pai dele e continuar fazendo o que eu estava fazendo, mas aí eu penso, eu penso nisso todos os dias, mas não como eu ficava antes, triste, sabe.

MC: Sei, é um projeto que não deu certo, e a gente fica triste quando uma coisa não dá certo.

M1: Eu estou tentando pensar como uma coisa que não deu certo como qualquer outra coisa, não é qualquer outra coisa, porque isso é muito importante, mas eu preciso pensar assim...

Ainda na terceira consulta:

> Denise: Ele acorda e te faz companhia.
>
> Maria Lídia (M1): Ele é minha companhia em casa. E eu acho o maior barato agora, porque eu falo com ele e faz como se tivesse me respondendo, ele balbucia o som, ele acha engraçado [terceira consulta].

Na sétima consulta com várias mães e seus filhos, quando Guilherme estava com um 1 e 15 dias e bateu com a girafa/chocalho em Odylon.

> Mariana (M2): Guilherme!
>
> Maria Cecília: Assim dói, Guilherme.

Mariana (M2) tira o brinquedo de Guilherme e joga junto aos demais brinquedos. Ele olha para a mãe e vai atrás do brinquedo novamente.

> MC: Conversa com ele, Mariana.
>
> Mariana (M2): Eu converso. Falo para ele que não pode, mas ele...
>
> MC: Mas você falou que ele joga tudo e você acabou de fazer a mesma coisa.
>
> M2: Ah, joguei para lá, senão ele ia bater na cabeça do menino.
>
> MC: Então, mas aí ele repete, né. Ele joga. Você pode tirar, conversar com ele, não é, Guilherme? Não pode bater no nenê...

Quando Laura estava com 1 mês e 29 dias, na terceira consulta, Maria Lúcia fala da raiva de ter engravidado, então apontamos:

> Maria Cecília: Então, mas eu acho, Maria Lúcia, que também dá muita raiva, e a gente pode falar da raiva, porque também tem muito amor. A gente estava olhando você olhando para ela, é tão lindo, tão bonito você apaixonada, o jeito que você olha, admira. Tem muito amor também, mas também tem raiva porque virou a sua vida de ponta-cabeça, né.
>
> Maria Lúcia (M3): Aham.

MC: Se a gente não pode falar disso, essa raiva pode virar leite seco, vira nervoso. A gente pode falar disso.

M3: A minha mãe falou isso...

MC: Mas para você poder falar disso, você tem que acreditar o quanto você também é capaz de amar a Laura. É mesmo uma mudança muito grande na sua vida. Todos os seus sonhos têm que ser adiados, não é que precisa acabar o sonho, tem que adiar um pouco, né?

Na quarta consulta, quando Laura estava com 2 meses e 26 dias:

Maria Lúcia (M3): Ela é muito medrosa.

MC: Ela assusta, né.

M3: Em casa o meu pai fala alto, o jeito que a gente fala, a gente fala com ela. Ela até assusta. Eu faço assim com ela, ontem eu estava fazendo não sei o que, e ela estava olhando para mim, e eu fiz assim: "Buuu!" [dá risada]. Ela fez assim [cara de susto]. Eu comecei a rir sozinha. Ela é muito medrosa.

MC: Mas por que você acha legal assustar ela?

M3: [ri] Ah, sei lá. Eu não assusto ela.

MC: Será que quando você olha para ela não é você que leva um susto? De ver que você já fez uma filha pequenininha que está crescendo, que você tem responsabilidade?

M3: Eu apaguei a luz do meu quarto, porque ela está dormindo comigo, né, dia frio assim, eu ponho ela no cantinho. Aí eu apaguei a luz, e ela abriu um olhão. Aí eu tenho uma luzinha que eu ponho na tomada, é verde, que deixa o quarto bem verdinho assim, sabe? Não fica escuro. Aí quando eu apaguei a luz, ela abriu o olho bem assim grandão, aí eu acendo a luz, e ela voltou. Ela tem medo do escuro.

MC: Você tem medo?

M3: Oi?

MC: Você tem medos, coisas que te dão medo?

M3: Tenho.

MC: Do que você tem medo?

M3: Antes eu tinha de perder ela, porque eu tomei tudo aquilo, aí eu pensava se ela ia nascer linda, perfeita, quando eu pegar ela nos braços, eu só pensava nisso. Eu tinha muito medo se ia acontecer alguma coisa, sei lá. Dela nascer sem uma mão, sei lá. Aí, quando ela nasceu, eu fui perguntando. Aí colocaram no meu braço, aí ela estava roxinha, eu fiquei com medo. Mas eu acho que é normal nascer roxinha, né?

MC: Aham.

M3: Sei lá, mas ela não precisou ficar dentro daquele negócio para tomar banho de luz, ela nasceu coradinha com as bochechinhas rosa.

Denise: Mas aí, Maria Lúcia, sempre que ela chora, o medo parece que volta?

M3: Volta. Porque eu tenho medo dela engasgar, por causa do negocinho, eu não deixo ela chorar, eu estava no banheiro hoje tomando banho, eu saí correndo, que meu pai estava na escada do lado de fora, não dava para escutar ela chorar, aí ela chorou, e eu saí correndo para pegar ela, aí ela chorou estranho, né, tem que prestar atenção.

D: O choro dela te assusta, né?

M3: Aham.

MC: É porque volta todo esse medo, né, dela engasgar, dela morrer, dela ter algum problema, de você perdê-la.

M3: Quando ela engasga, ela fica assim, querendo ar e não tem.

8. Desenvolver a função paterna para oferecer suporte para a mãe maternar

O pai constitui um outro polo da tríade familiar. Ele introduz a diferença nas trocas entre mãe e criança, contextualiza e enquadra essas interações, ao mesmo tempo que representa uma separação no binômio mãe-bebê. É a mãe que reconhecerá o pai, e este, por vir a ser pai, reconhecerá a criança e se associará na sua linhagem; mas é sobretudo pelo desejo de ser pai, a representação que o homem faz de si mesmo como pai, que o faz vir a ser pai, algo se transforma no casal e se dá início a função parental. Distância e diferença são os elementos fundadores do psiquismo da criança, no qual o pai intervém de maneira muito ativa, sendo propulsor do desenvolvimento, da socialização e da simbolização e oferecendo uma base de segurança para ajudá-la a ter acesso à cultura. É um caminho que leva da filiação à afiliação com o bebê. Quando o pai não preenche seu papel e não há figuras substitutas, a criança não pode separar-se da mãe e fica muito apegada a ela, mas na adolescência, o ódio terá a função separadora que o pai não pôde suprir (Barriguete *et al.*, 2004).

Mas é sobretudo a capacidade do pai de embalar e de apaziguar a dupla mãe-bebê nos momentos de estresse que é fundamental e restauradora da função materna. Uma boa capacidade de embalar refere-se à flexibilidade do pai, que não deve jamais suplantar a função fundamental da mãe, mas, ao contrário, contribuir para sustentá-la (Barriguete & Soto, 1997; Barriguete *et al.*, 2000).

Foi possível conversar com Marcos e Glória sobre o pedido da mãe para que o pai desse sustentação a sua função, protegendo-a e não tirando sua filha dela:

> MARIA CECÍLIA: Quer dizer que você está falando que você não tem muita vez não. Ninguém te respeita...
> MARIA ROSA (M10): Entende? Ela está me entendendo. Pelo menos uma pessoa no mundo me entendeu! Eu não tenho vez. [...] Ninguém me respeita. É complicado. [...] Meu pai adora tirar minha autoridade. O irmão do pai dela fala que vai levar ela para passear na casa da namorada dele; como eu sei onde é, qualquer coisa eu vou buscar lá. Aí ele (avô) fala "não vai". Eu falo: "Pode levar". E ele: "Não vai, a minha petequinha não vai não". Eu olho para cara dele e falo: "Não, me desculpa, mas quem é a mãe sou eu". Como vai ser depois, eu vou falar para ela não ir para rua e ele [avô] vai falar: "Não, pode brincar na calçada". Ela não vai me respeitar e ela vai falar: "Eu vou respeitar meu avô, porque meu avô

deixa. Quem é ela para tirar a autoridade do meu avô?". Já falei: "Ela vai e ponto-final". Eu chamei ele [pai da bebê] e conversei: "Quando eu não estiver, se tiver que dar uma palavra mais alto, você que vai dar, está na sua casa, a filha é tua. Mesmo eu estando, você que vai dizer". Quando a gente está só em casa, aí manda um pouquinho dos dois, mas quem tem a palavra mais alta é ele [pai da bebê] [segunda consulta].

9. O terapeuta se oferecer como modelo de parentalização

Em alguns momentos durante as consultas, ora brincando ora segurando o bebê, nos oferecíamos como modelo de parentalização. Lebovici denomina essas ações do terapeuta de *enactment,* e quando formulamos intervenções empáticas, ele as considera uma empatia metaforizante.[10]

Em uma consulta com Maria Luiza (M7) e Maria Mariana, a nenê começa a chorar, e sua mãe aflita vai em direção à porta como se buscasse ajuda da cunhada do lado de fora, fica agoniada. Então me ofereço para segurar a bebê. A bebê se acalma em meu colo, e, enquanto isso, vou conversando com a mãe.

Maria Cecília: Acho que ela estava com um pouquinho de cólica. Quando o nenê fica esperneando assim, alguma coisa não está boa,

10 *Enactment,* termo empregado também por cognitivistas, que significa tornar coerentes afetos e sentimentos que nos mobilizam, dando-lhes um sentido por meio de uma atuação com nosso corpo. A tal estado de sentir e recriar com a família é que se busca chegar nas consultas, por meio do *enactment* e da empatia metaforizante, esta fruto da relação empática que se estabelece com a dupla mãe-bebê e que permite que a narração e os atos do terapeuta tenham um caráter metaforizante, de fazer-se compreender, já que carrega os afetos e as metáforas relativas ao campo transferencial-contratransferencial da consulta (Lebovici & Stoleru, 1983; Lebovici & Weil-Halpern, 1989; Lebovici, Mazet & Visier, 1989; Lebovici, 1986, 1991, 1993b).

sabe? Ou ele quer arrotar ou ele está com dorzinha de barriga e fica tentando mexer para sair os gases. É diferente o jeito de chorar de fome e o jeito de chorar de dorzinha, não é? Você já percebeu isso?

Maria Luiza (M7): Já, o dia que ela teve cólica, ela estava com a barriga cheia e aí...

MC: Então você sabia que não era fome.

M7: É, e aí aquele chororô todo.

MC: Dá muita aflição mesmo quando a gente está sozinha e o bebê chora e não fala para gente o que quer e a gente não entende. A história da gravidez, do parto, do jeito que nasceu a nenê, também te deixou mais assustada.

M7: É, porque, assim, eles tentaram ver se tinha como eu ganhar normal. E já tinha uma mulher do meu lado que estava tendo dilatação, e eu pensava: "Daqui a pouco sou eu, daqui a pouco sou eu". Aí do nada eu vou para uma mesa sem sentir nada, começam a me tratar tudo, e eu começo a sentir, foi muito estranho, eu estava esperando meu parto normal. Não tinha como... [segunda consulta].

10. Viabilizar os encaminhamentos quando necessários

No caso das mães Mariana (M2) e Maria Rita (M8), sentimos que havia necessidade de um acompanhamento mais longo de atendimento. Quando uma intervenção precoce não é suficiente, podemos propor uma psicoterapia pais-bebê ou grupos de atendimento pais-bebês. Outra modalidade de atendimento é o acompanhamento do desenvolvimento emocional e vincular do bebê durante os primeiros três anos com finalidade psicoprofilática.

Com Mariana, foi realizada uma intervenção pais-bebê domiciliar por dois meses. Com Maria Rita, isso não foi possível, pois não conseguimos mais localizá-la em função das inúmeras mudanças de endereço.

Todos esses aspectos apontados constituem-se, portanto, em um modelo de intervenção que busca a construção da parentalidade em mães adolescentes.

Ao final, perguntamos para as mães adolescentes o que acharam de participar dessa pesquisa. Para elas, esse trabalho representou um lugar de acolhimento, um espaço de escuta talvez inédito na vida delas – uma escuta[11] subjetivante e de reconhecimento do lugar materno.

> MARIA LÍDIA (M1): Acho que a conversa me ajudou bastante a esclarecer algumas coisas na minha cabeça, estava bem confusa no começo e me ajudou bastante [sexta consulta].

> MARIANA (M2): Eu estou achando bom... Porque, sei lá, desabafa um pouco, né, acho legal [...] [terceira consulta]. Tudo foi importante, né, os conselhos, foi bom [sétima consulta].

> MARIA LÚCIA (M3): Ah, legal. Ah, é diferente, né. Quando ela foi lá no quarto, eu nem esperava que ia ser assim, pensei que ia ser uma conversa e pronto. Aí eu gostei de vir... Dá para desabafar um pouquinho com vocês [...] [quarta consulta]. É legal, eu gosto (quinta consulta).

> KÁTIA MARIA (M4): Eu estou achando legal [segunda consulta]. Eu gosto de vir aqui. Bastante coisa foi importante [...] [quinta consulta].

> MARISA (M6): Foi ótimo, né. Bem diferente com minha mãe lá em casa, foi muito bom [...]. As coisas que vocês me falaram eram totalmente diferentes de casa, as coisas de fora, a comunicação com a minha mãe. Tudo mais diferente. Foi muito bom [...] [quinta consulta].

11 Dolto (1983) sustenta que: "O que marca a especificidade do psicanalista é a sua escuta, que permite entender em vários níveis o sentido emocional subjacente ao discurso manifesto" (p. 10).

5. Contrapartida da pesquisa: conversa com equipe de profissionais de saúde

Como contrapartida à instituição que sediou essa pesquisa, realizaram-se três conversas reflexivas com a equipe de saúde do setor de ginecologia e obstetrícia e da UTI neonatal do Hospital Municipal do Campo Limpo "Dr. Fernando Mauro Pires da Rocha". Em duas das reuniões, estavam presentes a equipe de enfermagem, as assistentes sociais e a psicóloga. Em outra, reuniu-se a equipe da UTI neonatal: médicos, fisioterapeuta, psicóloga e equipe de enfermagem.[1]

Apresentação da pesquisa

Em um primeiro momento, apresentei todos os passos da pesquisa. Iniciei contando a lenda africana sobre a construção da parentalidade nas tribos indígenas e de como esse filho de mães adolescentes chega na vida delas de forma inesperada e abrupta, sem ainda ter se

1 Nas transcrições dos diálogos travados com a equipe de saúde, foram respeitadas as marcas de oralidade, bem como os usos que fogem à norma culta padrão da língua portuguesa.

constituído em sua mente um lugar psíquico para o bebê. Culturalmente imagina-se que as meninas engravidam porque elas são desligadas, porque foi "uma vezinha só", mas não é bem assim. Tem um lado delas que quer se sentir preenchido, e ter um bebê que a ame para sempre parece ser a única alternativa da vida delas. Contudo, elas não estão prontas emocionalmente para serem mães.

Então, descrevi algumas das características da adolescência e procurei aproximar os profissionais da própria adolescência para ampliar sua capacidade empática em relação a essas jovens. Depois mostrei o que representa para o universo emocional da garota uma gravidez nesse momento da vida: "quando a menina é adolescente e fica grávida, a gravidez e o bebê são um susto, a adolescência é interrompida e o processo de se tornar pai e mãe é atropelado".

> *Quando a gente vai crescendo, tem todo um momento do período da infância em que somos muito dependentes de nossos pais, depois temos o período de adolescência em que vamos construindo a nossa identidade, nos tornando alguém, depois vem a vida adulta em que geralmente a gente escolhe alguém para viver junto, e constrói, ou não, o projeto de ter um filho. De certa forma, essas meninas adolescentes, quando elas engravidaram, elas não tiveram esse período de construir e gestar o projeto de ter um filho e a parentalidade. O bebê invade a vida delas, cai de paraquedas, justamente num momento em que elas estão descobrindo quem elas são, ainda recém-saídas do mundo infantil. Elas levam um susto com a gravidez, como se não tivessem consciência de que a vida sexual representa a possibilidade de ter um filho.*

Procurei descrever como se dá a construção da parentalidade: não basta ter um filho para sermos pais; é preciso tornar-se pais, e isso está ligado às identificações primárias e ao desenvolvimento emocional.

Apresentei os vários aspectos psicodinâmicos e sociais ligados à gestação nesse momento de vida:

1. Tentativa frustrada de individuação, pois repetem com o bebê a relação fusional que estabeleciam com a própria mãe, e o bebê se torna parte delas, e não um sujeito. Inconscientemente elas desejam o bebê como uma tentativa de individuação, de ganhar autonomia, independência e um estatuto de mulher, ao mesmo tempo como uma fantasia de preenchimento, de sentir algo dentro e não um desejo genuíno de se ter um filho e se tornar mãe. Então, a gravidez se torna uma tentativa fracassada de individuação, e o filho, um bebê do engano, gerará muitos conflitos e sentimentos de culpa. Elas acabam repetindo com o bebê a mesma relação simbiótica que tiveram com a própria mãe, em que não existe espaço para dois.
2. A angústia e a responsabilidade de ter um bebê dependente delas.
3. O bebê como presente para os pais. Porque é muito comum, ao terem o bebê, elas darem o filho para a mãe criar, porque a mãe na verdade nunca pôde ser mãe ao deixar os filhos no interior ou no Nordeste com a avó. Trata-se de uma tentativa de reparação dos sentimentos conflituosos ligados à figura materna.
4. Outro aspecto apontado foi a ausência da figura do pai, tanto na vida da jovem mãe, como do bebê recém-nascido. A figura do pai tem uma função na díade mãe-bebê de estabelecer o processo de separação e de simbolização na criança (Barriguete & Soto, 1997; Barriguete *et al.*, 2000). Geralmente essas meninas eram grudadas na mãe/avó porque nunca tiveram um pai/avô que propiciasse a separação mãe-bebê. Além disso, o pai oferece o suporte necessário para a mãe maternar, especialmente nos momentos de estresse da mãe ou do bebê ou da dupla.

5. Como as mães adolescentes estão mais próximas de seu mundo infantil, podemos imaginar que elas facilmente se aproximam do bebê e vão cuidar dele com carinho como se brinca de boneca. A questão é que o bebê não é uma boneca e tem necessidades próprias, não pode se transformar no ursinho que elas não tiveram no tempo certo. Do ponto de vista do desenvolvimento emocional e cognitivo, o bebê precisa do espaço dele, fora e dentro da mente dos pais. Mas o que observamos nessas duplas mãe-bebê é que o bebê ocupa o lugar do objeto transicional ao inverso (Goldstein, 1994), isto é, objeto transicional negativo (Silva, 1994b), quando o bebê é quem cuida da mãe, sem um lugar subjetivo.
6. O sentimento de culpa em relação ao bebê foi trabalhado com as jovens mães durante as consultas, pois muitas delas, quando souberam da gravidez, perceberam que não o queriam, assustaram-se e sentiram muita raiva dele, algumas tentaram abortar. Ao elaborar esses sentimentos ambivalentes em relação ao bebê, procurou-se favorecer o vínculo mãe-bebê e a qualidade do contato afetivo.
7. Outro aspecto apontado foi a conquista do estatuto de mulher ao ser mãe nessa classe popular. Muitas vezes, diante da falta de perspectiva de futuro, de não saber o que vai ser, não ter trabalho, a escolha inconsciente de ser mãe estabeleceu um lugar para a jovem na sociedade, uma função, um sentido de vida.

Resultados

Assinalei algumas mudanças que ocorreram com base nas consultas na relação mãe adolescente-bebê.

1. A construção da experiência da parentalidade: as jovens mães foram se tornando mães, assim como os pais que participaram da pesquisa foram se tornando pais, preenchendo as funções parentais (o desejo pela criança e o processo de transição em direção

à parentalidade). Ao longo das consultas, procurou-se construir com as jovens mães o que significava ser mãe, confrontando os sonhos que elas tinham para o bebê com as necessidades do bebê e as possibilidades reais.

2. O favorecimento do vínculo mãe-bebê. Foi possível observar como a mãe se aproximou de seu bebê, e o bebê, dela.
3. A ampliação da disponibilidade emocional da mãe adolescente, necessária para o cuidado de um bebê.
4. O desenvolvimento da prática da parentalidade: reconhecimento por parte das mães adolescentes das necessidades e das competências do bebê, do significado do choro, do que gosta ou não, baseado em tarefas cotidianas que os pais devem executar com a criança, ou seja, os *cuidados parentais,* físicos e psíquicos, ligados a todos os aspectos da transmissão simbólica que se operam no seio da família e inscrevem o indivíduo em sua filiação, promovendo a subjetivação do bebê.
5. O fortalecimento das funções maternas que disputavam um espaço com as avós, ratificando que as mães eram as adolescentes, elas que cuidavam e tinham a capacidade e as competências para isso. Isso porque era comum as avós roubarem a cena, roubarem o bebê ou encamparem a função materna.
6. A elaboração de aspectos transgeracionais: possibilitar a mudança do destino das jovens mães que vieram de famílias que tiveram filhos cedo e, na sua maioria, solteiras, bem como de maternar seus filhos. Nessas famílias, o bebê representava um presente para a mãe/avó que não pôde criar seus filhos, pois os deram para a avó e agora iriam maternar o neto. Esse mandato indicava as falhas na constituição de um vínculo mãe-filha que poderia se propagar na relação com o novo bebê/neto.
7. A elaboração de aspectos inconscientes ligados ao vazio interno e ao desejo de uma gravidez para o preenchimento desse espaço. Como consequência, nesse período de acompanhamento dessas

duplas mãe-bebê, somente uma mãe, que se casou depois de iniciada a pesquisa, engravidou novamente, indicando a importância desse tipo de intervenção.

8. A construção de um vínculo mais profundo entre as mães e os pais dos bebês. Algumas continuaram ou voltaram a namorar, outras se casaram, indicando amadurecimento na capacidade de tolerar a diferença na relação a dois.
9. A reflexão sobre o exercício da parentalidade: situando cada dupla mãe-bebê nos seus laços de parentesco e a responsabilidade envolvida, com direitos e deveres.
10. A percepção das próprias necessidades e a reflexão sobre as negociações necessárias diante das demandas da maternidade e as da adolescência. A maternidade não necessariamente implica desistir dos próprios sonhos, como voltar a estudar ou sair com os amigos.

Intervenções sugeridas para a equipe de saúde

Apresentada a pesquisa, dialogando com a equipe de saúde, fui apontando o tipo de intervenção que poderia ser feita para ajudar essas jovens mães a se apropriarem do lugar de mães e favorecer a parentalidade no período de internação. Essas intervenções, mesmo que se deem nas primeiras 48 horas, quando a mãe tem uma queda hormonal após o parto e esteja meio abobada, fazem muita diferença.

Após o parto, as mães adolescentes estão mais dependentes e fragilizadas. Torna-se necessária certa empatia quando elas são recém-adolescentes e já estão assumindo uma responsabilidade de adulto, sem ter feito o luto da infância e da adolescência que se inicia. Além disso, elas se sentem muito sozinhas. O olhar cuidadoso e empático dos profissionais de saúde pode fortalecer esse lado infantil que está tendo que virar mãe e ajudá-las a lidar com a mudança que um filho representa no projeto de vida de uma jovem.

> *As adolescentes não, elas estão mais abertas para ouvir, assim elas querem informação, é diferente da mãe mais velha. Elas querem ajuda e estão muito mais voltadas para o bebê. Elas aprendem mais fácil as coisas. No primeiro dia, o funcionário dá banho, no segundo dia elas estão junto e no terceiro elas dão, elas pegam com mais facilidade. (assistente social)*

Foram sugeridas algumas ações que poderiam ser implementadas pela equipe de saúde com as mães adolescentes no cotidiano hospitalar:

1. Favorecer a disponibilidade emocional da mãe, necessária para o cuidado de um bebê e a identificação de suas necessidades.
2. Favorecer o vínculo mãe-bebê desde o início para assegurar a amamentação. Sempre que possível, ajudá-las nas dificuldades do aleitamento e nos cuidados com o recém-nascido, pois há uma tentativa de delegar a outrem suas funções.
3. Prorrogar os períodos de internação das puérperas, quando houver necessidade de continuarem sendo auxiliadas pela equipe de saúde nas lidas com o bebê, no aleitamento e na construção de vínculo mãe-bebê.

> *É porque a mamadeira é cultural ainda, então elas acham que elas têm que dar, então se ela sair daqui com a amamentação não muito sadia, boa, não dá cinco minutos, no carro ela já dá mamadeira, a gente tenta, às vezes a gente até suspende a alta por causa da amamentação, por falta de vínculo, e até por conta do social da família. (enfermeira chefe)*

4. Diante dos conflitos com a figura materna, o profissional de saúde também tem um papel importante, apontando as competências da jovem mãe e autorizando a função materna ou oferecendo suporte na falta de uma rede de apoio: dirigir-se às mães adolescentes, e não às avós do bebê.

> *Não, pior, às vezes a gente vê a mãe [avó] falando palavra feia para elas [mães adolescentes], que ela é danada e tal. A gente vê que o relacionamento é assim ruim, só que é assim, na hora que ela tem o bebê, muitas vezes a própria mãe que até trabalha, coitada, tem que dar um jeito de faltar no trabalho para ficar com elas. E na hora da alta, tem que ter a presença da mãe para ela poder sair, então do que adiantou fazer tanta briga com a mãe e na hora da alta precisar dela? Tem umas que falam para a gente: "Ah, mas eu não tenho mãe". Digo "então não vai embora, vai ficar aqui com o bebê", aí rapidinho aparece. "Minha mãe não mora aqui", eu digo "então é melhor chamar sua mãe, porque senão você não vai embora". Porque a gente só libera menor de alta acompanhada da mãe ou do pai. É que elas querem sair com o namorado, marido delas. Aí a gente fala "não, não pode sair com ele, tem que ser com a tua mãe", e aí num instante a mãe aparece. A gente também não libera a mãe adolescente quando vê que não tem vínculo mãe-bebê, quando vê que a amamentação não está indo bem, a gente também tenta segurar, porque a gente já sabe que criança gosta de mamadeira, eu acho que isso é uma coisa cultural. (enfermeira)*

5. Assinalar o espaço de cada um na dupla mãe-bebê, principalmente se a figura do pai for ausente, como já assinalado.
6. Contribuir para a subjetivação do bebê: perguntar o nome do bebê e como escolheram (às vezes, elas ainda não escolheram o nome); sobre os traços do bebê, com quem elas acham que ele se parece, se lembra o pai, ou a avó, ou a tia, o que eles têm em comum e o que têm de diferente. Como disse a seguir:

> *Então, muitas das vezes em que eu perguntei a história do nome do bebê, quando a mãe adolescente já sabia o nome,*

> *não tinha sido ela quem o escolheu, tinha sido a avó, a bisavó, a irmã etc. Elas não tinham sido autorizadas nem a isso. Muitas vezes, elas tinham dificuldade de ver o bebê como alguém separado delas. Na medida em que vocês possam investigar o nome do bebê, perguntar como elas escolheram o nome, com quem o bebê se parece, vocês contribuem para que elas possam ver esse bebê separado delas, como um ser independente, e ajudá-las a subjetivá-lo.*

7. Narcisizar o bebê: apontar alguma característica do bebê que as ajude a olhá-lo como uma pessoa diferente que acabara de nascer, com necessidades e um jeito próprios, dependente delas, diferente de uma boneca, chamando atenção para alguma característica do bebê: "esse narizinho é muito fofinho, essa bochecha, como é gordinho".
8. Narcisizar a mãe: apontar as mínimas competências da mãe no cuidado com o bebê.

> *Quando elas dão banho, por mais que o banho não tenha sido bom, eu falo: "Está ótima no banho, está profissional". Aí eu percebo que elas olham diferente para o bebê, percebo assim que eles ficam mais independentes, não ficam com medo de tanta coisa, já ficam mais assim, cuidam melhor do bebê quando eu elogio. Aí para todas eu vou falando alguma coisa assim. Eu percebi que quando fala, ela se sente feliz ali na hora. E aí depois ficam mais independentes. É muito mais fácil de trabalhar com elas do que com as outras. (assistente social)*

E completei dizendo:

> *Teve uma enfermeira que me contou que, quando a mãe vai dar banho no bebê, ela tenta falar para ela: "olha, mãe,*

> *como você segura bem o bebê, olha como ele está gostando do seu banho, olha como você tem jeito!". Então, todo o movimento que vocês puderem fazer no sentido de dizer para a mãe adolescente que ela é competente, que ela é capaz, que ela sabe segurar o bebê, todas essas coisas podem ajudar essa jovem a se tornar mãe. Porque, diante da fragilidade desse momento, a tendência do bebê ser encampado pela avó, pela amiga, pela tia, é muito grande. Sendo assim, é muito importante que vocês ajudem a fortalecer a capacidade incipiente de maternar dessas garotas.*

9. Oferecer cuidado e acolhimento: todo o suporte da equipe de saúde para a mãe adolescente a tranquiliza e ela se sente grata, porque a vivência de solidão que elas têm ao nascer o bebê é muito grande, é um susto, elas ficam muito surpresas de ver o que elas foram capazes de fazer.

> *A gente costuma ter um olhar bem direcionado para a mãe adolescente, porque aqui a gente tem meninas de 11, 12 anos, puérpera ou gestante. Então a gente já prioriza esse atendimento para elas, esse atendimento diferenciado na questão delas terem que cuidar do bebê. Como aqui é alojamento conjunto, então a gente incentiva elas a cuidarem do bebê, dar a responsabilidade delas, e quando tem avó junto ou a mãe junto no quarto, a gente tenta tirar essa figura dos cuidados, da atenção do bebê, a gente tenta deixar que a mãe faça isso, a gente já tem esse cuidado. Elas vêm totalmente despreparadas, embora já tenham sobrinhos do lado, mas quando elas se deparam com elas mesmas com o bebê, têm muitas que não sabem nem segurar o bebê, têm medo de dar banho, têm medo de tudo. (enfermeira da maternidade)*

> *Eu fiquei na área pediátrica, então quando a gente fala "vamos dar o banho" e eu vejo que a mãe começa a demorar, a mexer na roupinha, aí eu já sei que é o primeiro, já sei que ela não quer, tem medo dela lidar com o bebê. Elas têm medo, assim, como se pegar e fosse quebrar, a gente pega essa parte, ensina ela a dar o banho, a nossa parte aqui é essa, quem que dá o banho é a própria mãe. Então, nós estamos aqui para ensinar, aqui é alojamento conjunto e se entende que tem que educar, ensinar. (enfermeira da maternidade)*

Já o trabalho a ser realizado com as mães adolescentes que tiveram bebês prematuros ou com sequelas que exijam os cuidados da UTI neonatal possui características específicas e demandam um olhar ainda mais cuidadoso por parte da equipe de saúde. Especialmente quando o bebê não foi desejado, ao nascer, emergem na mãe muitos sentimentos de culpa, porque, às vezes, ela quis tirar o bebê, quis abortar, e se o bebê nasce antes da hora ou com malformação e vai para UTI neonatal, esses sentimentos se amplificam, e a dificuldade para ela se vincular e se aproximar do bebê é ainda maior (Battikha, 2003).

Nesse sentido, é importante que a equipe de saúde possa:

1. Humanizar o ambiente da UTI.
2. Criar possibilidades de subjetivação do bebê, como apontei:

> *É fundamental que vocês possam falar o nome da mãe e pedir para que a mãe adolescente escreva o nome do bebê naquela fichinha cor-de-rosa que fica grudada na incubadora. Ou solicitar que ela faça um gorrinho com o nome do bebê para ele não perder calor. Abrir a portinha da incubadeira e ajudar a mãe a fazer um carinho no pezinho do bebê. Acompanhar a mãe adolescente e oferecer suporte durante a visita ajuda a conter as suas ansiedades*

> *e poupa o bebê, pois ele percebe as angústias do ambiente. Essas atitudes ajudam a mãe a conceber, a dar um corpo para esse bebê que ainda não tem uma forma no mundo interno dela, e favorecem a aproximação e o vínculo com o bebê.*

3. Favorecer a continência dos pais em relação aos cuidados médicos com o bebê: sabe-se que há uma série de comportamentos do bebê que sofre influência do jeito com que a mãe e o pai se relacionam com seu filho. O bebê capta a ansiedade dos pais, e, às vezes, os procedimentos médicos necessários com o bebê ficam difíceis de serem executados (Cunha, 2005; Inglês de Souza, 2008).

> *E eles conseguem identificar as pessoas pelo toque, dependendo da pessoa que está na sala, se é calmo, agitado... Às vezes, eles estão chorando, só de você colocar a mão neles, eles param. A gente cobre alguns, a gente faz isso para proporcionar um aconchego. (médica chefe da UTI)*

4. Oferecer um *holding* para a mãe ao dar a notícia do nascimento do bebê prematuro ou com malformação e, depois, no momento de apresentá-lo na UTI. Nessa situação, fica evidente o descompasso entre o bebê sonhado, imaginado, próximo à ideia de uma bonequinha com a qual ela iria continuar brincando, e o bebê real que necessita ficar hospitalizado (Lebovici *et al.*, 1998). Na situação de nascimento prematuro, o psicólogo tem um *papel-chave,* pois sua intervenção precoce na tríade mãe-pai-bebê pode ter, ao mesmo tempo, um efeito terapêutico e um efeito preventivo (Batista Pinto, 2004).

> *O mais difícil é apresentar o bebê para mãe, com um monte de tubo, um monte de fio. Surge todo o conflito*

entre o que ela imaginava, que ela idealizou, que vai ter que retardar, interfere na dinâmica do casal, interfere na própria dinâmica dela, mesmo nos próprios cuidados com ela, porque tem mãe que vai para casa e mesmo lá não desliga. A preocupação dela é constantemente essa criança que está aqui. E aí a situação justamente se agrava quando, no caso de bebês de UTI, se deparam com a criança entubada, na situação em que veio, a gente coloca que o quadro da criança é instável, os prematuros têm o quadro muito instável dependendo da situação. É difícil. Inclusive envolvê-las no projeto mãe Canguru. [...]

Eu tenho acompanhado essas mães e tem sido muito difícil às vezes trabalhar a relação delas com o bebê, é ter que trabalhar com uma realidade que não se concretizou, elas terem que ir embora daqui, deixar essa criança. Então é uma situação bastante complicada. Eu sempre falo para elas: "Você não tem que abrir mão, você tem que retardar esse momento", porque é uma simbiose, aquele bebê que eu imaginei, que queria levar para casa, que queria ficar 24 horas com ele em casa, e esse bebê fica aqui. Para algumas, essa situação é muito difícil, porque interfere nessa dinâmica... (psicóloga)

5. Oferecer suporte emocional para as mães adolescentes de bebês internados na UTI neonatal para favorecer o início da interação com o bebê: há aquelas mães que se ligam ao bebê, mas que negam a gravidade, há aquelas que se afastam completamente e há as que deprimem e esquecem de si. Oferecer orientação e informação, uma relação estável com um interlocutor privilegiado e informado é uma estratégia para ajudá-la a tornar o seu bebê real (Bruschweiler-Stern, 1997).

> *Porque, às vezes, tem mãe que tem dificuldade de trabalhar a perda, a gente fica meio preocupada, porque o vínculo que se estabelece durante o período de internação é muito grande, e a gente nota que quando ele falece, ela cai no chão, então a gente tem que dar um suporte psicológico. Porque é assim, quando os bebês falecem, se eu estou aqui, eu acompanho, mas muitas vezes acontece, tipo, esse final de semana, falar para essas mães depois, porque eu falo para as próprias mães dos bebês, ou para quem ficou internada, eu me ofereço para fazer atendimento durante um período, então tem mãe que vem comigo, que acompanha cada passo do seu bebê, eu entendo que ela já fez uma tentativa, duas e ela não consegue..., mas eu vejo a necessidade de que elas precisam. (médica-chefe da UTI)*

6. Criar uma rede de apoio para a mãe adolescente que tem seu bebê internado na UTI. Diante da prematuridade do bebê, muitas vezes a mãe percebe a si mesma como a seu filho: muito frágil e inacabada, pois, em geral, ela não foi preparada psicologicamente para um nascimento prematuro. Durante esse tempo, é essencial o apoio do pai, da equipe multidisciplinar, da família e do grupo social (Batista Pinto, 2004).
7. Conversar com os bebês: ao conversar com o bebê, a equipe de saúde está identificada com a função materna, desempenha a função de acarinhar, de acolher. Esse tipo de fala chama-se mamanhês. Trata-se de uma prosódia que oferece um envelope sonoro e afetivo ao bebê, geralmente presente na relação mãe-bebê e importante na relação dos diferentes cuidadores do bebê, especialmente os profissionais da UTI neonatal.
8. Nomear os procedimentos: "agora eu vou fazer isso, daqui a pouco acaba, depois aquilo..." (Inglês de Souza, 2008), procurando torná-los menos dolorosos para o bebê, humanizando os atendimentos

e subjetivando o bebê. "Não tem jeito, a noite sempre é mais pesada, inclusive com os bebês" (enfermeira chefe da UTI).

9. Identificar e acompanhar os indicadores de estresse do bebê hospitalizado.[2] Nesse sentido, ratifiquei:

> *Vocês são a alma da possibilidade de ele se recuperar, porque ele precisa dessa capacidade emocional e humana de vocês, porque a mãe não fica do lado dele o tempo inteiro, e para ele, a vivência é de uma coisa cutucando o tempo todo.*

10. Favorecer a possibilidade de as mães adolescentes fazerem o Método Mãe Canguru (Brasil, 2001) quando tiverem um bebê de baixo peso, pois, nessa proposta, as jovens se deparam com a extrema dependência e fragilidade do bebê e a importância da função materna, e apresentam dificuldade em suportar entrar em contato com essas emoções e em assumir a responsabilidade. É muito angustiante.

> *Aonde eu trabalho, as mães adolescentes são bem presentes lá, querem fazer o Canguru, às vezes elas trazem uma roupinha, a gente faz um agrado, coloca, e elas ficam*

---

2 Como regra: extensão e comportamentos difusos refletem estresse, flexão e comportamentos bem modulados, refletem competência autorregulatória. Os sinais de organização do bebê prematuro são: respiração regular, coloração rosada, semiflexão de braços, pernas e tronco, movimentos suaves de braços, pernas e tronco, esforço e sucesso em encaixar o tronco em flexão e manter as pernas, mãos na face e movimentos bucais, busca de sucção e sucção efetiva, contato das mãos e dos pés com superfícies, mãos na boca, tentativa de agarrar, segurar, face relaxada, FV (120-160); FR (40-6-), boa saturação de oxigênio. Os indicadores de estresse e baixo limiar de reatividade, de desorganização, são: respiração irregular, lenta, rápida, apneias ou pausas, alteração de coloração (palidez, moteamento, pletora...), tremores, sustos, movimentos bruscos, sinais viscerais (cuspir, suspirar, engasgar, soluços), flacidez de braços, pernas e/ou tronco, extensão do corpo, contorção ou arqueamento, frequente extensão da língua (Cunha, 2005).

> *falando "ai, que bonitinho", ficam todas felizes, com a roupinha, porque até então não viram o filho com a roupa. (enfermeira chefe da UTI)*
>
> *Elas ficam no Canguru, mesmo não aceitando, na realidade, eu falo que isso não é Canguru. Mas o processo realmente do jeito que tem que ser feito são poucas que aceitam. A mãe coloca no berço, ele fica no berço dele, é tudo ao contrário. O bebê tem o berço dele, e a mãe tem a cama dela. Você pode reparar que toda vez que você vai num quarto Canguru, o nenê está no berço, nunca no peito dela, nem fazendo Canguru, nem dormindo com ela. É bem diferente da paciente do parto normal. E elas se rebelam por serem adolescentes, querem alta rápido, não aceitam ficar muito tempo. Ficam extremamente irritadas. Eu até entendo, porque elas se sentem numa prisão. (enfermeira)*

11. Formar grupos de reflexão em que a equipe de saúde com a psicóloga hospitalar possa processar e digerir as diversas emoções despertadas e vividas intraequipe e na relação com as duplas mãe-bebê. O trabalho com procedimentos e situações de alto risco é, por si só, estressante. A experiência com bebês com malformação, com os que morrem, com os que demoram a progredir ou que não vão conseguir sair da UTI leva a equipe de saúde a entrar em contato, na maioria das vezes inconscientemente, com emoções muito primitivas e com sentimentos de intensa vulnerabilidade diante de angústias de morte, que merecem que o cuidador também seja cuidado, evitando projeções dessas angústias nas relações intraequipe ou nas condições de trabalho. Na medida em que há a construção desse espaço de continência para essas experiências vivenciadas no cotidiano da UTI neonatal, amplia-se a capacidade de continência dos cuidadores entre si e em relação às ansiedades parentais, nesse período mister para o

desenvolvimento do vínculo pais-bebês. Esse espaço de reflexão, portanto, pode fortalecer a consistência da rede de cuidados em contexto de risco e vulnerabilidade no início da vida, para pais, bebês e profissionais (Chimirri *et al.*, 2008; Inglês de Souza, 2008).

> *Eu acredito que o funcionário acaba também se apegando e todos sentem muito, normalmente o médico dá a informação para a mãe, e a gente fica muito chateado, muito triste quando isso acontece. Isso é um espaço muito importante que vocês precisam ter para poder digerir toda essa conversa. (enfermeira chefe da UTI neonatal)*

12. Procurar ter constância da pessoa que faz os manuseios com o bebê. Nos casos mais graves, mais difíceis, ter uma pessoa da equipe de saúde que se disponha a ser observadora de bebê, como propõe o método de Esther Bick (1948/1967), pode oferecer ao bebê uma continência emocional favorecedora de seu desenvolvimento emocional. A criança que é acompanhada por uma observadora de bebê sente-se contida por meio da presença do observador que fica ao lado, olhando e vendo o que se faz e tem os procedimentos facilitados, além de ter seu período de hospitalização abreviado (Inglês de Souza, 2008).

Desdobramentos

Após as conversas, abriu-se um espaço para troca. A equipe de saúde sugeriu que as mães adolescentes fossem acompanhadas nas Unidades Básicas de Saúde (UBS) ou no próprio hospital durante a gestação e depois do parto, com o bebê, durante os primeiros anos dele, como uma proposta de política de saúde pública. Esse acompanhamento das mães adolescentes com seus bebês, que são considerados de risco em seu desenvolvimento emocional, seria uma espécie de puericultura emocional, como propôs Dra. Mary Lize Moyses da Silveira, da Universidade Federal de São Paulo – Unifesp (Silveira *et al.*, 2000).

> *Não seria ideal colocar esse trabalho na rede, nas UBS, para que eles atendam as gestantes? Porque tem orientação para gestante, tem aula de banho, tem tudo na UBS, pois isso tem que ser trabalhado na gestação. (enfermeira chefe)*
>
> *Eu acredito que este trabalho seu tenha sido feito com autorização do hospital, e como você deve ter que mostrar o resultado do teu trabalho, eu acho que você deveria propor ao hospital acompanhar um grupo de mães adolescentes por um tempo, no próprio hospital, acompanhar com o serviço de psicologia ou serviço social, para trabalhar esses vínculos. Porque senão você vai embora, esse trabalho fica esquecido, e daqui a pouco vem outro trabalho, faz de uma forma diferente; eu acho assim: se deu resultado, tem que aproveitar para outros grupos de mães desfrutarem. Se de cada dez que saírem daqui tiverem esse trabalho, se o hospital atuar, vamos ter mais mães adolescentes sendo cuidadas. O que não pode é implantar uma coisa e depois ficar esquecido. Implanta e desmorona tudo, implanta e desmorona tudo. (enfermeira)*
>
> *E o hospital precisa dar suporte para isso, né? Se ele não der o lanche, a condução, as condições mínimas para a mãe, ela não volta, ela não vai nem no acompanhamento médico, que o profissional tem horário marcado. Quem sabe o Projeto Mãe Paulistana pudesse financiar? (enfermeira)*

Além disso, ao construir as funções parentais, fortalecem-se os vínculos mãe-filho, e esse acompanhamento é importante para a prevenção de violência. O alto índice de violência também está relacionado com a qualidade do relacionamento inicial mãe-bebê. Quando há uma vivência de desamparo inicial do bebê, esta pode ser vivida por ele como abandono e ausência de um objeto que atenda suas necessidades primordiais, transformando-se em agressividade, destrutividade e em dificuldades no vínculo.

Outro aspecto apontado foi que esse acompanhamento previne outra gravidez na adolescência, já que, nesta pesquisa, somente uma mãe, que se casou, engravidou novamente. Com a elaboração de aspectos inconscientes ligados ao vazio interno e ao desejo de uma gravidez para preenchimento desse espaço, o reconhecimento das necessidades emocionais do bebê, o estabelecimento do processo de individuação e construção da identidade da mãe, evita-se a repetição de uma gravidez nesse período da vida.

> *Às vezes, eu trabalho no pronto-socorro ginecológico, e lá você vê muito aborto, muita gestação uma atrás da outra em adolescentes, é uma coisa absurda, elas não conseguem quebrar esse círculo, falar "não, agora eu tive um, foi um erro, e acabou". Continua, é um círculo vicioso mesmo. (assistente social)*

Considerações finais

> *A família é, ao mesmo tempo, o lugar de inscrição da criança numa genealogia e numa filiação, inscrição necessária à constituição de sua identidade e de seu processo de humanização, e o lugar de confronto de três diferenças fundadoras com que todo psiquismo humano deve se deparar e resolver: a diferença de si e do outro (a alteridade), a diferença de sexos e a diferença de gerações. Queiramos ou não, nenhuma instituição pode pretender substituir a família nessas implicações fundamentais. Portanto, é urgente favorecer ao máximo o funcionamento das famílias para ajudá-las a responder nas suas tarefas e, quando necessário diante das falhas graves, proporcionar substituições, mas fazê-lo respeitando tudo o que pode ser mantido dos papéis parentais.*
>
> Houzel (2004, p. 51)

Como assinalado desde o início deste estudo, a parentalidade é uma função que se desenvolve interiormente quando se origina o desejo de ter um filho e na relação com ele. O bebê "faz" seus pais, assim como os pais fazem o bebê existir.

Há condições básicas da função parental para o estabelecimento do vínculo mãe-bebê:

> *a mãe ter maturidade emocional suficiente para poder vivenciar todos os tipos de sentimentos suscitados pelo cuidado do bebê sem senti-los como ameaçadores, o bebê ter capacidade de solicitar o contato, a mãe ter suporte ambiental e um limite de demandas que ela possa suportar. (Shuttleworth, 1997, p. 29-30)*

É importante os pais serem capazes de "gerar amor, manter a esperança, conter a dor depressiva e promover o pensar" (Harris & Meltzer 1990, p. 36). Segundo Harris e Meltzer, essas quatro funções introjetivas do casal não se dividem em aspectos masculinos e femininos, mas sim, estão organizadas de uma maneira mais linear na pessoa materna suportando o peso das projeções dos filhos e o pai como ponto final dessa linha, disponível "para esses produtos mentais de desfecho" (p. 37).

Para se desenvolverem de forma saudável, os bebês necessitam de cuidadores que exerçam as funções materna e paterna. Alguém que cuide com prazer e disponibilidade – função materna, o que permitirá a construção da confiança e da crença no encontro de um objeto que a compreenda. E alguém que coloque limite de forma firme e sólida – função paterna, o que favorecerá o processo de separação, individuação e simbolização. Se for mais de um cuidador, é fundamental que haja sintonia e parceria entre eles, um vínculo cooperativo para que sejam capazes de conter os ataques dissociantes e incestuosos que venham a eclodir durante o crescimento. Na construção desse vínculo cooperativo, os cuidadores também devem transmitir às crianças valores éticos em relação à realidade e à verdade em que vivem (Di Loreto, 1997).

A partir dessas funções básicas da parentalidade, faz-se mister pensar em estratégias de intervenção com as mães adolescentes, pois estamos falando de mães e bebês em situação de risco.

Nas consultas com as mães adolescentes e seus bebês e alguns pais, pude perceber que essas funções parentais básicas não estavam estabelecidas; todo o trabalho buscou desenvolver os recursos possíveis para a construção da parentalidade no sentido de favorecer o desenvolvimento emocional dos bebês.

Nos relatos das jovens mães, encontrei três registros significativos obstaculizantes no processo de parentalização: o social, o transgeracional e o psíquico.

Com relação ao registro social, pude constatar no relato das mães adolescentes que havia falhas de informação sobre os cuidados com a saúde sexual, equivocando-se no uso dos métodos contraceptivos. A gravidez inesperada na adolescência fazia mais parte da cultura dessa população que o aborto ou o uso da pílula do dia seguinte ou mesmo de meios contraceptivos. Havia uma equivalência entre o exercício da sexualidade e ter um filho, marcando sua entrada na vida adulta, com o ganho de maior respeito pela comunidade, autonomia e independência, como se fosse a aquisição de uma carta de alforria que libertava a jovem da condição de dependência infantil. Sou mulher, sou alguma coisa. A maioria delas não voltou a estudar, indicando certa vergonha em desnudar sua vida sexual ativa diante dos colegas. As famílias das mães adolescentes eram muito carentes: de afeto e de condições materiais, a maioria migrantes, e o desejo de ter um filho, apesar do medo de aumentar a família, representava o desejo de preencher o vazio interno, de ter um bebê que iria amá-las incondicionalmente e, ao mesmo tempo, de construir uma dupla mãe-bebê que não pôde viver com a própria mãe. A gravidez na adolescência nessa classe social representava um fator de união – o bebê uniu a família, era motivo de alegria.

Com relação ao registro transgeracional, observei nos relatos aspectos psíquicos inconscientes, transmitidos por gerações e relacionados a fantasias reparatórias de construir uma família feliz, a identificações mórbidas, à gravidez como repetição e a histórias familiares trágicas e traumáticas, retratando falhas ambientais iniciais. O trabalho de intervenção clínica com essas mães adolescentes e seus bebês possibilitou a representação da maternidade, para que uma gravidez não planejada não se repetisse, ou seja, para não se tornar uma compulsão à repetição em relação às situações traumáticas infantis. Lembramos que devemos considerar a importância dos fantasmas relacionados à competência, ao ideal de ego e às exigências do superego da mãe e do pai para favorecer ou não a sua elaboração psíquica, pois sabemos o quanto as características do mandato transgeracional a ser transmitido ao bebê, do ponto de vista do narcisismo,[1] afetam diretamente esse processo de elaboração. Na relação com a criança, observamos aspectos inconscientes e duplas mensagens obstaculizantes do exercício da função parental e do desenvolvimento do bebê.

Entre os diversos registros psíquicos, encontrei conflitos e falhas de identificação com a figura materna e dificuldades em subjetivar a criança. O bebê possuía diversas representações no mundo interno das mães adolescentes: o bebê como falo era tudo e viera para preencher um vazio interno; o bebê como brinquedo, pois o bebê chegou inesperadamente na adolescência sem a elaboração do luto da infância; o bebê como um objeto transicional negativo, assumindo a função

---

1 Manzano, Palacio Espasa e Zilkha (2001) propõem o uso do conceito de narcisismo no seu sentido geral de narcisismo secundário, conforme descrito por Klein (1946/1975), Rosenfeld (1964) e Kernberg (1984), e que requer a existência de uma representação do outro do tipo objetal que passa a se tornar o próprio *self* do sujeito por meio de fantasias de identificação projetiva e introjetiva que podem obliterar total ou parcialmente os vínculos entre o *self* e o objeto. Acreditam que essa concepção oferece uma explicação para a coexistência de um relacionamento narcísico (amor pelo *self* no outro) e um relacionamento objetal genuíno (amor pelo outro como diferente do *self*). Para esses autores, a descrição dos roteiros narcísicos da parentalidade ilustra essa formulação do relacionamento narcísico dos pais com o(a) filho(a) (como representação deles mesmos) coexistindo com um relacionamento objetal no qual o(a) filho(a) é amado(a) como um ser separado, modos de narcisismo encontrados em proporções variadas em todos os relacionamentos de pais-filho(a). Nas mães adolescentes desta pesquisa, em função de sua imaturidade, o modo narcísico geralmente se mostrou predominante e, com nossa intervenção, o relacionamento narcísico foi gradualmente substituído por um relacionamento objetal no qual o(a) bebê passou a ser conhecido(a) e amado(a) predominantemente como um indivíduo diferente.

de cuidar da jovem mãe; o bebê fruto do desejo edípico, o filho sonhado com o próprio pai, um presente recheado de fantasias incestuosas; o bebê presente para a mãe/avó, a filha que ela não fora ou a filha que a avó não pudera criar, com risco de o bebê ser maternado pela avó; o bebê como reflexo das projeções inconscientes da mãe adolescente, recheadas de sentimentos de culpa em relação ao bebê não planejado.

No relato das adolescentes, a gravidez adquiriu muitos sentidos: representava para elas um processo de separação abortiva da relação com a própria mãe (Romera, 1999). Abortiva porque estava fadada ao fracasso, pois percebemos que a mãe adolescente repetia com o bebê a mesma relação simbiótica estabelecida com a própria mãe/avó. A gravidez também evidenciou os conflitos entre ser mãe e ser adolescente, um corte abrupto da adolescência, evidenciando a dificuldade em mediar os desejos e a responsabilidade da maternidade.

O trabalho com as mães adolescentes se mostrou importante na medida em que pôde propiciar a elaboração de vários aspectos emocionais envolvidos no processo de parentalização. As intervenções nesse momento da relação mãe-bebê foram fundamentais para a instalação de um processo subjetivante na mãe e no bebê com a possibilidade da mãe adolescente se individualizar e se separar da própria mãe e, a seu tempo, permitir que o mesmo processo se estabelecesse com seu bebê; a elaboração de conflitos com a figura materna; a prevenção de outras gestações; e a prevenção de violência com base na melhora da qualidade do relacionamento inicial mãe-bebê, evitando que a vivência de desamparo inicial do bebê fosse vivida como abandono e ausência de um objeto que atendesse às suas necessidades primordiais, gerando agressividade, destrutividade e dificuldades no vínculo.

As intervenções clínicas tiveram função de sustentação, além de prevenir a depressão materna nas jovens mães. Ao serem ouvidas e acolhidas, essas mães adolescentes demonstraram satisfação; pode-se então pensar como um verdadeiro instrumento de preparação para o nascimento e a parentalização diante da chegada do bebê. Diante da evidência de problemáticas sociais complexas, faz-se mister apontar as mínimas competências que permitam que elas possam se tornar atrizes principais na função parental, impedidas pela precariedade de suas vidas. Ao falar de suas dificuldades materiais e sociais durante as consultas, as mães adolescentes encontraram nesse *setting* um lugar de compreensão para sua singularidade e riqueza pessoal, deixando claros sua necessidade de um lugar diferenciado e o desejo de se tornarem mulheres e mães, de existirem como sujeito em todas as dimensões de sua humanidade.

A partir do trabalho com as dez mães adolescentes, constituiu-se um modelo de intervenção para a construção da parentalidade com vistas à prevenção de transtornos vinculares na relação pais-bebê e/ou no desenvolvimento global do bebê. A proposta é que esse modelo procure:

- favorecer a disponibilidade emocional da mãe necessária para o cuidado e a identificação das necessidades físicas e emocionais do bebê;
- favorecer o vínculo mãe-bebê;
- apontar as competências da mãe, legitimando a função materna ou oferecendo suporte diante dos conflitos com a figura materna;
- assinalar o espaço de cada um na dupla mãe-bebê, especialmente quando a figura do pai for ausente;
- contribuir para a subjetivação da mãe e narcisizar a mãe, indicando as mínimas competências no cuidado com o bebê;
- contribuir para a subjetivação do bebê, narcisizando-o, possibilitando aos pais a identificação de diferentes significados do choro e o atendimento adequado das necessidades físicas e emocionais do bebê;
- possibilitar que o terapeuta se ofereça como modelo de parentalização, contribuindo para o atendimento das necessidades físicas e emocionais do bebê;

- sinalizar aspectos inconscientes e duplas mensagens obstaculizantes do exercício da função parental e do desenvolvimento do bebê;
- fortalecer a função paterna para oferecer suporte para a mãe maternar.

Quando uma intervenção precoce não for suficiente, viabilizar encaminhamentos necessários para uma psicoterapia pais-bebê ou grupos de atendimento pais-bebês, ou mesmo uma psicoterapia individual para a mãe. Outra modalidade de atendimento é o acompanhamento do desenvolvimento emocional e vincular do bebê durante os primeiros três anos com finalidade psicoprofilática (Silveira *et al.*, 2000).

Embora esta pesquisa tenha construído um modelo de intervenção para a maternidade adolescente, acredito que ela se estenda para além dessa população, ou seja, esse modelo se adequa a pais com estados de mente adolescente ou extremamente despreparados e imaturos para essa função que também demandam uma ajuda terapêutica, independentemente da idade em tiveram seus filhos.

A atenção ao bebê e aos seus cuidadores requer a integração de uma rede de profissionais da saúde e da educação que possa acolhê-los, identificando conflitos e potencialidades e oferecendo compreensão para o fortalecimento dos recursos de cada família nas suas relações iniciais. Golse (1998, p. 93) afirma que desde "muito cedo a criança organiza suas representações mentais, talvez muito fragmentárias ou parciais (porém, nem sempre), as quais atestam claramente suas competências e seu comportamento, para quem sabe observá-las e colocá-las no campo das relações". Assim, atesta-se a importância da interação diádica e triádica, do mandato transgeracional e das competências do bebê para interagir com seu ambiente.

Com base nesta pesquisa, proponho pensar algumas medidas de políticas públicas na saúde e na educação.

Na área de educação, acredito que seja necessário implementar atividades de orientação sexual na escola, apesar de já ser uma atividade obrigatória. Sabemos que não bastam as informações sobre os métodos contraceptivos, elas não são suficientes para o adolescente se prevenir contra IST, aids e uma gravidez não planejada. Um trabalho sistemático nas escolas, durante a puberdade e toda adolescência, se faz mister. Por meio da reflexão e do debate com os colegas, o adolescente pode confrontar seu desejo, seus sonhos e seus projetos de futuro e suas possibilidades de realização com as responsabilidades de ser mãe e pai e as necessidades emocionais de um filho, construindo seus próprios valores e um exercício de sua sexualidade com prazer. O processo de aprender a cuidar da própria saúde sexual requer espaços de reflexão, nos quais os adolescentes possam discutir informações recebidas e encontrar sua forma de lidar com elas em seu cotidiano, em sua vida. Para isso, é necessário que os jovens tenham acesso a programas de orientação sexual nas escolas, a serviços de qualidade de assistência integral à saúde do adolescente e a métodos anticoncepcionais, além de conhecer seus direitos sexuais e reprodutivos e saber como exercê-los (GTPOS, 2002).

Na área da saúde, sugiro uma formação específica dos profissionais da saúde ligada aos atendimentos hospitalares para mães adolescentes e seus bebês – obstetras, pediatras, equipe de enfermagem, assistentes sociais e psicólogas –, assim como de toda a equipe ligada à UTI neonatal – neonatologistas, fisioterapeutas, psicólogas e equipe de enfermagem. Talvez pudéssemos pensar que as perguntas utilizadas como base para as consultas terapêuticas dessa pesquisa (ver o Capítulo 1 "Os caminhos da pesquisa: metodologia") poderiam fazer parte das consultas pediátricas como forma de parentalização dos pais do século XXI.

Proponho também um modelo de intervenção que seja utilizado no acompanhamento das duplas mães-bebê nas Unidades Básicas de Saúde (UBS), como uma puericultura emocional (Silveira *et al.*, 2000), na medida em que são consideradas duplas de risco. Nesse sentido, considero importante a formação dos profissionais que atuam no Programa de Saúde da Família (PSF), pediatras e obstetras, equipe de enfermagem e psicólogos das UBS, no que diz respeito às funções parentais básicas, seus efeitos no desenvolvimento da relação mãe-bebê e seu impacto nos alicerces constitutivos do psiquismo infantil.

Em termos de políticas sociais, sabe-se que a construção das funções parentais fortalece os vínculos mãe-filho, e esse acompanhamento proposto nesta pesquisa torna-se importante para a prevenção de violência. O alto índice de violência também está vinculado à qualidade do relacionamento inicial mãe-bebê. Quando há uma vivência de desamparo inicial do bebê, esta pode ser vivida por ele como abandono e ausência de um objeto que atenda suas necessidades primordiais, transformando-se em agressividade, destrutividade e dificuldades em sua capacidade de estabelecer vínculos.

Outro aspecto a ser destacado é que o modelo de intervenção proposto previne outras gestações na adolescência. Entre as dez mães participantes, somente uma, que se casou durante a pesquisa, engravidou novamente. Com a elaboração de aspectos inconscientes ligados ao vazio interno e ao desejo de uma gravidez para preenchimento desse espaço, o estabelecimento do processo de individuação e construção da identidade da mãe e o reconhecimento do bebê como alteridade com necessidades subjetivas e emocionais, evita-se a repetição de uma gestação nesse período da vida. Transtornos globais do desenvolvimento podem ser evitados se os bebês forem acompanhados por um psicólogo, *pari passu* com o pediatra, intervindo em pequenos descompassos que porventura apareçam ao longo do crescimento.[2]

Dessa forma, acredito que esta pesquisa de fato propõe um modelo para se constituir em um instrumento para os profissionais de saúde e de educação que trabalham com pais, especialmente aqueles

2 Proposta já realizada pelo governo da França, coordenado por Laznik, e no serviço de saúde mental do departamento de pediatria da Unifesp, coordenado por Marylise da Silveira.

adolescentes ou em estado mental adolescente, e com bebês e crianças pequenas. É também um convite para pensar na ligação social, na dimensão intersubjetiva e intrapsíquica da parentalidade, no sentido de contribuir para a construção de uma *clínica da parentalidade* em nosso país – um lugar facilitador para o desenvolvimento das crianças que se tornarão adultos do século XXI.

Referências

Baranger, W., & Baranger, M. (1969). *Problemas del campo psicoanalítico*. Kargieman.

Barriguete, J. A., Botbol, M., Moro, M. R., Bilbao, F., & Maldonado, M. (2000). L'anorexie mentale: une impasse entre la filiation et l'affiliation. L'importance de la figure du père. *Prisme*, (32), 58-71.

Barriguete, J. A., Lebovici, S., Salinas, J. L., Solis-Ponton, L., Moro, M. R., Botbol, M., Maldonado, M., & Cordova, A. (2004). A função do pai: na consulta terapêutica pais-bebês e no tratamento do transtorno alimentar na criança. In L. Solis-Ponton (Org.), *Ser pai, ser mãe: parentalidade – um desafio para o terceiro milênio* (M. C. Pereira da Silva, revisão técnica da tradução). Casa do Psicólogo.

Barriguete, J. A., & Soto, F. (1997). El estudio de las interacciones precoces: función paterna, contratransferencia y enaction en la consulta terapéutica con los bebés. *De Cabeza*, (5), 8-14 e 30.

Batista Pinto, E. (2004). A criança prematura: implicações da parentalidade. In L. Solis-Ponton (Org.), *Ser pai, ser mãe: parentalidade – um desafio para o terceiro milênio* (M. C. Pereira da Silva, revisão técnica da tradução). São Paulo: Casa do Psicólogo.

Battikha, E. C. (2003). *As representações maternas acerca do bebê que nasce com doenças orgânicas graves.* Dissertação de Mestrado, Universidade Federal de São Paulo, São Paulo.

Bem-estar Familiar (Bemfam). (1997). *Pesquisa nacional sobre demografia e saúde, 1997.* Bemfam.

Benedeck, T. (1959). Parenthood as a developmental phase: a contribution to libido theory. *Journal of American Psychoanalytic Association, VII*(1-4), 389-417.

Berger, M. (1987). *Pratique des entretiens familiaux.* Presses Universitaires de France (Coll. "Le Fil rouge").

Bibring, G., Dwyer, T., Huntington, D., & Valenstein, A. (1961). A study of psychological processes in pregnancy of earliest mother-child relationship. *The Psychoanalytic Study of the Child, 16*, 9-27.

Bick, E. (1948/1967). Notas sobre la observación de lactantes en la enseñanza del psicoanálisis. *Revista de Psicoanálisis, 24*(1), 97-115.

Bion, W. R. (1962). *Learning from experience.* Heinemann.

Bion, W. R. (1962/1990). Una teoría del pensamiento. *Volviendo a pensar* (p. 151-164). Ediciones Hormé S.A.E.

Bleger, J. (1980). *Temas de psicologia.* Martins Fontes.

Bleichmar, S. (1983). *Nas origens do sujeito psíquico: do mito à história.* Artmed.

Botella, C. (2005). *Trauma e rememoração, realidade ou convicção.* Rio de Janeiro. Trabalho apresentado no 44th IPA Congress.

Bowlby, J. (1990). *Apego: a natureza do vínculo.* (2a ed., v. 1). Martins Fontes.

Brandão, E. R. (2003). *Individualização e vínculo familiar em camadas médias: um olhar através da gravidez na adolescência* (320 p.). Tese de Doutorado, Universidade do Estado do Rio de Janeiro, Rio de Janeiro.

Brasil. Ministério da Saúde. (2001). *Atenção humanizada ao recém-nascido de baixo peso* – Método Canguru. Manual do Curso. Brasília, DF: Secretária de Políticas de Saúde, Área Técnica da Saúde da Criança.

Brasil. Ministério da Saúde. (2005). *A saúde de adolescentes e jovens*. Ministério da Saúde e Fundação W. K. Kellogg. Recuperado de: http://portal.saude.gov.br/portal/arquivos/multimedia/adolescente/principal.htm.

Bruschweiler-Stern, N. (1997). Mère à terme et mère prèmaturée. In M. Dugnat (Org.), *Le monde relationnel du bébé* (p. 19-24). Ramonville-Saint-Agne: Érès.

Bydlowski, M. (1995). La relation foeto-maternelle et la relation de la mère à son foetus. In S. Lebovici, R. Diatkine, & M. Soulé (Eds.), *Nouveau traité de psychiatrie de l'enfant et de l'adolescent* (p. 1881-1891). Presses Universitaires de France.

Bydlowski, M. (1997). *La dette de vie, Itinéraire psychanalytique de la maternité*. Presses Universitaires de France (Coll. "Le Fil rouge").

Caron, N. A. (1997). Intervenções psicoterápicas nas relações primitivas pais-bebê. In M. P. Mélega (Coord.), *Tendências. Observação da relação mãe-bebê – método Esther Bick* (p. 149-160). Unimarco.

Cramer, B. (1974). Interventions thérapeutiques breves avec parents et enfants. *Psychiatrie de l'Enfant*, (17), 53-117.

Cramer, B. (1982). Interaction réelle, interaction fantasmatique. Réflexions au sujet des thérapies et des observations de nourrissons. *Psychothérapie*, *I*(2), 39-47.

Cramer, B., & Palacio Espasa, F. (1993). La technique des psychothérapies mere-bébé. *Études cliniques et théoriques* (p. 126-132). Presses Universitaires de France.

Cramer, B., & Stern, D. (1988). Évaluation des changements relationnels au cours d'une psychothérapie breve mère-nourrisson. In *Psychiatrie du bébé* (p. 31-70). B. Cramer, Eshel; Médecine et Hygiene.

Cunha, I. (2005). *Os sinais de sofrimento no bebê prematuro*. Trabalho apresentado no 18º Congresso da Associação Brasileira de Neurologia e Psiquiatria Infantil e Profissões Afins – Abenepi. Curitiba/PR.

Dadoorian, D. (2000). *Pronta para voar – um novo olhar sobre a gravidez na adolescência*. Rocco.

Dadoorian, D. (2003). Gravidez na adolescência – um novo olhar. *Revista Ciência e Profissão, 23*(1), 84-91.

Di Loreto, O. D. M. (1997). Da adoção (e dos erros do pensar) ou dos erros do pensar (e da adoção). *Psicologia em Estudo, 2*(2), 14-16.

Dias, A. B., & Aquino, E. M. L. (2006). Maternidade e paternidade na adolescência: algumas constatações em três cidades do Brasil. *Cadernos de Saúde Pública, 22*(7).

Doering, K. R. (1989). As adolescentes e o início do relacionamento sexual. *Femina, 17*(3), 203-214.

Dolto, F. (1983). Prefácio. In M. Mannoni, *A primeira entrevista em psicanálise*. Campus.

Falcão, D. V. S., & Salomão, N. M. R. (2006). Mães adolescentes de baixa renda: um estudo sobre as relações familiares. *Arquivos Brasileiros de Psicologia*, 58(2), 11-23.

Farias, E. P. (2000). *Bebês prematuros no imaginário de suas mães enlutadas.* Trabalho apresentado no 23º Congresso Latino-Americano de Psicanálise, Gramado/RS.

Fraiberg, S., Adelson, E., & Shapiro, V. (1975). Ghost in the nursery. *Journal of the American Academy of Child & Adolescent Psychiatry*, (14), 387-421.

Freud, S. (1967). Séance du 17 novembre 1909 – Que peut attendre la pédiatrie de la recherche psychanalytique. In: H. Nunberg, E. Federn (Eds.). *Les premiers sychanalystes: Minutes de la Société Psychanalytique de Vienne* (v. 2, p. 310-322). Gallimard.

Freud, S. (1897/1976). *Extratos dos documentos dirigidos a Fliess* (1950 [1892-1899]) (v. I). Carta 69 (21 de setembro de 1897). Imago.

Freud, S. (1918/1976). *História de uma neurose infantil* (v. XVII. e XXI). Imago.

Freud, S. (1931/1976). *Sexualidade feminina* (v. XXI). Imago.

Freud, S. (1937/1976). *Construções em análise* (v. XXIII). Imago.

Freud, S. (1939[1934-1938]/1976). *Moisés e o monoteísmo. Três ensaios* (v. XXIII). Imago.

Gaffiot, F. (1934). *Dictionnaire Latin Français*. Hachett.

Goldstein, R. Z. (1994). El Niño como objeto transicional de la madre: demanda de dependência revertida. In *Encontro Latino-Americano sobre o pensamento de Winnicott*. Gramado/RS.

Golse, B. (1966). L'attacement en 1966-remarques introductives. *Bulletin Waimh, 3*(2), 1-3.

Golse, B. (1998). La spécificité et les mécanismes du changement durant la première enfance. *Journal de la Psychanalyse de l'Enfant*, (22), 82-97.

Grimal, P. (1988). *Dictionnaire de la Mythologie grecque et Romaine*. (9ème éd.). Presses Universitaires de France.

Grinberg, L. (1976). *Teoría de la identificación*. Paidós.

Grotstein, J. S. (1981). *Splitting and projective identification*. Jason Aronson.

Grupo de Trabalho e Pesquisa em Orientação Sexual (GTPOS). (2002). *Antes – durante – depois – Gravidez na adolescência* (pp. 8-9). GTPOS.

Guedeney, A. (2001). *As terapias pais-bebê: é necessário um modelo?* São Paulo. Texto referente à conferência proferida pelo Dr. Antonie Guedeney na Sociedade Brasileira de Psicanálise de São Paulo.

Harris, M. (1988). *Crianças e bebês à luz de observações psicanalíticas* (Enciclopédia aberta da psique, 3). Vértice, Revista dos Tribunais.

Harris, M., & Meltzer, D. (1986/1990). *Familia y comunidad. Modelo Harris–Meltzer*. Spatia Editorial.

Houzel, D. (1995). *La consultation thérapeutique parents et enfant*. Artículo presentado en las Jornadas de Kernuz.

Houzel, D. (2000). *Les applications préventives de la méthode d'Esther Bick*. Conferência realizada no Rio de Janeiro.

Houzel, D. (2004). As implicações da parentalidade. In L. Solis-Ponton (Org.), *Ser pai, ser mãe: parentalidade – um desafio para o terceiro milênio* (M. C. Pereira da Silva, revisão técnica da tradução). Casa do Psicólogo. Instituto Brasileiro de Geografia e Estatística (IBGE).

IBGE. (1994). *Censo demográfico 1991*. Rio de Janeiro, *21*. São Paulo (10º Recenseamento Geral do Brasil).

Instituto Brasileiro de Geografia e Estatística (IBGE). (2000). *Censo demográfico 2000*.

Inglês de Souza, M. (2008). *Intervenções terapêuticas conjuntas na unidade de terapia intensiva neonatal e pediátrica*. 87 p. Dissertação de Mestrado, Pontifícia Universidade Católica de São Paulo, São Paulo.

Jornal do Brasil. (1996). *Gravidez na pré-adolescência cresce*. Rio de Janeiro.

Kaës, R. (1993). *Le groupe et le sujet du groupe*. Dunod.

Kernberg, O. (1984). *Internal world and external reality: object relations theory applied*. Jason Aronson.

Klein, M. (1946/1975). Notes on some schizoid mechanisms. In *Envy and Gratitude and Other Papers* (pp. 1-24). Hogarth.

Kupfer, M. C. M. (2008). Leitura da constituição e da psicopatologia do laço social por meio de indicadores clínicos: uma abordagem multidisciplinar atravessada pela psicanálise. In R. Lerner, & M. C. M. Kupfer (Orgs.), *Psicanálise com crianças: clínica e pesquisa.* Escuta (Relatório científico final: PT Fapesp – n. 2003/09687).

Kupfer, M. C. M., Jerusalinsky, A. N., Bernardino, L. M. F., Wanderley, D., Rocha, P. S. B., Molina, S. E., ... & Lerner, R. (2009). Valor preditivo de indicadores clínicos de risco para o desenvolvimento infantil: um estudo a partir da teoria psicanalítica. *Latin American Journal of Fundamental Psychopathology, 6*(1), 48-68.

Lartigue, T., & Vives, J. (2004). A maternidade das adolescentes e os avatares do vínculo mãe-bebê. A visão do problema no México. In L. Solis-Ponton (Org.), *Ser pai, ser mãe: parentalidade – um desafio para o terceiro milênio* (M. C. Pereira da Silva, revisão técnica da tradução). Casa do Psicólogo.

Laville, C., & Dionne, J. (1999). *A construção do saber: manual de metodologia da pesquisa em ciências humanas* (Heloisa Monteiro e Francisco Settineri, trad.). Artmed; UFMG.

Laznik, M. C. (2001). *Detecção precoce pelo pediatra dos distúrbios no vínculo pais/bebê* (ênfase no risco de evolução autística). Conferência realizada no anfiteatro do Hospital Albert Einstein, São Paulo.

Lebovici, S. (1983). La consulta terapéutica. *Revista Niñez y Adolescencia, 1*(90), 22-29.

Lebovici, S. (1986). À propos des consultations thérapeutiques. *Journal de la psychanalyse de l'enfant*, (3), 135-152.

Lebovici, S. (1991). Des psychanalystes pratiquent des psychothérapies bébés-parents. *Revue Française de Psychanalyse,* (56), 733-857.

Lebovici, S. (1993a). Consulta terapeutica madre-lactante. *Psicoanálisis: Revista de la Asociación Psicoanalítica de Buenos Aires (APdeBA), XV*(1), 125-146.

Lebovici, S. (1993b). On intergenerational transmission: from filiation to affiliation. *Infant Mental Health Journal, 14*(4), 260-272.

Lebovici, S., Barriguete, A., Salinas, J., Mazet, P. & Maldonado, J. M (1998). La consulta terapéutica en algunas alteraciones de alimentación del lactante. In T. L. Becerra, J. M. Madonado-Durán, & H. A. Rosas, *La alimentación en la primeira infancia y sus efectos en el desarrollo* (p. 392-405). Plaza y Valdes Editores.

Lebovici, S., Mazet, P. H., & Visier, J. P. (Orgs.). (1989). *L'evaluation des interations precoces entre le bebe et se partenaires.* Eshel.

Lebovici, S., & Stoleru, S. (1983). *La mère, le nourrisson et le psychanalyste, les interactions prècoces.* PLe Centurión.

Lebovici, S., & Weil-Halpern, F. (1989). *La psychopathologie du bébé.* Presses Universitaires de France.

Mahler, M. (1967). On human symbiosis and the vicissitudes of individuation. *Journal of the American Psychoanalytic Association,* (15), 740-763.

Manzano, J., & Palacio Espasa, F. (1981). Psychothérapie de la relation mère-bébé précoce. *Psychothérapies,* (2), 77-83.

Manzano, J., & Palacio Espasa, F. (1994). Les psychothérapies brèves parents-enfants et adolescents – une analyse des fondements théoriques et techniques. *Psychothérapies,* (2), 85-94.

Manzano, J., Palacio Espasa, F., & Zilkha, N. (2001). Os roteiros narcísicos dos pais. *Livro Anual de Psicanálise* (tomo XV, p. 37-47). Escuta.

Marconato, M. M. (1997). A utilização da observação psicanalítica como instrumento clínico. In: M. P. Mélega (Coord.), *Tendências.*

Observação da relação mãe-bebê – método Esther Bick (p. 275-280). Unimarco.

Matos, R., & Madeira, A. M. F. (2000). Mãe adolescente cuidando do filho. *Revista da Escola de Enfermagem da USP, 34*(4), 332-338.

Mazet, P., & Stoleru, S. (1990). *Manual de psicopatologia do recém-nascido*. Artes Médicas.

Mélega, M. P. (Coord.). (1997). *Tendências. Observação da relação mãe-bebê – método Esther Bick*. Unimarco.

Mendes de Almeida, M. (1997). Intervenção clínica em problemas de alimentação infantil a partir da observação psicanalítica da relação pais-bebê. In M. P. Mélega (Coord.), *Tendências. Observação da relação mãe-bebê – método Esther Bick* (p. 197-203). Unimarco.

Mendes de Almeida, M., Marconato, M., & Silva, M. C. P. (2004). Redes de sentido: evidência viva na intervenção precoce com pais e crianças. *Revista Brasileira de Psicanálise, 38*(3), 637-648.

Michelat, G. (1987). Sobre a utilização da entrevista não diretiva em Sociologia. In M. Thiollent, *Crítica metodológica, investigação social e enquete operária*. Polis.

Moro, M. R. (2005). Os ingredientes da parentalidade. *Revista Latinoamericana de Psicopatologia Fundamental, 8*(2), 258-273.

Moro, M. R., & Barriguete, A. (1998). Aspectos transculturales de la alimentación del lactante. In T. L. Becerra, M. Maldonado-Durán, & A. Rosas (Coords.), *La alimentación en la primera infancia y sus efectos en el desarrollo* (p. 337-362). Plaza y Valdes Edit.

O Globo. (1997). *Pai adolescente*.

Palacio Espasa, F., & Manzano, J. (1982). La consultation thérapeutique des très jeunes enfants et leur mère. *Psychiatrie de l'enfant, 21*(1), 5-25.

Perez-Sanchez, M. (1983). *Observação de bebês*. Paz e Terra.

Piontelli, A. (1986). *Backwards in time*. Clunie.

Posternak, L. (2001). O que espera o pediatra do psicanalista? E o psicanalista do pediatra? In M. C. M. Comparato, & D. S. F. Monteiro (Orgs.), *A criança na contemporaneidade e a psicanálise* (Vol. 1, p. 63-73). Casa do Psicólogo.

Pucci, A. C. (2000). Esperança. In Dupla Ação Marketing Cultural (Org.), *Arte de Viver II Poesias e Pinturas* (1. ed., p. 30). Concurso entre usuários de serviços de saúde mental.

Racamier, P. C., Sens C., & Carretier, L. (1961) La mère et l'enfant dans les psychoses du post-partum. *L'évolution psychiatrique*, 26(4), 525-557.

Romera, M. L. (1999). O psiquismo de jovens grávidas e a des-construção da realidade. *Revista da Sociedade de Psicologia do Triângulo Mineiro*, 2(2).

Rosa, J. G. (1965). A estória de Lélio e Lina. *No Urubuquaquá, no Pinhém* (3. ed.). Corpo de Baile.

Rosenfeld, H. A. (1964). On the psychopathology of narcissism: a clinical approach. *International Journal of Psychoanalysis*, (45), 332-337.

Salinas, J. L., Perez, M. P., Viniegra Velázquez, L., Barriguete, J. A., Casillas, J., & Valencia, A. (1992). Modelo psicodinámico sistémico de evaluación familiar. *Revista de Investigación Clínica*, 44(2), 169-188.

Sanches-Cardenas, M. (1994). *La place des parents dans la consultation pédopsychiatrique de l' enfant et de l' adolescent.* Masson.

Shuttleworth, J. (1997). Psychoanalytic theory and infant development. In L. Miller, M. Rustin, M. Rustin, & J. Shuttleworth (Eds.), *Closely observed infants* (p. 22-51). British Library.

Silva, M. C. P. (1994b). *A depressão transmitida através da relação de dependência revertida na díade mãe-bebê.* In Encontro

Latino-Americano sobre o Pensamento de Winnicott, 3, Gramado/RS. *Anais...* Gramado/RS, ABP.

Silva, M. C. P. (2002). Um self sem berço. Relato de uma intervenção precoce na relação pais-bebê. *Revista Brasileira de Psicanálise*, 36(3), 541-565.

Silva, M. C. P. (2003). *A herança psíquica na clínica psicanalítica*. Casa do Psicólogo, Fapesp.

Silva, M. C. P. (2007). Identificação mórbida: comunicação transgeracional traumatizante. *Revista de Psicanálise da Sociedade Psicanalítica de Porto Alegre, 14*(1), 137-165.

Silva, M. C. P. (2009). *A construção da parentalidade em mães adolescentes com vistas à prevenção de transtornos de desenvolvimento*. Pesquisa de pós-doutorado – Programa de Estudos Pós-graduados em Psicologia Clínica, Núcleo de Psicanálise, Pontifícia Universidade Católica de São Paulo.

Silveira, M. M. *et al.* (2000). *Aplicação da psicanálise em saúde pública: sistematização de um serviço preventivo no desenvolvimento do bebê*. Trabalho apresentado no 31º Congresso Brasileiro de Pediatria, Fortaleza.

Solis-Ponton, L. (Org.). (2004). *Ser pai, ser mãe: parentalidade – um desafio para o terceiro milênio* (Maria Cecília Pereira da Silva, revisão técnica da tradução). Casa do Psicólogo.

Souza, I. F. (2002). Gravidez de adolescência: uma questão social. *Adolescencia Latinoamericana*, *3*(2).

Stern, D. N. (1992). *O mundo interpessoal do bebê: uma visão psicanálise e da psicologia do desenvolvimento*. Artes Médicas.

Stern, D. N. (1997). *A constelação da maternidade: o panorama da psicoterapia pais/bebê*. Artes Médicas.

Thiollent, M. (2007). *Metodologia da pesquisa-ação* (15. ed.). Cortez.

Unesco. (2001). *Pesquisa Nacional Violência, Aids e Drogas nas Escolas*.

Verny, T. R. (1997). Perspectives on violence. *Journal of Prenatal and Perinatal Psychology and Medicine*, 9(1). Disponível em: http://healingreligion.com/html/verny.html

Vilete, E. (1997). Observação da relação mãe-bebê – a especificidade do método. In M. P. Mélega (Coord.), *Tendências. Observação da relação mãe-bebê – método Esther Bick* (p. 85-92). Unimarco.

Williams, G. (1997a). O bebê como receptáculo das projeções maternas. In M.-B. Lacroix, & M. Monmayrant (Orgs.), *Os laços do encantamento: a observação de bebês segundo Esther Bick e suas aplicações* (p. 105-112). Artes Médicas.

Williams, G. (1997b). As angústias catastróficas de desintegração, segundo Esther Bick. In M.-B. Lacroix, & M. Monmayrant (Orgs.), *Os laços do encantamento: a observação de bebês segundo Esther Bick e suas aplicações* (p. 37-39). Artes Médicas

Williams, G. (1999). On different introjective processes and the hypothesis of an Omega function. *Psychoanalytic Inquiry*, 19(2), 243-53.

Winnicott, D. W. (1951/1988). Objetos transicionais e fenômenos transicionais. In *Textos selecionados: da pediatria à psicanálise* (p. 389-408). Francisco Alves.

Winnicott, D. W. (1956/1988). Preocupação materna primária. In *Textos selecionados: da pediatria à psicanálise* (p. 491-498). Francisco Alves.

Winnicott, D. W. (1963/1994). Medo do colapso. In C. Winnicott, R. Shepherd, & M. Davis. *Explorações psicanalíticas*. Artes Médicas.

Winnicott, D. W. (1971). *Therapeutic Consultations in Child Psychiatry*. Hogarth Press and the Institute of Psychoanalysis; Basic Books.

Winnicott, D. W. (1975a). *O brincar & a realidade*. Imago.

Winnicott, D. W. (1975b). O brincar. In *O brincar e a realidade* (p. 79-93). Imago.

Winnicott, D. W. (1975c). A localização da experiência cultural. In *O brincar e a realidade* (p. 133-143). Imago.

Winnicott, D. W. (1994). O valor da consulta terapêutica. In C. Winnicott, R. Shepherd, & M. Davis. *Explorações psicanalíticas: D. W. Winnicott* (p. 244-248). Artes Médicas.

Bibliografia consultada

Almeida Filho, N. (1982). Estudo de prevalência de desordens mentais na infância em uma zona urbana de Salvador. *Jornal Brasileiro de Psiquiatria,* (31), 1145-1154.

Brandenburg, N. A., Friedman, R. M., & Silver, S. (1990). The epidemiology of childhood psychiatric disorders: prevalence findings from recent studies. *Journal of the American Academy of Child & Adolescent Psychiatry,* (29), 76-83.

Brent, D. (1988). Psychopathology in pediatric primary care: the new hidden morbity. *Pediatrics,* (82), 415-412.

Costello, E. J. (1989). Developments in child psychiatric epidemiology. *Journal of the American Academy of Child & Adolescent Psychiatry,* (28), 836-841.

Dadoorian, D. (s. d.). Criança que faz criança.... In *V Congresso Internacional da ISAP.* Aix-en-Provence, França.

Davoudian, C. (2007). *Accoucher en Terre étrangere, a propos d'un Groupe de Parole de Femmes enceintes migrantes en situation de grande precarite.* Séminaire d'introduction à la clinique interculturelle du 19 janv. 2007. Perinatalité et Interculturalité.

Folino, C. S. G. (2008). *Encontro entre a psicanálise e a pediatria: impactos da depressão puerperal para o desenvolvimento da relação mãe-bebê e do psiquismo infantil* (263 p.). Dissertação de Mestrado. Instituto de Psicologia, Universidade de São Paulo, São Paulo.

Garralda, M. E., & Bailey, D. (1988). Child and family factors associated with referral to child psychiatrist. *British Journal of Psychiatry*, (153), 81-89.

Kaës, R. (1986). Objets et processus de la transmission. In J. Guyotat, & P. Fedida (Eds.), *Généalogie et transmission* (p. 15-24). Écho-Centurion.

Laperuta, V. A. (2002). Atendimento ao recém-nascido na UTI neonatal do RigHospitalet de Copenhague, Dinamarca. In *Anfiteatro do Instituto de Psicologia da Universidade de São Paulo*. São Paulo, SP.

Lavigne, L. V., Binns, H. J., Christoffel, K. K., Rosenbaum, D., Arend, R., Smith, K, Hayford, J. R., & McGuire, P. A. (1993). Behavioral and emotional problems among preschool children in pediatric primary care: prevalence and pediatricians' recognition. *Pediatrics*, *91*(3), 649-655.

Lauridsen, E. P. P. (1998). *Atenção à saúde mental infantil: um desafio às práticas de saúde. Um olhar epidemiológico.* Dissertação de Mestrado. Departamento de Saúde Materno-Infantil da Faculdade de Saúde Pública, Universidade de São Paulo, São Paulo.

Laznik, M. C. (1998). Psicanalistas que trabalham em saúde pública. *Pulsional Revista de Psicanálise*, ano XIII(132), 62-78.

Moro, M. R. (1995). Le fundaments théoriques de l'ethnopsyquiatrie parents-enfant. In M. R., Moro. *Parents en exil* (p. 47-94). Presses Universitaires de France.

Offord, D. R., & Fleming, J. E. (1996). Epidemiology. In M. Lewis (Ed.), *Child and adolescent psychiatry: a comprehensive textbook* (2. ed., p. 1166-1178). Willians & Wilkins.

Roberts, E. R., Attkisson, C. C., & Rosenblatt, A. (1998). Prevalence of psychopathology among children and adolescents. *American Journal of Psychiatry, 155*(6), 715-725.

Rustin, M. (1989/1997). Observing infants: reflections on methods. In L. Miller, M. Rustin, M. Rustin, & J. Shuttleworth (Eds.), *Closely observed infants* (p. 22-51). British Library.

Silva, M. C. P. (1994a). *A paixão de formar: da psicanálise à educação.* Artes Médicas.

Williams, G. (1990). Observação de bebê: sua influência na formação de terapeutas e profissionais que trabalham com educação e saúde mental. *Publicações, Centro de Estudos das Relações Mãe-Bebê--Família*, ano I, 2.

Winnicott, D. W. (1988a). *Textos selecionados: da pediatria à psicanálise.* Francisco Alves.

Winnicott, D. W. (1988b). Consultas do departamento infantil. In *Textos selecionados. Da pediatria à psicanálise* (3. ed., p. 165-185). Francisco Alves.

Anexos

Carta informativa aos pais e ao responsável

Prezados Pais e Responsável,

Estou realizando uma pesquisa de pós-doutoramento com pacientes mães e seus bebês da unidade materno-infantil deste hospital, intitulada *Estudo da construção da parentalidade em mães adolescentes com vistas à prevenção de transtornos de desenvolvimento*, sob a supervisão do Doutor Gilberto Safra, da Pontifícia Universidade Católica de São Paulo.

Para maior fundamentação da parte prática da pesquisa, necessito realizar algumas entrevistas com os pais e seu bebê recém-nascido, sendo sua colaboração valiosa e imprescindível. Devo-lhes informar que os dados obtidos nessas entrevistas serão analisados mantendo em sigilo suas identidades, não implicando riscos ou ônus de qualquer natureza aos senhores como entrevistados, que terão a liberdade de interromper sua colaboração, caso não se sintam à vontade. Ao final do estudo, os senhores receberão um retorno dos resultados da pesquisa.

Contando com sua colaboração, agradeço.

____

Maria Cecília Pereira da Silva
CRP- XX/XXXXX

TERMO DE CONSENTIMENTO DO RESPONSÁVEL

Eu, ____ responsável pela menor __________________________________ mãe, por meio deste documento, emitido em 2 vias, declaro estar ciente dos objetivos da pesquisa intitulada *Estudo da construção da parentalidade em mães adolescentes com vistas à prevenção de transtornos de desenvolvimento*, a ser realizada pela psicanalista ________________________________, CRP- ____ /___________, cujo telefone é (___) ___________, e concordo com sua participação, assim como de meu filho e seu pai.

Estou de acordo com as gravações e/ou filmagens das consultas e ciente de que os dados serão analisados, mantendo a identidade dos participantes em sigilo, não implicando risco ou ônus de qualquer natureza para as pessoas envolvidas.

Estou ciente de que a participação nessa pesquisa não substitui e não exclui a necessidade de os participantes serem acompanhados em suas unidades básicas de saúde, durante e após esse estudo ser realizado; e da liberdade de interromper a colaboração com essa pesquisa quando acharem que não for mais de seu interesse.

Consentindo com tais procedimentos assinamos abaixo:

____

Assinatura do responsável

____

Data: ____________________________________

TERMO DE CONSENTIMENTO DOS PAIS

Nós, ____
____ pais, por meio deste documento, emitido em 2 vias, nos declaramos cientes dos objetivos da pesquisa intitulada *Estudo da construção da parentalidade em mães adolescentes com vistas à prevenção de transtornos de desenvolvimento*, a ser realizada pela psicanalista ________________________________,
CRP- ____ /____________, cujo telefone é (___) ____________.

Estamos de acordo com as gravações e/ou filmagens das consultas e cientes de que os dados serão analisados, mantendo nossa identidade em sigilo, não implicando risco ou ônus de qualquer natureza para as pessoas envolvidas.

Estamos cientes de que a participação nessa pesquisa não substitui e não exclui a necessidade de meu(s) filho(s) e de nós mesmos sermos acompanhados em nossas unidades básicas de saúde, durante e após esse estudo ser realizado; e que teremos liberdade de interromper nossa colaboração com essa pesquisa quando acharmos que não for mais do nosso interesse.

Consentindo com tais procedimentos assinamos abaixo:

____

Assinatura da Mãe

____

Assinatura do Pai

Data: ____

MINISTÉRIO DA SAÚDE
Conselho Nacional de Saúde
Comissão Nacional de Ética em Pesquisa - CONEP

FOLHA DE ROSTO PARA PESQUISA ENVOLVENDO SERES HUMANOS		**FR - 100478**
Projeto de Pesquisa Estudo da construção da parentalidade em mães adolescentes com vistas à prevenção de transtornos de desenvolvimento		
Área de Conhecimento 7.00 - Ciências Humanas -7.07 - Psicologia	Grupo Grupo III	Nível
Área(s) Temática(s) Especial(s)		Fase Não se Aplica
Unitermos parentalidade, relação pais-bebê, desenvolvimento, intervenção precoce, consulta terapêutica, vínculo pais-bebê		

Sujeitos na Pesquisa				
Nº de Sujeitos no Centro 30	Total Brasil 30	Nº de Sujeitos Total 30	Grupos Especiais Criança e/ou menores de 18 anos	
Placebo NAO	Medicamentos HIV/AIDS NÃO	*Wash-out* NÃO	Sem Tratamento Específico SIM	Banco de Materiais Biológicos NÃO

Pesquisador Responsável			
Pesquisador Responsável NONONONO		CPF XXX.XXX.XXX-XX	Identidade XX.XXX.XXX-X
Área de Especialização PSICOLOGIA CLÍNICA		Maior Titulação DOUTORA	Nacionalidade BRASILEIRA
Endereço RUA NONONONO, XX		Bairro NONONONO	Cidade SÃO PAULO - SP
Código Postal 11	Telefone XXXXXXX	Fax XXXXXX	Email NONONONO

Termo de Compromisso

Declaro que conheço e cumprirei os requisitos da Res. CNS n. 196/ 1996 e suas complementares. Comprometo-me a utilizar os materiais e dados coletados exclusivamente para os fins previstos no protocolo e publicar os resultados, sejam eles favoráveis ou não.

Aceito as responsabilidades pela condução científica do projeto acima. ______________________________

Data: ________/________/______________ Assinatura

Instituição Onde Será Realizado			
Nome Hospital Municipal do Campo Limpo		CNPJ 46.392.148/0030-54	Nacional/Internacional Nacional
Unidade/Órgão Ginecologia - Obstetrícia - Berçário		Participação Estrangeira NÃO	Projeto Multicêntrico NÃO
Endereço Estrada de Itapecerica 1661		Bairro Vila Maracanã	Cidade São Paulo - SP
Código Postal 05835005	Telefone XXXXXXX	Fax XXXXXX	Email NONONONO
Termo de Compromisso Declaro que conheço e cumprirei os requisitos da Res. CNS n. 196/1996 e suas complementares e como esta instituição tem condições para o desenvolvimento deste projeto, autorizo sua execução. Nome: ____ Data: ______/______/__________ Assinatura			

PREFEITURA DA CIDADE DE SÃO PAULO

Prefeitura do Município de São Paulo
Secretaria Municipal da Saúde
Autarquia Hospitalar Municipal Regional Sul
Hospital Municipal do Campo Limpo
"Dr. Fernando Mauro Pires da Rocha"

São Paulo, 15 de setembro de 2006

Ref .CEP/HMCL C.A.A.E 0006.0.158.000-06

TEMA : Estudo da cosnturção da parentalidade em mães adolescentes com vistas á prevenção de transtornos de desenvolvimento

Ilmo (a) Sr.(a)
Maria Cecília Pereira da Silva

O Comitê de Ética em Pesquisa do Hospital Municipal Dr. Fernando Mauro Pires da Rocha **ANALISOU E APROVOU** o projeto de pesquisa supracitado.

Aproveitamos a oportunidade para orientar o pesquisador sobre os seguintes itens:

- O sujeito da pesquisa tem a liberdade de recusar-se a participar ou de retirar seu consentimento em qualquer fase da pesquisa, sem penalização alguma e sem prejuízo ao seu cuidado (Res. CNS 196/96 – item IV.1.f) e deve receber uma cópia do termo de Consentimento Livre Esclarecido, na íntegra, por ele assinado(Item IV.2d).
- O pesquisador deve desenvolver a pesquisa conforme delineada no protocolo aprovado e descontinuar o estudo somente após a análise das razões da descontinuidade pelo CEP que o aprovou (Res.CNS item III.3z), aguardando seu parecer, exceto quando perceber risco ou dano não previsto ao sujeito participante ou quando constatar a superioridade de regime oferecido a um dos grupos da pesquisa (item V.3) que requeiram ação imediata.
- O CEP deve ser informado de todos os efeitos adversos ou fatos relevantes que alterem o curso normal do estudo (Res.CNS item V.4). É papel do pesquisador assegurar medidas imediatas adequadas frente a evento adverso grave ocorrido (mesmo que tenha sido em outro centro) e enviar notificação ao CEP e à Agência Nacional de Vigilância Sanitária – ANVISA – junto com seu posicionamento.
- Eventuais modificações ou emendas ao protocolo devem ser apresentadas ao CEP de forma clara e sucinta, identificando a parte do protocolo a ser modificada e suas justificativas. Em caso de projetos do Grupo I ou II apresentados anteriormente à ANVISA, o pesquisador ou patrocinador deve enviá-las também à mesma, junto com o parecer aprovatório do CEP, para serem juntadas ao protocolo inicial (Res. 251/97.item III.2.e).
- **Relatórios parciais e finais devem ser apresentados ao CEP**

Atenciosamente,

Drª Ana Maria Trufelli
Presidente do Comitê de Ética em Pesquisa do
Hospital Municipal Dr.Fernando Mauro Pires da Rocha

Estrada de Itapecerica, n.º 1.661 Vila Maracanã – Cep 05835-005 – SP.
PABX 5512 44-00 FONE/FAX 5512-4421

Pós-escrito
A consulta terapêutica: um espaço potencial para a construção da parentalidade[1]

As consultas terapêuticas, originalmente introduzidas por Winnicott (1971, 1988a) e desenvolvidas por Lebovici (1986), visam à observação da interação mãe-bebê e, sempre que possível, com os outros membros da família, sobretudo o pai. Elas permitem que os pais falem sobre o bebê, sobre eles mesmos e sobre suas famílias, sobre seu passado e sobre a repetição de suas condutas. Procura-se colher a história do bebê desde o relacionamento de seus pais com seus próprios pais, até a concepção, o nascimento, o desenvolvimento e eventual sintoma. Busca-se o acesso às diferentes representações do bebê imaginário, fantasmático, cultural e real, que os progenitores, em função de sua história, têm de seu pequeno filho (Lebovici & Stoleru, 1983; Lebovici & Weil-Halpern, 1989; Lebovici, Mazet & Visier, 1989; Lebovici, 1991, 1993, 1998). Nesse *setting*, oferece-se um

---

1 Este texto foi originalmente publicado em 2010 no *Jornal de Psicanálise*, 43, 143-154.

relacionamento humano e natural em que a dupla pais-bebê e o terapeuta possam se surpreender com os sentimentos e *insigths* que surgirem durante os encontros (Mélega, 1997; Silva, 2002). Dessa forma, esse *setting* se configura como um espaço potencial entre o bebê/criança e seus pais, quando a experiência emocional produzida no aqui e agora da sessão permite que a criança experimente um alto grau de confiança de que a mãe não deixará de estar ali quando subitamente necessária (Winnicott, 1971, 1975a).

Já a parentalidade é uma função que se desenvolve interiormente quando se origina o desejo de ter um filho e na relação com ele. O bebê "faz" seus pais, assim como os pais "fazem" o bebê existir. Para além da procriação e da função biológica, a parentalidade é produto do parentesco biológico e do processo de tornar-se pai e mãe. É uma reflexão sobre a descendência que implica um complexo processo psíquico-simbólico que articula diferentes perspectivas teóricas em um contexto psicossocial. O conceito de parentalidade, portanto, contém a ideia da função parental e a ideia de parentesco, a história da origem do bebê e das gerações que precedem seu nascimento (Silva, 2009, 2011; Solis-Ponton, 2004).

Nesse sentido, as consultas terapêuticas buscam favorecer as condições básicas da função parental para que se estabeleça o vínculo mãe-bebê:

> *a mãe ter maturidade emocional suficiente para poder vivenciar todos os tipos de sentimentos suscitados pelo cuidado do bebê sem senti-los como ameaçadores, o bebê ter capacidade de solicitar o contato, a mãe ter suporte ambiental e um limite de demandas que ela possa suportar. (Shuttleworth, 1989/1997, p. 29-30)*

E para que os pais sejam capazes de "gerar amor, manter a esperança, conter a dor depressiva e promover o pensar" (Harris & Meltzer, 1986/1990, p. 36).

Neste trabalho, procuro ilustrar como as consultas terapêuticas se constituem em um *setting* que pode recriar um espaço potencial para a construção da parentalidade, especialmente naquelas duplas mãe-bebê que se configuram em situações de risco, como: gestações de risco, duplas mãe-bebê com bebês prematuros ou com alguma malformação, mães adolescentes, mães com depressão, mortes ou lutos não elaborados de parentes próximos aos pais, além das novas geometrias familiares, como matrimônios mistos, separações, famílias reconstituídas, unoparentais ou homoparentais, reproduções assistidas, adoção sob múltiplas formas etc. Nesses novos arranjos, os pais se encontram muitas vezes despojados de sua função parental e os filhos são projetos narcísicos concebidos sob o impacto de uma violência emocional terrível (tanto para os pais como para os bebês). Essas situações, acrescidas às dificuldades cada vez mais comuns para a constituição dos vínculos iniciais pais-bebê, podem se configurar em traumatismos parentais e dificultar o exercício saudável da função materna e paterna, interferindo no desenvolvimento emocional do bebê, demandando atenção sobre a função parental e sobre a construção das relações iniciais.

Em minha pesquisa de pós-doutorado, *A construção da parentalidade em mães adolescentes com vistas à prevenção de transtornos de desenvolvimento* (Silva, 2009, 2011), convidei para algumas consultas terapêuticas jovens entre 11 e 18 anos que tinham acabado de ter seus bebês no Hospital do Campo Limpo. Meu objetivo era favorecer a construção da parentalidade nessas duplas mães-bebês caracterizadas como duplas de risco (Brasil, 2005). Como a jovem mãe se encontrava em um período de construção da identidade, incluir a parentalidade nesse momento da vida torna-se tarefa difícil de ser desempenhada satisfatoriamente sem a ajuda da família ampliada ou de uma intervenção psicológica preventiva. Além disso, a qualidade das primeiras relações emocionais pais-bebê, especialmente mãe-bebê, é determinante para o desenvolvimento global sadio das crianças.

A consulta terapêutica, ao favorecer a construção da parentalidade, visa prevenir as diversas psicopatologias derivadas de dificuldades de formação dos vínculos iniciais e de falhas na constituição do sujeito decorrentes da ausência ou deficiência da maternagem na infância precoce.

As consultas[2] em geral iniciavam com a proposição aberta: "Conte para nós sobre seu bebê". Nossa preocupação era indagar a respeito da representação imaginária, fantasmática e real que a mãe tinha de seu filho, representação aqui entendida como uma construção subjetiva. Dessa forma, iniciava-se uma narrativa daquela dupla mãe-bebê desde a concepção, a gestação e o parto até o momento de cada consulta. Uma narrativa recheada pela história pessoal, real e imaginária da mãe com seu filho, construindo um espaço potencial e mental para parentalizar o bebê. Além disso, o resgate da história pessoal permitia que os aspectos transgeracionais fossem nomeados e os mandatos pudessem ser desfeitos (Silva, 2002, 2003; Bydlowski, 1997). Depois, a cada consulta, convidava os pais/mães a falarem sobre o que era ser pai/mãe para cada um, o que percebiam das necessidades e competências do bebê, de tal forma que o processo de parentalização pudesse ir se construindo (Silva, 2009, 2011).

Apresento a seguir algumas vinhetas de nove consultas terapêuticas com uma dupla mãe adolescente e seu bebê que ilustram como esse *setting* se constituiu em um espaço potencial favorecedor para a construção da parentalidade e a prevenção de transtornos de desenvolvimento.

2 As consultas foram realizadas por mim (MC) e pelas psicólogas Denise Serber e Patricia Oliveira de Souza. Foram filmadas e transcritas com autorização da família. O modelo de intervenção utilizado foi o *setting* de consultas terapêuticas (Winnicott, 1971) e de intervenção nas relações iniciais pais-bebê (Lebovici, 1986, 1991; Mélega, 1997; Silva, 2002; Mendes de Almeida, Marconato & Silva, 2004), em que o foco das intervenções é a interação dos pais em suas funções parentais com seus filhos, procurando construir a parentalidade e o lugar subjetivo do bebê.

Maria Lúcia e Laura: uma dupla assustada

Maria Lúcia e Laura foi uma dessas duplas mãe-bebê que participaram da pesquisa. Na primeira consulta, Maria Lúcia nos contou que, aos 17 anos, cursava o segundo ano do ensino médio e namorava há alguns meses quando ficou um mês sem usar a camisinha e engravidou. Levou um susto, não queria. Tentou de todas as maneiras abortar, pois sempre foi muito "baladeira" e não queria perder as festas para cuidar de um bebê. Seus amigos tiravam "sarro" dela, diziam que ela não poderia mais sair, ficaria presa em casa, perderia sua liberdade. Então, sentindo-se influenciada por eles, tomou vários medicamentos para interromper a gravidez.

Quando souberam de sua gravidez, seu pai *quis morrer* e sua mãe ficou muito nervosa, *quis bater*, depois aceitaram. O pai da bebê ficou ao seu lado, assumiu a filha e disse: "Se você quiser tirar, você tira, se você quiser, nós vamos criar". Eles continuaram namorando, mas cada um morando em sua casa com seus respectivos pais.

Laura nasceu a termo de parto normal, mas com sequelas na laringe e por isso ficou 21 dias na UTI neonatal em observação, sendo alimentada por sonda. Quando foi para casa, no início, tudo foi difícil. Laura não conseguia pegar o bico do seio, tinha dificuldade para mamar, ficou gripada e precisou ser internada para inalação, pois "tossia muito e chegou a ficar roxinha".

Maria Lúcia tinha muito medo do que poderia acontecer com sua bebê, achava que era muita responsabilidade ser mãe. Os avôs maternos ajudavam bastante e muitas vezes tornavam-se os pais da bebê, o que aumentava ainda mais o desafio para Maria Lúcia tornar-se mãe. A forma intrusiva da avó pôde ser observada na primeira consulta em que ela compareceu e atropelava a fala de sua filha. Essa era a rede de apoio de Maria Lúcia: muita gente, porém, pouco continente.

Então, durante as consultas, procurava apontar as competências de Maria Lúcia, legitimando sua função materna, oferecendo suporte diante dos conflitos com a figura materna, especialmente por ela ser ainda uma adolescente e estar em meio ao processo de construção da própria identidade, quando os conflitos edípicos se reeditam. Apontava suas competências para que ela se apropriasse dessa nova função e não fosse engolfada pela figura da avó.

> MARIA CECÍLIA: Sua mãe te ajuda?
> MÃE: Muito, muito, muito, parece que ela é mãe da menina. Ela fala que ela é mais mãe dela do que eu, porque ela é avó e mãe, né?
> MC: Ela é mãe ao quadrado, é isso?
> MÃE: Ela falou: "Eu sou mais mãe dela do que você…". Não que ela cuide mais do que eu. Quando ela está chorando ela pega… Nossa até enjoa de ver… […] Ela fica pegando toda hora, falando que ela é muito linda… Eu fico com raiva. Eu digo que a mãe sou eu, não vai pegar não. Meu pai quando eu falo: "Não pega", ele não pega… Eu faço tudo, dou banho, brinco com ela.
> MC: A filha é sua…
> MÃE: Então, mas ela que fica pegando. Eu falo: "Não pega" [a nenê resmunga, se mexe…]. Ela fica agoniada… olha como ela fica. Tem hora que ela belisca o rosto dela… Quando ela não consegue pegar a chupeta, também ela fica assim.
> MC: Ela está falando alguma coisa. O que foi? [a bebê chora e a mãe abraça a bebê] […] Quando você fica abraçadinha com ela, ela gosta… Olha como ficou quietinha.
> MÃE: Ela está morrendo de sono.
> MC: Olha só… você a pegou apertadinha e ela parou [mãe fica olhando para a bebê em seu colo]… Ela tem uma mamãe que a entende… Você sabe cuidar dela, nem sempre precisa da sua mãe…

Assim, procurava contribuir para a subjetivação da mãe e narcisizá-la, indicando suas mínimas competências nos cuidados físicos e emocionais com a bebê, ou mesmo sobre aquelas em potencial. Todo tempo meu olhar estava voltado para a potência e não para a falha ou para aquilo em que a mãe se mostrava incompetente. Desse modo, ia tecendo um trabalho de subjetivação e de asseguramento da função materna que se iniciava, pois suas dificuldades no estabelecimento dessa função se evidenciavam durante as consultas por meio dos adjetivos que atribuía à bebê: *bagunceira, agoniada, medrosa, assustada, gulosa, traiçoeira, escandalosa, enganadora, enjoadinha, sapeca, danada*. Por sua vez, ela nos contou que foi ela quem escolheu o nome da bebê: era o nome de uma menininha que conhecera na praia e achava bonita e esperta. Aos poucos, ela nos descrevia o bebê imaginário que fora construindo durante a gravidez, e sua capacidade para lidar com seus sentimentos ambivalentes, indicando um potencial materno a se desenvolver. Quando a bebê estava com um mês, ela disse:

> Ser mãe é bom e é ruim. Não é nem por não sair mais. É muita responsabilidade, eu tenho muito medo agora de acontecer alguma coisa com ela. Ela me dá susto. Tem vez que eu dou mamadeira assim e ela fica rrhhaaa, ela perde o ar sabe, sei lá. Aí depois ela volta, aí eu espero ela descansar depois dou de novo. [...] Eu não deixo ninguém dar mamadeira para ela. [...] Tudo o que for, todo lugar tem que levar. É complicado. [...] É, por um lado é ruim, por outro é bom.
>
> Ah, sei lá, é bom que ela é minha filha. É tudo. Por outro lado é ruim, nem tudo eu posso ir. [...] Não posso sair. Meus amigos ficam me pirraçando. Eles vão para a balada, eles me ligam duas horas da manhã. Fica mandando eu escutar a música, dá a maior raiva. Esse dia um amigo meu me ligou, estava passando a música que eu adoro, aí ele me ligou e mandou eu escutar. Falou: "Ah, vai, olha, eu tô aqui curtindo e você está aí". Aí eu falei: "Ah, tá, vai chegar a minha hora". [...] Ah, mas eu vou curtir bastante, né, com a minha filha.

Durante as consultas procurava favorecer a disponibilidade emocional dessa jovem mãe adolescente, assustada e despreparada, para maternar e para se reconstruir subjetivamente e não somente trabalhar sobre suas defesas. Isso só foi possível graças à transparência psíquica[3] e ao estado de preocupação materna primária[4] próprios desse período. Conversamos sobre os conflitos gerados pelo desejo de viver a adolescência e não se responsabilizar pela maternidade. Maria Lúcia expressava sua frustração em abdicar os prazeres da adolescência e os estudos: não voltou a estudar. Ela, que adorava sair à noite, na hora da balada, sua bebê acordava, dava-lhe um "baile", fazia-lhe companhia, enquanto os amigos lhe telefonavam, provocando inveja e raiva. Maria Lúcia também nos contou que quando saía e levava a bebê, às vezes, a esquecia e voltava para casa sem ela: esquecia que tinha uma filha.

Ao favorecer o vínculo mãe-bebê, buscava ajudá-la nas dificuldades do aleitamento e nos cuidados com a bebê, pois havia uma tentativa de delegar a outrem essas funções. Maria Lúcia se sentia desaparelhada para compreender o choro de sua filha e logo se sentia insuficiente: amamentou exclusivamente até o primeiro mês, depois

---

3 Monique Bydlowsky (1997) define transparência psíquica como uma espécie de "levantamento" da repressão ou diminuição de sua eficiência, o que permite o acesso, normalmente negado, a conteúdos e conflitos inconscientes, relativos a experiências e fantasias infantis, no período de gravidez, parto e puerpério, favorecendo o repertório psíquico da mãe e do pai para acolher a chegada do bebê na família.

4 Segundo Winnicott, nos primeiros momentos da relação mãe-bebê, a mãe experimenta uma regressão à dependência que a possibilita compreender e atender o desamparo vivido pelo bebê (estado de preocupação materna primária). É por meio dessa espécie de regressão a serviço do outro, o bebê, que a mãe poderá compreender, de forma criativa, seu infante, suas comunicações, identificando-se com suas necessidades e vulnerabilidades. Como em qualquer exercício de *holding*, essa identificação não é paralisadora, estagnante, mas pelo contrário, é metabolizadora para favorecer o desenvolvimento do outro. A mãe suficientemente boa é capaz de se identificar com o bebê, receber suas demandas e gestos espontâneos, suportar e dar suporte, permanecer lá e, sem alteração da qualidade de sua presença, estar disponível para cuidar do bebê nos momentos de tranquilidade do *holding*. E assim se inicia a humanização do bebê e o pensar e o fantasiar se vinculam a essas experiências primitivas (Winnicott, 1951/1988).

passou a complementar com leite em pó e, aos três meses, não amamentava mais, pois seu leite havia secado. Introduziu a mamadeira, assegurando-se ao ver a quantidade de leite administrada à bebê. Além disso, havia um desejo de que a bebê crescesse logo e ficasse independente dela, pois tinha muito medo dela engasgar com o refluxo; quando isso ocorria ela se assustava.

> MÃE: Não pega mais no peito, meu leite secou... Está só na mamadeira agora... Tem ainda, mas ela não pega, eu dou o peito e fico uma meia hora e ela não pega. Não sei se ela não sabe pegar mais, não sei. Com a mamadeira ela pega rapidinho, mas no peito acho que o bico é menor, aí é mais difícil. Ela toma mamadeira. Ela mama de uma em uma hora. É muito gulosa... Mas eu estou diminuindo agora, senão vai ficar muito gorda. Há três dias atrás ela estava chorando, ela já tinha mamado e eu dei mais 90 mL, aí ela voltou tudo... Acho que estava muito cheia a barriguinha dela. Mas ela está bem.
> MARIA CECÍLIA: E por que você acha que o seu leite secou?
> MÃE: Não sei, porque eu acho que eu dava os dois, eu acho que eu dava mais mamadeira do que peito e tem que ficar estimulando. Aí ainda tem, mas não é o suficiente, o meu leite não sustentava.
> MC: Parece que ela percebe que você está dividida. Um lado seu que quer ser mamãe e amamentar e um outro que quer ser garota e ir para a balada. Tem as duas coisas em você...
> MÃE: É, minha mãe falou isso, minha mãe falou que ela está enjeitando o meu peito [...].

Buscava, então, contribuir para a subjetivação da bebê, possibilitando que Maria Lúcia identificasse e atendesse aos diferentes significados das demandas físicas e emocionais de Laura. Isso foi possível ao perguntar para Maria Lúcia o nome da bebê; sobre seus traços, com quem ela achava que a bebê se parecia, se lembrava o pai, ou a avó, ou a tia, o que havia em comum e o que havia de diferente. O processo de subjetivação foi se dando por meio de uma narcisização da bebê, quando apontava alguma característica de Laura que ajudasse sua mãe a olhá-la como uma pessoa diferente que acabara de nascer, com necessidades e um jeito próprio de ser, dependente dela, diferente de uma boneca. E ainda, chamando atenção para alguma característica da bebê, identificando o choro e as suas necessidades.

No início, Maria Lúcia sentia-se insuficiente na função materna e acreditava que o colo da avó era melhor que o dela:

> Tudo é a minha mãe. Qualquer coisa: "Mãe!". Muita responsabilidade, não sei. Eu fico nervosa também às vezes quando ela chora. Quando ela chora muito ela não quer pegar a mamadeira, aí tem que acalmar. E com a minha mãe, sei lá, parece uma coisa, pega ela e ela já fica quieta.

Entretanto, quando a bebê estava com 7 meses, a função materna se esboçava de uma forma mais consistente:

> Agora está bom. Assim é bom, porque ela não é chata... às vezes eu perco a paciência... Depende do jeito que a gente fala, ela sente. Só de olhar feio para ela, ela começa a chorar. [...] Essa fase está boa. Vai melhorar mais quando ela estiver andando e souber pedir as coisas. [...] Era bem difícil, agora é fácil, agora eu sei. Mais ou menos. A fralda eu olho, se é água, ela bebe muita água. Dor de cabeça... [...] Assim, eu sinto quando ela está muito quente, aí eu dou um remedinho. Precisando de banho também, porque ela sua muito. Eu não gosto de passar o lencinho, né, porque ela está assada, aí eu lavo com água morna.

E quando Laura estava com um 1 ano e 3 meses, Maria Lúcia falou: "Eu acho que está na melhor fase, ela sabe pedir as coisas. [...] A Laura é a filhinha que eu pedi a Deus".

Assim, ora brincando, ora somente observando a bebê e expressando os sentimentos de Laura e acolhendo a dupla, procurava me oferecer como modelo de parentalização. Lebovici denominava essas ações do terapeuta de *enactment* e as intervenções empáticas de empatia metaforizante.[5] Winnicott denominava esses momentos carregados de emoções de momento sagrado.[6]

Por meio da empatia da mãe com a bebê e da terapeuta com a dupla mãe-bebê, Laura foi capaz de internalizar um objeto suficientemente bom e sentir-se a salvo em sua passagem da dependência à autonomia, pois é apenas por meio dessa confiança que um espaço potencial começa a existir. Esse é o paradoxo proposto por Winnicott (1971/1975c), segundo o qual o momento em que o bebê se separa da mãe é quando ele preenche o espaço potencial com o brincar e a experiência cultural, como veremos a seguir.

---

5 *Enactment*, termo empregado tanto em psicanálise quanto por cognitivistas, significa tornar coerentes afetos e sentimentos que nos mobilizam, dando-lhes um sentido por meio de uma ação com nosso corpo. A tal estado de sentir e recriar com a família é que se busca chegar nas consultas, por meio do *enactment* e da empatia metaforizante, esta fruto da relação empática que se estabelece com a dupla mãe-bebê e que permite que a narração e os atos do terapeuta tenham um caráter metaforizante, de fazer-se compreender, já que carrega os afetos e as metáforas relativas ao campo transferencial-contratransferencial da consulta (Lebovici & Stoleru, 1983; Lebovici & Weil-Halpern, 1989; Lebovici, Mazet & Visier, 1989; Lebovici, 1986, 1991, 1993).

6 Winnicott (1971), quando se refere a suas consultas terapêuticas, enfatiza nossa capacidade de ser surpreendido como permitindo que um "momento sagrado" ocorra na sessão. Nesse sentido, momentos de sincronicidade e sintonia emocional entre terapeutas e pacientes, nos quais importantes significados emergem, fornecem representação para aspectos que não estavam integrados anteriormente. Essa noção também enfatiza o trânsito e a permeabilidade entre os elementos conscientes e inconscientes que emergem durante a sessão. A presença da criança se relacionando com os adultos e o uso de mediações como o brincar e o material lúdico facilitam a irrupção de conteúdo mais primitivo que busca representação.

Brincar de assustar: elaborando as situações traumáticas

A experiência criativa começa com o viver criativo, manifestado primeiramente na brincadeira.

Winnicott (1971/1975c, p. 140)

Winnicott nos ensina que é por meio do brincar que podemos comunicar e elaborar nossos sentimentos, e não foi diferente na relação de Maria Lúcia e Laura.

O tema do engano, do susto, do medo, esteve presente na história relacional de Maria Lúcia e Laura desde o início: a notícia da gravidez, as tentativas de aborto, os medos do efeito dos medicamentos que ela tomou para abortar, o receio das sequelas ao se deparar com o nascimento de Laura e os dias de UTI neonatal por causa dos problemas na laringe. Depois em casa, os barulhinhos que ela fazia para respirar e para mamar, seus engasgos, o refluxo, a falta de ar e o "ficar roxinha", a dificuldade para amamentar, o leite que secou –, foi um início com muitos sustos e medos.

Essa relação vinha carregada de sentimentos de culpa ligados à rejeição inicial à gravidez e ao desejo de abortar, obstaculizantes[7] do desenvolvimento da função materna e da constituição do vínculo. Como a bebê nasceu com sequelas na laringe, que provocavam dificuldades na alimentação/respiração deixando-a sem ar, Maria Lúcia assustava-se e nesses momentos reeditavam-se as angústias de quando recebeu a notícia da gravidez. Maria Lúcia sentia-se enganada, traída pelo desejo inconsciente de ser mãe, e Laura tornara-se a bebê

---

7 Procurava sinalizar aspectos inconscientes e duplas mensagens obstaculizantes do exercício da função parental e do desenvolvimento da bebê. Quando observava nas entrelinhas do discurso materno ou mesmo no comportamento da bebê, condutas e mensagens com duplos sentidos, com aspectos projetivos da mãe ou mesmo aspectos transgeracionais, procurava dar representação a eles favorecendo a qualidade do vínculo e da relação da mãe com sua bebê e o seu desenvolvimento emocional.

do susto e do engano. A situação traumática se repetia em um círculo vicioso. Meu trabalho foi o de desfazer essa experiência de susto e engano, contribuindo para a subjetivação da bebê, como exemplifica o diálogo a seguir, quando Laura estava com 1 mês e 29 dias. Maria Lúcia falava da raiva de ter engravidado e apontei:

> MC: Teve um monte de enganos [...], você não imaginava um nenê quando namorava... a gente se engana...
> MÃE: É. Essa namoradinha sempre leva... Não, mas está bom assim [faz uma expressão de raiva e decepção].
> MC: Então, dá muita raiva, mas a gente pode falar da raiva porque também tem muito amor. Estava olhando você olhando para Laura, você tão apaixonada, o jeito que você olha, admira. Tem muito amor, mas também tem raiva porque virou a sua vida de ponta-cabeça...
> MÃE: Aham.
> MC: É mesmo uma mudança muito grande na sua vida, os seus sonhos têm que ser adiados... Para falar disso tem que ver o quanto você também é capaz de amar sua filha.

Essa situação, ainda traumática e sem representação, foi sendo elaborada nas consultas por meio de brincadeiras que, no início, partiam de Maria Lúcia para Laura e no final de Laura para a mãe e para mim, quando ela estava com 2 anos e 7 meses, como ilustrarei a seguir.

No início, quando Laura estava com 2 meses e 26 dias, Maria Lúcia pegava uma cobrinha de pelúcia e fazia cosquinhas em seu rosto, ora tirava a cobrinha de sua frente, ora a apresentava novamente de forma brusca, assustando a bebê. Laura reagia arregalando os olhinhos e mexendo os bracinhos e perninhas, expressando desamparo e uma tentativa frágil de se defender. Maria Lúcia ria, meio embaraçada, meio nervosa. Essa brincadeira (poderíamos chamar de uma brincadeira?) continha uma tensão emocional sem representação que necessitava ser descarregada. Contratransferencialmente, percebia que essa "brincadeira" comunicava entraves que poderiam estar presentes nessa relação mãe-bebê impedindo uma entrega, um estado de dependência, o estabelecimento de um campo de ilusão na relação mãe-bebê, ou seja, aquele espaço relacional criado entre a mãe e o bebê que permite o desenvolvimento da curiosidade investigativa e da capacidade criativa (Winnicott, 1951/1988b). Durante essa cena, conversamos:

> MÃE: Ela é muito medrosa.
>
> MC: Ela se assusta...
>
> MÃE: Em casa o meu pai fala alto, o jeito que a gente fala com ela, ela até assusta. Ela estava olhando para mim e eu fiz assim: "Buuu!" [dá risada]. Ela fez assim [cara de susto]. Eu comecei a rir sozinha. Ela é muito medrosa.
>
> MC: Você acha legal assustá-la...
>
> MÃE: [ri] Ah, sei lá. Eu não assusto ela.
>
> MC: Será que quando você olha para ela, você não leva um susto de ver que você já fez uma filha pequenininha que está crescendo, que você tem muita responsabilidade...
>
> MÃE: Eu apaguei a luz do meu quarto, porque ela está dormindo comigo, né, dia frio assim. Aí eu apaguei a luz, e ela abriu um olhão. Aí eu tenho uma luzinha verde, que deixa o quarto bem verdinho assim, sabe? Não fica escuro. Aí quando eu apaguei a luz, ela abriu o olho bem assim grandão, aí eu acendo a luz e ela voltou. Ela tem medo do escuro.
>
> MC: Você tem medo... Têm coisas que te dão medo?
>
> MÃE: Tenho. Antes eu tinha de perder a bebê porque eu tomei tudo aquilo, aí eu pensava se ela iria nascer linda, perfeita... eu só pensava nisso. Eu tinha muito medo se iria acontecer alguma coisa, sei lá. Dela nascer sem uma mão, sei lá. Aí quando ela nasceu, eu fui perguntando. Aí colocaram no meu braço, aí ela estava roxinha, eu fiquei com medo. Mas eu acho que é normal... Sei lá, mas ela não precisou ficar dentro daquele negócio para tomar banho de luz, ela nasceu coradinha com as bochechinhas rosa.
>
> MC: E, sempre que ela chora, o medo parece que volta...

> MÃE: Volta. Porque eu tenho medo dela engasgar, por causa do negocinho, eu não deixo chorar, eu estava no banheiro hoje tomando banho e eu saí correndo, porque meu pai estava do lado de fora, não dava para ele escutar ela chorar, aí ela chorou e eu saí correndo para pegá-la, ela chorou estranho, tem que prestar atenção.
> MC: E volta todo esse medo dela engasgar, dela morrer, dela ter algum problema, de você perdê-la...
> MÃE: Quando ela engasga, ela fica assim, querendo ar e não tem.

Quando Laura estava com 1 ano e 3 meses, pude observá-la andando pela sala de forma solta e curiosa, interagindo de forma comunicativa e brincando de faz-de-conta com as xícaras de café, com o processo de simbolização instalado. Laura também brincou de esconde-esconde com a cadeira, e a mãe fez o mesmo com a chupeta, como um resquício das brincadeiras iniciais que envolviam enganar a bebê. Maria Lúcia relatou que costumava brincar de esconde-esconde com a filha em casa, indicando uma proximidade com as necessidades emocionais de sua filha. As duas pareciam elaborar, assim, o processo de separação e individuação. Nesse momento, a mãe pareceu mais amadurecida, embora ainda disputando a função materna com sua mãe/avó. Sentia-se mais segura na maternagem na medida em que a bebê conseguia se expressar pedindo o que queria.

Na última consulta em que nos encontramos, Laura estava com 2 anos e 7 meses e por duas vezes me surpreendi com o jogo simbólico que Laura propôs para nós.

Laura chegou nessa consulta muito curiosa. Fazia um ano que não nos encontrávamos, mas ela parecia se recordar do local e dos brinquedos. Entrou na sala grudada em sua mãe, muito observadora, mas aos poucos foi se soltando, enquanto sua mãe contava orgulhosa dos feitos de Laura e de como vinha se desenvolvendo bem. Maria Lúcia estava satisfeita consigo mesma: continuava namorando o pai de sua filha, tinha retomado o trabalho e tinha "dado" uma boa mãe.

À medida que Laura foi reconhecendo minha voz, a sala e os brinquedos, ela foi mostrando todas as suas competências. Depois de brincar de mamãe e filhinha dando uma mamadeira para uma bonequinha (bem identificada com a figura materna) e de brincar com uns óculos de plásticos (novo olhar para a história relacional?), Laura encontrou um dinossauro e surpreendentemente brincou de nos assustar.

> LAURA: Eita!
> MÃE: O que é isso Laura?
> L: É um bicho. [Laura vai em direção à mãe com o bicho e faz um som de como se estivesse atacando.]
> MC: Você vai assustar a mamãe? É?
> MÃE: Deixa a mãe ver.

Então Laura vem me assustar da mesma forma e dramatizo:

> MC: Ai, que medo, ai, que medo. É um dinossauro... Agora você pode brincar de dar susto, Laura...

Laura faz de conta que o dinossauro a mordeu, dá um grito de susto e o joga no chão. Pisa no dinossauro, eu digo:

> MC: Seu bicho feio, feio, dinossauro feio, não morde a Laura que ela já sabe se defender...

E a brincadeira se repete várias vezes...

> L: Bicho?

Joga no chão, grita, joga longe e depois o pega pelo rabo e joga o dinossauro em mim, quando faço toda a encenação de susto e medo.

> MC: Ai, que medo. Ixi! Esse bicho derrubou tudo! [...] Quando você era pequenininha, a mamãe brincava de dar susto em você e agora você sabe brincar de dar susto na gente, né, Laura?

Laura continua brincando com o dinossauro, joga no chão, grita, pisa, joga longe e depois o pega novamente e repete.

> MC: Como é para você, Maria Lúcia, poder ver que aquela menininha que te assustava quando engasgava, hoje brinca de um monte de coisas...

Maria Lúcia sorri orgulhosa.

Em meio a essa brincadeira, de repente, Laura grita apavorada e chora. Eu me assusto com seu grito e sua expressão de pânico e sigo seu olhar para ver o que poderia ter despertado tamanho medo. Então observo que havia sobre a mesa uma caneta com uma ponteira de cabeça de pato, preta e peluda. Identificada com o medo de Laura, vou falando lentamente com ela: "você se assustou... parece um bicho... você quer ver de perto... [ela vai se aproximando de mim] é uma caneta que tem uma cabeça de pato... peludo...".

> L: Um pato. O cabelo dele. Vou pegar meu dinossauro.

E Laura ameaça jogar o dinossauro na caneta pato.

> MC: Você vai assustar com o outro bicho, vamos ver se ele tem medo.

Laura se acalma, passa a mão no pato e distingue fantasia de realidade. Surge, mais uma vez, a possibilidade de repetição e de elaboração da situação traumática inicial, e Laura, ao se assustar agora, no aqui e agora da sessão, não fica acuada nem aprisionada pela experiência inicial do susto, do medo. Ela se aproxima e investiga o objeto que a assustou e verifica que é de mentira, de brincadeira, ou seja, conta com uma representação interna que se encontra disponível para um trabalho de elaboração e significação própria, pessoal.

Embora as consultas terapêuticas não tenham a mesma regularidade que o *setting* analítico clássico, podemos ver como o brincar nessa consulta se configurou como um campo em que as situações traumáticas puderam emergir para que fossem tomadas em consideração. Eu estava ali, disponível, para fazer isso e oferecer alguma representação. Com a facilitação do espaço potencial criado pelo *setting* da consulta terapêutica, Laura, a partir de seus recursos internos e representacionais, demonstra a possibilidade de confrontar o objeto e a situação traumática (inicialmente sentidos como corporificados, reais).

Como diz Winnicott (1971/1975b, p. 80):

> *É no brincar, e somente no brincar, que o indivíduo, criança ou adulto, pode ser criativo e usar sua personalidade integral: e é somente sendo criativo que o indivíduo descobre o eu (self). Ligado a isso, temos o fato de que somente no brincar é possível a comunicação, exceto a comunicação direta, que pertence à psicopatologia ou a um extremo de imaturidade.*

Considerações finais

Para se desenvolverem de forma saudável, os bebês necessitam de cuidadores que exerçam as funções materna e paterna. Alguém que cuide com prazer e disponibilidade – função materna, o que permitirá a construção da confiança e da crença no encontro de um objeto que a compreenda. E alguém que coloque limite de forma firme e sólida – função paterna, o que favorecerá o processo de separação, individuação e simbolização. Se for mais de um cuidador, é fundamental que haja uma sintonia e parceria entre eles, um vínculo cooperativo, para que sejam capazes de conter os ataques dissociantes e incestuosos que venham a eclodir durante o crescimento. Na construção desse vínculo cooperativo, os cuidadores também deveriam transmitir às crianças valores éticos em relação à realidade e à verdade em que vivem (Di Loreto, 1997).

Acredito que as consultas terapêuticas, configuradas nesse *setting* de intervenção, possibilitam um encontro emocional entre a mãe/pai e o bebê, especialmente para aquelas duplas que sofreram algum traumatismo no momento da constituição dos vínculos iniciais, pois à medida que são tecidas redes de sentido (Mendes de Almeida, Marconato & Silva, 2004), permite-se que um espaço potencial restabeleça a confiança do bebê na mãe/pai e a mãe/pai se ofereça como um objeto que atenda às necessidades do bebê, exercendo a função parental.

Além disso, ao se oferecer um *holding* ao ser humano desde seu nascimento na sua identidade, no seu espaço, no seu tempo, em suas linhagens paterna e materna, tecendo uma rede para as fantasias que sustentam a construção do processo simbólico e a inscrição no mundo intersubjetivo das relações humanas, creio que se previna, em muitos casos, as complicações que se transformam em transtornos nas relações precoces.

Acompanhando Maria Lúcia e Laura até os seus 2 anos e 7 meses, pude descobrir como o brincar criativo e a experiência cultural têm o seu lugar no espaço potencial existente entre o bebê e sua mãe. Como assinalou Winnicott (1971/1975c), "o espaço potencial entre o bebê e a mãe, entre a criança e a família, entre o indivíduo e a sociedade ou o mundo, depende da experiência que conduz a confiança" (p. 142). O brincar de Laura com o dinossauro e com a cabeça de pato indica o potencial criativo necessário para a elaboração das situações traumáticas iniciais, com base na experiência de confiança construída e compartilhada nas consultas terapêuticas. Esse momento, diria Winnicott, pode ser visto como sagrado, pois foi aí que Maria Lúcia, Laura e eu pudemos experimentar um viver criativo.

Referências

Brasil. Ministério da Saúde. (2001). *Atenção humanizada ao recém-nascido de baixo peso* – Método Canguru. Manual do Curso. Brasília, DF: Secretária de Políticas de Saúde, Área Técnica da Saúde da Criança.

Bydlowski, M. (1997). *La dette de vie, Itinéraire psychanalytique de la maternité.* Presses Universitaires de France (Coll. "Le Fil rouge").

Di Loreto, O. D. M. (1997). Da adoção (e dos erros do pensar) ou dos erros do pensar (e da adoção). *Psicologia em Estudo,* 2(2), 14-16.

Harris, M., & Meltzer, D. (1986/1990). *Familia y comunidad. Modelo Harris–Meltzer.* Spatia Editorial.

Lebovici, S. (1986). À propos des consultations thérapeutiques. *Journal de la psychanalyse de l'enfant,* (3), 135-152.

Lebovici, S. (1991). Des psychanalystes pratiquent des psychothérapies bébés-parents. *Revue Française de Psychanalyse,* (56), 733-857.

Lebovici, S. (1993). On intergenerational transmission: from filiation to affiliation. *Infant Mental Health Journal, 14*(4), 260-272.

Lebovici, S., Barriguete, A., Salinas, J., Mazet, P. & Maldonado, J. M (1998). La consulta terapéutica en algunas alteraciones de alimentación del lactante. In T. L. Becerra, J. M. Madonado-Durán, & H. A. Rosas, *La alimentación en la primeira infância y sus efectos en el desarrollo* (p. 392-405). Plaza y Valdes Editores.

Lebovici, S., & Stoleru, S. (1983). *La mère, le nourrisson et le psychanalyste, les interactions prècoces.* PLe Centurión.

Lebovici, S., & Weil-Halpern, F. (1989). *La psychopathologie du bébé.* Presses Universitaires de France.

Lebovici, S., Mazet, P. H., & Visier, J. P. (Orgs.). (1989). *L'evaluation des interations precoces entre le bebe et se partenaires.* Eshel.

Mélega, M. P. (Coord.). (1997). *Tendências. Observação da relação mãe-bebê – método Esther Bick*. Unimarco.

Mendes de Almeida, M., Marconato, M., & Silva, M. C. P. (2004). Redes de sentido: evidência viva na intervenção precoce com pais e crianças. *Revista Brasileira de Psicanálise*, *38*(3), 637-648.

Shuttleworth, J. (1997). Psychoanalytic theory and infant development. In L. Miller, M. Rustin, M. Rustin, & J. Shuttleworth (Eds.), *Closely observed infants* (p. 22-51). British Library.

Silva, M. C. P. (2002). Um self sem berço. Relato de uma intervenção precoce na relação pais-bebê. *Revista Brasileira de Psicanálise*, *36*(3), 541-565.

Silva, M. C. P. (2003). *A herança psíquica na clínica psicanalítica*. Casa do Psicólogo, Fapesp.

Silva, M. C. P. (2009). *A construção da parentalidade em mães adolescentes com vistas à prevenção de transtornos de desenvolvimento.* Pesquisa de pós-doutorado – Programa de Estudos Pós-graduados em Psicologia Clínica, Núcleo de Psicanálise, Pontifícia Universidade Católica de São Paulo.

Silva, M.C.P. (2011). *A construção da parentalidade em mães adolescentes: um modelo de intervenção e prevenção.* (1a ed.). Honoris Causa.

Solis-Ponton, L. (Org.). (2004). *Ser pai, ser mãe: parentalidade – um desafio para o terceiro milênio* (Maria Cecília Pereira da Silva, revisão técnica da tradução). Casa do Psicólogo.

Winnicott, D. W. (1971). *Therapeutic Consultations in Child Psychiatry.* Hogarth Press and the Institute of Psychoanalysis; Basic Books.

Winnicott, D. W. (1975a). *O brincar & a realidade*. Imago.

Winnicott, D. W. (1975b). O brincar. In *O brincar e a realidade* (p. 79-93). Imago.

Winnicott, D. W. (1975c). A localização da experiência cultural. In *O brincar e a realidade* (p. 133-143). Imago.

Winnicott, D. W. (1988a). Consultas do departamento infantil. In *Textos selecionados. Da pediatria à psicanálise* (3a ed., p. 165-185). Francisco Alves.

Winnicott, D. W. (1951/1988b). Objetos transicionais e fenômenos transicionais. In *Textos selecionados: da pediatria à psicanálise* (p. 389-408). Francisco Alves.

Winnicott, D. W. (1994). O valor da consulta terapêutica. In C. Winnicott, R. Shepherd, & M. Davis. *Explorações psicanalíticas: D. W. Winnicott* (p. 244-248). Artes Médicas.

PARTE II
A construção da parentalidade na clínica psicanalítica

Parents are like walnuts, hard on the outside and soft on the inside.[1]

Tshering (2015, p. 16)

1 Tradução livre: "Os pais são como nozes, duros por fora e macios por dentro". Tshering, G. (2015) *The Bhutanese guide of happiness*. Penguin Random House.

6. Ética e parentalidade: uma contribuição à intervenção clínica[1]

A família é, ao mesmo tempo, o lugar de inscrição da criança numa genealogia e numa filiação, inscrição necessária à constituição de sua identidade e de seu processo de humanização, e o lugar de confronto de três diferenças fundadoras com que todo psiquismo humano deve se deparar e resolver: a diferença de si e do outro (a alteridade), a diferença de sexos e a diferença de gerações. Queiramos ou não, nenhuma instituição pode pretender substituir a família nessas implicações fundamentais. Portanto, é urgente favorecer ao máximo o funcionamento das famílias para ajudá-las a responder nas suas tarefas e, quando necessário diante das falhas graves, proporcionar substituições, mas fazê-lo respeitando tudo o que pode ser mantido dos papéis parentais.

Houzel (2004, p. 51)

A metamorfose nas constelações familiares de nossos dias nos coloca diante de uma nova geometria um tanto inquietante: matrimônios

1 Esta é uma versão ampliada de Silva e Azevedo (2007).

mistos, divórcios, separações, famílias reconstituídas, unoparentais ou homoparentais, assim como as reproduções assistidas, a barriga de aluguel, as clonagens, a adoção sob múltiplas formas etc. Nesses novos arranjos, os pais se encontram muitas vezes despojados de sua função parental. Levados a situações às vezes dramáticas, em que a família tradicional já não existe ou é quase inexistente, esses pais têm necessidade de serem acompanhados por profissionais que os ajudem a encontrar um direcionamento diante desses novos laços familiares – uma clínica da parentalidade. Isso sem dúvida impõe reflexões sobre a posição ética do psicanalista (Solis-Ponton, 2004; Silva, 2009).

A parentalidade, assim como a filiação, constrói-se no aparato psíquico; esses dois processos complementares incluem a história da criança, de seus pais e de seus avós, tanto quanto o reconhecimento da sexualidade infantil, ou seja, as pulsões inconscientes. Quando o que se transmite é demasiado conflitivo, o desenvolvimento do filho se vê obstaculizado, e a afiliação cultural é também afetada.

Os laços parentais constituem o umbral sobre o qual se constrói o processo de subjetivação e a vida psíquica da criança, que se caracterizam pela maneira com que os pais lançam seus cuidados a seu filho, para além da simples parentalidade biológica. O vir a ser pai ou mãe supõe o fato de reencontrar aquilo que tenha recebido de seus próprios pais e que o transmitirá a seus filhos. Quando encontramos perturbações ou carências nas relações entre a criança e seus pais durante os três primeiros anos de vida, existem fortes riscos de que se desenvolva uma patologia do processo de subjetivação na criança, que mais tarde demandará cuidados muitas vezes mais sérios (Solis-Ponton, 2004).

Quando duas pessoas se amam e se unem, é comum terem o desejo de construir um projeto em comum. Um filho pode fazer parte desse projeto. Sabemos que a chegada de uma criança reestrutura a vida do casal e estabelece ressignificações das relações familiares. Anseios, medos e inquietações surgem, e notam-se alterações nos projetos de vida individuais e familiares, o que leva à necessidade de readaptações de todos os membros da família. Quando a condição para ter um filho está biologicamente interditada, há uma ferida narcísica a ser elaborada emocionalmente. Um filho nunca deveria se constituir em um projeto narcísico ou um desejo narcísico dos pais, quer sejam homo ou heterossexuais. Um filho é um terceiro que deverá ter garantido, na vida e na mente dos pais, um lugar de existência, para vir a constituir sua subjetividade e construir uma história própria (Silva, 2007).

É fundamental que o lugar de importância do pai e da mãe biológicos seja garantido para a criança, assim como os próprios pais dos pais estejam devidamente introjetados na mente dos pais para um pleno exercício da parentalidade. Se isso não estiver plenamente instalado em suas mentes, também pode interferir na construção da subjetividade dos filhos e impedir a entrada de um terceiro nos vínculos pais e filhos (Silva, 2007).

Uma intervenção nas relações iniciais pais-bebê, além de ser preventiva, é capaz favorecer uma elaboração de todos esses aspectos e de mobilizar certos conflitos familiares que obstaculizam o desenvolvimento da criança, e de relançar a dinâmica de mudança no seio da família, evitando o estabelecimento de um processo patológico (Silva, 2002a).

Apresento duas situações clínicas que demandam uma reflexão sobre a ética e a parentalidade nos tempos modernos.

Caso Darci

Fui procurada por uma mulher viva e exuberante chamada "Darci", solteira, com 38 anos, quarta filha de uma família de 7 filhos, morava com os pais e a irmã caçula.

Era de uma família de origem muito simples, o que a levou a começar a trabalhar quando ainda tinha 14 anos. Trabalhava, ajudava em casa e custeava seus estudos. Terminou o 3º grau. Hoje trabalha como secretária bilíngue e, tendo terminado a faculdade e os custos da casa onde mora com os pais e a irmã, decidiu ser mãe.

Sempre disse que iria ser mãe aos 30 anos, mas teve vários relacionamentos que não deram certo.

No trabalho, nunca se envolve com ninguém, não dá certo e sempre a prejudica profissionalmente.

Como não tem achado fácil encontrar alguém para se casar e ter um filho, e não quer usar um homem para engravidá-la, decidiu que seria mãe por meio de inseminação artificial. Tem uma ética. Vai pagar pela doação do sêmen. E excluiu a relação a dois, o ato sexual, o pai.

Agora ela quer ser mãe, de preferência engravidar no mês de maio para que o bebê nasça quando ela ainda estiver com 39 anos. Não quer ser mãe aos 40. Não tem tempo a perder. Ela, ainda, sonha em se casar um dia, mas somente se surgir alguém de quem ela goste e aceite seu filho(a).

Quem é o pai? Isso ela vai pensar em como explicar para a criança quando o problema surgir, vai ser com muito carinho. Agora ela só pensa em engravidar. O bebê não existe em sua mente.

Seu nome condensa esse fenômeno de ser homem e mulher ao mesmo tempo, casal combinado, e não há conflito em ter um filho de laboratório, que não seja fruto de um casal.

Só existe ela e seu desejo de ser mãe. Uma montanha de narcisismo. Uma maternidade autofundada.

E o bebê? É mais um objeto de consumo, uma extensão de si mesma? Como pode se constituir a subjetividade de um bebê nessas condições? Como considerar a constituição da subjetividade nesse bebê com a exclusão do pai, do terceiro, da lei? E ainda diante da exclusão da relação sexual, do desejo sexual?

Caso Sofia

Sofia era uma jovem senhora casada há 5 anos. Procurou-me logo após mudar-se para São Paulo quando tinha 30 anos. Filha de mãe judia e pai católico, casou-se com um homem não judeu, lutava com uma ambivalência religiosa. Tinha um irmão que havia se casado com uma mulher judia e eram extremamente religiosos, tinham 3 filhos. Na época, Sofia vivia uma crise conjugal com todas as dificuldades inerentes à adaptação para viver numa cidade grande como São Paulo. O período inicial de sua análise ocupou-se de lidar com suas conflituosas identificações femininas e sua luta por independência e autonomia econômica nessa nova cidade. A rivalidade com seu irmão foi se acirrando à medida que seus sobrinhos iam nascendo. Sua inveja da fertilidade de sua cunhada revelavam uma ferida narcísica quase insuportável, pois não conseguia engravidar.

Aos poucos, foi nascendo um desejo fecundo de ser mãe. Havia feito várias tentativas. Durante os tratamentos, descobriu que tinha as duas trompas entupidas e uma fragilidade vascular herdada de sua mãe. A única solução seria uma inseminação artificial. Procurou uma clínica bastante competente de São Paulo e, com muitas dificuldades econômicas, realizou a inseminação artificial. Engravidou de três bebês logo na primeira tentativa. A recomendação médica era de que fosse feita uma redução, isto é, eliminar um ou dois embriões nidados porque corria-se o risco dos três bebês não se desenvolverem sadiamente. O desespero tomou conta de Sofia. Não havia lugar em sua mente para os três bebês. Ela se questionava se teria condições econômicas para sustentá-los e era quase inconcebível a possibilidade de ser mãe de trigêmeos. Consultou várias opiniões médicas e todas foram unânimes em sugerir a redução, embora essa intervenção também implicasse riscos.

Sofia pouco considerava o desejo do pai. Em minha mente, várias questões se colocavam.

Como ajudá-la a incluir a opinião do pai? Qual seria a escolha de Sofia? Como lidar com o possível risco de perder os três bebês? Como lidar com a culpa inerente de Sofia fazer essa escolha? Como lidar com a culpa de ter ou não escolhido os bebês sadios? Como lidar com o luto do bebê que se foi e com a gravidez de outros dois simultaneamente? Como estabelecer um verdadeiro vínculo emocional e estabelecer a preocupação materna primária, tão necessária para o início da relação mãe-bebê, diante do luto de um deles? Como desenvolver uma disponibilidade emocional e a capacidade de *rêverie* para acolher os 3 bebês ou mesmo diante da resistência em tê-los? Como ajudá-la a tomar a decisão de redução ou de ter os três bebês considerando todas as reflexões acima?

Sofia tinha, no máximo, dez semanas para tomar essa decisão. Durante nossas conversas, ela pôde tomar em consideração o que esses bebês representavam emocionalmente, para além do custo econômico. Quatro semanas já haviam se passado, e as férias de Natal estavam diante de nós quando ela deveria partir para sua cidade no litoral brasileiro. Quando conversamos sobre o desejo do pai, sugeri que eles andassem pela praia e pudessem escutar a opinião de seus corações. Quando ela retornou, tinha optado por ter os três bebês.

As três crianças nasceram bem. Dois tiveram que ficar por um mês na incubadora. Ao nascer, seu irmão disse aos filhos: "Um nenê para cada um de vocês!". E a cunhada assinalou: "Você teve os três de uma vez só, um para cada sobrinho".

Quinze dias depois do parto, Sofia sofreu uma forte hemorragia. Seu útero havia se rompido, o que resultou em sua retirada. Sofia não podia ter mais filhos. Mais uma vez, ela pôde expressar sua gratidão de eu poder tê-la ajudado na empreitada de ter os três bebês.

Jean-François Mattei (2004), Ministro da Saúde da França de 2002 a 2004, aponta que se, até as últimas décadas, a cultura, o tempo e os acasos da história constituíam os únicos elementos suscetíveis de causar variações nos modos de representação, de agora em diante, devemos contar com os progressos da biologia e da medicina, já que elas propõem novas maneiras de conceber crianças e, portanto, novos tipos de parentesco e de filiação. Chegamos a uma encruzilhada da história: no passado, as referências clássicas, no futuro, novos conhecimentos, especialmente genéticos, que nos colocam diante de situações inéditas. Devemos, portanto, fazer novas escolhas e, consequentemente, afrontar novos espaços de liberdade e novas responsabilidades.

Essa etapa de escolha continua sendo fundamental e constitui a própria essência da ética. Ela implica um questionamento equivalente da emergência de uma consciência renovada à consciência ética. A busca de referências, de coerência e de sentido devem, assim, guiar a reflexão quando surgirem situações por vezes muito inesperadas.

Dada a evidência do casal e de seus filhos no seio da estrutura nuclear tradicional, o entrelaçamento dos laços afetivos e biológicos é de tal ordem que parece impossível separar a parte que depende da genética daquela que depende do afetivo. A rede de internet oferece atualmente, a qualquer pessoa, a possibilidade de acessar *sites* comerciais estrangeiros que realizam os testes genéticos de paternidade por meio de amostras simples, como bulbos capilares ou células cutâneas. Essa coleta é fácil de efetuar e de enviar, não necessita de consentimento das pessoas interessadas, e os resultados são remetidos ao solicitante sem nenhum procedimento de continuidade ou de acompanhamento.

Deve-se considerar que a verdade não é absoluta e que existem limites que não se devem ultrapassar? Como fixar esses limites referentes ao consentimento das pessoas implicadas? A genética deveria se retirar diante da ameaça de liberdade do outro e diante da morte, mas essa é uma questão polêmica.

A reprodução assistida

Os dois casos apresentados se referem à reprodução assistida. As técnicas de reprodução assistida só deveriam ser aplicadas a situações patológicas, como no caso de Sofia, e deveriam respeitar as estruturas sociais para que a criança não fique ao sabor dos ventos dos acasos da vida dos casais.

Procura-se estabelecer uma filiação substituta para um homem no seio de um casal estéril induzindo ao anonimato os doadores de gametas. No caso de Darci, nem havia um casal e provavelmente o homem que doar seu gameta, em nenhum momento, em seu espírito, haverá a ideia de ser pai. Mas, para a criança, que é deixada em segundo plano, o segredo nem sempre é possível, nem desejável. Recoloca-se a questão de saber até que ponto a medicina pode se aventurar em partilhar cumplicidades que em outros tempos dependiam do segredo de alcovas. Ao mesmo tempo, não podemos ignorar que os segredos interditam a subjetividade.

Evidentemente, acreditar que a reprodução assistida é uma técnica banal, sem consequências, em especial para a criança, é um grave erro. Como criar laços indissolúveis? Como pensar sobre os novos laços de parentesco e de filiação nessas situações?

E sobre as barrigas de aluguel ou solidárias?

Como fica a mente dos pais e de uma criança gerada com material genético dos pais ou de um dos pais na barriga de outra mulher?

E nos casos de adoção?

Do meu ponto de vista, a legalização da adoção permite a constituição da subjetividade da criança, do contrário poderia se instalar a psicose.

Todavia, negar a realidade do parto e a doação anônima é inútil. Essas práticas sempre existiram de uma forma ou de outra desde a

Antiguidade. Aceitar o parto anônimo não significa, no entanto, recusar a necessidade lancinante de acesso às origens das crianças nascidas sob anonimato e tudo deve ser feito para facilitar o reencontro. Não se pode negar que os pais são aqueles que escutam, acompanham e amam, mas também não se pode contestar a necessidade que, por vezes, se impõe de retraçar a linha de seu DNA.

E sobre a clonagem?

Além dessa revolução antropológica, que despreza a complementaridade, a sexualidade e as diferenças singulares, a clonagem permite com certeza clonar o DNA e, portanto, determinar a anatomia e a fisionomia, mas não permite clonar uma memória, as emoções ou uma consciência. Ela é a prova convincente de que o que constitui a humanidade do ser humano não se resume ao seu DNA. Seria reducionismo limitar o ser humano à biologia. Apenas aquilo tudo que o acompanha com base em seus traços genéticos iniciais é que o leva a ser aquilo que é.

Transparência e segredo

O mito da transparência, assim como o mito do segredo, quando levados ao limite de suas lógicas, são igualmente perigosos.

Que respostas daríamos às perguntas que todas as crianças se fazem:

> *Quem é meu pai, quem é minha mãe? Aqueles que te desejaram, te quiseram, te procuraram, te pegaram pela mão, te protegeram, te criaram, te amaram e te prepararam para a vida a fim de que você pudesse, na sua vez, fundar uma família e transmitir essa vida a outros. A busca furiosa da identidade biológica encobre um mal-estar social mais grave, e o fenômeno identitário ultrapassa o*

> *fenômeno individual para se estender por vezes a populações fechadas sobre si mesmas, numa reação de defesa. Quanto mais os laços sociais forem sólidos e reasseguradores para a existência de cada um, tanto menos o laço biológico aparecerá como a testemunha suprema de sua identidade.* (Mattei, 2004, p. 341-2)

E sobre a homoparentalidade?

Qual será o futuro de uma criança educada por duas mulheres ou por dois homens? Ou uma criança que tem duas mães e não tem pai? Ou dois pais e sem mãe?

Segundo Serge Lebovici (in Solis-Ponton, 2004), é necessário inventar um pai, fabricar um e imaginar as qualidades desse pai como fundamentais. Porque o apoio edipiano existe de qualquer modo. Tem de se criar um pai porque a relação pais-filhos passa pela necessidade de elaboração de um triângulo edipiano. Se não existe um pai real, ele pode ter um pai inventado. Uma das mulheres pode ter o papel de pai. Mas, de qualquer maneira, isso não vai durar. É preciso assegurar uma *estrutura triangular* na relação, ou seja, ter uma diferenciação no modo de relação; ser pai não é a mesma coisa que ser mãe.

O ódio e a dualidade da parentalidade, o interior-exterior, o amor-ódio e as diferenças fazem parte do desenvolvimento infantil para que se possa integrar o que é proibido. As coisas não vão bem quando não há diferença de sexos. Em uma família recomposta, por exemplo, às vezes não existe diferença na hierarquia, as crianças têm de se apoiar no pai; de qualquer maneira, voltamos a encontrar uma estrutura triangular, e não simétrica. Muitas vezes, quando não há uma função paterna, as crianças tentam criar um universo paterno.

Há um mito que cerca não apenas o casal homossexual com filhos, mas todo relacionamento homoafetivo de que um tem de exercer um papel ativo (considerado masculino) e outro o passivo (entendido como feminino), embora saibamos que gênero é uma categoria social, historicamente flexível e, portanto, mutante, sujeita às modificações de cada sociedade em seus diversos momentos (Oliveira, 2002; Louro, 1997; Costa, 1994; Scott, 1995; Chauí, 1984). A flexibilização dos papéis sociais de gênero aponta para um maior questionamento do ser masculino e feminino, independentemente da orientação do desejo.

Parece difícil aceitar que duas mulheres que constituem um casal e uma família nuclear possam ter suas identidades de gênero femininas (raciocínio similar ao casal *gay*) e que possam exercer efetivamente a parentalidade. Ainda assim, e de forma paradoxal, pelo fato de serem mulheres, acredita-se que possam ser mais bem-sucedidas do que um homem homossexual (transparece aqui a ideia implícita de que seriam "naturalmente" cuidadoras e boas mães). Por sua vez, atributos socialmente "femininos" são, com frequência, relacionados aos homens homossexuais que se tornam pais, por exemplo: serem mais afetuosos, mais sensíveis, mais cuidadores (Dunne, 1999).

Outra questão que se coloca é sobre a dependência que a criança tem da mãe (ou de seu substituto) como uma necessidade fundamental da criança nos primeiros anos de vida, mas o mais importante é a qualidade da interação cuidador(a)-criança para o desenvolvimento e a socialização da criança do que o gênero ou a orientação afetivo-sexual de quem cuida.

O temor de que o filho ou a filha venham a ter sua orientação afetivo-sexual influenciada pela orientação dos pais perpassa os diversos grupos sociais, no entanto, Bailey *et al.* (1995), em seus estudos com filhos de pais homossexuais, notou que mais de 90% se definiam como heterossexuais.

Além disso, a gama de possibilidades de variação em torno do ciclo vital da família mostra-se presente na atualidade, traz significados particulares para cada um dos envolvidos e necessita ser (re) conhecida como entidade familiar pelas diversas instâncias sociais: jurídica, escolar e saúde.

Quando duas pessoas se amam e se unem, é comum terem o desejo de construir um projeto em comum. Um filho pode fazer parte desse projeto. Sabemos que a chegada de uma criança reestrutura a vida do casal e estabelece ressignificações das relações familiares. Anseios, medos e inquietações surgem, e notam-se alterações nos projetos de vida individuais e familiares, o que leva à necessidade de readaptações de todos os membros da família. Quando as duas pessoas são homossexuais e a condição para ter um filho está biologicamente interditada, há uma ferida narcísica a ser elaborada no âmbito emocional. Um filho nunca deveria se constituir em um projeto narcísico ou um desejo narcísico dos pais, quer sejam homo ou heterossexuais. Um filho é um terceiro que deverá ter garantido na vida e na mente dos pais um lugar de existência para vir a constituir sua subjetividade e construir uma história própria.

É fundamental que o lugar de importância do pai e da mãe biológicos seja garantido para a criança, assim como os próprios pais dos pais hetero e homossexuais sejam devidamente introjetados em suas mentes, para um pleno exercício da parentalidade. Se isso não estiver plenamente instalado em suas mentes, também pode interferir na construção da subjetividade dos filhos e pode impedir a entrada de um terceiro nos vínculos pais e filhos.

Claudiene Santos (2004), em sua pesquisa de doutorado, entrevistou 6 homens e 9 mulheres homossexuais, entre 20 e 55 anos, com filho/a(s) biológico/a(s) e/ou adotivo/a(s) que formaram famílias monoparentais, adotivas, reconstituídas ou nucleares investigando como eles vivenciam a paternidade, a maternidade e/ou a parentalidade e que significados lhe atribuem.

Os resultados dessa pesquisa de doutorado apontam maior preparo psíquico e socioeconômico para a chegada de uma criança, em especial quando o desejo de ter filhos ocorre após a tomada de consciência da homossexualidade e/ou da formação do vínculo conjugal homossexual. As funções parentais são exercidas pelos entrevistados com nuances da relação intersubjetiva. Foram relatadas situações de preconceito quanto ao exercício da parentalidade e/ou à expressão da homossexualidade, nas famílias de origem, no trabalho e entre os amigos, os quais puderam ser diminuídos por intermédio da convivência e conhecimento das situações vivenciadas. Alguns dos entrevistados deixaram entrever uma homofobia internalizada, principalmente em relação à sua própria homossexualidade, desvelando dificuldades decorrentes do desconhecimento, que levam a uma visão fragmentada do indivíduo e ao olhar enviesado que a eles é dirigido. O modelo heterocêntrico (divisão de papéis) de família é recorrente nos discursos, assim como a falta de referenciais de famílias homossexuais.

A vivência da maternidade, da paternidade ou da parentalidade e das relações afetivo-sexuais homossexuais não se mostrou incompatível e/ou excludente. Ao contrário, são experienciadas e ressignificadas cotidianamente no estabelecimento da intersubjetividade.

Nessas famílias, ao desvelar as vivências da homoparentalidade com seus encantos e desencantos, uma percepção de si mesmo e do outro e de seus desejos foram necessários para o estabelecimento da relação intersubjetiva. Santos observou que a função parental não deixa de existir em caso de separações entre os pares, e a clareza e interação entre pais e mães homossexuais favorecem o desempenho das funções pertinentes aos filhos. A responsabilidade e o medo do futuro levaram-nos/nas a optarem por um planejamento detalhado e criterioso a fim de assegurar o bem-estar de seus membros em todos os seus aspectos. A autora constatou uma preocupação premente com o aspecto socioeconômico, também reflexo da cultura contemporânea, que exige gastos e investimentos para a manutenção do bem-estar.

Um outro ponto destacado em sua pesquisa mostra que a criança vai percebendo, subjetivamente, as interações relacionais do pai, da mãe e/ou de seus seus pares, e as peculiaridades e as necessidades que ela pode apresentar ao descobrir que seu(s) cuidador(es) são homossexuais em geral são dialogadas no momento em que se manifestam. Ela também verificou que, pelo fato de alguns dos entrevistados terem sido infelizes ao negarem a dimensão homossexual, eles têm maior flexibilidade e tolerância quanto aos comportamentos sexuais e atitudes do(a) filho(a), o diálogo ocorre de maneira transparente, os impasses são negociados e ressignificados.

Os pais e as mães entrevistados buscam auxiliar os filhos a compreender os limites e a construir sua identidade com menor ambiguidade, com mais segurança. Seu olhar sobre seus filhos revela relações mais igualitárias, de amizade, de cumplicidade, de amor, de respeito e de autonomia. Ao ouvir a criança e o jovem, argumentar com ele/a(s), pôr limites, esses pais e mães fortalecem o sentimento de pertencimento, auxiliam no desenvolvimento cognitivo, emocional, físico e social de seus filhos.

As principais modificações explicitadas pelo/a(s) participantes desse estudo referem-se ao sentido atribuído em suas vidas, após a concretização da filiação. A aproximação entre os pares que constituíram família após a assunção da homossexualidade mostra o alto nível de coesão que é possível. Para os que se separaram de uma relação conjugal heterossexual, a homossexualidade foi realçada como fator negativo e motivou perseguições.

Santos deixa diversos pontos de inquietação rumo à compreensão da parentalidade homossexual, que fazemos nossos: que significados os pais biológicos atribuem à paternidade constituída pela doação de sêmen ou por meio do acordo com as mães e suas parceiras? Que significados atribuem à convivência (ou não) com a criança? Como veem sua participação como meros "reprodutores"? Em relação aos filhos: como vivenciam a realidade de ter pais *gays* ou mães lésbicas?

Como se dão suas relações sociais e que estratégias criam para lidar com a homossexualidade paterna ou materna? Como a escola e os profissionais da saúde acolhem essas famílias?

Destaco uma fala de uma das participantes da pesquisa de Santos: "Tenho uma família, eu me sinto assim, eu tenho uma família de fato. Às vezes, eu olho o porta-retrato eu, a Samantha e a Sandy e digo: 'Ah! Minha família é tão linda!' Porque eu me considero assim, né, então é muito bom".

Acredito que a discussão sobre homoparentalidade é um convite para se pensar na ligação social, na dimensão intersubjetiva e intra-psíquica da *parentalidade*, no sentido de contribuir para a construção de uma *clínica da parentalidade* – um lugar facilitador para o desenvolvimento das crianças que se tornarão adultos nos próximos anos.

Considerações finais

Para concluir, gostaria de dizer que as atuais mudanças nas constelações familiares impõem reflexões sobre a posição ética do psicanalista e a ética da psicanálise. A ética do psicanalista implica um compromisso com a verdade e com o sofrimento emocional do outro. A noção de alteridade se impõe na busca da constituição da subjetividade.

Sabemos que a sociedade e a família, como grupo social básico, vivem um momento de muita desorientação e conflitos, em torno dos diferentes modelos e propostas quanto a sua organização e funcionamento. Essas circunstâncias nem sempre resultam obrigatoriamente no desprestígio e desprezo pelos valores mais tradicionais, porém sempre se refletem nas oscilações e mudanças que ocorrem na construção da subjetividade de cada um. Essas "mudanças internas" são as que de fato nos interessam como psicanalistas, pois se refletirão com intensidade na formação e no funcionamento dos grupos em geral, especialmente no grupo familiar. Ao lado dessas "mudanças internas", reconhecemos sem dúvida a presença concomitante das "mudanças externas", caracterizadas por Figueira (1986) como um acelerado processo de modernização, que necessariamente interferirá e produzirá alterações na subjetividade e sobretudo na sociedade e em suas instituições.

A construção da subjetividade vem sofrendo o efeito de uma tendência à fragmentação, além de uma pressão no sentido de um autocentramento que esvazia o campo da intersubjetividade (dos relacionamentos), tende a desinvestir a possibilidade de interesse e de busca pelo outro diferente, dando assim lugar à substituição dos vínculos afetivos por outras formas de relacionamento, caracterizadas em grande parte pelo isolamento e por fantasias de onipotência e grandiosidade. De certa forma, o esvaziamento afetivo, a tendência a um culto exagerado do consumo e da riqueza vêm estimulando a proliferação da violência e da agressividade descontrolada.

Enquanto se aceleram as mudanças no mundo externo, criando expectativas cada vez mais exigentes, no mundo interno da subjetividade muitas vezes o resultado dessas exigências e demandas é dramático. Júlia Kristeva (1993), em seu livro *As novas doenças da alma*, fala sobre uma "subjetividade amputada onde a experiência cotidiana parece demonstrar uma redução espetacular da vida interior. Não temos nem tempo nem espaço necessário para construirmos nossa alma" (p. 15-16).

A condição de compaixão e solidariedade, de ir atrás da verdade e do desejo do paciente, deve permear toda a função analítica. Olhar para essa realidade nos aproxima dessas novas formas de expressão familiar de modo compreensivo e possibilita a aproximação do humano.

Estaremos assistindo ao nascimento de um novo sentido para a ideia de "materno e paterno"? Uma nova forma de relacionamento geradora de um outro modelo familiar?[2]

---

2 "A primeira e principal matriz de fabricação de indivíduos adequada é a família. A crise da família atual não é apenas, e nem em grande medida, uma questão

Se pensarmos em tudo que implica o nascimento de uma criança e os laços afetivos que se estabelecem nas relações entre pais e filhos, temos de considerar os aspectos transgeracionais e os processos de identificação entrelaçados nas relações de parentesco e de filiação (Silva, 2023). Que lugar essa criança ocupará no imaginário dos pais e esses no imaginário da criança?

Na verdade, habitamos um universo dinâmico e mutável, e como seres humanos, estamos sujeitos a transformações. Seria, portanto, absurdo exigir ou esperar que um agrupamento humano, como a família, não sofresse constantemente oscilações e mudanças. Nesse sentido, a própria denominação de "velha", "antiga" ou "nova" família é apenas uma tentativa comparativa, visando relacionar diferentes momentos e diferentes formas pelas quais a família se organiza.

A parentalidade é uma função que se desenvolve interiormente quando se origina o desejo de ter um filho e na relação com ele. O bebê "faz" seus pais, assim como os pais fazem o bebê existir.

Considero que há condições básicas da função parental para que se estabeleça o vínculo mãe-bebê:

> *a mãe ter maturidade emocional suficiente para poder vivenciar todos os tipos de sentimentos suscitados pelo cuidado do bebê sem senti-los como ameaçadores, o bebê ter capacidade de solicitar o contato, a mãe ter suporte ambiental e um limite de demandas que ela possa suportar. (Shuttleworth, 1997, p. 29-30)*

---

estatística. O que está em causa é a degradação e a desintegração dos papéis tradicionais – homem, mulher, pais, filhos – e suas consequências: a desorientação das novas gerações. Não há forma referencial para estabelecer como modelo ou mesmo combater. Não se trata de uma defesa dos valores tradicionais, mas de um diagnóstico descritivo do quadro: a modernidade rompeu com os valores tradicionais, a 'pós-modernidade' destrói os valores modernos e coloca muito pouco no lugar, a não ser insegurança, laços sociais fugazes e incerteza." (Lobo, 2003, p. 6)

É importante que os pais sejam capazes de "gerar amor, manter a esperança, conter a dor depressiva e promover o pensar" (Harris & Meltzer, 1990, p. 37). Segundo Harris e Meltzer, essas quatro funções introjetivas do casal não se dividem em aspectos masculinos e femininos, mas, sim, estão organizadas de maneira mais linear na pessoa materna, suportando o peso das projeções dos filhos, e o pai como ponto final dessa linha, disponível "para esses produtos mentais de desfecho"(p. 37).

Para se desenvolverem de forma saudável, os bebês necessitam de cuidadores que exerçam as funções materna e paterna. Alguém que cuide com prazer e disponibilidade – função materna, o que permitirá a construção da confiança e da crença no encontro de um objeto que a compreenda – e alguém que coloque limite de forma firme e sólida – função paterna, o que favorecerá o processo de separação, individuação e simbolização. Se for mais de um cuidador, é fundamental que haja uma sintonia e parceria entre eles, um vínculo cooperativo, para que sejam capazes de conter os ataques dissociantes e incestuosos que venham a eclodir durante o crescimento. Na construção desse vínculo cooperativo, os cuidadores também devem transmitir às crianças valores éticos em relação à realidade e à verdade em que vivem (Di Loreto, 1997; Silva, 2014).

Acredito que as consultas terapêuticas (Winnicott, 1971; Lebovici, 1986, Lebovici, Mazet & Visier, 1989, 1991, 1993a; Lebocivi *et al.*, 1998), configuradas em um *setting* de intervenção, possibilitam um encontro emocional entre a mãe e o bebê, especialmente para aquelas duplas que sofreram algum traumatismo no momento da constituição dos vínculos iniciais, pois, à medida que são tecidas redes de sentido (Mendes de Almeida, Marconato & Silva, 2004), permite-se que um espaço potencial restabeleça a confiança do bebê na mãe e a mãe se ofereça como um objeto que atenda às necessidades do bebê, exercendo a função parental.

Além disso, ao se oferecer um *holding* ao ser humano desde seu nascimento na sua identidade, no seu espaço, no seu tempo, em suas linhagens paterna e materna, tecendo uma rede para as fantasias que sustentam a construção do processo simbólico e a inscrição no mundo intersubjetivo das relações humanas, creio que se previnem, em muitos casos, as complicações que se transformam em transtornos de relações precoces.

E assim, seguindo o fio das origens e o faro da intuição combinada do individual e do universal, o psicanalista pode oferecer uma compreensão que permita uma visão mais ampla e aguda, que à primeira vista pareceria banal ou sem sentido.

7. Notas sobre uma observação de bebê: da adoção à filiação[1]

Neste texto apresento um resumo da observação da relação mãe-bebê pela psicóloga e psicanalista Raquel Brandão C. M. de Araujo.[2] O primeiro contato da observadora com a mãe foi por telefone, quando foi marcada a primeira observação. Entretanto, no dia da observação, a mãe ligou dizendo que tinha tido um imprevisto e pediu que a observadora fosse na semana seguinte. Então, após duas semanas, aconteceu a primeira observação da bebê; Paula estava com dois meses nessa época.

---

1 Esse texto foi apresentado com Raquel Brandão C. M. de Araujo no Segundo Colóquio Internacional de Formadores de Observação de Bebês. Método Esther Bick. "El método de observación de bebés según Esther Bick y su transmisión: desarrollos y variaciones". 29, 30 y 31 de Marzo del 2010, Asociación Psicoanalítica Mexicana, A. C. México, D. F.

2 Raquel Brandão C. M. de Araujo foi a observadora da relação mãe-bebê. É psicóloga clínica de base psicanalítica; membro da Sociedade Psicanalítica de Mato-Grosso do Sul; membro do Grupo de Observação de Bebês; psicoterapeuta do Instituto Rukha; aluna do curso Psicoterapia Psicanalítica do Instituto de Psicologia da Universidade de São Paulo.

Segue o relato do primeiro contato e das quatro primeiras observações seguido por algumas notas das supervisões. Depois relataremos a quinta observação com as notas da supervisão, em que se destacam as associações da observadora durante a supervisão. E, por fim, algumas notas sobre o curso dessa observação e sua contribuição para a construção da parentalidade em pais adotivos e o desenvolvimento de uma atitude analítica.

Relato resumido das cinco primeiras observações

1º contato: Paula estava com 2 meses e 7 dias

Cheguei e deparei-me com uma casa grande, toda branca, com o piso bem escuro e pouquíssimos móveis. Fui recebida na sala de estar, onde os pais estavam sentados com um amigo. A mãe segurava a bebê no colo. Vi que o casal era bem loiro de pele branca e olhos claros, de mais ou menos 40 anos, e a bebê de cabelos e olhos bem escuros. Eles não me convidaram para sentar. Pediram que eu me apresentasse ao amigo do casal que estava lá e falasse sobre o que faria. Quando comecei a falar, ainda de pé, esse amigo apontou o pai e disse: "O pai é ele!". Depois que o convidado foi embora, a mãe me chamou para conversar, dando voltas pelo jardim com a bebê no carrinho. Disse que a bebê fora adotada com 1 mês e contou como foi o processo de adoção, mas não mencionou o porquê de o casal ter optado pela adoção. Relatou que é arquiteta e que o marido, administrador, hoje dedica-se à vida acadêmica. Perguntou-me o que eu fazia, em que universidade eu havia me formado, qual linha teórica eu iria seguir. Mal pude observar a bebê, não só pelo fato de a mãe ter querido se apresentar e me conhecer, mas porque eu mesma ainda estava "perdida" e aflita diante dessa nova tarefa. A única coisa que pude perceber da bebê é que estava bem quietinha. Senti-me desconfortável e intrusa durante todo o tempo em que estive com eles.

1ª observação: Paula estava com 2 meses e 21 dias

Apenas o pai estava presente nesse dia. Cumprimentou-me, mostrou-me a filha e me chamou para dar voltas pelo jardim com Paula no carrinho. Fez alguns comentários a respeito do dia e do sol. Num dado momento, resolveu sentar num banco do jardim para que a bebê ficasse ouvindo o canto dos passarinhos. Falava com a filha num tom de voz baixo e suave, acariciando-a. Toda vez que a bebê começava a chorar, o pai colocava a mão na barriguinha da bebê e o choro cessava, sequência que se repetiu algumas vezes ao longo desta observação. Chamou minha atenção o fato de o pai não pegar a filha no colo, mesmo verbalizando seu desejo de fazê-lo e de a bebê estar sempre com a cabecinha virada para o lado direito. Nesse dia, senti-me um pouco mais confortável do que na observação anterior, porém ainda com a sensação de estar invadindo o espaço da família.

2ª observação: Paula estava com 2 meses e 28 dias

Fui recebida na copa onde os pais e um casal de amigos tomavam café da manhã. A amiga teve bebê há três meses. Paula estava no carrinho com o rostinho virado para o lado direito, e a mãe estava com o bebê da amiga no colo. Paula começou a chorar, e a mãe me disse para pegá-la no colo. Assustada com o pedido da mãe, peguei-a, mas ela não parou de chorar. A mãe entregou o bebê da amiga para ela e pegou Paula, que parou de chorar na hora, apesar de continuar com a cabeça virada, sem olhar na direção da mãe. A mãe, a amiga, seus respectivos filhos e eu subimos para o quarto de Paula para a amiga amamentar seu filho. Enquanto a amiga amamentava, a mãe ficou sentada na cama com Paula no colo, às vezes, brincava e conversava um pouco com ela, mas não parava de falar com a amiga. Quando a mãe se voltava para Paula, ela começava a adormecer, mas quando a mãe voltava a falar com a amiga e ficava empolgada com a conversa, ela começava a chorar novamente. Foi assim até a hora de eu ir embora. Ao mesmo tempo que fiquei interessada na conversa da mãe e da amiga, senti angústia em ficar imaginando se Paula não estava expressando seu desejo de ter sua mãe toda para ela naquele momento e se sentir segura para adormecer, mas ela só lhe dava alguns poucos segundos de atenção.

3ª observação: Paula estava com 3 meses e 5 dias

Cheguei à casa com a avó da bebê, encontramo-nos no portão e, ali mesmo, apresentamo-nos uma à outra. A empregada nos recebeu e disse que poderíamos ir até o quarto da bebê, eu fui e a avó ficou para fazer alguma coisa na sala. Entrei no quarto e vi a mãe e umas crianças, muito agitadas, tirando fotos para enviar ao pai que estava viajando, conversando... A bebê estava quietinha no colo de uma das crianças com um olhar vago e a cabeça virada para o lado direito. Quando a avó entrou no quarto, pegou a neta no colo, segurando-a contra seus seios de forma firme, porém leve, ao mesmo tempo que ficou chamando-a de "linda", "gostosa da vovó"... mas não a vi sorrir para a avó. Paula adormeceu e parece ter entrado num estado de sono profundo porque, quando foi levada para o carro da avó e colocada na cadeirinha, ela não acordou. Paula ia passar o dia na casa de sua avó, pois sua mãe tinha que trabalhar. A presença dessa avó me transmitiu certa segurança e também me senti mais tranquila ao ver Paula realmente pegar no sono pela primeira vez.

4ª observação: Paula estava com 3 meses e 12 dias

O pai já tinha chegado de viagem, e a mãe não estava em casa. Pela primeira vez, vi a babá. Fiquei no quarto com a babá observando Paula dormir. No final da observação, o pai entrou no quarto falando alto e acordou a filha para levá-la para ver seu berço novo que tinha chegado. Tive uma sensação horrível provocada pela forma abrupta com que o pai entrou no quarto, quebrando um clima de tranquilidade, quietude... Vivenciei a atitude do pai como insensível e invasiva. Paula choramingou um pouquinho, mas logo depois se aquietou. Gostaria de ter chorado por ela...

Notas das supervisões

O início dessa observação foi sentido pelo grupo e pela observadora como hostil – Raquel confessou que não se sentiu bem recebida e acolhida por esse "casal branco em sua casa branca". Será que buscavam no filho um colorido afetivo para suas vidas? Com base nesse depoimento da observadora, a discussão girou em torno dos sentimentos de intrusão e de rejeição da observadora, decorrentes da entrada da observadora-estranha em uma casa-estranha, e também como resultado da identificação da observadora com a bebê-estranha que acabou de chegar nessa família. Nesse caso, havia um estranhamento duplo, pois além de Paula ser uma bebê desconhecida para os pais, como todos os bebês, ela era também uma bebê que vinha de outra linhagem, era adotada. Além disso, Paula também estranhava os novos pais, já que fora adotada com um mês.

Por um lado, a presença dos diversos amigos e hóspedes na casa, as conversas, o clima festivo e, por outro, a ausência da figura materna (física e emocionalmente), despertaram um sentimento de incômodo no grupo, como se tudo isso indicasse que ainda não havia um lugar emocional para essa bebê na família. Esse tanto de estímulo externo unido ao efeito produzido pelo psiquismo de um bebê (Prat, 1992) desfocava o olhar da observadora sobre a dupla mãe-bebê. Ao mesmo tempo, era tudo muito novo para todos, para os pais, para a bebê e para a observadora; o começo do estabelecimento de um vínculo entre todos e todo esse cenário funcionava como parte da construção de uma intimidade.

Pudemos pensar que havia uma necessidade desses pais, talvez não só defensiva, desse entorno de amigos, de parentes, no sentido de ir apresentando e inscrevendo sua filha em uma linhagem, em uma família ampliada, como um grupo familiar cultural, ao lado da construção da função parental (Solis-Ponton, 2002) ("O pai é ele!").

O jeito da bebê olhar e não olhar para o rosto dos pais, sua forma de responder às convocações dos adultos e sua sensibilidade diante da falta de atenção da mãe e do barulho provocado pelo pai despertaram nos participantes do grupo de observação muita desconfiança com relação às competências dessa bebê, condensando todo o universo desconhecido diante do nascimento de um novo ser somado ao desconhecimento de sua família biológica. É possível imaginar nesses relatos que tem sido difícil para a mãe de Paula lhe oferecer uma atenção qualificada, um olhar sustentador tão necessário para um bebê. O que será que ela teme? Estaria insegura sobre suas competências? Ao mesmo tempo, será que ela não se sente frustrada ao não ser olhada/adotada pela bebê? E como num círculo vicioso, o desencontro de olhares desperta os sentimentos de falta de sintonia, mutualidade e harmonia vividas no grupo de observação. Como contraponto, observamos que a bebê contava com uma vovó que lhe oferecia um colo com uma qualidade de continência, um *holding*, com um manto sonoro: "Linda, gostosa da vó".

A preocupação com as competências dessa bebê também estava relacionada com um olhar muito mais carregado do papel de psicólogo, fazendo um diagnóstico, do que o de observadora. Pudemos conjecturar que essa preocupação continha um aspecto defensivo da observadora diante do medo do desconhecido e do contato com os estados primitivos presentes no exercício dessa nova tarefa; ainda era difícil funcionar como uma *tábula rasa* como recomendava Esther Bick (1964).

Nesse primeiro momento, pudemos conjecturar que, por um lado, a observadora se identificava com a bebê, que provavelmente também se sentira uma estranha na casa, frágil e desamparada e que desejava ser acolhida. Mas, por outro, ela também estava identificada com a mãe/o pai, com muitas dúvidas e curiosidades: quem é essa bebê? De onde veio? Qual sua origem? Como são os pais biológicos? etc. Pudemos imaginar que são questões que também podem estar presentes na mente dos pais naturais em relação a bebês próprios e que, quando o bebê possui uma genealogia desconhecida, podem intensificar esses receios e fantasmas.

Nesse sentido, enquanto preparávamos esse texto, Raquel fez uma associação com a experiência de estranheza que sentiu diante da chegada de seu irmão-bebê:

> *Ao falar da bebê como um estranho, me fez lembrar de quando eu tinha 8 anos e meu irmão mais novo nasceu. Eu me lembro da situação em que fui vê-lo pela primeira vez. Um ser novo, um estranho... Ainda mais quando se tem 8 anos de idade, a experiência é de que realmente chegou um estranho em casa, mas, aí, lógico que daqui a pouco ele já fazia parte da família. Mas eu me lembro da primeira impressão, eu lembro que eu estava em choque olhando para ele quando ele já tinha chegado em casa do hospital. Então acho que essa coisa do estranho está presente mesmo.*

As primeiras supervisões dessa observação de bebê foram permeadas pelo impacto emocional (Silva *et al.*, 2007) provocado pelo fato da bebê ser adotada. Questões relacionadas ao motivo pelo qual o casal decidiu adotar um bebê, a maneira como se deu a adoção, qual seria a origem dessa bebê, de onde veio, como veio, quem é, se é sadia ou não e suas competências, o lugar dessa bebê na mente dos pais e qual sua disponibilidade emocional para exercer a função parental, ocuparam por muito tempo a mente dos participantes desse grupo de observação. Pudemos conjecturar que os dados do ambiente externo ficaram mais presentes nas discussões iniciais como um reflexo das preocupações com o processo de filiação dessa bebê nessa família adotiva e com o processo de parentalização de pais adotivos. Como essa bebê foi gestada na mente da mãe e do pai? Aos poucos, a bebê foi sendo cada vez mais adotada de verdade, e essas preocupações foram dando espaço e escuta a conjecturas imaginativas mais ligadas a aspectos intrapsíquicos da relação pais-bebê.

5ª observação: Paula estava com 3 meses e 18 dias

Cheguei à casa de Paula e encontrei o portão aberto, o jardineiro estava lavando a calçada. Ele me olhou como se nunca tivesse me visto antes, então, expliquei o que faria lá e perguntei se podia entrar; ele disse que sim, mas chamaria a empregada. Mais uma vez, me senti uma intrusa, ele já havia me visto as outras cinco vezes em que estive lá, era como se ele estivesse desconfiando de mim (?)... Fomos até a porta da sala, a empregada estava lá limpando os armários, e o pai da bebê estava deitado num colchãozinho ao lado da filha, que estava também deitada dentro de um móbile grande, denominado pela família de estádio (trata-se de um tapete de atividades com um móbile com brinquedos pendurados próprios para bebê). A empregada me olhou com o mesmo ar de estranhamento que me olhou o jardineiro, sorri para ela e coloquei minha bolsa no sofá. Enquanto isso, o pai levantou-se e veio em minha direção para me cumprimentar. Perguntei da mãe, e ele me disse que ela estava no banho.

Fomos para perto da bebê, o pai deitou-se ao lado de Paula, eu puxei uma cadeira e sentei-me em frente ao móbile. Ao me aproximar da bebê, falei: "Paulaaa! Tudo bem com você?" e dei um leve apertãozinho em sua barriga, porém ela não olhou para mim. Ela ficou olhando para os bichinhos pendurados no móbile, mas não parecia se ater a nenhum deles. Eu estava sentindo um ímpeto de investigar, de perceber Paula, curiosa a seu respeito; queria ver se alguma coisa chamava sua atenção, se ela fixava o olhar nas coisas e pessoas ou se apenas passava os olhos por elas.

A bebê ameaçou chorar e o pai disse à empregada: "Maria, essa menina tá com sede, traz um pouquinho de água pra ela? Esse leite resseca muito". Maria trouxe a água, e o pai levantou a cabecinha da bebê e lhe deu água, com ela ali deitada. Aparentemente, Paula gostou, pois parou de chorar e seu rostinho, que estava todo "engruvinhado", voltou a ficar lisinho. Lá fora havia um barulho constante de alguma máquina, e a bebê parecia movimentar-se de acordo com tal barulho, ia mexendo o tronco para lá e para cá no mesmo ritmo do barulho. Quando este cessou, a bebê aparentemente percebeu: parou, arregalou os olhinhos e seguiu olhando o estádio. Nesse momento, o pai disse: "Ixi! Acabou o barulho, Paula!" e depois de alguns segundos se levantou e foi buscar seu *laptop*.

Fiquei na sala sozinha olhando para Paula e comecei a chacoalhar um dos penduricalhos do estádio. Ela até olhou, mas não fixou o olhar, nem arregalou os olhinhos, apenas passou os olhos pelo penduricalho. Tive uma sensação de falta de vivacidade. Passados uns dois minutos, o pai voltou e nisso a bebê começou a fazer uns grunhidos, meio ameaçando chorar, e o pai falou: "Ah... Você quer que a Raquel faça mais barulhinho pra você, né?", colocando a mão em sua barriga. Ela voltou a ficar quietinha e ficou olhando para os bichinhos do estádio, sem se fixar em nenhum. O barulho lá fora voltou e parecia agradá-la, ela voltou a se mover de acordo com o barulho, compenetrado nele. O pai ficou um tempo vendo algumas coisas em seu *laptop* e eu fiquei olhando Paula, que agora tinha uma "cara de paisagem", direcionada ao móbile. É como se ela estivesse olhando só porque estava em sua frente e não porque chamava sua atenção. Talvez o barulho, sim, chamasse...

Depois de um tempinho, ela começou a chorar. O pai tentou resistir em pegá-la no colo, mas a pegou, o que me deixou feliz (o pai acredita que se pegar muito a criança no colo, ela fica reforçada a querer ficar apenas no colo e não vai conseguir ficar sozinha). Ele ficou conversando com a filha, chamando-a por apelidos carinhosos, mas ela continuava chorando. Então, o pai sentou no sofá e colocou a filha meio sentada em seu colo, de frente para mim – ela parou de chorar: "Você quer olhar pra Raquel, né, sua espertinha?" e ficou um tempo falando que Paula só queria olhar para mim. A bebê estava quieta nesse momento, olhava para mim em alguns instantes, mas não fixava o olhar.

Depois o pai pegou-a de frente para olhar o seu nariz, porque percebeu a respiração da bebê um pouco diferente. "Ih! Vamos tirar as caquinhas do nariz da Paula?" e me chamou para subir com eles, pois ele faria uma inalação na filha. Subimos para o quarto da bebê, o pai sentou na poltrona com Paula no colo e começou a fazer a inalação. Paula parecia incomodada (choramingava e mexia-se demais, como se estivesse tentando livrar-se daquele aparelho) e o pai parecia forçar o aparelho nela. Foram cinco minutos um pouco aflitivos – porque para mim estavam claros o sofrimento e a angústia da bebê – apesar de eu saber que a inalação seria boa para ela. Quando acabou, o pai disse: "Agora vamos limpar as caquinhas que escorreram?" e o fez de forma carinhosa, falando com a filha num tom suave "Olha, quanta caquinha!" e removendo as caquinhas delicadamente com uma fralda de pano.

Feito isso, fomos para a janela, o pai ficou mostrando as árvores e os passarinhos para Paula e disse: "Mas você quer olhar pra Raquel, né?", virando-a para mim. Comecei a me sentir sem graça com isso. Mas o que me chamou a atenção é que Paula ficava meio alheia... Ela não parecia se interessar muito por nada, por mais que o pai lhe mostrasse a árvore, os passarinhos, os bichinhos do estádio ou mesmo a mim. Ela não parava o olhar em nada e isso me afligia muito.

Já quase na hora de eu ir embora, o pai desceu para a sala com a bebê – eu fui atrás –, abriu uma porta grande que tem na sala, o que permitiu a entrada do sol, tirou as meinhas da filha e a pôs para tomar sol. Estava frio, então me angustiou ver Paula sem meias, mas fiquei alguns segundos no sol e já me esquentei, o sol estava forte; fiquei mais tranquila, e a bebê não devia estar passando frio.

Antes de sair, perguntei ao pai se eles viajariam no feriado, e ele me disse que eles viajariam, mas retornariam antes da próxima observação. Então, combinamos de nos falar na semana seguinte. Despedi-me de Paula e do pai e fui embora.

Notas da supervisão

A primeira questão que surgiu no grupo foi com relação ao clima de desconfiança e falta de reconhecimento na chegada da observadora na casa e da ausência da mãe durante toda a hora da observação. Apesar de a observadora ter encontrado o portão aberto, de haver uma "abertura", ela não era esperada: o jardineiro desconfiou de quem era ela, a empregada também a estranhou e ninguém lhe ofereceu uma cadeira, então puxou uma sozinha. Será que esses sentimentos não refletiam a chegada repentina de Paula nessa família? Um bebê inesperado? Pudemos conjecturar que tudo era ainda muito recente e novo.

Logo em seguida, a observadora cumprimenta enfaticamente o bebê: "Paulaaa!!!". Raquel convoca, reclama o bebê, como propõe Anne Alvarez (1994). Essa forma convocatória de reclamar o bebê seria uma forma da observadora se sentir fazendo parte daquela situação, vivida como tão rejeitadora? De encontrar um lugar? Ou uma forma de preencher o lugar vazio deixado pela mãe, uma tentativa de preencher a função materna?

A presença do pai nas observações tem sido cada vez mais frequente, embora, às vezes, apresente-se na relação com a bebê distante e pouco espontânea. Parece difícil para ele se oferecer emocionalmente para a bebê... Ele se aproxima fazendo coisas: dá água sem pegar a bebê no colo, faz inalação, mostra a janela (apresenta-lhe o mundo), leva para tomar sol. Do ponto de vista do estabelecimento das relações de objeto, o que poderia representar esse distanciamento? Talvez o que a bebê mais necessitasse naquele momento fosse um tipo de continência que era oferecido pelo olhar da observadora. E o pai, de certa forma, apoiou-se no olhar observador e continente de Raquel para sustentar sua função parental e conter a bebê.

Raquel assinala que há uma questão subjetiva na ausência da figura materna, mas há também uma questão objetiva de que ela trabalha fora de casa, e o pai trabalha em casa. Será que poderíamos conjecturar que nessa observação Paula estava procurando sua mãe? E Raquel procurava se oferecer como objeto materno?

Na sequência do relato, Raquel nos conta que brincou com Paula porque queria ver se ela responderia, se ela olharia para ela, se seria capaz de interagir com os brinquedos, denunciando sua preocupação com as competências dessa bebê, com seu desenvolvimento, com a qualidade do vínculo que ela era capaz de estabelecer.

Apontei que, nessa observação, ela descrevera um pai afetivo, conversando com a bebê num mamanhês e procurando atender suas necessidades, dando significado e relacionando os diversos elementos percebidos na bebê. A bebê também estava dando sinais de estar conectada, percebendo os sons a sua volta (apesar dos brinquedos, parece que Paula se interessava mais pelo som que vinha de fora, por coisas da vida), acalmando-se com o contato do pai. Os momentos de devaneio, a meu ver, eram característicos da bebê, que muitas vezes se ausenta para metabolizar e se defender do excesso de estímulos externos, especialmente para essa bebê que já viveu tantas mudanças em tão pouco tempo de vida. E, continuei, poderíamos imaginar que um bebê que passou por uma grande separação (separação da mãe de origem), ainda estava se adaptando aos novos pais, ao novo lar, era muito frágil para suportar tantas mudanças tão cedo, e talvez ficar alheia fosse uma forma de se proteger. Diante de tudo isso, investiguei com a observadora por que será que ela sentiu necessidade de chamar a atenção da bebê, pegar na barriguinha dela, balançar o penduricalho, quando o pai se ausentou?

Raquel não conseguia encontrar um sentido e me parecia aflita como se aquela situação contivesse algo ainda sem representação.

Então retomei um pouco do que vínhamos observando na relação dessa bebê com seu ambiente. Sabíamos pouco dela, ela era uma bebê séria, não sorria e ficava muito tempo com um olhar perdido. Além disso, diante de um bebê adotivo, não sabemos muito de sua árvore genealógica, de sua origem, de sua história intrauterina e transgeracional. A história de Paula era por nós e pelos pais desconhecida, não sabíamos se na família dela havia um histórico de transtornos com comprometimento do vínculo como autismo, depressão, psicose...

Quando me referi a esses transtornos Raquel teve um *insight* e compartilhou conosco seu medo:

> *Vou me casar e desejo ter filhos, o que me gera muita angústia. Meu receio é que eu venha a ter um filho com algum transtorno de desenvolvimento. Estava buscando esses sinais em Paula, como expressão de uma angústia que ainda não podia ser falada. Estava vivendo o meu medo de vir a ter um filho assim... na minha relação com esse bebê. Ficava procurando um sinal de patologia, sei lá, vai que tem algum problema com ele. E percebi o quanto a história e o conteúdo do próprio observador, as próprias angústias, influenciam. Eu estava tensa, eu não estava conseguindo ficar tranquila na observação. Ficava o tempo todo "será que ela olha, será que ela não olha?"*

Então pudemos conversar que esse é um medo natural de quem deseja ter um filho. Os pais se perguntam: como será meu bebê? Serei capaz de gerar um bebê saudável? E, mais além, ao observarmos um bebê tão pequenininho, nós nos confrontamos com os medos de nossos próprios aspectos primitivos e não integrados. Mas também poderíamos observar os aspectos cindidos presentes nessa observação de bebê: mãe ausente, pai distante, o bebê alheio, o pai mostrando uma coisa para o bebê e ele olhando para outra... Essa associação de Raquel não estaria revelando aspectos daquela relação pai-mãe-bebê? Aspectos cindidos como: teorias parentais (behaviorismo, regras intelectualizadas) *versus* espontaneidade; o desejo de ter um filho *versus* o medo de regredir e entrar em contato com os estados primitivos do bebê; compromissos profissionais *versus* compromissos parentais/capacidade de *rêverie*/ disponibilidade emocional/capacidade de oferecer *holding* a esse bebê? Não conteria também vivências primitivas do próprio bebê quanto a se sentir integrado, ser aceito, "adotado", filiado, de poder metabolizar as diversas experiências catastróficas do início de vida?

Esse momento da supervisão mostra a riqueza da situação de observação de bebês ao favorecer o contato do observador com uma vasta rede associativa e a compreensão de diversas emoções e sentimentos extremamente primitivos – tão evidentes nas primeiras relações mãe-bebê-família. Ilustra como a observação de bebês pode ampliar o desenvolvimento psíquico do próprio observador, compreendendo e integrando aspectos contratransferenciais com o intuito de evitar suas projeções, ampliando sua capacidade de continência (aguentando o que não conhecemos) e autorreflexão, além de perceber o desenvolvimento de um bebê em sua relação com seus pais.

Raquel disse:

> *Saí da supervisão aliviada e fui para a próxima observação mais livre, porque acredito que minha supervisora tenha me ajudado a encontrar um espaço dentro de mim para conter esse meu medo e para entender que esse medo é meu em relação a uma criança que ainda nem existe e não em relação a Paula.*

Podemos pensar, com base nesse relato, que a supervisão tem a função de valorizar e legitimar a experiência da observação de bebê e como esse exercício proporciona ao observador nomear, pensar e elaborar as experiências emocionais primitivas vividas nas observações e revividas no grupo de supervisão, aprender com a experiência emocional e desenvolver a capacidade de continência (Bion, 1990, 1991a, 1991b), aspecto imprescindível para o desenvolvimento da função analítica.

Notas finais

Na sequência das observações, Raquel pôde ficar mais livre para observar. Paula logo em seguida apresentou, além da alergia respiratória, uma alergia de contato, em que ficou com a pele toda vermelha como se fosse queimadura. Podemos pensar em terrores impensáveis que se transformam em sintomas somáticos nesse bebê.

Durante muitas observações, a mãe perguntava a Raquel: "O que você está fazendo aqui mesmo?". E a observadora, contendo as identificações projetivas da mãe, explicava novamente o que era a observação de bebê. Essa era a forma da mãe se aproximar de um estranho, perguntando e esquecendo... E, metaforicamente, de se aproximar dessa bebê que ainda era uma estranha, uma desconhecida. Ela se aproximava curiosa pedindo que Raquel narrasse sua história, "De onde você é?", buscando algo em comum, algo conhecido. Quando descobriu que Raquel é da mesma cidade que seu cabeleireiro, abriu um sorriso, ficou feliz ao identificar algo que ela reconheceu no que era desconhecido para ela. Então pudemos conjecturar que essa situação metaforiza sua tentativa de construir uma narrativa para sua história com Paula, esse bebê que possui uma linhagem desconhecida. Aponta para a necessidade de reconstruir a história do bebê, repetidamente, pois não a registra. *Recordar, repetir e elaborar*, ensinou-nos Freud (1976), revelando como a experiência de adoção em algumas situações, e mesmo quem sabe de parentalização natural de um bebê, é traumática para ambos os lados: pais e bebê.

"Ela já perguntou outras vezes e ela fez a mesma cara, o mesmo aspecto, tudo. Ela fez a mesma observação. E ela não registra", diz a observadora. Ela não registra porque ainda há muito que elaborar: feridas narcísicas, a impossibilidade de conhecer o desconhecido e conviver com o que não sabemos...

Agora, enquanto escrevo essas notas, Paula está com 10 meses. No início, ela era uma bebê séria, menos convocadora, que ficava muito tempo alheia, mais desconectada, com um quadro alérgico preocupante. Nesse momento, ela dorme tranquila, não apresenta nenhum quadro alérgico e provoca suspiros e risos em todos a seu redor.

Podemos conjecturar que Raquel tem oferecido um olhar continente, "reclama" o bebê e uma pele (Bick, 1986)/envelope psíquico (Anzieu, 1986) vem se constituindo. Como diria Golse (2006), a observadora desempenha função seio-*toilete*, ou seja, funções de acolhimento e transformação das pulsões destrutivas da mãe, o que protege o bebê.

Do ponto de vista parental, questionávamos como se daria a construção da parentalidade em pais adotivos, em pais que não gestaram o bebê. Essa observação aponta para a importância da observação de bebês como favorecedora da construção da parentalidade em situações de adoção, real e/ou psíquica, aspecto que sabiamente a tia materna captou.

Acredito que atributos do observador – como exercer uma função de escuta analítica, ser treinado para observar, ter a atenção de uma companhia viva, capacidade de continência e uma mente com certo grau de conhecimento de si mesmo, obtido por análise pessoal – aliados à instauração de um *setting* e certos fatores que são desconhecidos, mas, certamente, presentes, podem gerar transformações (Lisondo & Ungar, 2002). E em um círculo virtuoso, ao exercitar a continência, o observador proporciona o desenvolvimento dessa mesma capacidade na mãe, e esse exercício facilita o processo de separação sadia ou de discriminação entre mãe e bebê (Williams, 1990), favorecendo o desenvolvimento da função parental (Silva, 2008).

Para além do aprender a observar com atenção aos mínimos detalhes, durante a supervisão, o observador experiencia o desenvolvimento das ideias e da capacidade de formular o impacto emocional primitivo, em uma experiência compartilhável por meio da comunicação, das palavras e da linguagem. Dessa forma, a observação de bebês contribui para a formação do analista desenvolvendo uma atitude analítica, isto é, ser receptivo, ser capaz de refletir antes de atuar, ter disponibilidade para conjecturas imaginativas, mas, sobretudo, ser capaz de observar e ter tolerância, tanto diante do mistério quanto do desconhecido (Ungar, 2000).

8. Um *self*[1] sem berço: a construção da parentalidade em uma intervenção na *relação pais-bebê*[2]

I once said: "there is no such thing
as an infant", meaning,
of course, that whenever one finds an infant
one finds maternal care,
and without maternal care,
there would be no infant.
Winnicott (1960, p. 586)

1 Compreendo *self* como uma organização dinâmica que possibilita ao indivíduo tornar-se uma pessoa e ser ele mesmo. Como aponta Safra (1999), trata-se de uma organização que acontece dentro do processo maturacional viabilizado por um meio ambiente humano. A cada etapa desse processo, há uma integração cada vez mais ampla decorrente das novas experiências de vida. Diferencia-se do "eu", que seria um campo representacional que possibilita ao indivíduo uma identidade nas dimensões do espaço e do tempo. Destaco que nem o *self*, nem o "eu", confundem-se com o ego, que é uma das instâncias intrapsíquicas de caráter funcional, articulador das demandas do *id*, do superego e da realidade (p. 37). Quanto à categoria de "*self* central", Winnicott o denomina como o potencial herdado que é experienciado como uma continuidade de ser e adquire com um modo próprio e com uma velocidade própria uma realidade psíquica e esquema corporal pessoais (Winnicott, 1960, p. 39).

2 Uma versão deste trabalho foi publicada em 2002 (Silva, 2002b).

Neste trabalho, descrevo uma intervenção na relação pais-bebê por meio de quatro consultas terapêuticas (Winnicott, 1971) em função de um transtorno de sono em um bebê de 1 ano – Maria Clara – em que a função parental foi revisitada com base em rememorações transgeracionais.

O estudo clínico da psicopatologia do bebê é uma nova área que permite a compreensão das psicopatologias precoces atualizadas tanto no bebê como em sua relação com seus pais, e possíveis intervenções que previnam o desencadeamento de transtornos mais graves de desenvolvimento. Nesse sentido, a intervenção precoce constitui um instrumento profilático, geralmente, com dois ou mais terapeutas e com duração média de quatro sessões.

As consultas terapêuticas visam à observação da interação mãe--bebê e, sempre que possível, com os outros membros da família, sobretudo o pai. Elas permitem que os pais falem sobre o bebê, sobre eles mesmos e sobre suas famílias, sobre seu passado e sobre a repetição de suas condutas. Procura-se colher a história do bebê desde o relacionamento de seus pais com seus próprios pais, até a concepção, o nascimento, o desenvolvimento e seu sintoma. Busca-se o acesso às diferentes representações do bebê imaginário, fantasmático, cultural e real, que os progenitores, em função de sua história, têm de seu pequeno filho (Lebovici, 1986, 1991, 1993a; Lebovici & Stoleru, 1983; Lebovici, Mazet & Visier, 1989; Lebovici & Weil-Halpern, 1989).

Observa-se a família por meio das interações que ocorrem nas consultas como um observador-investigador,[3] nas quais o terapeuta se mobiliza de forma afetiva e mais ativa, com base em um movimento empático, para poder transformar o que sente e o que ressente

3 Refiro-me aqui à concepção psicanalítica de observação tal qual é preconizada por Esther Bick (1964), como também assinalou Bion (1967, 1967/1969, 1970/1973), uma observação a serviço da atenção, da receptividade, da abertura, da atuação aos pensamentos.

em representações compartilhadas com a família. E, nesse lugar, poder metaforizar. A relação empática que se estabelece permite que a narração e atos do terapeuta tenham um carácter metaforizante de fazer-se compreender, já que carrega afetos e metáforas relativas ao campo transferencial-contratransferencial da consulta. A esse processo Lebovici chama de empatia metaforizante, ferramenta que embasa essa técnica de trabalho. Lebovici aponta que o lugar do terapeuta é o de cocriar, copensar, cossentir, e que leva da ação (as interações) ao pensamento e à ação (assinalamentos interpretativos e gestos do terapeuta). Do ato à narração com um sentido. Do desorganizado que o terapeuta sente em seu corpo para uma possibilidade de (nova) organização oferecida aos pais e ao bebê. Esse movimento é o do *enactment*, termo empregado também por cognitivistas, que significa tornar coerentes afetos e sentimentos que nos afetam, dando-lhes um sentido por meio de uma atuação com nosso corpo. A esse estado de sentir e recriar com a família é que se busca chegar nas consultas, por meio do *enactment* e da empatia metaforizante (Lebovici, 1986, 1991, 1993a; Lebovici & Stoleru, 1983; Lebovici, Mazet & Visier, 1989; Lebovici & Weil-Halpern, 1989).

A consulta consiste, portanto, em uma observação pluridimensional que permite observar os sintomas do bebê e sua modalidade de funcionamento, os fenômenos de interação que caracterizam a relação bebê-mãe-pai-família, as características do entorno dos cuidados maternos, as personalidades da mãe, do pai, de sua família em seu conjunto e finalmente a dimensão sociocultural[4] (Lebovici *et al.*, 1998, p. 392).

4 O enquadre da etnopsicanálise, proposto por Marie-Rose Moro (1995, 1998), conta com a transferência positiva e com o dispositivo do grupo de terapeutas para facilitar o contato e a aliança terapêutica. Diante de uma família, portanto, um grupo, a relação dual não faz sentido. Quando estamos diante de uma família, de uma cultura diferente da dos terapeutas, incluir coterapeutas da mesma cultura da família pode ser fundamental, não só para que a família se sinta mais acolhida, mas também para que possamos compreendê-la em sua especificidade mítica e cultural. Permite que a mãe tenha menos receio de falar de seus medos, não está só, o grupo a protege.

Nesse caso, atendido o *setting* definido, descrevo como um bebê com transtorno de sono expressa uma patologia emocional fruto da transmissão de aspectos psíquicos inconscientes por gerações. Durante as consultas terapêuticas, foi possível correlacionar a dificuldade de dormir de Maria Clara com a angústia da mãe para conter a dor de separações violentas e com o terrorífico medo de morte por parte do pai, terrores estes que podem ser identificados na história emocional que vem desde seus avós. Além disso, observou-se a introjeção conflituosa dos objetos primários dos pais, com fantasias edípicas e incestuosas não elaboradas e impeditivas da constituição de um casal. Ao final das quatro consultas terapêuticas, desvela-se que a menina-bebê é um receptáculo de todas essas identificações inconscientes de pais e avós e tem como mandato transgeracional clarear (Clara = luz) o que ficou escuro na história de vida dos pais, deixando de ser, ela mesma, a depositária dos fantasmas ancestrais, permitindo seu desenvolvimento emocional e, também, dos outros membros da família. A discriminação das identificações projetivas dos pais sobre o bebê permitiu que ele pudesse ocupar seu lugar na família, deixando de ser um *self* "sem berço" (Silva, 2002b).

Acredito que a transmissão[5] dos objetos transgeracionais e intergeracionais se constitui com base em mecanismos de identificação e

5 Além do sentido específico de transferência que adquiriu no campo psicanalítico, Übertragung é também empregado para designar os processos de transmissão de pensamento, telepatia, indução, fenômenos de contágio e de imitação em funcionamento nas multidões, modalidades da prescrição do tabu. Übertragung é também um dos termos utilizados no debate freudiano sobre a hereditariedade e a etiologia da neurose, quando se vincula à questão da aquisição (*Erwerbung*) e da transmissão, por via psíquica, da doença. No texto freudiano pelo menos quatro termos designam a transmissão: *Die* Übertragung, que, com outros termos forjados sobre essa base, qualifica o fato de transmitir (übertragen) ou a transmissibilidade (*Die* Übertragbarkeit). O mesmo termo designa a transferência, no sentido psicanalítico estrito; mas também a translação, a tradução e, em uma acepção mais restrita, a comunicação por contágio; *Die Vererbung*, que serve para designar o que se transmite por hereditariedade ou por herança; *Die Erwerbung*, que

podem ser observados por meio da identificação projetiva patológica (Klein, 1946/1978) e da identificação projetiva maciça ou intrusiva (Meltzer, 1992/1994), mas também por meio da identificação adesiva (Bick, 1968; Meltzer, 1975/1986) e da identificação introjetiva.[6]

Esses objetos permanecem enquistados, incorporados e inertes; quando são transferíveis, o fazem por meio das identificações adesivas e projetivas. Em muitos casos, só se tornarão transferíveis quando, em algum momento da repetição inconsciente, puderem modificar-se na cadeia geracional ou grupal. É esse fenômeno que também podemos ver abordado na afirmação de Winnicott (1963/1994a), quando fala de um "vivido-não-vivido e sempre a reviver" e do temor de um colapso que já ocorreu, mas sem que o ego seja capaz de metabolizar o que então foi vivido sem qualquer representação de palavras.

O objeto incorporado não é transformado pela transmissão, mas transforma o indivíduo adoecendo-o, então estamos falando de uma identificação que denominei identificação mórbida,[7] aquela que é patológica em si e que adoece o outro, enquanto o objeto interno introjetado é transformado pelo indivíduo e inaugura a capacidade de pensar, o pensamento (Bion, 1962b).

---

indica a aquisição como resultado da transmissão: é o que se expressa neste verso de *Fausto* de Goethe, termo formado com base no adjetivo *erblich* (hereditário, transmissível por hereditariedade biológica ou por sucessão jurídica) e utilizado para designar a hereditariedade ou a herança (Kaës *et al.*, 2001, p. 27).

6 Um objeto interno constituído pela identificação introjetiva torna-se constitutivo do psiquismo do indivíduo e de seu sentimento egoico. Ele está integrado a sua estrutura interna, não alienante.

7 Do latim *morbus,* termo que significa doença, desordem física, doença da alma, paixão, sofrimento. Personificado, sofre um processo de divinização e ganha uma genealogia: torna-se a divindade Doença, filha do Érebo (trevas infernais) e da Noite (Gaffiot, 1934; Grimal, 1988).

Essas consultas terapêuticas foram filmadas com o consentimento dos pais.[8] Conforme demonstram vários profissionais e pesquisadores, o registro fílmico e suas possibilidades de utilização e microanálise se mostram muito benéficos no trabalho com intervenções precoces.[9] O fato de o vídeo produzir um registro que pode ser visto, revisto, visto conjuntamente, compartilhado, analisado de forma minuciosa, faz dele um instrumento potencial e sugestivo de elaboração mental.

A câmera é, com frequência, nos *settings* terapêuticos, associada à intrusividade e à evocação de aspectos paranoides. Neste trabalho, foi possível que a câmera criasse, em parceria com as terapeutas, um espaço de reflexão, de poder pensar, que pudesse ser gradualmente metabolizado, incorporado e estendido para outros momentos de convivência da família. O recurso do registro fílmico permitiu tanto aos terapeutas quanto à família que detalhes diluídos, ao serem redescobertos e revistos no filme, pudessem reconhecer dinâmicas emocionais subjacentes, nem sempre expressas conscientemente no discurso falado (Mendes de Almeida, 1999).

Nossa experiência com esse atendimento nos fez pensar que, possivelmente, nosso papel de observadores participantes/terapeutas e observadora com a câmera (a princípio, representante pura da simples função de observar e registrar) tenha iniciado um processo de instauração de outras instâncias de entendimento e acolhimento de angústias que não a única praticada no vínculo mãe-bebê naquele momento.

---

8 Foi dito aos pais que eles receberiam uma cópia do material filmado. A satisfação demonstrada por eles com essa notícia nos leva a pensar em um interesse crescente, estimulado pelo trabalho terapêutico, a se ver, rever, conversar sobre suas imagens, suas edições e reedições, apropriar-se da matriz e criar montagens mentais.

9 A utilização da câmera de filmagem permite que o registro da sessão se dê de forma simultânea; é um recurso proposto por Lebovici e amplamente utilizado pela Universidade Paris XIII, no curso de Psicopatologia do Bebê, atualmente coordenado por Marie Rose Moro, e nos atendimentos clínicos.

Situação clínica

Maria Clara tinha 1 ano de idade quando foi encaminhada para consultas terapêuticas pela pediatra por causa de sua grande dificuldade em dormir. Veio acompanhada de sua mãe, enfermeira, com 29 anos; seu pai, funcionário público, com 32 anos; e de sua irmã N., de 11 anos.

Foi realizada uma intervenção precoce, com quatro sessões, utilizando-se o modelo de consultas terapêuticas[10] (Winnicott, 1994b, 1971; Lebovici, 1986, 1991). A primeira consulta girou em torno da investigação sobre o sintoma de Maria Clara. As terapeutas procuraram ouvir a queixa e se detiveram cuidadosamente sobre ela.

Sua mãe alega que desde o início ela vem apresentando um sono agitado, com várias interrupções durante a noite. Quando acorda, fica agitada e chora, pedindo a atenção de sua mãe. Geralmente só se acalma quando lhe é oferecido o seio. Há também a suspeita de que Maria Clara sofra de cólicas e, até seus 4 meses de idade, seus pais não sabiam o que fazer. O casal relata ter feito "de tudo" para ajudar o bebê: carinhos, remédios e até mesmo benzer,[11] porém nada disso adiantou.

O sono agitado de Maria Clara, que impede seus pais de dormirem, é totalmente associado ao de sua irmã, que também apresentou sérios problemas de sono até os 3 anos de idade. O pai de Maria Clara, principalmente, temia ter um novo bebê, pois imaginava que o mesmo problema viria a acontecer. Eles dizem:[12]

> MÃE: A Maria Clara – eu acho que já vem também desde a N. com o mesmo problema – não dorme legal à noite. Eu achava que era até a amamentação. Eu amamento à noite, eu achava que era isso, mas a N.

---

10 Esse atendimento foi realizado por Maria Cecília Pereira da Silva, Magaly Marconato e Mariângela Mendes de Almeida (que filmou as consultas).

11 O benzer tem um caráter transcultural de proteção ao bebê, embora não tenha surtido nenhum efeito nesse caso.

12 As falas dos pais foram transcritas na íntegra.

> eu não amamentei à noite. A N. eu amamentei por dois meses. Então, eu não sei se é a mesma doença. Agora, eu não sei também se é de mim: chorou, eu já fico superaflita.
>
> PAI: Mas, comparando com outras crianças, com outros casais, você percebe que ela dorme muito menos. Ela dorme todos os dias depois da meia-noite e às seis e meia da manhã ela já acordou. Mas entre meia-noite e seis e meia ela acorda várias vezes. E isso acontecia também com a N.
>
> A1: E quando ela acorda, o que ela faz?
>
> PAI: Quando ela acorda? Ela tem de mamar, ela vai para o peito. E isso acontecia com a N., mesmo sem o peito. Ela usava mamadeira. Tanto é que a diferença de idade é reflexo disso, é trauma. A gente não consegue dormir... E acabou dando essa diferença, porque não foi planejada, aconteceu. A N. já estava cobrando, então veio na hora certa, mas a diferença é de quase dez anos.
>
> MÃE: Eu não queria mais. Eu acho que me deu trauma da N., de não dormir, da impaciência dela. Eu trabalhava e falava: "não quero mais filho, filho eu não quero mais". E aí saiu uma parecidíssima, o mesmo estilo. [...]
>
> PAI: Ela tomou todos os remédios imagináveis para cólica e depois partimos para a benzedeira.
>
> MÃE: A gente já foi em homeopata, na época da cólica dela. Tudo que falavam, a gente tentava. Quando passou a cólica, ficou a choradeira.

Por quase dez anos, eles não eram receptivos à ideia de um novo bebê. Quando se casaram, a mãe de Maria Clara já estava grávida de N. e, ambos jovens, sentiram-se muito solicitados, percebendo que teriam de assumir uma enorme responsabilidade a partir daquele momento. O pai tinha na ocasião 22 anos, e a mãe, 19. O nascimento de Maria Clara, assim como o de sua irmã, não foi planejado.

Os pais de Maria Clara vêm de uma família numerosa, ambos com sete irmãos. A mãe é a caçula e o pai, o primogênito. O pai reclama pelo fato de ter sido o primeiro filho, pois teve de cuidar de seus irmãos até os 14 anos de idade; a partir daí, começou a trabalhar fora para ajudar financeiramente a família. Tanto os avós maternos quanto os paternos estão vivos, tendo Maria Clara muito contato com seus avós paternos, uma vez que moram próximo de sua casa. Seus avós maternos, atualmente, residem no interior.

A mãe sempre trabalhou o dia todo. Na gravidez de Maria Clara, trabalhou até o oitavo mês, e retornou quando ela tinha 8 meses. Ficou grávida na ocasião em que a família se mudara para uma nova casa, realizando com isso um grande desejo, pois dizia só querer ter um novo bebê quando tivesse sua casa própria.

> MÃE: Trabalhava na Alameda X, morando na zona oposta, e trabalhar lá era complicado. Trabalhei até os 8 meses de gravidez e depois parei. No princípio, também eu logo comprei uma casa, mudei, eu não sabia que estava grávida.
>
> PAI: É uma coisa superinteressante: ela estava sempre postergando para ter filho. A N. cobrando, ela já estava pensando em mandar a N. para uma terapia, porque a N. cobrava muito. Ela não queria ter filho. E ela falava assim: não, só quando comprar essa casa. Eu tenho a impressão de que ela mudou e já estava grávida quando assinei o contrato [todos falam junto].
>
> MÃE: Eu já mudei grávida; eu nem sabia que estava grávida. Trabalhei pra caramba na mudança e nem sabia que estava grávida. A minha vizinha perguntou "você tem só ela?", "Ah, só ela e não quero ter outro". E depois de um mês estava grávida. Tive até de chamar a vizinha e dizer: "olha, estou grávida", senão ela ia pensar que eu menti para ela. Mas não era isso. Eu não sabia que estava grávida dela. Eu sempre falava – a minha mãe até sempre comenta –, é superengraçado, eu sempre disse que se era para ter filho, eu ia ter quando já tivesse a minha casa, estivesse já estabilizada. Foi muito engraçado.

Os pais relatam como não havia disponibilidade, espaço emocional para um outro filho, a experiência com N. não tinha sido reasseguradora – o lugar de Maria Clara na família não estava dado.

Nesse momento, Maria Clara olha para sua mãe e se comunica, reafirmando sua existência.

A mãe contratou uma empregada que cuida, principalmente, de Maria Clara, além de contar com o auxílio de sua sogra durante o período em que está ausente, em especial durante as refeições; à noite, ainda a amamenta. Toda a família, desde o nascimento de Maria Clara, dorme no mesmo quarto, o pai com a filha mais velha em uma cama e a mãe com a bebê em outra.

Nossa investigação prosseguiu no sentido de compreender a rotina da hora de dormir e da amamentação.

> MÃE: Como eu amamento à noite, eu costumo dar de mamar para ela antes de ela dormir. Aí ela mama e dorme. E ela costuma acordar às vezes. Quando ela era menor, por ela acordar chorando e eu querer dormir, eu dava o peito para ela, e era a forma dela pegar, mamar um pouquinho e dormir mais uma hora, depois acordar novamente... Então, eu me habituei a esse estilo. E agora é mais complicado. Só que agora eu já não dou mais de mamar, como eu dava antes. Tanto que ela nem quer. Ela acorda e nem quer mais o peito, como ela pegava antigamente. E ela continua acordando do mesmo jeito. E ela acorda e levanta. Ela levanta, ela chega a sair da posição que ela estava. [...] O que ela acha que é dela, ninguém pega, ninguém toma. E de dia também, é a mesma coisa, tanto na minha casa como quando fica na minha sogra. E isso [...] então, é superengraçado essa agitação dela – por tão pouco dormir no meio do dia, como tão pouco dormir também à noite. Se dormisse bem de dia, daí eu falava, dormiu muito no meio do dia e à noite está descansada.
>
> A1: Mas ela acorda chorando? Ela dorme no quarto dela? Como é?
>
> MÃE: Não, ela tem o quarto dela, mas ela dorme comigo, porque se ela chora eu tenho de ir lá pegar ela. Aí é pior ainda, porque eu tenho de me

deslocar de um quarto para o outro, aí acordo, levanto... Eu acho que a situação é mais complicada. A pediatra já falou para colocar no quarto dela, eu já fiz um teste, não consegui. E aí voltou a dormir... Ela dorme comigo, e ela [N.] dorme com ele.

A2: No outro quarto?

MÃE: No mesmo quarto.

Há algo de interditado e de enigmático nesse relato (dormirem no mesmo quarto) que contratransferencialmente não pude registrar, embora tivesse sido dito com todas as letras nessa sessão. Mas foi só na segunda consulta que pudemos investigar e compreender o que isso representava.

Procuramos, ainda nessa consulta, investigar, no imaginário dos pais, as fantasias e expectativas em relação a essa filha, verificando como se deu a escolha de seu nome, o desejo de ter uma menina ou menino.

A1: Como vocês a chamaram de Maria Clara?

MÃE: A gente ficou entre Maria Clara e Júlia... mas por que veio o nome de Maria Clara?

PAI: Desde a N., a gente pensou no nome de Maria Clara. Mas todo mundo falou: "mas você vai colocar Maria na sua filha? É um nome que está desatualizado, não é muito usual". Agora o pessoal está começando a usar Maria Clara, Maria Luiza.

A2: Mas então vinha desde a época da N.?

PAI: Desde a época da N. [...]

MÃE: Foi. Inclusive, na época da N., o nome da N. a gente escolheu assim... a gente achava que era menino até o último instante. A gente escolheu muito nome de menino e não deu para ver no ultrassom. A gente escolheu N. Depois da N., o próximo [...] eu adoro o nome Maria, vamos por Maria alguma coisa.

A1: Você gosta?

> MÃE: Ah, eu gosto. E acabamos colocando Maria Clara. Eu acho claro, assim, bonito.
>
> A1: E vocês tinham a expectativa de ter um menino?
>
> PAI: Olha, eu preferia menina.
>
> MÃE: Eu achava que ia ser menino. Mas depois veio uma menina e nós ficamos felizes, porque eu estava acostumada com o ritmo da N. também.

O pai mostrou-se muito ansioso e pouco disponível emocionalmente diante das dificuldades de Maria Clara para dormir. Mostrou dificuldade em poder compreender e significar o sintoma. O fato de ser o filho mais velho e de ter tido muitos irmãos, e com isso a demanda de que cuidasse deles, exigiu que esse pai, muito precocemente, desempenhasse a função paterna, situação que ainda não digeriu. Suas filhas chegaram sem ser planejadas e parece que foram recebidas por um pai que não estava preparado. Essa angústia diante do desespero de viver a repetição do trauma infantil e de não poder dar conta de ser um bom pai levou-o a uma vasectomia imediatamente após o nascimento de Maria Clara. Essas características indicaram para nós a dificuldade do pai em exercer a função paterna e ocupar o lugar de pai, como mostra o diálogo que se segue:

> PAI: Meus e delas. Eu tenho bastante irmãos e ela também. Aí eu acho que você vê tudo isso e fala: "nossa, como é difícil, tanta gente!". Vamos cortar aquilo, só um pouquinho, só um. Tanto que eu queria fazer vasectomia antes do parto e ela não deixou.
>
> MÃE: Dez dias de nascida, e ele já queria fazer vasectomia! Depois dela.
>
> PAI: O médico falou: "não, você é louco!". Porque depois de nove anos eu ainda me lembrava das noites sem dormir! Aí ele disse: "não, espera, calma, você não sabe o que vai acontecer". Nasceu, na outra semana eu fiz vasectomia.
>
> A2: Então, durou muito essa questão da N.?

> PAI: Da N. era assim: eu comparava com as pessoas da minha empresa. Eu falava: "a minha filha não dorme; eu não consigo trabalhar direito, estou com muito sono". Eles diziam: "é só até os três meses". Isso durou até os três anos, chorando.

A angústia da mãe de não poder suportar e conter o choro, o desconforto da bebê, evidenciou-se durante essa consulta:

> MÃE: Eu acho que poderia mudar um pouco também o estilo dela. Insistir um pouco, deixar ela dormir sozinha antes. Eu não faço isso, não consigo fazer isso. Eu acho que deixar ela chorando, como a pediatra fala – tem de deixar ela chorando um pouquinho no quarto –, o quarto dela está superconfortável, a gente decorou, tem tudo para ela estar legal lá. O conforto é muito bom, mas eu acho que, se ela chorar, eu tenho de pegar. Eu não vou deixar ela chorar. Sabe, não adianta, eu não consigo ver minha filha chorando. Chorou, eu acho que tem de pegar.

Nessa consulta, Maria Clara chora para mamar no peito, a mãe tenta oferecer a mamadeira, mas ela não aceita e continua chorando pedindo o seio, ao que a mãe se dá por vencida. O choro foi aplacado rapidamente.

Ficou-nos uma questão para investigar: essa angústia de não suportar o choro teria alguma relação com vivências penosas experimentadas anteriormente pela mãe de Maria Clara?

N. estuda e eventualmente faz fotos de publicidade, é modelo. Pedia muito um irmão, parecia querer uma família maior, assim como a de seus pais. Sua forte insistência em não ser filha única fez seus pais procurarem uma terapia para auxiliá-la. No entanto, foi nessa época que sua mãe se surpreendeu com a gravidez de Maria Clara, desistindo da ideia do tratamento.

Pudemos observar que N. estabelece uma relação de apego com a irmã, exerce uma função maternal, como o pai com os próprios irmãos. Ao mesmo tempo, também pudemos perceber que os pais se mostraram capazes e competentes, a mãe muda seus movimentos no contato com Maria Clara durante a consulta.

Nas entrelinhas do discurso dos pais, fomos escutando a vulnerabilidade da função materna e paterna. A preocupação com o outro, com o que o outro vai pensar, até diante da escolha do nome da bebê, nos foi indicando a falta de segurança no desempenho dessas funções. Como apontam as falas seguintes:

> PAI: No começo, como ela chorava com muita intensidade, atrapalhava muito, acordava até os vizinhos. As casas são geminadas; então, eles comentavam: "puxa, a sua filha chora a noite inteira?". As pessoas começavam a falar: "não, tem de benzer essa menina. Tem de levar para benzer". Eu, particularmente, sou contra, mas até que conseguiram levar: a irmã, a tia, outro fala, e levaram a menina para benzer porque ela chorava muito e não conseguia dormir, alguma coisa estava errada com essa menina [...]
> MÃE: É porque agora o meu tempo ficou mais dividido. Eu tenho tempo para ela. Antes eu trabalhava de sábado também. Agora não, eu tenho tempo suficiente. O horário que eu trabalho é um horário bom. É um horário em que todo mundo está no ritmo. É ruim você se sentir fora dele. Todo mundo fica com os filhos, as pessoas curtem os filhos e você não tem um tempo, porque você está diferente dos outros, o seu ritmo é outro. Agora eu acho que estou mais no ritmo de uma vida normal, que todo mundo costuma levar. Eu participo mais, eu acho. Eu participo mais da vida delas agora, do que quando a N. era bebê. Eu acho que participava bem menos. Se tivesse de ir ao pediatra, alguém levava, se tivesse de ir a não sei onde, alguém tem de levar, tomar vacina, nem eu tinha tempo de levar à pediatra. Então, agora é diferente. Se ela tem de tomar vacina, eu levo. [...]
> PAI: O medo maior era assim: e quando ela crescer com o nome de Maria, será que...

MÃE: Será que vão fazer críticas?

PAI: Será que não é muito velho esse nome, será que não está fora de moda? Essa era a preocupação.

Nessa consulta, havia muita ansiedade presente, embora ainda não reconhecida e nomeada por eles e por nós. No entanto, várias hipóteses foram levantadas. Pudemos perceber um aspecto ansiógeno do pai em relação a Maria Clara; seria o de cumprir um mandato no que diz respeito ao cuidar do outro em primeiro lugar? O fato de o pai ter sido o primeiro em uma família de oito filhos, com a tarefa de auxiliar a mãe no cuidado dos irmãos, fez com que, no seu imaginário, não houvesse lugar para muitos filhos, pela demanda que eles poderiam requisitar, e o medo de não ter mais capacidade de cuidar.

A mãe de Maria Clara participa de forma submissa nessa relação. Como hipótese, seria possível pensar que ela ainda não está separada de seu bebê, tendo muito prazer em estar ligada a essa criança; que não houve interdição do pai na relação mãe-bebê; ou que poderia estar identificada com a bebê no lugar da caçula, quando recebeu muitos cuidados maternos e fraternos.

Há também que se considerar que não existe um casal, há um amontoado de pessoas que dormem todos em um mesmo quarto. A casa mental é como um *loft*, sem paredes. Isso indica a impossibilidade de elaboração edípica, de suportar a exclusão e, portanto, de excluir as filhas do quarto do casal.

O dado de que todos dormiam no mesmo quarto, embora tenha sido dito com todas as letras durante a primeira consulta, não ficou presente para mim, talvez porque estivesse mais mobilizada em verificar se o sintoma de Maria Clara estava relacionado ou não com o fato de ela ter sido desejada, se os pais prefeririam um menino a ela, se a mãe havia vivido uma depressão pós-parto, se havia indícios de angústias ligadas à separação da mãe com o seu retorno ao trabalho, ou se estava justamente aí um enigma a ser desvendado para ser representado. Essas questões precisariam ser esclarecidas para que as hipóteses relacionadas com as angústias mais evidentes dos pais, já descritas, possam ser investigadas na próxima consulta.

Na segunda consulta, a mãe relata que já não é necessário amamentá-la. Quando ela acorda, muitas vezes percebe que a menina se acalma pelo contato físico ou por sua presença, pois a mãe deve se manter olhando para ela.

Ao investigarmos sobre a divisão da casa, a mãe nos conta que a casa tem dois quartos e que no seu quarto dormem os quatro.

> MÃE: A gente tem dois quartos e no meu quarto eu coloquei uma cama de casal para eles dois dormirem. Eu estava dormindo na caminha da N. que estava no meu quarto, mas estava muito apertada, aí eu coloquei um colchão grande de casal no carpete e durmo com ela [Maria Clara] no chão.
>
> A1: E por que a N. não dorme no quarto dela, na cama dela?
>
> MÃE: Porque ele [pai] não deixa.
>
> PAI: Não, se ela for dormir no outro quarto, ela vai dormir com você, e [referindo-se à mãe] você vai dormir com ela. Na realidade, estamos dormindo todos no mesmo quarto, antes não dava porque ela [Maria Clara] chorava muito. Porque nesse quarto fica todo mundo na TV.
>
> MÃE: Eu queria tirar a TV, ele acha que não.
>
> A2: Mas eu não entendi, se a Maria Clara fica com você no outro quarto, ele não quer por quê?
>
> MÃE: Ele fica sem eu lá, por mais que eu não esteja dormindo com ele na cama, ele acha que tem de ter a minha presença, da N. e da Maria Clara.
>
> PAI: Porque já estava quase um ano ela dormindo no outro quarto, poxa, tem de mudar, tem de colocar essas meninas no outro quarto. É tá na hora já, um ano.
>
> A1: Mas por que a N. não dorme sozinha no quarto dela?
>
> PAI: Ela às vezes dorme.
>
> MÃE: É muito difícil ela dormir.

N.: Ele não deixa.

A1: Como assim ele não deixa? Me explica melhor…

N.: Eu acho que ele tem medo de dormir sozinho…

De fato, essa história de dormirem os quatro no mesmo quarto condensava uma série de significados emocionais não representados. Os medos do pai foram ficando evidentes. Ele tem medo de dormir sozinho, não consegue ficar sozinho em lugar nenhum, mesmo quando está acordado.

> PAI: Não, pensa bem, se ela for dormir no outro quarto, primeiro eu falo para ela que eu detesto dormir sozinho entre quatro paredes, eu não consigo ficar sozinho em lugar nenhum, mesmo quando eu estou acordado, não estou dormindo, eu não consigo. Já aconteceu de elas viajarem, as duas viajam, eu vou dormir na casa da minha mãe, eu não fico sozinho nem a pau, só uma coisa assim, mas eu não consigo dormir sozinho em casa nem a pau, sabe, ficar sozinho… em lugar nenhum. Mesmo na minha empresa eu não consigo ficar trabalhando sozinho em uma sala, eu sempre fico onde está todo mundo trabalhando.
>
> MÃE: E é isso que leva a N. a dormir com ele.
>
> PAI: E a N. acaba dormindo comigo quando ela [referindo-se a mãe] dorme no outro.
>
> A1: Sim, mas agora vocês estão dormindo os quatro juntos, mais a TV.
>
> PAI: É porque a TV dela queimou.
>
> A1: É, mas ela pode assistir à TV no seu quarto e depois ir pra cama dela, você tem um quarto seu não é, N.?
>
> N.: É.
>
> MÃE: Arrumadinho, superdecorado, superbonitinho.
>
> A1: E você não vai …
>
> N.: É, ele não consegue ficar sozinho.
>
> A1: E […] você põe o seu pai pra dormir, é isso…

N. confirma e todos riem.

Pai: Em casa, ia dormir todo mundo e rolavam aqueles papos até tarde, sempre foi assim, então eu me acostumei, então eu não consigo ficar em lugar nenhum sozinho.

Mãe: A TV ele deixa ligada, ele vira, dorme, aí eu tenho de levantar e desligar, porque se eu desligar a TV, ele não dorme, ele precisa ter algum som para ele dormir. É, eu já não consigo ouvir o som e dormir, se eu ouço a TV, eu tenho de ficar acordada e assistindo, porque eu estou atenta ao que está passando na TV, eu fico ligada, se passa uma entrevista já estou desperta, ele já não, é o contrário, ele tem de dormir com a TV, então, assim, eu quero desligar a TV, ele não quer deixar.

Pai: Isso, tanto é, eu não sei até que ponto isso pode atrapalhar ou ajudar, mas eu consigo dormir em festa.

A2: Quer dizer, com bastante agito ele dorme.

Pai: Pelo fato de estudar à noite, está todo mundo trabalhando, aí está chegando o horário do almoço e quando eu percebo não tem mais ninguém... Sinto medo...

A situação incestuosa também está presente, e a mãe se queixa: "eu acordo no meio da noite e olho ela [N.], está abraçadinha com ele e ele está abraçadinho com ela [N.]".

No início, os membros da família foram descritos como todos sendo agitados. Aos poucos, fomos fazendo essa discriminação das pessoas da família e pudemos apontar que o pai é quem necessita dessa agitação para acalmar seus medos.

A1: Mas olha que interessante, você [mãe] falou que você era mais agitada que ele.

Mãe: Você começa a ver que não é, né?

A1: E você [pai] está contando que a agitação para você, a sua volta, é muito importante.

Pai: É muito importante. Tanto é que quando eu me casei foi uma situação completamente estranha, assim, nós fomos passar uma semana na praia, no segundo dia eu queria voltar. Eu não conseguia mais ficar lá.

MÃE: Na lua-de-mel, ele não queria ficar. Não conseguimos ficar a dois lá.

PAI: Eu não consigo ficar muito tempo longe das pessoas. Eu tinha vontade de voltar.

MÃE: Eu fiquei até meio chocada com ele, será que é porque a gente casou? A gente se gostava, não é porque eu fiquei grávida que a gente se casou, a gente se casou porque a gente já estava planejando se casar, entendeu?

PAI: Na outra consulta, o que ela disse: "Nós não ficamos em casa, ele não consegue". Eu não consigo ficar em casa no final de semana os quatro.

MÃE: E nem me deixar, onde ele vai, eu tenho de ir.

PAI: Eu tenho de sair, eu tenho de ir para algum lugar, ter contato com pessoas.

N.: E eu sempre tenho de ir junto com ele.

PAI: Não consigo ficar muito tempo longe das pessoas.

A2: Eu estou entendendo melhor o que vocês estão dizendo, que elas são parecidas na agitação, porque isso acontece desde que vocês se casaram. Também era essa a situação quando ela nasceu.

PAI: Eu não consigo, assim, fazer um churrasco com quatro pessoas.

MÃE: Ele não consegue ir na casa da minha mãe, tem minha mãe e meu pai, e meu pai é doente e minha mãe, tudo bem. Ele chega lá e olha para todo mundo, assim coisa tipo mais calma...

PAI: Eu não consigo, assim, ficar quatro dias.

MÃE: Ele fica um dia, e no outro dia ele inventa à noite de sair, minha mãe faz almoço e ele quer ir almoçar fora, ele não quer almoçar na minha mãe, ele não quer jantar na minha mãe, ele não quer tomar um lanche na minha mãe, porque é tudo muito parado, porque são pessoas de idade... e eu acabo entrando no ritmo dele, né... vou indo. Hoje mesmo eu queria ficar em casa, porque a hora era só meio-dia e meia, eu queria ficar em casa até ele chegar, eu vou depois, e ele: "Vamos, vamos, vamos...!". Ele

ficou insistindo: "Vamos comigo, vamos comigo!". Eu tive de ir com ele... não que eu tive de ir com ele, eu fui também para fazer companhia.
N.: Porque ele não consegue ficar sozinho muito tempo.

Também pudemos assinalar que a N. às vezes não tem vontade de acompanhar o pai o tempo todo só porque ele não gosta de sair sozinho, embora ela nunca consiga dizer isso.

A1: E aí, N., como é que é para você isso, você não consegue nunca dizer que você não quer? O que acontece se você falar: "Pai, hoje eu não estou com vontade", o que vai acontecer?
N.: Mas o meu pai fala assim: "Vamos, né?". E minha mãe fala: "Vamos aí... Um contra dois, né?".
A2: Tem uma aliança aí!
PAI: Na verdade, eu acho que todo mundo gosta de sair.
A2: Você quer que goste...
A1: Olha [pai], mas ela está falando que às vezes ela não tem vontade de ir. Embora ela nunca te diga. Ela está contando que você [pai] não gosta de sair sozinho, então ela vai com você.
PAI: Você [N.] vai começar a ficar sozinha... hein...

Nesse momento, o pai mostra seu lado ameaçador, e a mãe denuncia: "é o que ele faz, ele ameaça e cumpre, ele é uma pessoa assim: o que ele fala ele cumpre...".

A dificuldade de dormir de Maria Clara proporciona condições para o pai submeter toda a família (esposa e filhas) a cooptarem consigo no que diz respeito a ficar sozinho, impondo que todos durmam no mesmo quarto, ou seja, o sintoma do pai fica camuflado, e a dificuldade de Maria Clara fica supervalorizada. Provavelmente questões referentes à sexualidade do casal estão em jogo.

Aos poucos, pudemos relacionar os medos do pai a fantasias associadas a morte dos irmãos, conflitos sexuais, abuso sexual, fantasias da cena primária e, ainda, existência de indiscriminação de papéis, causadora desse amontoado de pessoas.

Ele nos conta que desde pequeno tem medo, mesmo quando dormia no quarto com os irmãos e um primo que morava com eles, ele escutava um som de alguém batendo na parede, ouvia alguns barulhos estranhos.

A2: De onde veio isso? Desde pequeno...
MÃE: Ele tem uma passagem também, que você me conta, que um casal comenta um com o outro, eu não sei a idade que você tinha quando você dormia nesse quarto com os irmãos, inclusive um primo que morava com eles também dormia lá, ele escutava um som de alguém batendo na parede...
PAI: Eu conto pra ela assim que eu ouvia alguns barulhos estranhos, mas não sentia tanto medo pelo fato de meus irmãos estarem lá.
A2: Tinha muita gente no quarto?
PAI: Tinha, tinha, sim, meus irmãos.
A2: E o pai e a mãe.
PAI: Eles dormiam em outro quarto!
A2: Ah, vocês dormiam num quarto e o pai e a mãe em outro.
PAI: Isso.
A2: Próximos?
PAI: Próximos.
A2: E você fica atento ao barulho?
PAI: Ficava atento ao barulho que sempre incomodava, era sempre o mesmo barulho, e isso eu comentei com ela que achava esse barulho estranho e que aconteceu um lance estranho que não era só nesse quarto; já aconteceu de eu dormir em outro lugar, e esse mesmo barulho incomodar.
A1: Você sabe como é esse barulho?
PAI: Sei, é bater na parede e dá a impressão de estar rolando uma bola de boliche, uma bola de ferro bem pesada, e já aconteceu de, quando eu fui

morar com ela em outra casa, ouvir esse mesmo barulho, superestranho o som de uma bola rolando.

A1: Meio dormindo ou acordado.

Pai: Não, acordado, e aconteceu de várias vezes quando eu era criança de acordar e eu falar assim, "mãe, mas o que é esse barulho?"... Sei lá... Não sei explicar... Quando eu era criança eu não gostava da hora de dormir.

N.: Ele tem medo.

Pai: Eu durmo no claro, no escuro, em festa com barulho, eu só não gosto de dormir sozinho entre quatro paredes...

A2: Agora dá para ter medo, sem ser medo mesmo, como é que é a história de ter medo se não for medo de assombração. Medo de coisas reais, da vida, como é?

Pai: Eu não tenho muito medo de coisa real não, só de coisas desconhecidas, é... Tanto é que eu até já citei exemplos para ela, eu, quando é assim, eu prefiro enfrentar um cara com duas armas do que um fantasma.

A2: Você sonha muito quando dorme.

Pai: Não, eu não sonho.

N.: Eu também não sonho.

A1: Mas e pesadelo...

N.: Mas quando eu tô dormindo assim, eu só tenho pesadelo.

Pai: Mas quando nós falamos assim... ah, eu sempre tentei proteger a N... do que eu tinha medo, era desse ritual, ritual de passagem, falando da morte, por exemplo, meu, se eu fosse num velório, era 15 dias sem conseguir dormir... Até hoje você vê como é o trauma, como que é, ah, nós temos que ir num velório, eu vou no velório, mas eu não vou lá ver a pessoa, eu não vou, não...

Mãe: Eu sou o contrário eu tenho de ver.

N.: Eu também tenho de ver porque é a última vez. E na primeira noite eu também não consigo, mas na segunda eu consigo tranquilamente.

A2: Então agora deu para falar ... medo da morte.

Pai: É, deve ser medo da morte.

A1: ... E dormir... morto parece que está dormindo, né?

Quando apontei "... e dormir... morto parece que está dormindo, né?", o pai responde ansioso: "você percebe que eu falei que eu não gosto da hora de dormir, a N. não gosta da hora de dormir, e a Maria Clara não gosta de dormir". Mas a mãe se diferencia dizendo: "Eu acho que dormir e comer são as melhores coisas que têm na vida...".

É possível observar que o sintoma de Maria Clara e de N. expressa o sintoma do pai, talvez o significado de cada sintoma seja singular, mas a expressão é a mesma.

O casal não tem consciência de que a queixa apresentada em relação às filhas (dificuldade para dormir, agitação) reedita uma questão antiga do pai (medo de ficar sozinho).

Durante todas as consultas, fomos falando com Maria Clara, mas a intervenção que formulei, no final dessa segunda consulta, explicitou o lugar que a menina-bebê vinha ocupando nessa família, como um momento sagrado:[13] "Ei, Maria Clara, você gostou dessa conversa, hein, esse seu nome Maria Clara tem tudo a ver com essa conversa, você veio clarear as ideias, iluminar, trazer luz, veio para explicar as coisas, tem muito trabalho para você, hein!".

Após essa consulta, na terceira, os pais relataram que a N. e a Maria Clara foram dormir no próprio quarto. Os pais dormiram juntos e Maria Clara acordou somente duas vezes por noite. N. não compareceu nessa terceira consulta nem na próxima, sugerindo que se sentiu autorizada a se separar dessa família com características simbióticas.

Nessa consulta, procuramos investigar as relações dos pais com os próprios pais.

Ao pedirmos que eles falassem do relacionamento com seus avós, o pai recordou-se das histórias de fantasmas que os adultos

---

13 Winnicott (1993a, 1994b) dizia que a consulta terapêutica representa um momento sagrado da experiência do psicanalista. Essa fala, dotada de uma sincronicidade afetiva, oferece uma representação para o lugar emocional que Maria Clara ocupa nessa família.

contavam todas as noites, das quais ainda sente medo. Durante essa sessão, ele nos contou um sonho: "eu estava só no escritório, sentia-me muito inquieto, e algumas pessoas apareciam, entrando e saindo da minha sala". Quando nós lhe perguntamos quem eram essas pessoas, ele nos disse que eram colegas de trabalho que já morreram. Surpreendentemente, em tão pouco contato, esse pai pôde transformar suas fantasias terroríficas, antes expressas em um registro delirante, em um registro onírico. Esse relato nos permitiu identificar seus medos infantis relacionados à morte – fantasmas vivos até hoje. Levantamos a hipótese de que haja uma depressão psicótica paterna, pois ele precisa de alguém a seu lado para não "enlouquecer" com os fantasmas e barulhos "terroríficos" internos, diurnos e noturnos.

Desde a primeira consulta, a angústia transbordante do pai foi captada por nós, acolhida e nomeada, permitindo os *insights* da família. Na segunda sessão, com a ajuda da N., a filha mais velha, foi apontado que, na verdade, em função dos medos terroríficos do pai, era ela que o colocava para dormir. Agora o pai começa a digerir seus medos, trazendo esse sonho.

Ao ser perguntada sobre sua relação com os avós, a mãe se recordou de sua infância. Ela vivia em uma grande casa de dezoito quartos em uma espécie de sítio no interior de São Paulo. Nesse sítio, havia mais duas casas: em uma morava seu avô paterno, que era muito doente, pois havia tido um derrame; e na outra morava sua avó materna, com duas tias que eram anãs, sendo uma delas portadora de deficiência mental.

Quando sua avó materna morreu, a mãe de Maria Clara tinha 8 anos e era do mesmo tamanho que as tias anãs, com quem ela brincava muito. As tias choravam desesperadamente a morte da mãe, e seu pai não lhe permitia que fosse consolá-las. Ele ficou tão irritado com esse pranto, que terminou por interná-las.

Sua mãe, irmã das tias, ficou com muita raiva do marido e, por vingança, ela o obrigou a internar seu pai doente, que veio a falecer um ano depois.

Ao final desse relato, ficamos mobilizadas pelo choro emocionado da mãe, dirigindo nossos olhares, nosso silêncio empático e nossa continência a ela. Ao mesmo tempo, observamos um rápido e tímido movimento do pai de acariciar a cabeça de Maria Clara. Essa maior aproximação do pai no cuidado da bebê se confirma no cotidiano da família e parece revelar a possibilidade de desenvolvimento de sua função paterna também no suporte aos processos emocionais regressivos vividos por sua esposa com a maternidade.

Esse diálogo nos permitiu perceber a angústia da mãe diante das situações de choro de suas filhas, que repetem a situação de choro de suas tias anãs. E, ainda, que a situação de separação é para ela muito dura de suportar, pois vem repleta de emoções muito violentas. É possível ainda supor que a mãe de Maria Clara conta com objetos internos primários muito destrutivos, o que vem explicar sua dificuldade de exercer o lugar de mãe e esposa.

Pôde-se, então, dar representação à dificuldade da mãe de deixar as filhas chorarem para que não se repetisse a situação traumática que viveu com as tias anãs, o que representou uma situação de empatia metaforizante[14] efetiva.

Nessa consulta, os fenômenos transgeracionais puderam ser revelados e desvendados: discriminaram-se os medos do pai e as angústias de separação da mãe.

---

14 Empatia metaforizante é um estado de ligação perceptiva e emocional com o sofrimento da família que até o momento não pôde ser nomeado, mas que, sendo trabalhado com o terapeuta, pode ser vivido como uma experiência corretiva do que não foi possibilitado no início do desenvolvimento. Uma intervenção do terapeuta pode condensar aspectos de observação das interações e percepções de conteúdos transgeracionais, permitindo o contato com esses aspectos até então inconscientes (Lebovici & Stoleru, 1983; Lebovici, 1991, 1993a).

Maria Clara, durante essa consulta, explorou a sala e os brinquedos que lhe foram oferecidos, mostrando uma expansão de seu desenvolvimento emocional.

Na última consulta terapêutica (a quarta), um mês e meio depois da primeira, os pais vieram com Maria Clara e mostraram-se calmos. Eles nos contaram que ela está dormindo muito bem em seu próprio quarto. Ela tem acordado uma vez por noite, quando toma uma mamadeira. Inaugura-se o processo de separação com o desmame se instalando.

Os pais comentam que estão se sentindo mais atentos a si mesmos e aos outros na família, estão reparando e dizendo coisas entre eles nunca faladas ou observadas antes, o que nos faz pensar que o *setting* ofereceu continência e serviu como modelo para que cada membro se discriminasse e ocupasse seu lugar psíquico na família, e que se constituísse um casal criativo.

Além da separação que se dará entre nós, terapeutas, em função desta ser a última consulta terapêutica, os pais nos contam que também estão mais separados de N., e a mãe tem se separado das duas filhas, sem violência, permitindo que o pai se introduza com mais frequência na relação com as meninas.

O pai tem se percebido com menos medo, tem ficado sozinho no trabalho e na própria casa, o que indica que está desenvolvendo sua capacidade de ficar só. Observou que as filhas não têm medo – os medos são só dele. Com a vida mais tranquila, com esse espaço de continência oferecido pelo *setting*, pôde refletir sobre a vasectomia precoce que se impôs e descobre que ainda tem capacidade para cuidar das filhas.

A mãe brinca com Maria Clara durante a consulta como se pudesse ter recuperado algo que havia se perdido com a internação das tias anãs.

Observam que podem criar a própria história e se livrar do mandato transgeracional, que não se perpetuará.

Esse trabalho criativo possibilitou um espaço potencial (Winnicott, 1967b/1975) para que essa família inaugurasse uma história própria. Em função da relação extremamente indiscriminada e fusional dessa família, sugerimos que continuassem um atendimento psicoterápico da relação pais-bebê – um divã familiar, até que eles possam se constituir como pessoas discriminadas e separadas entre si para, então, serem atendidos individualmente.

Recentemente, quando Maria Clara estava com 3 anos e meio, a família me telefonou dando notícias: Maria Clara estava iniciando a escola e, desde o término deste trabalho, seus pais têm podido dormir "abraçadinhos".

Discussão

1. Nessa intervenção precoce, é possível verificar como o sintoma da bebê era fruto dos fenômenos transgeracionais que foram transbordando nos relatos durante as sessões.

Durante as quatro consultas terapêuticas com a família de Maria Clara, fomos colhendo a história da bebê desde o relacionamento de seus pais com seus próprios pais, até a concepção, o nascimento, o desenvolvimento e o sintoma da bebê. Assim, procuramos ter acesso às diferentes representações do bebê imaginário,[15] fantasmático,[16]

15 O bebê imaginário é essencialmente pré-consciente, elaborado durante a gravidez mediante um processo de *rêverie* diurno (sonhar acordado e devaneios). Esses devaneios podem ou não ser compartilhados entre os pais. Nesse espaço psíquico, têm lugar a escolha do nome do bebê e outros processos semelhantes repletos de expectativas e idealização, influenciados pelo processamento (ou metabolismo) da idealização da criança por meio da vida conjugal dos pais (Lebovici *et al.*, 1998).

16 O bebê fantasmático é essencialmente inconsciente. Sua origem remete às raízes infantis do desejo da menina de ter um bebê. Na menina que logo será a mãe, aparece o desejo de concepção próximo à figura do avô materno do bebê. No menino, existe o mesmo desejo, de ser pai com a futura avó paterna do bebê. Os conflitos não elaborados regem fortemente as notas dessa dimensão intrapsíquica que se pode considerar determinante da relação. Em muitas situações, os conflitos

cultural[17] e real,[18] que os progenitores, em função de sua história, tinham de sua filha-bebê.

Esses encontros permitiram que os pais falassem sobre a bebê, sobre eles mesmos e sobre suas famílias, sobre seu passado e sobre a repetição de suas condutas. Por meio da investigação, as fantasias transgeracionais se revelaram, foi-se retirando da bebê os investimentos inconscientes nele depositados pelos pais e favoreceu-se a elaboração de conflitos associados à parentalidade. O pai pôde cuidar das filhas sem a sobrecarga da função paterna exigida precocemente no cuidado de seus próprios irmãos. E a mãe de Maria Clara pôde escutar e interpretar o choro de sua filha sem a conotação de dor, sofrimento e violência que estavam associados inconscientemente com a separação das tias anãs, permitindo que o choro de Maria Clara fosse somente mais uma forma de comunicação entre outras. Ela também pôde lidar de uma outra forma com as angústias de separação presentes em todo o vínculo afetivo.

O pai, que sempre cuidara de muitos e que temia a solidão, conosco não estava sozinho, embora nossa companhia estivesse voltada para pensar sobre os espaços internos, e não para se esquivar deles. Podemos supor que houve a criação de um aspecto introjetivo dessa intervenção precoce.

---

não resolvidos dessa etapa da vida podem retornar com muita força no período perinatal (por exemplo, o medo do incesto) (Lebovici *et al.*, 1998).

17 O conceito de bebê cultural tem origem na antropologia, ele é concreto e real, tem de ser construído com a mãe, o pai, a família e compartilhado com todos em todos os níveis de relações e interações: comportamentais (muitas vezes, a mãe não olha o bebê, às vezes não toca o bebê), interações afetivas (desejar ou rejeitar o bebê, tudo o que se espera do bebê), fantasmático (ser mãe e mulher é a mesma coisa ou não) (Lebovici *et al.*, 1998).

18 O bebê real é aquele que podemos observar na consulta e confrontar com as representações imaginárias e fantasmáticas do bebê relatadas pelos pais (Lebovici *et al.*, 1998).

Na última consulta, quando o pai pôde dizer que o medo era só dele e não das meninas, ele expressou uma transformação de suas projeções sobre a bebê, podendo renunciar à busca de uma confirmação narcisista que era imposta à bebê. Os aspectos identificatórios e projetivos que ocorreram com a sucessão de gerações puderam assim transformar-se, e a bebê deixou de ter de lidar com os elementos enigmáticos dos pais e deixou de estar submetida ao lugar que seus pais a colocaram, sobretudo o lugar de "bode expiatório". Maria Clara deixou de ser uma bebê "sem berço", constituindo um lugar para existir.

Nossa postura investigativa, embora mais ativa, não exigia intervenções interpretativas frequentes, porque os pais, ao reconstruírem a própria história emocional das relações afetivas familiares e ao observarem com um novo olhar a bebê na consulta, eles mesmos foram desfazendo mitos, tabus, expectativas, impeditivos do desenvolvimento da bebê. E a bebê real, ela mesma, começou a ocupar um lugar próprio. Esse movimento psíquico só foi possível porque as estruturas psíquicas dos pais tornam-se mais flexíveis na chegada da bebê, portanto, as transformações emocionais são mais intensas nesse momento.

Eu pude me dar conta que minha escuta e meu olhar diante da cena pais-bebê, que se desenrolou nas consultas, foram ingredientes essenciais para as transformações acontecerem e o sintoma se dissolver. Assim como o estado de mais verdadeira ignorância de minha parte sobre o que se passava, no qual dúvidas e hipóteses puderam ser investigadas e verificadas *in loco,* foi condicional para os aspectos psíquicos, que transitavam inconscientemente entre as gerações, se revelarem. A situação investigada sobre o fato de os quatro dormirem no mesmo quarto é exemplo disso. A partir daí, um leque se abriu com dados fundamentais para compreendermos a dinâmica familiar.

Como o maestro, percebi que minha função ali era só a de reger dramas, tragédias e fatos emocionais desconectados a fim de que encontrassem representação, significado emocional.

Winnicott (1960) afirma que o potencial do bebê é herdado e é legítimo estudá-lo desde que "sempre seja aceito que o bebê não pode se tornar um bebê a menos que ligado ao cuidado materno" (p. 43) ou como assinalou na epígrafe citada "não existe tal coisa como o bebê sem a mãe" (Winnicott, 1960, p. 586). Depois dessa intervenção precoce, acredito que Maria Clara pôde ter o cuidado materno necessário para se desenvolver.

2. A projeção de fantasias inconscientes dos pais sobre Maria Clara constituía-se em identificações mórbidas e não permitia que ela pudesse ocupar um lugar psíquico na família. Sua mãe não era capaz de significar seu choro, qualquer choro deveria ser aplacado em função da projeção de suas angústias inconscientes. Ao mesmo tempo, sua mãe não podia se alternar entre presença e ausência. Suas angústias de separação levavam-na a estabelecer uma relação intrusiva e superprotetora com a filha-bebê.

Maria Clara era a depositária de fantasias, vivências violentas, medos terroríficos que diziam respeito a outras gerações. A resultante dessa dinâmica inconsciente familiar era o sintoma de Maria Clara: transtorno de sono. No entanto, mais do que isso, esses aspectos inconscientes transmitidos por gerações terminavam por prejudicar seu desenvolvimento emocional e a própria constituição de seu psiquismo. N., a outra filha, também estava fundida nessa patologia familiar, embora tenha demonstrado que tinha recursos para se diferenciar assim que as fantasias foram nomeadas, localizadas e assumidas por seus genitores durante as consultas.

Quando as identificações repetitivas e mórbidas foram desfeitas, cada membro da família pôde ocupar seu lugar psíquico, assumir suas funções materna, paterna e fraterna.

As identificações mórbidas depositadas em Maria Clara puderam ser elaboradas com base na *rêverie* oferecida pelas terapeutas durante as consultas, favorecendo que a bebê pudesse se desocupar dessa tarefa e dormir.

A mãe e o pai de Maria Clara têm agora mais condições emocionais para atender às necessidades da bebê para ele se desenvolver e, ainda, para digerir e elaborar as identificações projetivas típicas da menina-bebê.

A escuta psicanalítica dos fenômenos transgeracionais presentes nas relações pais-bebê possibilita que, precocemente, eles possam ser identificados, favorecendo o desenvolvimento emocional e a construção de um lugar psíquico próprio da bebê na família, oferecendo um "berço" afetivo, constituindo-se em uma ação profilática e prevenindo transtornos globais de desenvolvimento.

3. Todo o instrumental oferecido pelo método de observação da relação pais-bebê de Esther Bick (1964) foi extremamente útil para observar os movimentos interativos de Maria Clara com seus pais, com as terapeutas e com os brinquedos presentes no *setting*, assim como a capacidade de continência das terapeutas em silenciar as interpretações que não eram importantes, deixando os próprios pais reconstruírem sua história e fazerem as ligações emocionais até então impensadas.

No entanto, Bick, membro do grupo kleiniano inglês, focaliza seu olhar psicanalítico no bebê, em suas fantasias inconscientes e nos seus aspectos constitucionais, nos movimentos dinâmicos das identificações projetivas e transferenciais, cujos personagens pertencem ao cenário interno do bebê. A teorização sobre a historicidade do bebê e a influência do meio ambiente na constituição do psiquismo não estão contempladas nessa perspectiva.

Poder incluir a reconstrução da história transgeracional que envolve a vida psíquica de Maria Clara foi o que tornou possível oferecer-lhe um "berço" emocional. A escuta dos fenômenos transgeracionais favoreceu a remissão do sintoma de Maria Clara, e toda a família pôde dormir.

4. Maria Clara não podia dormir, acordava para lembrar a sua mãe que ela ainda não tinha ido embora, acalmando-a diante de suas angústias de separação; e chorava para lembrar ao seu pai que ela não estava morta, tranquilizando-o diante de seus medos terroríficos. E também poderíamos dizer que Maria Clara já estava identificada com as angústias e os medos terroríficos de seus pais e, com tudo isso, não podia dormir. Não havia um ambiente que facilitasse seu desenvolvimento. A intervenção precoce favoreceu que os fenômenos transgeracionais pudessem ser falados, conhecidos e reconhecidos como tais, e parece que cada coisa foi para o seu devido lugar – criou-se um "berço" afetivo para Maria Clara.

A descoberta desses fenômenos transformadores e reveladores de uma dimensão histórica do ser humano é enriquecedora para a compreensão do sofrimento psíquico, pois se torna possível integrar na vida mental dos pacientes seus aspectos secretos, ocultos, enigmáticos ou sem representação psíquica. As identificações mórbidas que podem habitar ou parasitar o *self*, impedindo ou interditando a constituição de uma estrutura psíquica própria e autônoma, demandam uma intervenção psicanalítica que leve o sujeito a poder desidentificar-se para que o brincar e o sonhar ocupem seu lugar.

E assim, seguindo o fio das origens, que às vezes vai contra a corrente, e outras vezes segue com a corrente; seguindo o faro da intuição combinada do individual e do universal; tentando o novo sem cair no falso, o verdadeiro sem cair no velho; busco uma compreensão que permita uma visão mais ampla e aguda, que após inevitáveis buscas, permita, enfim, entender o que à primeira vista pareceria banal ou sem sentido.

9. O processo de parentalização em um caso de adoção[1]

Neste capítulo, apresento Aurora, uma bebê que foi atendida em uma intervenção[2] com seus pais.

Nosso *setting* é o de consultas terapêuticas, conforme propôs originalmente Winnicott, e depois Lebovici e outros autores implementaram com base no estudo clínico da psicopatologia do bebê como prevenção e compreensão das psicopatologias precoces atualizadas tanto no bebê como em sua relação com seus pais, e como tal prevenção impede o desencadeamento de transtornos mais graves de desenvolvimento.

As consultas terapêuticas visam a observação da interação pais-bebê, o acesso às diferentes representações do bebê imaginário,

---

1 Este trabalho foi apresentado na III Jornada da Clínica 0 a 3 – Intervenção nas relações pais-bebê: a clínica contemporânea da parentalidade: vínculos e desenraizamento, em 19 de março de 2017, na SBPSP, com comentários de Marie Rose Moro. É uma versão modificada de Silva e Batistelli (2017).

2 Esse atendimento foi realizado com a psicanalista Fátima Maria Vieira Batistelli.

fantasmático, cultural e real que os progenitores, em função de sua história, têm de seu pequeno filho (Lebovici & Stoleru, 1983; Lebovici, 1986, 1991, 1993c; Lebovici & Weil-Halpern, 1989; Lebovici, Mazet & Visier, 1989).

Durante as consultas, vamos observar a família em suas interações e nos mobilizamos de maneira afetivamente e mais ativa, com base em um movimento empático, para que possamos transformar o que sentimos e o que ressentimos em representações compartilhadas com a família. Trata-se de um processo que parte do que é encenado nas consultas e das ressonâncias emocionais vividas por nós, terapeutas, um cocriar, copensar e cossentir, o que leva da ação (as interações) ao pensamento e ação (os assinalamentos interpretativos e os gestos do terapeuta). Do ato à narração com um sentido. Do desorganizado que captamos em nosso corpo para uma possibilidade de (nova) organização oferecida aos pais e bebê, com base no *enactment* e na empatia metaforizante, como tão bem nos ensinou Lebovici (1986, 1991, 1993c; Lebovici & Stoleru, 1983; Lebovici & Weil-Halpern, 1989; Lebovici, Mazet & Visier, 1989).

A consulta consiste, portanto, em uma observação pluridimensional que nos permite observar os sintomas do bebê e sua modalidade de funcionamento, os fenômenos de interação que caracterizam a relação bebê-pais-família, as características do entorno dos cuidados maternos, as personalidades da mãe, do pai, de sua família em seu conjunto e finalmente a dimensão sociocultural[3] (Lebovici *et al.*, 1998, p. 392).

3 O enquadre da etnopsicanálise, proposto por Marie Rose Moro (1995, 1998), discípula de Lebovici, conta com a transferência positiva e com o dispositivo do grupo de terapeutas para facilitar o contato e a aliança terapêutica. Diante de uma família, portanto um grupo, a relação dual não faz sentido. Quando estamos diante de uma família de uma cultura diferente da dos terapeutas, incluir coterapeutas da mesma cultura da família pode ser fundamental, não só para que a família se sinta mais acolhida, mas também para que possamos compreendê-la em sua

Nossa experiência com esse atendimento nos fez pensar que, possivelmente, nosso papel tenha iniciado um processo de instauração de outras instâncias de entendimento e acolhimento de angústias que se manifestavam no vínculo pais-bebê presente no aqui e agora do encontro.

Aurora e seus pais

Aurora é uma princesinha muito esperada e desejada primeiramente por sua mãe e logo em seguida por seu pai. Nós a conhecemos com quase 9 meses, pois ela não dormia e seus pais tinham receio de risco de autismo.

A recomendação de uma intervenção nas relações iniciais pais-bebê veio do fórum de adoção. Nós realizamos 8 consultas.

Primeira consulta

Na primeira consulta fomos conhecendo um pouco a Aurora.

Ela chegou toda linda de vestido e meia-calça, com um olhar um pouco tímido, que logo foi respondendo ao nosso contato. Enquanto os pais contavam de sua chegada e de sua preocupação, Aurora sorri para nós e fica atenta à nossa conversa.

Ela nasceu prematura de 29 semanas e ficou muito tempo na UTI neonatal. Sua genitora (como os pais definem a mãe biológica) tomou remédios para abortar. Logo que a bebê nasceu, deixou-a aos cuidados do hospital. As enfermeiras a adotaram e até fizeram um lindo diário que entregaram à mãe na saída do hospital. Quando tinha 7 meses, ainda no hospital, Aurora foi entregue para adoção, mas ela tinha muitas questões de saúde: tomou vacinas para amadurecer o pulmão, tinha

---

especificidade mítica e cultural. Permite que a mãe tenha menos receio de falar de seus medos, não está só, o grupo a protege.

alguma alteração cardiológica, um refluxo em uma válvula do rim, alergia à proteína do leite, um cisto no abdome que logo desapareceu; com tudo isso, passou por várias consultas com médicos especialistas.

Cena 1: a queixa

Todavia, queixa-se a mãe que: "hoje em dia o que preocupa a gente é que a Aurora, à noite, acorda muitas vezes... umas seis, sete vezes ela acorda chorando, aí eu ponho a mão, falo 'mamãe está aqui', aí ela sorri e se acalma... eu morro de dó porque ela acorda chorando... E eu não tenho coragem de colocá-la no berço dela por isso. Porque eu fico com medo...".

Durante o dia, Aurora fica com o pai, que está desempregado, enquanto a mãe vai trabalhar, ou com a avó materna, quando o pai tem alguma entrevista de trabalho.

Os pais ainda nos contam que: "Quando ela fica nervosa, ela puxa o cabelo. Eu até vou conversar com o pediatra se pode ser dor de cabeça. Ela arranca... Ela se arranha muito...".

E o pai acrescenta que ele vai "ninando, ninando até ela pegar e embarcar no sono... E quando ela [mãe] *começa a chorar*, porque ela acha que é pelo sofrimento que a Aurora passou tão pequenininha, então tento acalmar...".

Assim ele nos conta como é capaz de exercer a função paterna de embalar a dupla mãe-bebê.

Nesse momento, empatizando com o sofrimento dos pais e diante da baixa capacidade de consolabilidade de Aurora, sugerimos o método Canguru, um nascer de novo, e a chupeta como objeto de consolo.

Depois, com a mesma dor, descrevem o processo de adoção do ponto de vista legal, as idas ao fórum, o medo desesperador de perdê-la e como Aurora dorme ou brinca e interage, mas volta transtornada, fica se arranhando e gritando, na volta no carro. Ela expressa seu medo de que tirem a mamãe dela. A mãe também se angustia quando ouve gritos da sala ao lado, pois iam tirar a guarda de uma criança e mandá-la para o abrigo.

Cena 2: sofrimento do processo de adoção

> Maria Cecília: Estava pensando que essa situação de adoção é uma situação de muita angústia. É como se a qualquer momento também pudesse ter um aborto.
> Mãe: É...
> MC: Né? Eu acho que é isso que te atrapalha. Porque aquilo lá já passou. Já passou, ela tem mais tempo com vocês do que na barriga. Né?
> Mãe: É verdade.
> MC: Ela já está há mais tempo com vocês, com esse amor, com esse desejo que você estava esperando-a há tanto tempo. Então eu fiquei pensando nisso, parece que a moça do fórum também disse para você vir aqui conversar com a gente, não foi?
> Mãe: Então, foi assim lá no fórum, eu achei que elas iam finalizar o processo, já que ela tinha falado para mim assim: "ah, o fórum entra em recesso, em janeiro eu tiro férias, eu só vou marcar com você quando você retornar do trabalho". Aí a gente entendeu que ela ia finalizar. Só que aí a gente tinha ido lá na terça-feira, e a gente foi, acho que na quinta, a gente fez a inscrição lá na Rua Sergipe, e a gente foi na quinta lá, e eu estava tão empolgada, eu falei: "então, doutora, a gente conseguiu fazer a inscrição com uma psicanalista, aí a gente vai ver, eles vão ligar". Aí ela falou: "ah, então eu vou agendar outra entrevista com vocês em fevereiro pra você dar o retorno de como foi". Aí eu falei: "ah, tá...". Aí eu achei, assim, eles prorrogaram porque ela quer saber do retorno.
> Fátima: Mas acho que não no sentido de saber, acho que ela também se interessou e quer ver...

Cena 3: função de pai

> PAI: Isso que às vezes eu falo para Andréa quando ela fica apreensiva, né, antes, quando chegava próxima a essas datas de entrevista, não tem que ter medo de nada, a gente trata dela, nossa pra eles...
> MÃE: Assim, a razão eu sei...
> MC: Mas é emocional. Fica uma "minhoca na cabeça...".
> MÃE: É. Eu sei que não tem... poxa, se for ver os exames que a gente já fez nela, tem um histórico de que está cuidando direitinho. Então o fórum não teria por que voltar atrás.
> MC: Aham.
> MÃE: A minha razão diz isso, mas a emoção...
> FÁTIMA: Existe uma ameaça, vem de outro lugar...
> MÃE: Aí, cada vez que eu vou, nossa... E aí, sabe, ela volta tão malzinha, eu fico... tenho dor de barriga no dia, fico angustiada, sabe, fico mal. Angustiada. Não sei por quê...
> MC: Aham. Lógico, porque tem todo o sentido.
> F.: Faz sentido.

Então a mãe nos conta que está com quase 43 anos agora e o pai também. Que foi casada e logo ficou viúva.

> Foi, assim, terrível. O casamento não, a situação toda que aconteceu. Eu casei, e aí 14 dias depois do casamento, meu marido se suicidou... Deixou uma carta me dizendo que ele ia me deixar livre, que eu ia encontrar outra pessoa, ser feliz, porque ele era impotente, entendeu? Eu me casei já com quase 37 anos e virgem, e ele também... E aí, no casamento, na noite de núpcias, a gente percebeu que ele não tinha ereção. E aí ele ficou muito mal. E eu, é claro, fiquei também. Mas aí a gente ficou com vergonha de contar pra família, e voltamos os dois da viagem, aquela tristeza, aquela coisa, e eu acho que ele não suportou. Ele se suicidou. [...] Até isso influencia essa tristeza. Eu não percebi que ele estava em

> depressão... Então, pra mim, eu fico com muito medo até disso, "será que a Aurora sofre?". Eu não sei.

Depois dessa situação, a mãe fez três anos de terapia, pois se cobrava muito.

Apontamos que talvez ela se identifique um pouquinho com a bebê que também foi abandonada.

Ela continua seu relato contando que conheceu seu novo companheiro, pai de Aurora, quase três anos depois que ficou viúva, e depois de muitas conversas começaram a namorar: "A gente casou ao contrário. Foi de trás pra frente. A gente foi morar junto, aí depois de dois anos e meio a Aurora veio, e a gente casou agora. Fiquei três anos na fila da adoção. Três anos e agora...".

No final dessa consulta, Aurora dorme gostoso no colo de sua mãe.

Segunda consulta

Na segunda consulta, Aurora chega linda, e os pais comemoram seus 9 meses. Aurora dormiu a noite toda anterior a essa consulta.

Os pais comentam que ela é uma bebê sorridente, bem-humorada, mas começa a estranhar as pessoas, o que indica que já reconhece os pais e um vínculo emocional se instala.

Relatam com mais detalhes como é o sono da bebê.

> PAI: Ela tem o costume de dormir pouco durante o dia. Ela dorme duas vezes em média, mas é cochilo de, no máximo, 40 minutos. E nesse dia, na terça passada, ela dormiu uma hora vindo e volta, né... Ela dormiu o tempo todo pra ir e pra voltar.
>
> MÃE: Nós levantamos o berço, um pouquinho, não inclinamos muito. Porque ela podia estranhar. Só um pouquinho. Coloquei dois livrinhos. Inclinamos um pouco. Assim essa noite ela dormiu, assim, bem, bem,

> bem. Não acordou a noite, não chorou. Ela não resmungou, dormiu a noite inteira.

Falam de como ela precisa da presença dos pais por perto.

A mãe também nos conta como foi sua infância muito ligada à própria mãe, com quem brincava muito sem sair de casa. Foi filha única por 9 anos, quando nasceu sua irmã, que teve uma infância mais livre. "Fui muito mimada, muito, hoje eu falo, criança estragada. Fui muito mimada, fazia malcriação, tudo eu podia. Hoje eu vejo: 'nossa que absurdo, né'. Mas minha mãe e meu pai achavam que se me punissem ou se me repreendessem, estavam sendo ruins. Não, não é bem assim." Só saiu de casa aos 38 anos, quando se casou pela primeira vez.

> Testemunha: sempre fui assim, muito dependente da minha mãe. Eu acho que dependente até não é nem fisicamente, nem financeiramente. É dependente... emocionalmente. E agora com a Aurora é que eu fico mais lá em casa, a gente fica mais afastada, até por incentivo da própria mãe.

Seu pai faleceu cedo com 58 anos: "Faz oito anos agora. Eu tinha 34. Ele teve um aneurisma na aorta. Nunca tinha tido nada... foi terrível. Um trauma assim. Foi a primeira perda da minha vida. Foi terrível".

Contam que Aurora fica exposta à televisão o dia inteiro, assim como à noite ou de madrugada.

Orientamos como isso seria um excesso de estímulos para ela e associamos com os barulhos da UTI. Explicamos a importância dos estímulos humanos *versus* o tecnológico.

Cena 1: encontrando um jeito próprio de ser pais

MÃE: Eu falo para as mães sabe, na reunião, não deixa só no computador, não deixa só na televisão... Mas aí ela gosta do barulhinho que chama atenção, eu estou fazendo a mesma coisa.
MC: É porque eu acho que você fica muito preocupada em fazer coisas que ela goste [como a própria mãe fazia com ela].
F.: Em oferecer estímulos, né...
MC: Eu acho que é um desafio você descobrir o que você pode fazer pra ela que ela goste. Como se você não pudesse ter coisas em você que ela vai gostar muito. Dos seus barulhinhos, do seu jeitinho, das suas musiquinhas. Das suas peripécias...
F.: É. Do seu silêncio, de vez em quando, o silêncio também faz parte. Não é? Você gosta muito de conversar... E ela gosta do contato humano, esse contato da gente, né?

Narcisisamos a mãe!

Cena 2: angu

Aurora "conversa" e dá gritinhos.

F.: [dirigindo-se à Aurora] Você faz os seus barulhos no silêncio.

Aurora e a mãe conversam na linguagem dos angus e dos gritinhos.

MC: Aguuu, nossa mamãe... Estou encantada com você, Aurora, estou encantada como você conversa com papai, conversa com a mamãe, conversa com a Fátima, com a Cecília, é? Eu estou vendo que você é muito conversadeira. Né?
F.: E presta uma atenção...
MÃE: Observa tudo.

Aurora continua brincando com os sons que faz com a boca.

F.: Ela sabe chamar a atenção para ela também, né... Presta atenção em tudo...
MC: Diga o que foi, você está gostando de vir aqui? Você vai vir de novo aqui, é... A gente vai ajudar a mamãe, e o papai, pra você nanar gostoso que nem essa noite. Que o papai e a mamãe também precisam descansar, né? Você dormir no seu quarto, no seu bercinho. Que o papai e a mamãe fizeram um quarto pra você.

Aurora conversa.

MC: É, é sim. E você acordou muitas vezes à noite?
MÃE: Acordei.
F.: Como é que você viveu esta noite que ela dormiu?
MÃE: Então, eu até estranhei, porque ela ficou tranquila, do jeito que eu deitei ela, ela amanheceu. Sabe, cobertor arrumadinho, tudo. Dormiu tranquila, em paz. Mas eu acordei várias vezes para olhar.
F.: Mamãe ficou assustada que a nenê estava quietinha.
MC: Então a gente precisa te acalmar pra você poder deixar ela dormir no quartinho dela. Porque você está ainda um pouco aflita se ela vai ficar bem, vai acordar bem, né? Porque a mamãe também tem que namorar com o papai um pouquinho, né? E você pode ter o seu cantinho. É...
MÃE: E ela gosta, porque às vezes eu fico com dó, ela gosta do quarto dela. A gente leva ela, ela fica assim [animada]. Olhando tudo, desse jeito assim, sabe? Grita, mas ela gosta do quarto dela. E a gente não põe ela pra dormir lá.
F.: Mas eu já fiz 9 meses, está na hora de nascer.
MÃE: É verdade.
F.: Está na hora de nascer pro quartinho dela, né? Está nove meses com você... Né, pequenininha?
MC: É.

Aurora continua brincando e conversando.

> F.: Mas você presta atenção em tudo. Em tudo, é?
> MC: Você gostou dessa ideia de nanar no seu quarto?

Terceira consulta

Na terceira consulta, Aurora chega feliz de chupeta pendurada, algo que havíamos sugerido, pois ela chupetava a mamadeira com risco de engolir ar, mas a mãe dizia que ela não aceitaria.

Aurora está mais ativa e com mais tônus muscular. Os pais passaram a deixá-la mais no chão e pudemos observar como ela estava sustentando mais a cabecinha e rolava no chão. Ela ficou a consulta toda no chão brincando, já podia explorar o mundo descolada do colo da mãe.

Nessa consulta, conhecemos um pouco da história do pai. Ele nos conta que sua mãe perdeu um bebê antes dele e que seus pais se separaram quando ele era pequeno; seu pai tinha outra família e nunca foi muito presente, embora pagasse a pensão. O dinheiro da pensão não caía na conta-corrente. A mãe tinha que ir à empresa onde o pai trabalhava, e ele a acompanhava. Dessa forma, via o pai uma vez por mês, e era só esse o relacionamento deles. Isso até seus 13 anos. Quando estava com 15 anos, seu pai apareceu na casa, porque havia se desentendido com a mulher dele, e quis assumir seu lugar, mas aí já era tarde demais. E, ele foi embora outra vez. Atualmente, sabe, por uma irmã do pai, que ele mora em Minas Gerais e parece que teve uma filha. Fala que quando contou sua história para a esposa, ela até chorou.

Então, apontamos: "Tem um abandono aí, tem dois abandonos [referindo-se às vivências tanto do pai quanto da mãe de Aurora], cada um de vocês foi abandonado de um jeito".

Conta-nos também que tem um irmão adotivo, dois anos mais novo que ele. Sabe que a avó se propôs a criar uma criança que havia nascido e cuja mãe falecera no parto. Seus pais acharam que a avó não daria conta e adotaram essa criança, na lei e tudo. Mas pouco tempo depois, o pai abandonou a família. Toda a família e a vizinhança sabem da adoção do irmão, menos ele próprio. E o pai de Aurora nos diz que, muitas vezes, nem ele mesmo lembra que o irmão é adotivo. Quando ele tinha 11 anos, a mãe saía para trabalhar e ele cuidava do irmão. Quando ele estava com 18 anos, a mãe ficou muito doente, com insuficiência renal e faleceu dois anos depois. E, até se casar, viveram ele e o irmão na casa dos pais, onde o irmão vive até hoje. A certidão da adoção do irmão está sob sua guarda, anda com ela dentro da carteira, não tem coragem de mostrar e contar para ele, protegendo-o de sua verdadeira história e mantendo-se como guardião desse segredo. Imaginam que ele deva desconfiar, mas ninguém toca no assunto.

Há tempos não tem contato com o próprio pai, que ainda não conheceu a neta.

Conversamos sobre os imbricamentos desse segredo neste momento em que ele se torna pai de uma criança também adotiva. Poder falar seria uma forma de fortalecimento dos vínculos. Mas apesar do peso desse segredo, ele tem muito medo de contar para o irmão.

A mãe contou que sua avó também foi adotada.

Então assinalamos que há muitas histórias tristes em torno dos dois, e a Aurora veio para trazer muita alegria.

Cena 1: escolha do nome

> F.: Foram vocês que escolheram o nome?
>
> MÃE: Então, a gente foi no carro pensando o nome.
>
> F.: Não tinha nome? Vocês que foram...

MÃE: Não tinha nome. A gente pensou em Aurora, mas não fechou nenhum nome. Pensou: "vamos olhar pra carinha e ver, decidir". Quando a gente chegou lá, a gente perguntou: "vocês chamam ela de algum nome?". Elas não, não. Aí a gente falou: "vamos chamar ela de Aurora". Aí a outra enfermeira falou: "ah, a doutora Aura chamava ela de Aurora. A gente não falou pra vocês que é pra não influenciar. Mas a doutora Aura chama ela de Aurora".

MC: Você já é Aurora.

PAI: Aí no leito estava lá o nome RN, mas não tinha o nome. Aí arrumamos uma...

MÃE: Uma caneta e escrevi "Aurora".

PAI: Já fui lá e escrevi "Aurora"...

F.: Eu sou uma pessoinha. Eu sou Aurora.

MC: Eu sou o pai!

MÃE: Escreveu o nome.

PAI: Eu passei um dia, um sábado, né, eu fiquei das sete da manhã até as nove da noite, né? Sentado do lado dela. Eu nem levantava para ir ao banheiro. Tanto que a chefe das enfermeiras pegou e me puxou pela mão: "vem cá, você vai comer alguma coisa". Eu não queria almoçar, não queria jantar. Ficava com ela o tempo todo. Ela era isso aqui, ó [mostra o tamanho de Aurora]. Nossa, meu celular deu pane, eu perdi as fotos. Você não tem no seu?

MÃE: De recém-nascida não...

PAI: Uma formiguinha. A gente vê a Aurora hoje, a gente não acredita, hoje a gente dá banho nela, a banheira que a gente comprou cabia três Auroras. Hoje ela... sabe... Ei, onde você vai?

Quarta consulta

Nessa consulta, a mãe veio sozinha com a Aurora, pois o pai já encontrou um trabalho. Sua mãe a acompanhou e aguardou na sala de espera.

Ela chega contando que Aurora está dormindo sozinha no quarto dela a noite toda e como tem sido essa experiência.

> A gente ficou tão preocupado que, assim, e o medo, que na primeira e na segunda noite a gente mal dormiu. Aí na terceira noite já foi melhor, a gente dormiu, agora a gente já está tranquilo. A gente já sabe que ela não grita, não fica desesperada. O máximo que faz é dar uma resmungadinha, assim, umas duas e meia, três horas, e aí já melhora. [...] Na manhã que ela amanheceu no berço, amanheceu numa alegria... Dando risada, e eu falo: "bom dia!". E ela fica, e se debate, bate as pernas...

Então falamos: "Eu sou muito competente, vocês pensam que eu sou de papel, que eu não sou forte, que eu não sou saudável. Eu sou grande, eu nasci pequenininha, mas eu cresci... eu posso contar com meu papai e minha mamãe... ela tem confiança que vocês estão lá".

E os pais puderam recuperar o espaço de casal.

A mãe de Aurora nos mostra que passou a confiar mais em sua capacidade de ser mãe, e o pai, em sua capacidade de embalar essa dupla mãe-bebê e exercitar sua função paterna. E, assim, Aurora, sentindo-se segura, com pais também se sentindo mais seguros, pode adormecer. Permitir-se viver os momentos de não integração, propiciados pelo sono, que tanta importância têm, segundo Winnicott, para o desenvolvimento do *self*.

Cena 1

> MC: [falando pela bebê] Ganhei uma mamãe e um papai muito queridos, que cuidam de mim. Eu já estou tranquila, segura, durmo em paz na minha caminha.
>
> MÃE: Agora eu olho para ela assim, não dá para acreditar, né, que aquele bebê, até trouxe as fotos do hospital para vocês verem, tão frágil, tão pequenina.

F: Você ficou esses nove meses gestando a Aurora novamente, gestando para um outro nascimento, e ela está aí, nascida, forte, com recursos.

A mãe também percebe a mudança que se deu na bebê e na relação entre os três e nos diz: "Comentei lá na escola que não pensei que fosse se resolver tão rápido... Agora ela fica muito no chão e diminuímos muito a televisão. Aquele bebê tão frágil... agora ela está assim tão bem".

Com nossas conversas, a mamãe pôde elaborar esse susto, confiar no vínculo que os três estão construindo.

"Nunca pensei que terapia pra bebê pudesse ajudar tanto..."

No final, compartilha o álbum da maternidade preenchido por todas as enfermeiras com mensagens de esperança e refazendo a história anterior da adoção e da emoção da despedida do hospital. Destacamos quanto amor ela recebeu desde seu nascimento.

Ela nos mostra também o diário feito pelas enfermeiras para a Aurora, uma ideia linda que constrói uma narrativa de amor, de esperança, uma história que conta como ela foi cuidada, como ela foi querida...

Lemos junto a um dos relatos de uma enfermeira:

> *Desde o seu nascimento, fico pensando como um ser tão pequeno tem tanta força, e é isso que nos dá coragem e prazer de fazer o que a gente faz que é cuidar de vocês, porque nos mostra que não importa o tamanho, mas a vontade de crescer e viver. Deus te abençoe no aconchego da sua família, que seus pais sejam iluminados para sempre.*

No final desse encontro...

Cena 2: bebê encantador

> MC: É só quando chega que a gente vê o tamanho do amor. O amor que só existe na relação.
>
> F.: O amor se constrói, o amor que se constrói…
>
> MC: Na relação. E a Aurora é uma menininha que faz a gente se apaixonar, né?
>
> MÃE: É. Ela é encantadora…

Após essa consulta, propusemos aos pais continuar acompanhando o desenvolvimento de Aurora e do processo de parentalização com consultas periódicas, como se fosse uma *puericultura emocional* (Silveira *et al.*, 2000).

Quinta consulta

Nessa consulta, o pai não pôde vir por causa do trabalho, assim como a avó. Pela primeira vez, a mãe veio sozinha com a bebê para a consulta.

Relata longamente sobre o susto que teve antes do Natal. Sua mãe teve um AVC e ficou alguns dias internada. Esse AVC comprometeu a fala e os movimentos, mas está tratando.

Aurora fica sentada, bem mais firme, apesar de ainda precisar do apoio nas costas.

A mãe vai contando que Aurora está esperta, independente, não precisa mais do colinho para dormir. À noite, mama e fica melhor se a colocarem no berço para pegar no sono. Ela diz:

> Eu nem acredito. Porque eu mesma dormi no quarto da minha mãe por muito tempo, e para dormir no meu próprio quarto foi um sufoco. Coitada da minha mãe. Foi difícil. E a Aurora vai dormir bonitinha no quarto dela. E eu achei que ela fosse sofrer. Eu acendo o abajur, ela fica olhando para o teto, falando e logo adormece sozinha.

Apontamos como ambas cresceram...

A mãe conta que Aurora dormiu no próprio quarto às 21:30 e que tem podido observar a evolução da bebê, que dormia às duas horas da madrugada, e a evolução deles como pais.

Referindo-se à alimentação e às novidades que vêm sendo introduzidas, respeitando a intolerância à lactose, a mãe nos conta como Aurora aceita experimentar as comidas novas que vão sendo apresentadas.

Cena 1: explorando o mundo

> MÃE: [...] Uma coisinha gostosinha de vez em quando. E ela toma, eu acho uma gracinha, assim, que ela não rejeita nada. Tudo ela experimenta.
> MC: Legal. Isso o que você acha que é? O que você acha que é um bebê que experimenta tudo?
> MÃE: Poxa, ela está aberta pro mundo, né...
> F.: Disposta.
> MC: É. Mamãe faz alguma coisa aqui...
> MÃE: O que você quer?

Mãe ajuda Aurora a se virar.

> MC: Acho que ela quer o brinquedinho que eu joguei longe...

Mãe mostra o chocalho de madeira.

> MC: Dá outro pra ela... Do lado de cá, a mãozinha...
> MÃE: Aqui a mãozinha igual a sua.

Mãe pega a bola...

> MÃE: Falou "papai". "Papa".
> MC: Papa...

MÃE: E aí ele [pai] até chorou. Será que ela falou isso mesmo, eu falei "está falando aí... Papa, papa, papa...". Eu fico mamã, e ela papa...

MC: Ah...

MÃE: Mamã e ela papa, né? Mas, assim, é uma coisa, mudou muito. Assim a gente está conseguindo entender mais o que ela quer...

MC: Ah... sei... aham...

MÃE: Dá pra perceber...

MC: Essa coisa dela querer experimentar as coisas é sinal que ela tem uma ótima relação com vocês. Porque o mundo é uma coisa interessante, não é uma coisa assustadora.

MÃE: Então, aquele medo que eu tinha, lembra, ela é feliz? Será que...

MC: Você não tem mais essa dúvida?

MÃE: Não.

MC: É isso mesmo. E é sinal de que ela pode explorar.

Sexta consulta

Aurora está agora com 1 ano de idade. Chega para a consulta toda bonitinha, de vestido e sorridente. Os pais a colocam sentada no chão na frente da caixa de brinquedos, e ela já está totalmente firme. Comentam que está arriscando engatinhar.

Quando todos nos sentamos no chão, Aurora olha diretamente para nós e, quando lhe dirigimos a palavra, responde com seus muitos sons. Fica, mais uma vez claro, como o medo inicial da possibilidade de algo na linha dos transtornos do espectro autista está totalmente descartado.

Os pais de Aurora mostram-se muito mais confiantes no desenvolvimento e nas competências da filha, sentindo-se orgulhosos de suas conquistas. E nos contam das melhoras alcançadas: "Agora ela dorme 11/12 horas por noite. À tarde, só uma hora de soninho e entre 21 e 22 horas já está dormindo, indo direto até o dia seguinte".

A mãe vai nos relatando como ela, o pai e a avó se dividem para estar com Aurora: a mãe trabalha pela manhã, o pai, à tarde, e a avó cobre o horário entre a saída de um e a chegada do outro. Enquanto nos contam isso, Aurora, no chão, vai mexendo nos brinquedos e fazendo sons e movimentos para se mostrar para nós.

A mãe de Aurora fala que colocam a filha no andador para ela ir ao encontro da prima de 18 meses e de quem Aurora gosta muito. E quando a colocam no chão, ela arrisca engatinhar. Enquanto nos contam as novas façanhas, dirigem-se muitas vezes à Aurora, e pai e mãe se complementam para nos contar as novidades. Vão nos permitindo entrever o quanto puderam construir a parentalidade e se constituírem em uma família, que foi se compondo aos poucos e que hoje nos parece integrada e harmônica.

Contam que finalizaram o processo de adoção e só estão esperando o fórum ligar para irem buscar a certidão. A assistente social fez uma carta solicitando a inclusão do pai no registro, ainda que no início só a mãe tenha entrado na fila de adoção, por eles ainda não se conhecerem. Possivelmente vão conseguir adotar no nome dos dois.

Enfatizamos: "Então agora a certidão vai ter papai e mamãe", dirigindo-se à Aurora, e eles sorriem mostrando felicidade.

Esse encontro com a família aconteceu quase que integralmente às voltas de olharmos para a Aurora, vê-la brincar e os pais irem comentando suas conquistas. Vai ficando nítida a presença de uma família em nossa frente. Não só finalizaram a adoção na lei, mas se adotaram mutuamente, os três, como uma família.

Aurora está sendo trazida como uma criança que brinca, interage, experimenta todos os alimentos que lhe são apresentados, emite vários sons, alguns que já lembram palavras, mantendo ensaio de diálogos com os pais, enfim, está aberta para a vida.

A mãe nos relata, cheia de sorrisos, que ficou muito feliz por ter conseguido fazer o aniversário da Aurora com tudo o que acredita que um aniversário deve ter: bolo de chocolate, brigadeiro, e para isso foi aprender a fazer receitas sem lactose, a fim de que Aurora pudesse provar de tudo.

Cena 1: a primeira festa de aniversário

> MÃE: Conta da sua festa da Galinha Pintadinha. Mas ficou tão feliz. Fala assim: "eu comi um brigadeiro que a minha mãe fez". [Olhando para as analistas] Porque o brigadeiro tem um peso maior, né!

São doces que a mãe diz gostar muito e, quando soube da restrição alimentar, ficou muito triste pensando que Aurora não experimentaria essas delícias, e conseguir fazê-las foi muito bom. Comprou até ovos de páscoa que a filha pode comer.

Esse foi um momento muito emocionante. Aquela mãe que chegou no primeiro encontro tão assustada, confiando tão pouco em seus recursos, estava agora compartilhando conosco a felicidade de sentir-se uma mãe capaz, que busca aprender coisas novas, encontrar caminhos alternativos, a fim de oferecer para sua filhinha o que acha importante e prazeroso. E o marido a apoia nesse processo, oferecendo seu reconhecimento em todos os momentos em que ela busca, ao contar, às vezes, só com um olhar.

Isso nos remete a uma fala de Donald Winnicott em *A criança e seu mundo* (1982, p. 54): "A longo prazo, o que precisamos é de mães – e de pais – que tenham descoberto como acreditarem em si próprios. Essas mães e seus maridos edificam os melhores lares onde os bebês podem crescer e desenvolver-se".

E a mãe de Aurora completa dizendo: "Eu estou feliz e ele também, porque a gente está conseguindo inserir a Aurora na vida normal".

Então acrescentamos: "E nos seus prazeres também".

Mãe ri e concorda.

Falam-nos da felicidade de estar incluindo a Aurora na vida, mas também no processo de adoção, de desenvolverem um sentimento de pertencimento. "Você é um de nós. Mensagem essencial, quando sincera, que necessita estar presente na relação entre pais e filhos" (Levinzon, 2014, p. 45).

A partir daí, continuam nos contando dos desafios da maternidade e da paternidade, que são os limites também. Os "nãos" necessários para o crescimento. Falam que Aurora tem deixado claro o que quer e o que não quer e, em algumas ocasiões, faz birra, jogando o corpo para a frente ou para trás, e eles precisam ser firmes. Enquanto nos relatam isso, Aurora nos mostra também sua força e sua vitalidade oferecendo suco e fazendo tim-tim com os pais e as terapeutas.

Assim, seguindo o fio das origens e o faro da intuição combinada do individual e do universal; tentando o novo sem cair no falso, o verdadeiro sem cair no velho, buscamos uma compreensão que promova uma visão mais ampla e aguda para entender o que, à primeira vista, pareceria banal ou sem sentido.

10. A transmissão psíquica através das gerações: relato clínico de um caso de uma adolescente psicótica

O que se transmite é o que resta do sofrimento
na própria transmissão...

(Kaës, 1986)

Baseada em uma perspectiva transgeracional, vou tratar do sintoma da adolescente Renata como impeditivo de sua constituição como sujeito psíquico.

Em *Totem e tabu,* Freud (1913/1996) discrimina a transmissão por identificação aos modelos parentais (história do indivíduo) da transmissão genérica constituída por traços mnemônicos das relações com as gerações anteriores (pré-história do indivíduo). Na pré-história, inclui-se a transmissão dos objetos perdidos, enlutados, fatos congelados, enigmáticos sobre os quais não houve uma elaboração, um trabalho de simbolização.

Em 1914, no trabalho sobre narcisismo, Freud chamou atenção para os investimentos que são depositados na criança e que poderão dar lugar e sentido aos sonhos e desejos não realizados dos pais, marcando condições do nascimento psíquico desse filho.

Em *Psicologia coletiva e análise do ego,* Freud (1921/1996) afirma que tudo que se transmite dentro de um grupo é feito pela via das identificações. Essas proposições asseguram em sua origem a importância do conceito de transmissão, isto é, o processo de tomar conhecimento da realidade psíquica que se transporta, desloca ou transfere de um indivíduo a outro entre eles ou por meio deles, ou nos vínculos do conjunto, ainda que o que foi transmitido psiquicamente se transforme ou permaneça igual.

Ninguém pode construir completamente sua própria história, pois o indivíduo sempre se ancora em uma história familiar que o precede, de onde extrai a substância de suas fundações narcísicas, e toma um lugar de sujeito. Uma herança psíquica lhe é transmitida pelas gerações precedentes. Uma *herança intergeracional*, constituída de vivências psíquicas elaboradas – fantasias, imagos, identificações... – que organizam uma história familiar, uma narração mítica da qual cada indivíduo pode extrair os elementos necessários à constituição de sua história familiar individual neurótica; e uma *herança transgeracional*, constituída de elementos brutos, não elaborados, transmitida e marcada por vivências traumáticas, não ditos, lutos não elaborados. Por não terem sido elaborados pela ou pelas gerações precedentes, tais elementos brutos irrompem nos herdeiros, atravessam o espaço psíquico sem apropriação possível (André-Fustier & Aubertel, 1998).

Todo membro da família e toda criança que vai nascer são obrigados a encarregar-se de diferentes níveis de alianças inconscientes (contrato narcísico e pactos de negação) sobre os quais se fundamentou o encontro entre seus pais e suas duas descendências.

O aparelho psíquico familiar, articulando o eixo de geração e o eixo intragrupal, delimitará um espaço psíquico grupal no interior do qual o que é vivo, o que se experimenta na atualidade, poderá inscrever-se em uma cadeia de sentido tanto familiar quanto individual. Mas pode se produzir uma quebra nessa cadeia de sentidos, uma alteração nas capacidades de elaboração ligada ao funcionamento do aparelho psíquico familiar: seja por *impregnação* muito grande de modalidades de transmissão de geração que impedem à criança um trabalho de elaboração psíquica sobre um material mantido fora da psique; ou seja por um *engavetamento* entre um acontecimento atual (deficiência, acidente, morte) e um acontecimento do passado, não colocado no passado, com o qual entra em colisão repetindo a ruptura das funções de paraexcitação familiares, e impedindo um trabalho de elaboração tanto familiar quanto individual (André-Fustier & Aubertel, 1998).

Estrutural e geneticamente, o *aparelho psíquico familiar* funciona sempre como uma matriz de sentido que serve de invólucro e de sustentáculo primários às psiques dos indivíduos que nascem no seio de uma família.

Uma das funções do aparelho psíquico familiar é a de conter e metabolizar as angústias arcaicas de todo recém-nascido e depois o mínimo de todo indivíduo para permitir-lhe a construção de um mundo interno sólido e coerente. No início, essa função é externa e permitirá ao bebê transformar suas experiências sensoriais em vivências psíquicas progressivamente relacionáveis entre si e representáveis no interior de um ego em constante diferenciação.

O mecanismo clássico de transmissão *transgeracional* é que os avós do futuro bebê, por alguma razão, depositam, de forma temporária e inconsciente para eles e para seus próprios filhos, desejos, esperanças, ordens, imagens que os futuros pais trarão consigo inconscientemente desde criança. Tais fantasias e desejos então condicionam suas próprias expectativas, imagens e desejos em relação a como serão seus filhos, o que essas crianças farão no futuro. Os pais, quando têm o seu bebê, convertem-se ou não em atores desses dramas ao interatuar com seu(ua) filho(a) (Salinas *et al.*, 1992).

O *objeto transgeracional* fala de um ancestral, um avô ou um outro parente direto ou colateral de gerações anteriores, que suscita fantasias, provoca identificações, intervém na constituição de instâncias psíquicas em um ou em vários membros da família (Eiguer, 1998). Os objetos psíquicos, fruto da transmissão, podem ser descritos via processos de identificações projetivas, adesivas ou introjetivas. A transmissão de objetos, de desejos e de fantasias inconscientes dos pais aos filhos se faz pelas comunicações não verbais e pelos paradoxos que possam revelar (Ciccone, 1998).

Papéis e fantasias imaginárias inconscientes determinam, então, não somente a autorrepresentação dos pais, mas também a maneira geral como se comportam com seus filhos, incluindo atitudes e comportamentos, expressões de afeto, omissões etc., verbais e não verbais. É possível captar essas projeções e identificações dos pais sobre o filho por meio da simples observação. Por exemplo, transtornos de sono podem estar associados a uma mãe que projeta em seu filho a imagem de uma pessoa estragada ou morta de seu passado, de forma que ela acorda seu bebê várias vezes durante a noite para verificar se ele ainda está vivo. Outros distúrbios, como vômitos ou anorexia, podem resultar de uma oposição do filho a um comportamento intrusivo da mãe (Manzano, Palacio Espasa e & Zilkha, 2001).

O filho reagirá à pressão da fantasia assim expressa no comportamento comunicativo dos pais de acordo com suas próprias motivações – em particular, a necessidade de ligação e *holding* (Winnicott, 1988) provinda de seus próprios impulsos e defesas. Ele se identifica total ou parcialmente com a representação nele projetada, mas pode também rejeitar e reprojetar o papel que lhe foi atribuído pelos pais; nesse caso, seu desenvolvimento pode ser afetado e sintomas podem ser gerados.

Os roteiros narcísicos da paternidade tanto podem ser superados e integrados no desenvolvimento harmônico do relacionamento pais-filho(a), quanto podem ter consequências patológicas, caso interfiram nesse desenvolvimento e conflituem com a realidade, em particular com a realidade da existência de uma criança em crescimento, o que é incompatível com as projeções dos pais nela.

O sintoma pode ser considerado, portanto, uma forma muito investida do vínculo familiar narcísico e indicador de transmissão, enquanto testemunha de uma aliança inconsciente, um pacto que denuncia a transmissão de algo não nomeado, impensado. O sintoma mantém o pacto unido, ao mesmo tempo que revela seu fracasso (Ciccone, 1998).

No trabalho com famílias de pacientes com transtornos emocionais graves de hospitais-dia, é possível detectar que a função parental é severamente comprometida. Na maioria dos casos, a função paterna, que é fundamental na contextualização das relações iniciais com o bebê, está ausente, inexistente ou extremamente frágil. A coconstrução da história familiar, identificando os aspectos transgeracionais, conforme propõe Lebovici, revela inúmeras situações traumáticas transmitidas por identificações projetivas, na maioria das vezes, de forma não verbal. A terapia familiar psicanalítica permite dar um sentido aos sintomas nunca nomeados.

O caso clínico que vou descrever é de Renata, uma menina de 15 anos atendida no Instituto Therapon Adolescência.[1] É possível observar nessa paciente, cujo sintoma é a psicose, a transmissão do recalcamento da sexualidade por gerações.

A história clínica que se segue foi colhida nas entrevistas de triagem, nas interações de Renata com técnicos e outros pacientes durante as oficinas terapêuticas e, principalmente, durante as sessões de

1 O Instituto Therapon Adolescência foi um hospital-dia para adolescentes de 12 a 24 anos. Seguia o modelo do Hôpital de Jour – CEREP – Montsouris (Paris).

terapia familiar psicanalítica. Nessas sessões, Renata berrava, chorava, ouvia vozes persecutórias, ora como expressão de sua dor diante da história emocional que se revelava, ora para impedir que o processo terapêutico tivesse continuidade.

Renata é a única filha de um casal que se separou aos quatro meses de casamento, quando a mãe estava grávida há um mês. Na época das consultas, a mãe tinha 39 anos, sem profissão definida, ocupando-se basicamente das prendas domésticas e, desde a separação, residia com sua mãe, avó de Renata e a pessoa que fez todo o contato inicial conosco, dando todas as informações e autorizando o tratamento da neta no Instituto Therapon. A mãe de Renata relatou à avó que é uma pessoa muito perturbada, provavelmente com um quadro de psicose maníaco-depressiva. O pai da paciente, que veio a falecer dois meses depois que Renata iniciou seu tratamento, tinha 43 anos, era advogado, morava no Norte do Brasil e não teve contato com a filha. Ele também é descrito pela avó da paciente como uma pessoa muito perturbada, possivelmente com comportamentos psicopáticos. A avó tem complementado a mãe em suas funções maternas, com um comportamento bastante invasivo e controlador sobre a filha e agora também sobre a neta.

Como o sintoma de Renata transita por gerações? A avó é de uma família de origem árabe, libanesa, na qual a mulher é desvalorizada em relação aos homens, como ela mesma nos conta. Quando jovem, estava destinada a se casar com um "príncipe árabe" escolhido pelo pai, mas rebela-se contra isso e casa-se com um brasileiro, Renato. Quando casa, está grávida da mãe de Renata, mas sua família não podia saber disso, pois "caso soubessem, seu pai poderia até matá-la". Quando sua filha nasceu, a avó de Renata é banida da família, deserdada pelo pai que não mais a aceitou até o dia de sua morte. O casamento dos avós de Renata é infeliz. Logo na lua de mel, descobriu que não havia feito uma boa opção, foi uma má escolha: ele batia nela, era uma pessoa instável, mulherengo, "sumindo de casa por uns tempos e que depois voltava pedindo perdão". Com o tempo, o casal foi vivendo várias crises, chegando a uma situação de empobrecimento quando o avô, que era publicitário, perde tudo em 1984, ano de nascimento de Renata.

Dos 40 anos de casados, apenas nos últimos dez é que Renato (o avô) tem sido companheiro da esposa e muito por causa da neta, Renata, que lhe desperta pena por causa de seus problemas emocionais. Nos últimos anos, tinham uma lanchonete que agora é do avô e do filho (segundo e último filho do casal, tio de Renata), pois a avó vendeu sua parte na sociedade para cuidar de sua saúde, da filha e da neta. Pode-se observar o abandono da realização profissional, da autonomia e da independência econômica por parte da avó.

O filho do casal, tio de Renata, quatro anos mais jovem que sua irmã, é homossexual. A revelação dessa condição sexual para a família foi catastrófica. O pai o expulsou de casa na ocasião, e eles brigaram a ponto de o filho agredir o pai fisicamente. Hoje estão reconciliados em parte, mas como o filho não mora mais com eles, isso é motivo de muito sofrimento para a avó de Renata.

A mãe de Renata tem o ensino médio completo, formou-se em inglês, mas nunca exerceu uma profissão. Parece ter sido sempre uma pessoa quieta, introvertida, talvez por demais submissa à mãe até conhecer aquele que veio a ser seu marido. A avó de Renata reprovava o relacionamento por achar que o rapaz não era boa pessoa. A história se repete na escolha afetiva da filha. Chegou a mandar o rapaz embora quinze dias antes do casamento, mas a filha tentou suicídio, tomando sedativos e ficando em coma por oito dias. Depois disso, mesmo contra a vontade da mãe, a mãe de Renata se casou e foi morar com o marido em Rondônia, pois a família dele é de lá (inclusive com posses e influência política). Uma vez morando lá, a filha telefonava chorando, dizendo que era maltratada, pois não sabia cuidar da casa e do marido, ambos eram sustentados, a distância, pelos avós de Renata (aqui podemos ver a repetição da história afetiva da avó na própria filha). Depois de muita confusão, aos quatro meses de casamento, estando grávida de um mês, a mãe de Renata volta para a casa da mãe, passando o pai a visitar a esposa a cada dois meses durante a gravidez até que, em uma ocasião, brigaram de modo mais rude, e a avó colocou o pai de Renata definitivamente para fora da casa dela. Após isso, o pai de Renata só voltou quando a filha nasceu para fazer seu registro civil. Os pais de Renata separaram-se legalmente e passaram a viver uma disputa judicial em função da pensão da filha. Ao longo desse tempo, a mãe de Renata vai desenvolvendo ou piorando um quadro de depressão melancólica. Nos raros contatos que pudemos ter com a mãe de Renata (ela quase não comparece às terapias familiares e aos grupos de pais), ela nos conta que não pode falar nada sobre a educação de sua filha, pois sua mãe sempre lhe diz que está errada, então ignora sua filha. A parentalização está interditada, a função materna é exercida, de forma intrusiva, pela avó. A mãe de Renata atualmente é acompanhada por psiquiatra e por psicoterapeuta e tem sido sempre desautorizada enquanto pessoa, mulher, mãe e filha – não deixa de ser uma outra forma de também ser deserdada.

A avó, que não é reconhecida como mulher nem é tratada como ser humano pelo pai e pelo marido, psicossomatiza com intensidade, é uma pessoa com transtornos emocionais de natureza depressiva, além de não ter estômago, "não pode engolir muita coisa". Sobrevive às custas de antidepressivos e de sua *tirania inconsciente de manter as outras gerações insanas, fora da realidade e assexuadas*. É acompanhada por psiquiatra do qual recebe medicação para seus sintomas depressivos, além de frequentar a Igreja Messiânica onde "tem encontrado algum conforto para seu sofrimento".

Recapitulando, essa avó teve um casal de filhos: a filha tem transtorno bipolar e o filho é homossexual. A neta, filha da filha, é psicótica. O genro era psicopata, e o marido é depressivo.

A avó ainda cuida e é a responsável pela filha, pela neta e por uma irmã que sofreu um AVC. Apesar da morte de seu pai, a maldição ou o mandato transgeracional se propaga e ela continua sendo desprezada pela família, vivendo com dificuldades econômicas e impossibilitada de trabalhar.

A tragédia está montada. O traumatismo, como afirma Ciccone (1998), é gerador de uma transmissão sem ou com pouca transformação. O mandato (Lebovici, 1993a) se perpetua em várias gerações. Renata e sua mãe também não podem se constituir como sujeito psíquico.

Renata (note-se que seu avô materno se chama Renato) cursou até o quarto ano do ensino fundamental, em escola regular, mas já apresentava alterações em seu comportamento emocional por volta dos 6 anos de idade. Foi amamentada durante três ou quatro dias, tendo tido uma mãe muito deprimida, apática, desde seu nascimento. A paciente teve convulsões a partir dos 6 meses de idade até os 2 anos. Foi submetida a muitos exames e investigações diagnósticas para esse sintoma, chegou a ser internada e medicada com anticonvulsivantes, mas sem um diagnóstico definido. Aos 2 anos de idade, a avó passou a levá-la a um "centro espírita", o qual frequentou por dois anos; nesse meio-tempo, as convulsões desapareceram e não mais retornaram. Teve, com todos esses fatores intercorrentes, um atraso em seu desenvolvimento neurológico e psicomotor, andando com 2 anos e meio e falando aos 4 anos e meio.

Seu quadro de transtorno emocional foi piorando progressivamente, levando-a a interromper sua frequência na escola. Esteve sob acompanhamento psicoterápico e psiquiátrico em diferentes serviços em sua já crônica história de transtorno emocional. Apresenta intensos sintomas psicóticos, como alucinações auditivas com vozes de comando, alterações do pensamento (irradiação e desagregação), delírios persecutórios envolvendo seus familiares, auto e heteroagressividade, além de comportamento pueril, apontando-se para a hipótese diagnóstica de esquizofrenia indiferenciada de curso episódico com déficit estável e está sendo devidamente medicada. Renata tem pouca capacidade de concentração, ouve vozes, reza e conversa com Deus o tempo todo e com facilidade sente-se perseguida por alguma pessoa. Está sempre acompanhada por um lencinho com o qual enxuga suas constantes lágrimas, pois chora com frequência. Veste-se com roupas largas, moletons, pouco femininas. Escreve muito bem e utiliza a escrita como forma de comunicação.

Quando Renata iniciou seu tratamento conosco, nós atendíamos três meninos e havia por parte da equipe técnica e dos pacientes a expectativa da entrada de um novo paciente e em particular de uma menina, a qual inauguraria uma configuração mista para o grupo de pacientes. A questão sexual estava presente tanto na equipe quanto nos pacientes, e Renata se apresenta com toda sua sexualidade recalcada, é uma menina cujo mandato geracional determina sua não existência como mulher.

Nas atividades terapêuticas, observamos uma disparidade entre o modo como ela se comporta e o que ela escreve, onde frequentemente se apresenta mais organizada, sobretudo para dizer de seus sentimentos. Outro aspecto está expresso na importância que ela dá ao contato físico. Ela aprendeu a lutar judô e gosta do esporte, mas ao lutar, não poderia ser por brincadeira, teria de ganhar ou perder. Quando já havia estabelecido contatos físicos carinhosos com as pessoas da equipe, dando a mão, abraços e beijos, foi possível participar de um jogo de lutas. Neste ela foi aceita pelo grupo de pacientes, respeitada pelo seu conhecimento de golpes, e pôde usufruir o prazer da atividade, mostrando inclusive certa excitação e interesse sexual por causa do contato físico (particularmente com um dos técnicos, embora também lutasse com alguns pacientes).

Isso exemplifica a dificuldade de representação e expressão da sexualidade feminina na família de Renata e nela mesma. Curiosamente, a sexualidade feminina que estava sendo tão ansiosamente projetada, na fantasia, pelo grupo de pacientes, na entrada dela na instituição. A vida sexual ou a sexualidade, de modo mais amplo, é marcadamente insatisfatória nessa família.

A sexualidade recalcada de Renata também se manifesta por meio de uma lista de "palavras especiais" que foi progressivamente sendo contada às pessoas, sempre de modo reservado, em segredo, e que não podem ser pronunciadas, pois do contrário provocam grande excitação e medo em Renata. Essas palavras: febre, confessar, travada, nove...; têm intensa conotação sexual erótica, alta catexia de energia libidinal. Quando esse tema aparece com um homem, manifesta-se uma fantasia de que algo muito perigoso possa acontecer. A experiência contratransferencial, nesse caso, é de que a fantasia erótica é acompanhada de muita agressão, de muita fantasia agressiva e é, por isso mesmo, muito angustiante. Uma angústia de natureza fortemente psicótica. Nota-se a qualidade dos traços identificatórios da paciente com a mãe e com a avó, fazendo convergir aspectos "femininos fortes", que desqualificam o masculino (atacar e destruir o masculino) com aspectos "femininos fracos", expressivamente representados por uma sexualidade que não pode se manifestar por gerações. E, ainda, é possível destacar a introjeção e a identificação com o superego severo e punitivo (primeiramente expresso pelo bisavô de Renata) que interdita a existência e a realização sexual femininas, da avó, de sua filha e da neta, Renata (Silva, 1999b).

A primeira reação da equipe técnica foi subestimar a capacidade de participação da paciente nas experiências grupais e institucionais, repetindo o que acontece na família de Renata, com a mãe e a avó. Apesar da dificuldade em compreender o que ela fala, pois fala para dentro e com um tom de voz extremamente choroso e infantil, apesar do contato turbulento que ela provoca no grupo, despertando compaixão, irritação e gozação, estimulando aspectos sádicos dos pacientes meninos, os quais inventam e mentem sobre coisas que ela teria feito, deixando-a perseguida, assustada e confusa; apesar disso tudo, Renata pôde se destacar no grupo de pacientes como aquela que não é dissimulada, que não consegue esconder o que pensa (ou alucina), sendo mais expressiva e deixando mais fácil reconhecer aquilo que está sentindo. Contrastando assim com o grupo dos pacientes que escondem por detrás de seus transtornos de comportamento seus verdadeiros sofrimentos, Renata despertou a possibilidade de as coisas aparecerem, mesmo que fossem coisas "loucas". De algum modo, ela fez emergir as coisas mais "enlouquecidas" dos outros pacientes, além de mostrar sensível percepção aos reais problemas que outros pacientes podem ter e querem esconder.

As situações transferenciais e contratransferenciais estabelecidas entre Renata e a equipe técnica regeram novas relações afetivas. Com esforço, procuramos compreender suas angústias terroríficas, levar os pacientes a ouvi-la e a respeitá-la, no sentido de permitir sua integração no grupo. Durante as sessões de terapia familiar, o trabalho analítico estava voltado para o processo de parentalização poder se dar e para Renata poder ser ouvida, em um movimento de favorecer o nascimento de um sujeito psíquico. A avó de Renata resistia e impedia sempre que podia esse processo, em um movimento de fazer e desfazer o contrato de trabalho, o estabelecimento de um vínculo e a confiança no tratamento. Qualquer movimento de mudança era vivido como extremamente ameaçador e geravam movimentos de ruptura frequentes e intensos.

Todos aqueles que trabalham com famílias de psicóticos podem observar o voto letal que atinge a criança, como se ela colocasse freio na onipotência parental, quando na verdade ela é a garantia potencial da continuidade do *narcisismo parental*, como Freud destacou com pertinência em 1914; os pais podem realizar, por intermédio deles, seus sonhos não realizados, mas, identificados com o divino ou incapazes de lutarem por um ideal, acreditam que a criança roubará deles uma parcela de seu futuro. Dando-lhes a vida, eles se imaginam na possibilidade de perdedores. Se a avó de Renata não pôde existir como mulher e ser humano diante do pai, ninguém mais de seus descendentes poderá existir? Encontramo-nos diante desse desafio.

Destaca-se como a introjeção e a identificação com o superego severo e punitivo (primeiramente expresso pelo bisavô da paciente) interditaram a existência e a realização sexual femininas, da avó, da filha e da neta.

Conclui-se, como já dito, que os sintomas da paciente e de sua mãe perpetuaram o castigo de um ancestral que exerceu seu poder tirânico sobre seus descendentes, de modo que, em mais de uma geração, a mulher não pôde e não pode existir como ser humano – a sexualidade feminina não pode ser representada e deve ser recalcada, recusada ou reprimida.

11. A construção da parentalidade na Clínica Transcultural: mulheres refugiadas

O tecelão que trabalha para recosturar localmente dois mundos separados [...] entrelaça, torce, junta, passa por cima, por baixo, enlaça, o racional e o irracional, o dizível e o indizível, a comunicação e o incomunicável.

Serres (1997, p. 38)

Introdução

Neste capítulo, como sugere Serres, procuro tecer, enlaçar o que muitas vezes é indizível na experiência de migrantes e refugiados.

A clínica transcultural é um modelo de intervenção psicanalítica que leva em conta a dimensão clínica, antropológica e também linguística, e que procura dar sentido às interações entre os níveis coletivo, intersubjetivo e intrapsíquico. Essa metodologia foi criada pelo psicanalista e antropólogo Georges Devereux (1970), fundador da etnopsicanálise, propondo o uso *obrigatório* dessa dupla matriz epistemológica [psicanálise e antropologia], mas não *simultâneo* (Devereux, 1972). Ele propõe o *complementarismo*, que implica uma leitura que favoreça a multiplicidade de referências e uma ruptura com a posição etnocêntrica, o que contribui para o *descentramento* do analista. *Complementarismo* e *descentragem* são os componentes essenciais dessa clínica plural que é a clínica transcultural (Moro, 2015).

Nós sabemos que cada sistema cultural tem uma língua, um conjunto de hábitos, um código de como fazer – o sujeito incorpora essas representações coletivas e se apropria de seus sentidos individualmente. A clínica transcultural leva em consideração esses aspectos culturais que permitem ao sujeito decodificar "o total" das experiências vividas e "dominar" a violência do imprevisível e, consequentemente, do não sentido.

A parentalidade no exílio

Não nascemos pais, tornamo-nos pais... Há mil e uma maneiras de ser pai e de ser mãe, com ingredientes complexos, como mostram os trabalhos de sociólogos e antropólogos.

Os elementos culturais se misturam e se imbricam com os individuais e familiares de maneira profunda e precoce: durante a gravidez, por seu caráter iniciático, com a memória de aspectos míticos, culturais e fantasmáticos; diante das 1.001 maneiras de se dar à luz, que vão se opor às lógicas médicas, psicológicas, sociais e culturais; e depois diante das 1.001 maneiras de se criar um filho, de apresentar-lhe o mundo, de conceber sua alteridade e seu sofrimento. Tudo isso vivido e reativado em uma situação de crise, sem uma rede de apoio, como ocorre nas situações de migração ou refúgio, reaviva representações por vezes adormecidas ou que se acreditavam superadas.

Quando podemos intervir no período perinatal, podemos coconstruir os ajustamentos necessários entre a mãe e o bebê, assim como entre o marido e a mulher, evitando dificuldades mais graves. Assim vamos reconhecendo a desorientação e a dúvida das mães migrantes por meio de pequenas coisas (queixas somáticas, queixas em relação ao bebê, pedidos de ajuda social...).

Sabemos que a transmissão transgeracional (Lebovici, 1991) permeará a vida psíquica do bebê desde a geração dos avós, por meio dos conflitos infantis de seus pais, sejam eles pré-conscientes ou recalcados. Na clínica transcultural, estão presentes os traumas migratórios. E quando o peso da transmissão é demais e sua tradução é excessivamente direta, a filiação se transforma, para a criança, em uma patologia do destino ou nos "fantasmas no quarto das crianças" (Fraiberg, Adelson & Shapiro, 1975).

Diante do exílio, a vulnerabilidade das mães e dos pais se potencializa e é observada por meio da transparência psíquica[1] (Bydlowski, 1997), nos níveis psíquico e cultural. No nível psíquico, pela revivescência dos conflitos e pela expressão das emoções. No nível cultural, pelo mesmo processo, mas aplicado às representações culturais, às maneiras de fazer e de dizer próprias de cada cultura. Todos esses elementos culturais da geração precedente se reativam, tornam-se importantes e preciosos. Moro (2005) propõe a transparência cultural para pensar e dar figurabilidade ao que os pais vivem. Nosso objetivo em nossa clínica é o de permitir que os pais possam expressar o que lhe faz medo e de ser, segundo a bela metáfora do tecelão de Michel Serres.

A clínica transcultural nasce como uma nova teoria da técnica para lidar com as dificuldades cotidianas e complexas vividas pelas

1 Por transparência entendemos o fato de que, no período perinatal, o funcionamento psíquico da mãe é mais legível, mais fácil de perceber do que habitualmente. Com efeito, as modificações da gravidez fazem nossos desejos, nossos conflitos, nossos movimentos se expressarem mais facilmente e de maneira mais explícita, e, por outro lado, nós revivemos os conflitos infantis que são reativados, em especial as ressurgências edípicas. Em seguida, o funcionamento torna-se opaco de novo (Bydlowski, 1997).

famílias migrantes e com elas. Uma nova maneira de fazer e de pensar, um novo *setting* para acolher essas crianças e seus pais, no contexto de uma rede que permita criar laços e o ir e vir entre espaços de prevenção e de tratamento em uma complementação criativa.

Clínica Transcultural e seu setting

Em São Paulo, desde 2016, a Clínica Transcultural[2] do Centro de Atendimento Psicanalítico da Sociedade Brasileira de Psicanálise de São Paulo (SBPSP) vem trabalhando com o modelo de intervenção grupal e com o modelo de intervenção nas relações iniciais pais-bebê, atendendo gratuitamente famílias de migrantes e de refugiados encaminhados por centros de saúde e por organizações não governamentais parceiras.

O *setting* da Clínica Transcultural é constituído por vários terapeutas que recebem o paciente e sua família (visto que a família carrega uma parte do sentido do sofrimento do paciente, independentemente de sua idade); os profissionais que fizeram o encaminhamento (e que também fazem parte da história da família no país); e um tradutor ou um intérprete cultural para garantir que o paciente possa utilizar sua língua materna para se comunicar, se assim desejar. Quando somos autorizados, filmamos os encontros.

No *setting* da clínica transcultural, a equipe de terapeutas, com base em um trabalho interno de continência e *rêverie*, abdica de seus próprios valores culturais e preconcepções, procurando transformar em sonhos as experiências traumáticas relatadas pelas famílias. Esses

---

2 Equipe de psicanalistas da Clínica Transcultural: Ana Balkanyi Hoffman, Diva A. Cilurzo Neto, Fushae Yagi, Marcella M. de Souza e Silva, Maria Augusta M. Gomes, Maria Cristina B. Boarati, Maria Cecília Pereira da Silva, Maria do Carmo M. Davids do Amaral, Maria José Dell'Acqua Mazzonetto, Marília A. da S. Modesto Santos, Paula Ramalho da Silva, Stephania A. R. Batista Geraldini, Tania M. Zalcberg, Wadad A. Hamad Leoncio. Tradutoras: Mariam Mohamad Chehimi e Ana Elisa Bersani. Assistente social: Sara C. N. Ferreira.

sonhos/pensamentos *alfa* são oferecidos ao grupo e transmitidos à família pela terapeuta principal.

As terapeutas que se ocupam das crianças procuram ser interlocutoras dos aspectos emocionais infantis que se apresentam por meio dos desenhos e do brincar durante as consultas.

Outro aspecto fundamental desse *setting* é o trabalho relacionado à contratransferência cultural, ou seja, o modo como cada terapeuta se posiciona em relação à alteridade do paciente, os afetos sentidos, as teorias etc., o seu modo de fazer e pensar culturalmente, a construção de suas conjecturas e intervenções durante o atendimento, elaborados depois da consulta.

No *setting* assim constituído, a continência e a *rêverie* de um grupo de profissionais favorecem trocas, possibilitam elaboração, ressignificação, coconstrução de um sentido cultural, e permitem uma materialização da alteridade, uma vez que cada terapeuta possui uma origem cultural diferente, com uma transformação dessa alteridade em instrumento terapêutico (Moro, 2015). "Longe de serem obstáculos, a língua dos pacientes, suas representações culturais, as lógicas culturais, que lhes povoam o imaginário, são considerados elementos da cena terapêutica e fontes de criatividade para os terapeutas e para os pacientes" (Moro, 2015, p. 190).

Relato a história de duas mulheres migrantes – uma síria e outra haitiana – com suas respectivas filhas, bem como uma família boliviana, todos atendidos em nossa Clínica Transcultural.

Senhora Síria e suas meninas: as marcas traumáticas da guerra e da migração

Aqui pude falar como em lugar algum...
Obrigada... Muito obrigada...

Sra. S., mãe síria de duas meninas com
marcas dos conflitos na Síria

As situações traumáticas deixam marcas encriptadas, geralmente silenciadas e impossíveis de serem simbolizadas. Se não forem elaboradas, serão transmitidas às futuras gerações.

As marcas deixadas pelas guerras, pelos campos de concentração, pela ditadura, por situações de migração forçada, não processadas, estão presentes em muitas famílias. Os pais e as crianças relatam suas histórias de migração, repletas de sofrimentos físicos e psíquicos.

A Sra. Síria (Sra. S) é uma refugiada síria. Quando perguntamos a respeito de sua vida na terra natal, sua resposta nos surpreendeu e emocionou por causa da extrema violência. Ela fugiu, com ajuda do consulado brasileiro na fronteira com o Líbano, com suas duas filhas, após um ataque em que todas foram feridas por estilhaços de uma bomba. Sua filha mais velha perdeu a visão de um dos olhos, e a caçula teve o intestino perfurado e uma de suas coxas perdeu parte da massa muscular. A Sra. S perdeu a sensibilidade de uma das mãos, o que a impediu de ficar em um emprego que exigia um trabalho manual. As três ficaram internadas juntas em um hospital por três meses e não se largavam. Aterrorizada diante dos maus-tratos de seu marido e da violência da guerra, ela veio para o Brasil sem deixar aviso prévio.

Em São Paulo, foi acolhida por sua mãe, que tem problemas de saúde, também a maltrata e não tem paciência com as crianças; pela comunidade árabe, que fica distante de sua casa; e pela organização não governamental (ONG) IKMR (*I know my rights*) que se dedica especificamente aos cuidados de crianças refugiadas. Foi essa instituição, sem fins lucrativos, que nos encaminhou a família, ao constatar o sofrimento das crianças.

Durante parte da nossa primeira conversa, escutamos seu relato a respeito dos problemas de saúde das três. A Sra. S descreveu um a um, talvez por ser mais fácil falar de problemas físicos ou por acreditar que era o que deveria ser contado: sua filha mais velha sente vergonha de seu olho e se esconde na escola e sua caçula tem cicatrizes que, conforme a mãe teme, a deixarão mais traumatizada quando crescer.

Ela nos contou que é a filha mais velha e professora de história e geografia, tem ainda uma irmã e um irmão. Segundo ela, todos têm uma relação normal com a mãe, mas a sua é um horror. Sempre foi maltratada, nunca teve carinho. Casou-se para fugir da mãe, mas foi morar na casa dela. Há 30 anos, é o mesmo problema. Atualmente moram com sua mãe, que chegou ao Brasil um ano antes delas, estão longe da colônia árabe e não têm amigos. As meninas sentem falta do pai, pois há 2 anos não têm qualquer notícia, nem foto dele. Ela imagina que as meninas nem se recordam direito do pai. A Sra. S queixa-se muito da relação ruim com sua mãe e fala que seu pai era bom, mas também batia na mãe na frente das crianças. Quando ele ficou doente, ela cuidou dele até sua morte.

Todo seu desamparo transborda na consulta e todas nós ficamos tocadas.

A possibilidade dessas famílias de refugiados contarem sua dor em sua língua materna, graças à presença de uma tradutora, e com a continência e a *rêverie* de uma equipe expandida de terapeutas que compõem o *setting* dessa clínica, favorece a elaboração dos traumas presentes na situação de migração.

Ao longo da consulta, as meninas brincam e prestam muita atenção no desabafo da mãe. Elas desenham e surge uma figura feminina bem grande e colorida que denominam de mãe. Chamou nossa atenção a expressividade gráfica dos desenhos das crianças. Apesar do choro constante ao nos contar sua história, apontamos como as crianças podiam vê-la como uma figura forte, viva, afetiva e muito próxima delas.

As terapeutas auxiliares, que se ocupam das crianças, procuram ser interlocutoras de aspectos emocionais que se apresentam por meio dos desenhos e do brincar durante as consultas.

Nesse *setting*, a Sra. S pôde falar de seus medos aterrorizantes e da insegurança em relação à sua capacidade de poder dar conta da tarefa de educar suas filhas. Falou de seu medo de não ser uma boa mãe. Tem se sentido sem condições e queria muito ouvir de nós a confirmação de seus recursos. Ficou muito feliz quando ouviu que, apesar de todo sofrimento, as meninas estavam brincando, com capacidade amorosa, e distribuindo comida.

Seu desejo de esquecer o passado está presente durante as consultas, mas seu cotidiano com desentendimentos com sua mãe e brigas entre as crianças a faz lembrar da "mãe que deveríamos ter e das violências vividas desde a infância".

Ao final, a Sra. S sentiu-se muito feliz com a acolhida, com a sensação de ter encontrado ajuda para dar conta dessa enorme tarefa e diz: "Aqui pude falar como em lugar algum... Obrigada... Muito obrigada...".

Com este trabalho de elaboração, as situações traumáticas vividas por essas famílias podem ser ressignificadas, impedindo a transmissão para as futuras gerações, ao mesmo tempo que, seguindo o fio de suas origens, resgatamos os valores culturais de sua terra natal.

Senhora Haitiana e suas meninas: as marcas da solidão

Recebemos a Sra. Haitiana (Sra. H) acompanhada de Claire, de 5 anos, e de sua irmã de 4 anos, com nossa equipe de psicanalistas, a tradutora, a professora e a psicóloga da instituição que nos fez o encaminhamento.

Claire é uma criança quietinha, e sua mãe, uma bela mulher com o semblante amargurado e um tanto apático. A família de Claire é do Haiti, seus pais vieram para o Brasil há 5 anos, quando sua mãe estava grávida de 6 meses dela. A Sra. H tem 5 filhos: 2 meninas que nasceram aqui e 3 filhos mais velhos que ficaram no Haiti com a avó paterna. Seu marido também migrou para o Brasil com elas, mas partiu há 3 anos.

Enquanto eu a ouvia contar tantas histórias de separações traumáticas durante seu processo de migração, fui tomada por uma enorme tristeza. Senti uma empatia com o desamparo e a solidão dessa senhora que teve duas filhas no exílio, sem o embalo da rede familiar e paterna. Ela estava profundamente deprimida, sem esperança, o futuro não tinha rosto. Nós sabemos que a parentalidade[3] no exílio potencializa angústias primitivas, no âmbito psíquico e cultural, especialmente na mãe. No âmbito psíquico, pela revivescência dos conflitos e pela expressão das emoções. No âmbito cultural, pelo processo ligado às representações culturais, às maneiras de fazer e de dizer próprias de cada cultura. Todos esses elementos culturais pertencentes à geração precedente se reativam, tornam-se de repente importantes, preciosos e vivos. Aqui o mandato transgeracional é central (Lebovici, 1993a). Esse mandato é atribuído à criança na transmissão transgeracional e faz penetrar em sua vida psíquica a geração dos avós, por intermédio dos conflitos infantis de seus pais, sejam eles pré-conscientes ou recalcados. É o caso dos traumas migratórios, os traumas e fantasmas que surgem do passado esquecido dos pais e que, em alguns casos, podem invadir os espaços e se instalar, afetando gravemente a relação da mãe com seu bebê. Diante da eclosão de tantas emoções reavivadas no exílio, é necessário criar uma rede para acolher de maneira adaptada essas crianças e seus pais, que permita tecer os laços e o ir e vir entre espaços de prevenção e de tratamento em uma coconstrução criativa (Moro, 2005, 2015).

3 A parentalidade se fabrica com ingredientes complexos. Alguns deles são coletivos, pertencem à sociedade como um todo, mudam com o tempo, são históricos, jurídicos, sociais e culturais. Outros são mais íntimos, privados, conscientes ou inconscientes, pertencem a cada um dos dois pais enquanto pessoas, enquanto futuros pais, pertencem ao casal, à própria história familiar do pai e da mãe. Aqui está em jogo o que é transmitido e o que é escondido, os traumas infantis e a maneira com a qual cada um os contém. E depois, há toda uma outra série de fatores que pertencem à própria criança, ela que transforma seus genitores em pais (Moro, 2015).

Logo no início, a mãe, com uma voz monocórdica, relata que tem dificuldade em se comunicar em português, diferente das filhas que falam português, mas não crioulo. Estamos acompanhadas de uma tradutora, o que permite que a Sra. H possa se expressar em sua língua materna.

"Claire está complicada na escola", diz a mãe. "Todo dia sou chamada porque Claire não quer ficar lá, e ela não fala nem explica o porquê". Essa menininha tão frágil se desespera na escola: chora, esperneia, fica muito desorganizada e foge, como se fossem surtos. "Ela grita e se assusta e ninguém consegue contê-la", complementa a professora. A professora e a psicóloga pensam que são os bichinhos em sua cabeça, lêndeas de piolhos.

Com a ajuda da tradutora, vou colhendo cuidadosamente seus sentimentos diante do processo de migração, sua história de lá e daqui, e como ela compreende os choros e os gritos de Claire.

Apesar de sua reticência em falar, aos poucos fomos nos aproximando, e a Sra. H pôde compartilhar seu sofrimento e suas crenças culturais. Ela pensa que todo o desespero de Claire deve vir dos espíritos: "há algumas entidades que estão fazendo isso com a menina". Então, ela ligou para a família do Haiti para pedir ao missionário que rezasse por Claire: "Jesus vai me ajudar, Jesus pode me ajudar".

Também percebo que ela está muito deprimida. Ela divide conosco as dificuldades de estar sozinha em um país estrangeiro e nos diz: "A polícia roubou meu comércio. Quando chego em casa, estou muito cansada do trabalho e nem falo com as meninas". Ela não conversa também porque as meninas não entendem crioulo e ela não fala português. As meninas então denunciam que sua mãe, quando fica brava, bate e xinga em sua língua materna. Ela se expressa em crioulo nos momentos de desespero.

Profundamente identificada com o desamparo de Claire, fico imaginando o sofrimento e a solidão dessas crianças que não têm uma mamãe que converse com elas nem em crioulo nem em português. Trata-se de uma relação sem palavras, uma não domina o idioma da outra. Imagino a solidão das meninas na noite escura, depois de um dia de desespero, sem objetos para acalmar, consolar e conciliar o sono. As meninas estão enraizadas no novo país, mas a mãe resiste. Digo: "Talvez Claire grite para que a senhora lhe dê o que tem dentro de si, seus afetos, suas canções, sua história, a narrativa de suas origens". A Sra. H compreende: "ela quer a minha afeição!".

Durante a consulta, Claire e sua irmã desenham, fazem colagem e brincam com as bonecas. Claire faz colares "curativos", representando sua demanda emocional.

Ao final, Claire expressa seu desejo: "Eu quero ficar aqui!". Ela mostra sua alegria de ter encontrado um lugar com pessoas que compreendem suas necessidades emocionais.

Essa experiência clínica tem nos mostrado que as representações trazidas pelas famílias migrantes, ao serem compartilhadas, são de uma eficácia evidente. Elas renovam nossas maneiras de pensar enquanto psicanalistas, obrigam-nos a nos descentrar, a tornar mais complexos nossos modelos e a nos afastar de nossos julgamentos apressados. Pensar essa alteridade é permitir que a parentalidade possa ser vivida por essas famílias de maneira menos traumática e que se familiarizem com outros pensamentos, outras técnicas, pois a migração traz com ela essa necessidade de mudança e, se essas famílias não estiverem inscritas em nossos sistemas de prevenção e de cuidados, corre-se o risco de deixá-las restritas a uma solidão elaborativa, pois, para pensar, nós temos necessidade de coconstruir, de trocar, de confrontar nossas percepções com aquelas do outro; se isso não é possível, o pensamento não se apoia em nada a não ser nele mesmo e em seus próprios construtos. A troca com o outro nos modifica e impede o engessamento psíquico (Moro, 2005, 2015).

Acredito que o *setting* oferecido pela equipe da clínica transcultural, baseado em um trabalho interno de continência e *rêverie*, depende de um trabalho relacionado à contratransferência cultural, ou seja, o modo como cada terapeuta se posiciona em relação à alteridade do paciente, os afetos sentidos, as teorias, o seu modo de fazer e pensar culturalmente, a construção de suas conjecturas e intervenções durante o atendimento, elaborados depois da consulta (Moro, 2015, p. 190).

Assim, procuramos coconstruir os caminhos para o enraizamento dessas famílias em uma nova cultura, sem perder o fio de suas origens.

12. A construção da parentalidade na Clínica Transcultural: uma família migrante

Introdução

Apresento o trabalho da Clínica Transcultural com uma família boliviana, uma intervenção psicanalítica que leva em conta a dimensão clínica, antropológica, assim como linguística, para dar sentido às interações entre os níveis coletivo, intersubjetivo e intrapsíquico. Essa metodologia, como apontado no capítulo anterior, foi criada por Georges Devereux (1970), com o uso *obrigatório* da matriz epistemológica da psicanálise e da antropologia (Devereux, 1972), o *complementarismo,* que implica a multiplicidade de referências e uma ruptura com a posição etnocêntrica, o que contribui para o *descentramento* do analista – componentes essenciais dessa clínica plural que é a Clínica Transcultural (Moro, 2015).

A parentalidade longe de casa

Há muitas maneiras de se tornar pai e mãe, com diversos elementos culturais que se misturam com os individuais e familiares de maneira profunda e precoce: na gravidez, com elementos míticos, culturais e fantasmáticos; nas formas de ter os bebês e de se criar um filho, física, social e emocionalmente. Nas situações de migração ou refúgio, tudo se reativa e, sem uma rede de apoio, reavivam-se representações por vezes adormecidas ou que se acreditavam superadas.

Por meio da transparência psíquica (Bydlowski, 1997), no nível psíquico e no nível cultural, a vulnerabilidade das mães e dos pais se potencializa. Tanto no nível psíquico como no nível cultural, reativam-se vivências emocionais anteriores que se tornam aspectos riquíssimos para nosso trabalho transcultural (Moro, 2005).

Clínica Transcultural e seu setting

Como assinalado no capítulo anterior, o *setting* da clínica transcultural é constituído por um terapeuta principal e uma equipe de terapeutas que recebem o paciente e sua família (visto que a família carrega uma parte do sentido do sofrimento do paciente, independentemente de sua idade); os profissionais que fizeram o encaminhamento (e que também fazem parte da história da família no país); e um tradutor ou um intérprete cultural para garantir que o paciente possa utilizar sua língua materna, se assim desejar. Filmamos os encontros com autorização da família.

A equipe de terapeutas, com base em um trabalho interno de continência e *rêverie*, transforma em sonhos as experiências traumáticas relatadas pelas famílias. Esses sonhos/pensamentos *alfa* são oferecidos ao grupo e transmitidos à família pela terapeuta principal.

Em geral, duas terapeutas se ocupam das crianças e procuram ser interlocutoras dos aspectos emocionais infantis que se apresentam por meio dos desenhos e do brincar durante as consultas.

A *contratransferência cultural* (Moro, 2015, p. 190) é um instrumento fundamental desse *setting*, pois a forma como cada terapeuta se posiciona em relação à estrangeiridade do paciente, os afetos sentidos, suas teorias etc., o seu modo de fazer e pensar culturalmente, serão importantes para a construção de suas conjecturas e intervenções durante o atendimento, ou elaborados após a consulta.

A família boliviana

Essa família nos foi encaminhada há dois anos pelo centro de saúde, pois a filhinha do meio, de 3 anos, apresentava um quadro de tricotilomania.

Com muita dificuldade, a família chegou até nós na primeira consulta. A equipe do centro de saúde não pôde acompanhar os familiares, e era desconhecido para eles o local de nosso Centro, bem distante de onde moram, cerca de três horas.

Eles chegaram todos bem agasalhados em uma manhã fria e úmida de São Paulo. A mãe com um bebê de 11 meses no colo, Juanito, a mais velha de 6 anos, Ana, e Milena de 3 anos. O pai do bebê os acompanhava carregando uma sacola típica de uma família com filhos pequenos.

Logo nos deparamos com alguns estranhamentos. As crianças, encapotadas, estavam com as fraldas cheias de urina e um mau cheiro tomou conta da sala. A mãe falava baixinho e havia pouca modulação em sua voz. Para nos aproximar dela, aprendemos a falar baixo também.

A questão do cheiro do corpo, dos agasalhos e do falar baixo tem uma origem cultural. É característica das famílias andinas[1] o conta-

1 Essas informações nos foram transmitidas em uma palestra de Jobana Moya, uma ativista boliviana pelos direitos das mulheres migrantes, integrante da equipe de base da Waris Convergência de Culturas, em 5 de fevereiro de 2019, no Centro de Atendimento Psicanalítico da SBPSP.

to com o cheiro do corpo, pois a água na Bolívia é rara e preciosa. O modo de falar da sra. Carmen também, pois a mulher indígena sempre foi discriminada, restrita ao mundo privado e sem direito à palavra: a relação com o mundo para além do lar sempre foi feita pelo homem.

A sra. Carmen nos conta que seus três filhos nasceram no Brasil, de três pais diferentes; Juanito, o caçula, é do sr. Guillermo, seu atual companheiro. Milena nunca conheceu o pai.

Ela vivia na região andina da Bolívia e veio para o Brasil com 17 anos, grávida de Ana. Conheceu o pai da criança na Bolívia e veio morar na casa de uma tia dele, abandonando seus estudos. Nessa época, sofreu muita violência doméstica.

Quando Ana tinha 8 meses, a mãe da sra. Carmen faleceu, mas ela só voltou para a Bolívia mais tarde, após o falecimento de seu pai, quando estava grávida de Milena, sua segunda filha. Permaneceu por lá alguns meses, mas queria retornar ao Brasil, pois já havia conhecido o sr. Guillermo. Quando Milena estava com 3 meses de vida, voltaram a se relacionar e foram morar juntos no sétimo mês de gestação de Juanito.

A morte dos pais deixou a sra. Carmen profundamente deprimida, com sintomas de ansiedade e com um luto patológico. "Ela precisa falar", disse-nos o sr. Guillermo.

Os três partos da sra. Carmen foram cesáreos. Nos hospitais de São Paulo, dificilmente os rituais andinos de parto são tomados em consideração (em Paris, há uma maternidade só para mulheres migrantes e refugiadas), e nós nos perguntamos como deve ter sido traumático ter tido seus bebês via cesárea sem os rituais de sua cultura.

No parto de Milena, ocorreram complicações, e a bebê ficou três meses na UTI. Após a alta, Milena passou a ter coceira, vermelhidão e descamação da pele, o que nos fez pensar em possíveis dificuldades vinculares iniciais. Por volta dos seis meses de vida, Milena começou a puxar e comer seus cabelos, criando áreas de clareira na cabeça.

Primeiros atendimentos: 1º e 2º encontros

Nos primeiros encontros, fomos colhendo a história dessa família, na Bolívia e no Brasil, e acolhendo as dificuldades emocionais e traumáticas. A sra. Carmen descreveu as doenças das crianças, a história das gestações e dos partos, e falou sobre a morte da mãe e, principalmente, do pai. Falou sobre o grande volume de trabalho, dificuldades financeiras, de moradia e de locomoção para a creche. "Tudo muito difícil para mim", ela nos disse. Sua fala sem prosódia, o barulho das crianças, tão demandantes, unido às situações traumáticas e violentas relatadas, provocaram na equipe sentimentos contratransferenciais de muita confusão.

Observamos como Milena era uma menininha bem retraída, ainda usava fraldas e falava poucas palavras: "mãe" e "pai", mas bem atenta a tudo, fazendo tentativas de comunicação não verbal e brincando com a irmã.

Enquanto os pais falavam das situações traumáticas, as crianças brincaram com as bonecas, expressando suas preocupações com o sofrimento materno e, com as fitas adesivas, construíram teias (redes) ligando todos.

O pai disse que era muito bom estar ali conosco, "pois nenhuma pessoa conversa assim, sobre os problemas, em outros locais. Isso ajuda muito. É um ambiente de confiança".

Esse é o potencial da Clínica Transcultural: oferecer um continente para as situações traumáticas, um lugar único para a expressão dos sentimentos de quem é migrante, em sua língua materna.

Ao final, assinalamos:

> *aqui estamos fazendo uma rede de emoções, de sentimentos, e as meninas estão nos ajudando a fazer várias ligações. Assim como as meninas fizeram as linhas com*

> *a fita crepe e as fitas adesivas coloridas, nós aqui estamos ajudando a construir uma rede que acolha vocês, como a rede de luz que ilumina ou a rede de dormir que embala.*

3º atendimento: cinco meses depois do 2º encontro

Após 5 meses, um clima de reencontro e alegria tomou conta de toda a equipe de terapeutas e da família. Juanito já andava e Milena mostrava seus cabelinhos bem curtos pela primeira vez. Em um primeiro momento, tivemos dificuldade em reconhecer aquela menininha de cabelos curtos à mostra e falando.

Os pais estavam orgulhosos em nos contar as novidades, os progressos no desenvolvimento das crianças. Pudemos conversar sobre:

> *esse jeitinho de Milena de dizer alguma coisa que não vai bem, puxando e comendo seus cabelos. Diante de tantas dificuldades, tristezas e perdas que tinham nos contado, Milena queria ajudar a mamãe a se livrar de tantas coisas doloridas presentes em seus pensamentos. Era um jeito dela expressar seu pedido de ajuda.*

Assim, Milena comunicava quantas projeções maternas estavam sendo depositadas sobre ela, impossibilitadas de ganharem sentido.

Nesse dia, a sra. Carmen nos contou que se lembrara dos rituais que seu pai usava para afastar sustos e medos e, orgulhosa de si, contou que havia utilizado para acalmar seu filhinho. Era uma forma dela manter seu pai vivo dentro de si com boas lembranças presentes no dia a dia deles no Brasil.

Esse resgate da cultura de origem por parte da família promoveu uma experiência contratransferencial de descentramento dos terapeutas da equipe.

4º atendimento: dois meses depois do último encontro

Nesse dia, Milena estava mais falante, brincando e conversando. Sr. Guillermo disse que ela se desenvolveu na creche, mas logo em seguida *fez uma série de reclamações* – relatando problemas de saúde diversos, uma verdadeira ladainha.

Estariam agarrados à situação traumática da migração? Seria a expressão própria do trauma?

Curiosamente as crianças realizaram um "banquete" com comidas típicas da Bolívia e alimentaram todos, ajudando os pais a reconhecerem como brincavam juntas.

5º atendimento (dois meses depois do último encontro)

Nesse dia, a sra. Carmen veio com Milena, linda de chuquinhas e de batom. Ela falou sobre suas preocupações com a saúde física das três crianças, enquanto Milena brincava sozinha. Contou como sentia falta de nossos encontros, pois eram importantes para ela.

Ao perguntarmos sobre seus sonhos, ela falou de seu desejo de um destino diferente para seus filhos: "que eles estudem e possam ter tudo". Também nos disse que sonhou com sua mãe e fez referência aos costumes andinos (identificação com a mãe e com a pátria).

Cena 1: sonhando com a mãe

> TERAPEUTA: Mas, Carmen, aquela sua tristeza que você lembrava do teu pai, da tua mãe, já passou?
>
> MÃE: Não. Eu fico sonhando com eles.
>
> TERAPEUTA: É? O que você sonhou? Que sonho tem para nos contar?
>
> MÃE: Minha mãe ficava doente no sonho, aí tinha uma água. Ela ficou doente, e eu fiquei chorando. Aí eles colocaram uma água, meu pai de pé também.

TERAPEUTA: A mãe virou uma água e ficou só um fiapinho... É isso?

MÃE: É. Eu fiquei todo o dia pensando nisso, de ir lá, fiquei pensando de ir para lá, mas não tem condições de ir para lá. A casa da minha mãe não está tudo bem, não tem dinheiro para fazer... Está *só, assim, terra...*

TERAPEUTA: Mas no seu sonho está seu pai com sua mãe, a sua mãe está num laguinho e aos poucos ela vai diluindo...

MÃE: Na minha mão.

TERAPEUTA: Na sua mão?

MÃE: É. Vai diluindo em minha mão.

TERAPEUTA: Como se fosse a água escorrendo assim...

MÃE: Diluindo, aí perde tudo. Aí estou na frente de meu pai... Aí fiquei orando, pensando como será que eles estão? Falando para mim se alguma coisa vai acontecer ou algum problema. Aí ela trouxe uma bíblia para mim depois.

TERAPEUTA: No sonho?

MÃE: É. Eu sonhei muito seguido e fiquei pensando nela também... Eles queriam vir comigo aqui, cuidar das crianças... [Milena serve a mãe e as terapeutas.]

TERAPEUTA: Oh, mamãe, vou cuidar de você um pouquinho.

Ao final dessa sessão, conversamos sobre como ela se sentia sobrecarregada e que, apesar disso, ela ainda conseguia sonhar, ter desejo de que os filhos tenham uma vida melhor do que a dela e ser uma mãe cuidadora. "Enquanto em seu sonho sua mãe se diluía, víamos ali uma mãe forte e lutando para dar conta de tudo."

6º atendimento: três meses depois do último encontro

Nesse dia, vieram todos. Nós estávamos apreensivas, porque, no intervalo dos atendimentos, houve uma reunião entre os profissionais do centro de saúde, da creche e da Clínica Transcultural em que se falou sobre o encaminhamento da família para o Conselho Tutelar (CT) diante de suspeitas de violência doméstica. No entanto, os pais entenderam essa visita como uma ajuda do CT para marcarem as consultas médicas e obterem os medicamentos.

Sr. Guillermo nos contou um sonho que a sra. Carmen decifrou como um presságio de más notícias, e ela disse que tem tido sonhos constantes com a sua mãe: "ela está avisando sobre algo que vai acontecer"; sonhos que ela interpreta como premonitórios.

Enquanto falávamos desse dom de decifrar sonhos, ela se lembrou de seu pai, que fazia partos, e o sr. Guillermo falou do dia em que ela realizou um parto.

E pela primeira vez, a sra. Carmen nos contou com alegria e em alto e bom tom como fez o parto de uma vizinha no táxi e sobre os cuidados pós-parto, aprendidos com seu pai. "Ver um bebê nascer é uma benção, é um sinal de sorte", ela nos diz.

Assim ela vai se apropriando dos conhecimentos que carrega dentro de si.

8º atendimento:[2] cerca de seis meses depois do último encontro

Depois de tanto tempo, estávamos apreensivas, pois em uma das tentativas de agendamento, a sra. Carmen nos enviou um áudio, com uma voz chorosa, dizendo que talvez fosse se separar e que temia que o sr. Guillermo levasse Juanito embora.

No entanto, nesse dia em que ela veio com Milena, nós a encontramos mais viva e ativa, mais enraizada, falando do contato com a sua cultura de origem e com a cultura daqui – *uma boliviana no Brasil.*

Enquanto a mãe falava, Milena desenhava contornos, continentes e, com um olhar maroto e orgulhosa de si, de uma maneira mais competente e apropriada de seus afetos, delatou duas situações difíceis do dia a dia da família, sem puxar e comer seus cabelos. E a sra.

2 Nota da autora: o 7º atendimento não foi descrito.

Carmen falou de ensinamentos de sua mãe: que o casal deve sempre se respeitar, que a mulher deve sobressair e que uma mãe nunca abandona os filhos.

Nesse encontro, pudemos ver a evolução de Milena ao brincar e se expressar durante nosso encontro.

A importância da Clínica Transcultural está na coconstrução de um sentido cultural com os pacientes. Nossa atitude de descentramento e acolhimento permitiu que a transferência e a contratransferência cultural fossem alimentadas pela história dessa família. Descentramento e análise da contratransferência cultural foram instrumentos preciosos para não obscurecer a diferença cultural.

Surpreendentemente, essa menininha, filha de uma mulher antes sem voz e agora mais apropriada de si, chega ao final do 8º encontro podendo usar palavras para falar de situações difíceis, sem arrancar ou comer os cabelos.

Acreditamos que a elaboração das situações traumáticas vividas por essa família, ao serem ressignificadas, pode impedir a transmissão para as futuras gerações, ao mesmo tempo que, seguindo o fio de suas origens, resgatamos os valores culturais de sua terra natal.

13. A construção da parentalidade na Clínica Transcultural: risos em tempos de guerra

A Clínica Transcultural do Centro de Atendimento Psicanalítico da Sociedade (SBPSP) vem trabalhando com o modelo de intervenção grupal e de intervenção nas relações iniciais pais-bebê, atendendo famílias de migrantes e de refugiados, oferecendo uma rede que permite criar laços e o ir e vir entre espaços de prevenção e de tratamento em uma complementação criativa. Essa clínica possibilita a construção de vínculos entre o universo de pertencimento da família migrante e o da sociedade que a recebe, assim como a elaboração de situações emocionais traumáticas.

Esse modelo de intervenção psicanalítica valoriza e inclui as representações culturais do paciente e sua família e se apoia em três princípios básicos: a *universalidade psíquica* em que o funcionamento psíquico é o que define o ser humano dando "o mesmo *status* (ético, mas também científico) a todos os seres humanos, às suas produções culturais e psíquicas, às suas maneiras de viver e pensar, mesmo que elas sejam, às vezes, desconcertantes!" (Devereux, 1970); o *complementarismo*, que implica a multiplicidade de referências e uma ruptura com a posição etnocêntrica, o que contribui para o *descentramento* do analista, o que possibilita o acolhimento da multiplicidade de repertórios culturais existentes (Devereux, 1970). *Complementarismo* e *descentramento* são os componentes essenciais que instrumentalizam a posição ética do psicanalista nessa clínica plural e transcultural (Moro, 2015).

Considerando o *setting* da clínica transcultural,[1] apresento vinhetas do atendimento de uma mulher ucraniana, refugiada na Alemanha,[2] onde deu à luz o seu segundo filho.

1 Constituído por um terapeuta principal e uma equipe de terapeutas de origens diversas compondo um "*setting mestiçado*" (Moro, 2015), que recebem o paciente e sua família (visto que a família carrega uma parte do sentido do sofrimento do paciente, independentemente de sua idade); os profissionais que fizeram o encaminhamento (e que também fazem parte da história da família no país); e um tradutor ou um intérprete cultural, para garantir que o paciente possa utilizar sua língua materna, se assim desejar. Quando somos autorizados, filmamos os encontros.

2 Diante do exílio, observamos, por meio da transparência psíquica (Bydlowski, 1997), nos níveis psíquico e cultural, como a vulnerabilidade das mães e dos pais se potencializa. No nível psíquico, entendemos o fato de que, no período perinatal, o funcionamento psíquico da mãe é mais legível, mais fácil de perceber do que habitualmente. Com efeito, as modificações da gravidez fazem com que nossos desejos, nossos conflitos e nossos movimentos se expressem mais facilmente e de maneira mais explícita; por outro lado, nós revivemos os conflitos infantis que são reativados, especialmente as ressurgências edípicas. Em seguida, o funcionamento torna-se opaco novamente (Bydlowski, 1997). No nível cultural, pelo mesmo processo, aplicado às representações culturais, às maneiras de fazer e de dizer próprias de cada cultura. Todos esses elementos culturais da geração precedente se reativam, tornam-se importantes e preciosos: uma verdadeira *transparência cultural*, como propõe Moro (2005).

Mãe ucraniana: U

Recebemos U pela primeira vez oito meses após o início da guerra na Ucrânia. Ela pediu ajuda a um parente que conhecia nosso trabalho, pois após o parto de seu segundo filho, já vivendo na Alemanha como refugiada, tinha medo de que sua angústia transbordasse sobre o bebê.

Os atendimentos foram por Skype e gravados com a autorização de U. Nós a atendemos em inglês e contamos com a tradução de nossa colega Joyce Kacelnik, que também é parte de nossa equipe.

Em nosso primeiro encontro, U surge na tela sorridente. Desculpa-se por estar falando da praça, pois o bebê não estava conseguindo dormir em casa. Diz que está muito contente por ver todas nós. Agradece de pronto ao grupo por acolhê-la, diz que "nosso trabalho não tem preço". Apresento todas as analistas e, após nos cumprimentar com um simpático *Nice to meet you*, U apresenta, com orgulho, o seu bebê de três meses, Ed, que nasceu de sete meses com pouco mais de um quilo.

Inicio a conversa coletando alguns dados de sua história e migração para a Alemanha.

Ela nos conta que, no dia 24 de fevereiro, estava tomando café da manhã, quando ouviu uma explosão.

> U: Levei um susto! Não sabia o que estava acontecendo. Meu companheiro já havia saído, estava a caminho do trabalho ouvindo música no carro e quando liguei, ele me disse que eram pesadelos e que voltasse a dormir. Mas logo em seguida ele ouviu no rádio, depois viu na TV, que realmente a guerra tinha começado. Algo ruim realmente estava acontecendo. Eu tinha que ir ao trabalho, então peguei o gato, o meu filho de 11 anos e fui para a empresa. Eu estava grávida de sete meses.

Fala que é gerente em uma indústria química que exporta produtos para os países árabes.

> U: Tínhamos que carregar dez caminhões e despachar mercadoria, exatamente naquele dia, mas meu chefe me chamou e disse que não ia entregar a mercadoria e nem ia devolver o dinheiro. Ucrânia estava em guerra com a Rússia. O barulho das explosões me fez entender a gravidade daquele momento. Meu companheiro foi tratar de questões do serviço militar, e o meu irmão chegou com o filho, de 15 anos, e me disse que a situação era muito séria e que eu precisava deixar o país imediatamente.

Assinalo que é uma situação muito triste, difícil e assustadora. E U continua, dizendo que a solução era ir para a fronteira da Polônia e esperar.

> U: Eu não queria sair. Na Ucrânia, eu tinha uma vida muito boa e estável. Tínhamos tudo. Eu não entendia por que tinha que sair da Ucrânia. Para mim era loucura. O meu companheiro também não queria sair da Ucrânia, disse que tinha que ficar e proteger a *terra-mãe*. Então alugamos um apartamento e ficamos perto da fronteira da Polônia, mas o meu irmão gritava: "Vocês têm que cruzar a fronteira! Quer as bombas na sua cabeça?". Durante 15 dias eu olhava para o meu irmão e olhava para a fronteira... (pra frente e pra trás). Um dia acordamos com um bombardeio e saímos com duas malas. Andamos 30 quilômetros. Estava difícil! Era difícil deixar a terra-mãe!"

U diz isso chorando e emocionada. Continua dizendo que ela chorava e olhava para seu irmão e se perguntava:

> U: Por que eu tenho que ir embora se não quero? Eu percebi que alguma coisa estava errada, porque nada é o que eu desejo. Mas finalmente saí. A ajuda humanitária da Cruz Vermelha nos ajudou a ir da Polônia para onde eu tenho uma amiga, casada, que me dizia que tudo ia passar em duas semanas. Começou em 17 de março e continua até agora. Não foram 2 semanas. Toda noite penso como quero voltar para casa, mas as bombas não cessam.

Tento traduzir seu conflito:

Maria Cecília: Uma parte sua foi atrás da vida para se proteger e proteger os filhos, e a outra parte queria muito ficar na terra-mãe.
U: É verdade. A ideia era salvar as crianças. Eu me dei conta que os russos iam matar as crianças, porque eles começaram matando os adolescentes no dia 24 de fevereiro quando invadiram a Ucrânia, foi isso que me deu o empurrão para ir embora. Eles são cruéis, estavam próximos de Kiev, pensei que nós seríamos os próximos.
MC: Como foi a sua chegada aí? Como você se sente agora?
U: Estamos num apartamento, e, nos últimos 3 meses, durante o dia, eu fiquei envolvida e ocupada em ajudar os demais refugiados fazendo tradução, mas à noite chorava quase o tempo todo, eu estava muito nervosa e angustiada. Percebia que algo não estava bem comigo. Fui ao hospital porque passei mal e tive um parto prematuro, o bebê nasceu de 7 meses. Estava muito aflita e gritei muito porque o Serviço Social queria levar meu filho mais velho e meu sobrinho para um abrigo de crianças. O meu companheiro estava envolvido com o serviço militar na Ucrânia, mas havia pedido a ele que viesse. Ele veio ao hospital e disse que ele cuidaria das crianças. Eu passei muito estresse. Passei por uma cesárea e, quando acordei, não tinha nenhuma criança ao meu lado: nem o bebê nem os mais velhos. Só fotografias. Me assustei, mas aí tive notícias que eles estavam vivos e bem. O bebê nasceu prematuro aos 7 meses com pouco mais de um quilo.
MC: [Acolho sua dor] Além de você estar longe da sua casa, da sua terra-mãe, correu o risco de perder as únicas pessoas próximas que tinha quando Ed estava nascendo. Como foi quando você viu o bebê?
U: No primeiro dia, eu estava com muita dor e não consegui vê-lo [nesse momento se emociona e chora]. No segundo dia, me levaram para vê-lo. Não era no mesmo prédio, mas era no mesmo complexo hospitalar. Eu fiquei muito grata aos alemães, fui muito bem cuidada. Muitos momentos à noite, quando eu estava muito angustiada e não conseguia dormir,

eu pedia a eles que me levassem até o bebê, e eles me levavam a qualquer momento.

MC: E como você está agora?

U: Eu estou feliz. Eu realmente queria ter esse bebê. Estou feliz que ele está vivo e respirando. Estamos juntos o tempo todo – ele não pode ficar sem a mamãe, ele dorme grudadinho comigo. O meu companheiro disse que nunca viu tanto amor.

Preocupada com a constituição dos vínculos iniciais construídos com base na prosódia materna, pergunto se ela consegue cantar as suas músicas de ninar da Ucrânia para o bebê.

U: [alegre, diz que sim] Desde que nasceu. Desde o segundo dia, e as crianças alemãs do berçário também ouviam as cantigas ucranianas. [E canta uma canção de ninar para nós em sua língua materna.]

Aponto que essa é uma forma de Ed se sentir na terra-mãe.

U: [mais empolgada com a escuta, com o acolhimento] Quero falar mais uma coisa: três médicas da Ucrânia pediram para o chefe para cuidarem do meu bebê e diziam que as crianças alemãs eram mais quietas, a minha criança era mais viva. Agora eu não consigo conter as minhas emoções. Minhas crianças tentam me ajudar. Meu companheiro se preocupa comigo, tenta ajudar, mas está ocupado com outras questões. Eu me dou conta que esta situação está me transformando em uma outra pessoa. Choro muito, está difícil. Não consigo me controlar. Preciso muito de ajuda. Quando eu estava no hospital com o bebê, a assistente social me disse que eu falava muito da guerra e pouco do bebê. Sugeriu que eu fosse ajudada. Entendo que preciso de ajuda!

MC: O nosso grupo é como se fosse uma terra-mãe, que tenta te ajudar nesse momento tão difícil. Nós todas gostaríamos de te ouvir mais e te acompanhar neste momento do bebê pequenininho que precisa receber toda sua atenção.

Após esses relatos, estávamos impactadas emocionalmente diante dos horrores vividos por U nos bombardeios e na fuga para a Polônia. Nós nos emocionamos ao observar e relacionar o amamentar/nutrir com nossa função de formar uma rede para alimentá-la. Então digo:

> MC: U, gostaríamos de te dizer que nós te ouvimos com todo seu sofrimento, mas também vimos sua alegria diante do bebê, sua ternura ao mostrar o Ed para nós logo no início, como símbolo do seu amor e da sua capacidade de amar, um bebê que traz tanta vida e esperança para superar esse momento difícil. Assim como você está amamentando o bebê e fornecendo alimento para ele, nós estamos aqui formando uma corrente de alimento para você, para o seu coração. Nós nos emocionamos com o seu sofrimento, mas vimos nisso a sua coragem, a sua força e sua capacidade para desbravar outras fronteiras. Obrigada por compartilhar conosco.
>
> U: Muito obrigada por acharem tempo para me ouvir. Agradeço ao Ed também que me permitiu conversar com vocês. Agora ele está me requisitando.

2º encontro

Após nos cumprimentarmos, U conta que tenta estabilizar seus sentimentos.

> U: Ao mesmo tempo que eu me sinto bem cuidada na Alemanha, eu sinto a ausência das pessoas queridas, das relações afetivas que ficaram na Ucrânia. Ontem os russos bombardearam a minha cidade, e as pessoas ficaram sem água, sem luz. Eu vivo um sentimento contínuo de angústia, porque eu não consigo ter respostas das mensagens que eu mando. Tem uma ausência de contato e é perturbador.
>
> MC: Gostaríamos de saber mais sobre a sua família, se todos estão lá e se estão conseguindo se proteger.

> U: Como vocês sabem, os homens não podem sair do país, o meu pai não é tão jovem, ele não irá para a guerra, meu pai e meu irmão estão morando juntos. Os russos estão constantemente bombardeando em lugares espalhados, e meu pai e meu irmão não querem sair da casa. As pessoas se acostumam a essa vida, eles deveriam ir para outro lugar, mas eu não sou ouvida.

Enfatizo como é importante ela estar viva para poder ajudá-los, e o seu olhar de fora, do estrangeiro, pode ser importante para os seus companheiros, compatriotas da terra-mãe.

Então U conta um pouco sobre seu bebê.

> U: Ele é muito bonito, ele é um raio de luz, quando ele acorda está sempre sorrindo, ele tem uma vivacidade, ele faz sons, ele é muito vivo e, ao olhar para ele, eu vejo que esse bebê é o objetivo de vida de qualquer mãe. O filho mais velho, às vezes, vem, me abraça e diz: "Esse bebê é necessário para nós dois". Foi ele quem escolheu o nome. É um nome pouco comum na Ucrânia, mas muito popular na Alemanha. Entendemos que é um nome que traz uma boa origem.
> MC: Com quem ele se parece?
> U: Claro que comigo.
> MC: Isso é muito importante para a gente amar ainda mais os nossos bebês. [Após o processamento do grupo digo] É muito angustiante o problema da quebra das conexões, dos perigos da guerra, do sentimento de perigo que enfrentam seu pai e irmão e da sua preocupação para com todos. É lindo como você descreve seu bebê como um raio de luz e você com sua capacidade amorosa tentando cuidar de tudo que é possível. Nós nos emocionamos e sentimos seu sofrimento, mas também notamos sua felicidade de ter o amor de seus filhos. Nós estamos fazendo uma rede para você, assim como você faz para seu bebê.

Ao ser perguntada se queria falar mais alguma coisa, diz:

> N: Agora que eu estou falando com vocês, eu me lembrei que o parto se adiantou porque eu tive um pico de hipertensão, eu nunca tive esse problema antes, o único exame que não fizeram foi o exame de estresse; durante o dia eu fico bem, mas chega um momento em que eu tenho um pico de hipertensão, é uma incógnita.

Antes de finalizar, digo que vimos como ela está sendo capaz de fazer uma travessia entre a dor e a esperança. Ao falar do bebê, dos cuidados com seus filhos, com sua mãe, sua terra-mãe, observamos a sua grande capacidade de exercer a função materna. Quando ela canta e conversa conosco, nós captamos a melodia da sua língua materna e das emoções que U carrega com elas.

U agradece em ucraniano "*IAKOIU*".

Nós repetimos "*IAKOIU*" e nos despedimos.

3º encontro[3]

U inicia contando-nos os nomes de seu companheiro, filho mais velho e do sobrinho que veio com ela. Conta um pouco da história de seus pais separados. Nesse momento, sua mãe veio conhecer o bebê e ajudar.

> MC: O que você está aprendendo com Ed, o que está sonhando com ele?
> U: Uma coisa que eu tenho aprendido com o Ed é que eu tenho que estar em boas condições físicas, porque ele é muito ativo e dorme pouco, ele não quer dormir, às vezes, ele acorda à meia-noite para conversar, o que demanda muito o controle de minhas emoções. Na hora da madrugada, é algo lúdico também, ele quer brincar além da amamentação. Ele

3 No encontro anterior, U não compareceu. Nesse dia, houve uma mudança dos horários da Europa. Tentamos chamá-la e nada. Informamos que a aguardaríamos na próxima data marcada. Mais tarde, U escreveu se desculpando muito, dormiu com o bebê, e seu filho mais velho quis deixá-la descansando.

> está se desenvolvendo, eu vejo isso nas suas expressões afetivas de raiva, prazer... ele faz uma troca bem consistente.
> MC: Ele quer brincar com você, ter a sua atenção, ele é tão pequeno, mas já tão esperto!
> U: Sim, essa esperteza eu observo especialmente quando ele acorda, ele mexe nos meus olhos para ver se eu estou acordada ou dormindo e eu vejo que ele está sorrindo para mim.

E, sorrindo, agradece por ser ouvida, pelo grupo estar com ela e ter paciência quando ela precisa sair.

> N: Eu acho que estou bem com o bebê, que vou conseguir passar por essa situação, mas tem momentos que eu penso no meu irmão, no meu pai. Minha mãe quer ver meu irmão, mas esta violência e ódio a deixam estupefata.

Enquanto coleto as impressões/sonhos da equipe,[4] somos surpreendidas pelo olhar perscrutador e sorridente de U em resposta aos nossos olhares perscrutadores e sorridentes para ela, como se ela compreendesse a nossa língua. Há uma espécie de reação mútua de afeição e curiosidade e ela comenta esse fato, um verdadeiro encontro emocional com sentimentos partilhados. Ed, em seu colo, também nos acompanhou com o olhar, parecia que ele estava entendendo tudo, provavelmente estivesse. Assinalamos esse momento, e U nos diz que a nossa língua é parecida com a língua ucraniana. Percebemos sua busca de familiaridade em terrenos estrangeiros.

Traduzo nas palavras seguintes:

> MC: Estamos solidárias a você nesse momento de guerra absurda. Apesar disso, você está muito próxima, está construindo uma rede com a sua

4 Nós nos lembramos do filme *A vida é bela*, em que o pai tem que transformar o horror em um brincar para salvar o filho.

> família e nós também estamos muito próximas de você e compreendemos seu sofrimento. Ficamos muito emocionadas com a descrição que você fez do Ed, do quanto ele sorri, de ele abrir os seus olhos e sorrir para você, como você sorri enquanto falamos com você. Ele é uma beleza viva, uma descontração e você mostra uma ligação forte com o seu bebê. Pensamos que a Ucrânia está muito viva dentro de você.

Ela encerra dizendo "Espero que daqui uns meses eu possa falar com vocês lá da minha terra."

4º encontro

Esse encontro foi aberto com um sorriso dela e nosso *Hello* de cada uma.

> U: Aqui está muito frio (ela estava em um lugar aberto, e o tempo parecia nublado), estou tentando ficar mais calma, a minha mãe foi para a Ucrânia para ver o meu irmão. Meu companheiro também foi para lá. As crianças estão sendo transferidas de escolas, e Ed "graças a Deus" está constantemente em meu colo. Está tão frio que eu posso levá-lo para todo o lugar. Minha mãe virá para o Natal.

Conta que foi chamada pelo serviço de apoio aos imigrantes e lhe ofereceram um trabalho, mas só vai aceitar quando Ed estiver numa creche. Muito orgulhosa, mostra seu bebê no carrinho todo vestido e "embrulhado", só se via o rostinho com os olhinhos fechados dormindo calmo. E diz "...Ed já dorme cinco horas direto durante a noite, e seu sono não é interrompido. Minha vida aqui é uma situação estável, mas, quando o inimigo for derrotado, quero voltar."

Digo que Ed estava com um semblante tranquilo e que o cuidado dela com ele o fazia dormir.

U sorri e fala que está feliz porque Ed começou a rir, sorrir... e está orgulhosa que está se desenvolvendo bem.

Falo de nossas férias e lhe reasseguro de que ela poderá contar conosco quando retornarmos.

A ligação foi interrompida. U tinha avisado que sua bateria estava terminando, mas vivemos os sentimentos de impotência e de impossibilidade de contato...vivências de tempos de guerra...

Depois enviamos por WhatsApp nossos sonhos/*rêverie*:

> *Olá, U! Em nosso último encontro você nos contou que sua mãe foi para a Ucrânia e que seu companheiro deseja se alistar ao exército, além de várias vicissitudes que você está passando. Nós percebemos que você está podendo lidar melhor com o calor das relações e está feliz com o desenvolvimento do Ed. Você sorri e ele já dá gargalhadas e já pode dormir por mais tempo sem te acordar. Percebemos que você está podendo usufruir tanto de uma maior estabilidade externa como interna. Estaremos de férias, mas você pode contar conosco e vamos mantê-la em nossas mentes até o dia 27 de janeiro, quando será o nosso próximo encontro. Desejamos um ótimo Natal e Feliz Ano Novo!*

Finalizando

Como ser mãe no exílio, sem uma rede de apoio, quando elementos culturais se misturam e se imbricam com os individuais e familiares de maneira profunda e precoce, reavivando representações, por vezes adormecidas?

Na clínica transcultural, U tem podido contar com a continência e a *rêverie* de uma equipe expandida de terapeutas, que tem favorecido a elaboração das dores vividas e a constituição dos laços emocionais com o bebê que nasceu prematuro, tal qual prematura foi sua necessidade imperativa de se refugiar em outro país.

Construímos pontes entre a Ucrânia e a Alemanha, entre a Ucrânia/Alemanha e o Brasil, entre sua língua natal, o alemão, o inglês e o português. O pranto foi se transformando em risos. A nossa escuta, o nosso olhar espelhando os seus sentimentos, os nossos sorrisos espelhados na tela, como em um jogo de espelhos, levaram o sorriso, o olhar e a escuta de U com o seu bebê.

Como ela nos disse:

> *Ele é muito bonito, ele é um raio de luz, quando ele acorda, está sempre sorrindo, ele tem uma vivacidade, ele faz sons, ele é muito vivo e, ao olhar para ele, eu vejo que esse bebê é o objetivo de vida de qualquer mãe. O filho mais velho, às vezes, vem, me abraça e diz: "Esse bebê é necessário para nós dois".*

Esse amor, capaz de ecoar os sentimentos de U, não teve fronteiras. O amor não tem exílio, é uma língua universal: o amor, a dor e a maternidade.

Ela sorriu ao falar desse bebê que nasceu no refúgio, e nós retribuímos o sorriso, amplificando esse amor para que se torne mais forte que os abalos emocionais. Foi assim que falamos sobre a rede que construímos com ela, oferecendo um alimento nutritivo tal qual o leite que ela oferecia ao bebê e que, apesar da saudade da *terra-mãe*, ela estava tecendo sua travessia entre a dor e a esperança.

Em tempos sombrios, nossa capacidade de pensar, centrando empaticamente a nossa escuta em um universo cultural diverso e processando nossa contratransferência cultural, é desafiada. É função do psicanalista favorecer a elaboração dessas cicatrizes e procurar impedir sua transmissão para as futuras gerações.

A distância fragiliza a transmissão viva da cultura natal, principalmente quando o motivo é fugir de uma catástrofe. Urge a necessidade de um trabalho de prevenção, uma sustentação às famílias migrantes para favorecer a elaboração das vivências sofridas no exílio e impedir que estas fiquem inscritas em seus descendentes.

No início dos atendimentos, U parecia estar perdida, assustada, dentro de um barquinho que navegava em um mar revolto; hoje a vemos atracada a um porto seguro. Seu olhar, antes voltado para trás, chorando pela terra deixada, perdida e maltratada, hoje se volta para a frente, para o futuro, há esperança...

Acreditamos que a possibilidade de U relatar sua dor e angústias vividas no processo de migração e durante o parto, sem as referências de sua cultura, contando com a continência e a *rêverie* de uma equipe expandida de terapeutas, tem favorecido a elaboração dos traumas vividos e a constituição dos laços emocionais com o bebê, impedindo a transmissão para as futuras gerações, ao mesmo tempo que resgata os valores culturais de sua terra natal.

14. Parentalidade em tempo de incerteza[1]

A pandemia foi um marco na vida de todos nós, especialmente naquelas famílias com bebês ou crianças pequenas, o que nos levou a refletir sobre o bebê nesse momento tão complicado da vida, das famílias e das crianças, e ajudando também os profissionais da educação e da saúde a pensarem como trabalhar online nesse período de tantas incertezas.

O tema da parentalidade se tornou meu foco de interesse, principalmente após um curso de psicopatologia do bebê com Serge Lebovici há mais de 20 anos. Vários autores foram compondo esse conhecimento: Marie Rose Moro, Armando Barriguete, Michel Botbol e, nos últimos anos, Victor Guerra, Regine Prat, Bernard Golse e Roussillon.

A parentalidade engloba uma função presente na homoparentalidade, na heteroparentalidade e na uniparentalidade, enfim, pais, mães, cuidadores de nossas crianças, pois, para os bebês se desenvolverem

1 Conferência proferida em 20 de junho de 2020 no Ciclo de debates sobre a primeira infância organizado pelo Núcleo Interdisciplinar de Intervenção Precoce (NIIP) da Bahia.

de forma saudável, eles necessitam de cuidadores que exerçam as funções materna e paterna (Di Loretto, 1997):

- Alguém que cuide com prazer e disponibilidade – função materna, que permite ao bebê a construção da confiança e a crença do encontro de um objeto que o compreenda.
- Alguém que coloque limite de forma firme e sólida – função paterna, que favorece o processo de separação, individuação e simbolização do bebê.
- Se for mais de um cuidador, é fundamental que haja uma sintonia muito grande entre eles, um vínculo cooperativo para que sejam capazes de conter os ataques dissociantes e incestuosos que vão eclodir na adolescência.
- Nessa construção de um vínculo cooperativo, esses cuidadores precisam ter valores éticos em relação à realidade e à verdade em que vivem.

A parentalidade é um processo que se constrói por meio das relações dos pais com seu filho. Não nascemos pai e mãe, é uma construção, tornamo-nos pai e mãe, e o bebê é um parceiro ativo no exercício dessa função. Lebovici dizia que o bebê "faz" seus pais, assim como os pais fazem o bebê existir.

A maternidade, o tornar-se mãe e ter um bebê, é uma das maiores crises de identidade de uma mulher. A mulher deixa de ser filha para se tornar mãe, ela deixa de ser só mulher para ser também mãe. É uma crise pessoal que envolve todas as questões da parentalidade, as questões ideológicas tradicionais e as aflições familiares.

E como ser mãe, ser pai, no momento da pandemia com tantas incertezas? Como estar grávida com todos os riscos, tensões e medos de contaminação? Além disso, enfrentar o parto com todos os medos de contaminação dos hospitais, praticamente sozinha, às vezes só com a presença do pai. Foi um momento de risco, de tensão e de solidão. Além disso, o parto nos confronta com a vida e a morte. É um paradoxo. É um bebê que nasce, mas aí também está implicada a questão da morte.

Portanto, a chegada do bebê foi e é um desafio para todos... Principalmente para a mulher que está vivendo uma crise de identidade pessoal, no momento da pandemia com o confinamento.

Será que essa mulher que teve um bebê na pandemia contou com uma rede de apoio e um limite de demandas que ela pudesse suportar? Para que a mãe possa ter disponibilidade emocional para cuidar de um bebê, é necessário ter um número de demandas externas possíveis de suportar. Se ela tem muitas questões externas, como familiares internados, pessoas próximas morrendo, desemprego, mudanças e muitas incertezas somadas às dúvidas presentes na pandemia, a chegada do bebê deixa a mulher ainda mais vulnerável, mais frágil.

O bebê, cercado de dúvidas e incertezas, projeta na própria mãe toda sua fragilidade, e a mãe tem que lidar com a própria fragilidade somada à fragilidade do bebê e a pandemia.

Tornou-se um momento de encontro com sentimentos ameaçadores, com muita solidão e sem rede de apoio, porque as avós, a família estendida não podia estar junto. Então, foi um momento muito solitário.

Ademais, na maternidade, a mulher se depara com muitos dilemas: ela para de trabalhar; ela entra em contato com emoções muito primitivas; reencontra estados emocionais muito desagregados, entra em contato com os estados emocionais primitivos do bebê, com sua linguagem sensorial e não verbal. Ao mesmo tempo, ela tem que viver a devoção materna, como diz Winnicott, e a dependência total do bebê, que só sobrevive se houver um adulto que cuida dele.

Outro aspecto da parentalidade nos tempos atuais é o desejo de ter um bebê, às vezes de forma muito planejada, esperada, e com tudo preparado. Nessas situações, as expectativas sobre o bebê tornam-se muito grandes, e ele precisa ser perfeito e logo independente.

A pandemia, de certa forma, para aqueles pais com recursos emocionais e contato com o próprio mundo infantil, permitiu que o bebê fosse recebido com muito mais disponibilidade, pois como o mundo de fora de fato parou, os pais puderam estar mais próximos de suas emoções e sentimentos e em contato com estados primitivos e de dependência emocional.

E como pensar a parentalidade na pandemia com as crianças pequenas? Como tocar a vida dentro de uma casa sem a rotina escolar e com toda questão doméstica e a educação remota?

Foi um momento de muita sobrecarga, muito estresse para as famílias. Para os pais e as mães cuidarem da casa e do próprio trabalho, além de atenderem às necessidades das crianças, sem uma rede de apoio e sem a escola. A escola é também uma rede de apoio, a família é uma rede de apoio, às vezes algum funcionário é uma rede de apoio. Sem nada disso, a função parental pode ser vivida com muita sobrecarga emocional.

Se os pais construíram uma relação familiar de intimidade e se têm contato com o próprio mundo interno, com o próprio mundo infantil, o enfrentamento das diversidades pode ser mais tranquilo, mais divertido. Quando os pais não sabem o que funciona com o seu filho e sem a intimidade das relações, o exercício da função parental, em um momento como o da pandemia, pode ter sido enlouquecedor.

Nesse contexto, as crianças muitas vezes foram deixadas na frente das telas para que os pais pudessem dar conta de outras coisas, e principalmente quando as crianças não tinham recursos para inventar suas brincadeiras. Esse foi um dos maiores prejuízos para o desenvolvimento emocional das crianças durante a pandemia.

É muito importante os pais poderem brincar, jogar, cantar, desenhar, fazer brincadeiras, contar histórias, dramatizar, inventar, tudo o que for possível no lugar de muitas telas... quanto mais possibilidade de um brincar criativo, mais saudável será para todo mundo.

Gostaria de chamar a atenção para o fato de que os pais são educadores, mas não são mestres. Eles não são professores. E eu tenho esperança de que essa situação de educação remota resulte em uma valorização do papel do professor, do papel da escola na vida das crianças. Os pais não têm a mesma competência e a mesma capacidade de ensinar as questões pedagógicas para as crianças. E nunca talvez o professor tenha sido tão valorizado como alguém que falta na vida das crianças.

Toda capacidade que o educador tem de despertar o interesse e a curiosidade epistemofílica da criança, de envolver a criança em uma atividade, de chamar sua atenção com a companhia dos amigos, que também são parceiros do processo pedagógico, tudo isso reflete situações únicas difíceis de reproduzir tão bem na função parental.

Durante a pandemia, recebemos pais com muitas queixas de crianças com comportamentos repetitivos com indicadores de risco, com falhas de intersubjetividade, com crianças sem comando nenhum, problemas no sono ou com estados confusionais e sem controle esfincteriano. Enfim, crianças reclamando cuidados especiais. Quando a criança fica nervosa e incontrolável, ela está clamando que não está sendo atendida. Elas estão comunicando suas dores, dizendo que alguma coisa não está bem. É fantástico quando a criança consegue comunicar que algo não vai bem e pedir ajuda de forma que possa ser escutada e atendida. As crianças encontram formas de expressar seu sofrimento e mobilizar os pais para atenderem suas necessidades com mais sintonia.

Diante de tanta exposição às telas, as crianças estão mais agitadas, porque nas telas a criança não é capaz de processar sua angústia. Quando a criança brinca, quando a criança corre, ela vai elaborando os conflitos que ela viveu durante o dia, ao contrário da posição passiva diante das telas que intoxica e satura o mundo mental de informações e dificulta o processo de elaboração. Esse excesso de tecnologia gera dificuldade de conciliar o sono, de aceitar comando, pois hipnotiza as crianças, e as coisas mais simples viram uma zona de conflito, como tomar banho, comer, fazer atividade escolar, somadas às demandas emocionais exigidas pelas crianças.

"Dr. Google" também entra em ação como um recurso utilizado pelos pais que querem entender o comportamento dos filhos pequenininhos, mais agitados, ou mais repetitivos, ou com mais irritabilidade. Dessa forma, o número de crianças diagnosticadas com autismo cresceu barbaramente. Mas, quando eles nos chamam e podemos conversar, mesmo que por tela, podemos acalmá-los e observar a criança ali em volta, podemos ir desconstruindo esses diagnósticos precoces que eles acabam fazendo, interagindo com a criança, brincando de esconde-esconde na tela e despertando a criança curiosa com uma troca intersubjetiva. Podemos empatizar com os pais, mostrando que diante de todas as incertezas estão presentes uma sobrecarga, a intolerância ao confinamento, o medo de não dar conta das questões econômicas etc. Nós pudemos compreender mais de perto por que todos estivemos vivendo a mesma guerra biológica.

Função parental

Ser pai e ser mãe é uma função que foi colocada à prova nos tempos atuais, de tantas incertezas diante da pandemia da covid-19.

Como ser pai ou mãe no meio de uma guerra biológica? Como ter disponibilidade psíquica diante das preocupações com a covid-19? E ainda cuidar da sobrevivência econômica aliada a uma solidão enorme. Como dar conta de tudo isso?

As famílias e as crianças sentiram falta da convivência com seus grupos, ficaram tristes de não encontrarem os amigos da escola. A educação remota em um ambiente bidimensional, sem o professor, sem os amiguinhos de verdade, deixou as crianças deprimidas e muito irritadiças. As crianças pequenininhas queriam a escola de verdade, elas precisam do contato. Assim como as famílias que contam com os avós que dão suporte, que têm os vizinhos, criam pequenas comunidades em torno e, no entanto, durante a pandemia tudo isso ficou cerceado.

Os pais precisam ser criativos e brincar de faz de conta e de transformar sua casa em castelo, em piscinas e mares, ampliando o mundo de fantasia e possibilitando que as crianças brinquem e sonhem. É muito importante proporcionar para os pequenininhos situações imaginárias.

A maleabilidade psíquica (como destacou Roussillon) é necessária para lidar com essa situação da função parental colocada à prova, pois muitas vezes os pais perdem a capacidade de pensar, explodem e se desorganizam.

É um desafio para pais e mães em tempos de pandemia: gerar amor, manter a esperança, conter a dor depressiva, promover o pensamento e ainda manter a capacidade de maleabilidade psíquica.

Na chegada do bebê, é muito importante que o pai ou a figura do companheiro ou da companheira ou a figura dos avós exerçam a função de embalar a dupla mãe-bebê. Diante do estresse do bebê chorando, dos momentos críticos, quando o pai ou as avós podem cuidar um pouquinho do bebê, é alento para a mãe. É muito importante ajudar a mãe, sem usurpar a função materna, mas, sim, apontando suas competências.

O poeta Yeats escreveu "cuidado por onde andas, pois é sobre os meus sonhos que caminhas". A mãe e o pai na chegada de seu bebê estão nascendo nessa nova função e é muito comum, às vezes, os outros cuidadores, pediatras, avós, enfermeiras, usurparem essa função que está nascendo, como se eles soubessem mais que os pais. Mas o bebê é um desconhecido para todo mundo e temos que ir descobrindo no dia a dia quais são suas necessidades. Então essas outras figuras têm a função de sustentar e conter a dupla mãe-bebê.

Durante as primeiras semanas de múltiplas novidades, existem momentos críticos em que o bebê chora e a mãe se estressa; é bom que o pai possa pegar o bebê, mesmo quando não sabe o que fazer, procurar embalá-lo, sustentá-lo e contê-lo. O pai deveria renunciar alguns cuidados com o bebê para deixar o brilho da mãe aparecer, mesmo ao pensar que, em algumas situações, ele teria melhor resposta que a sua mulher diante das dificuldades impostas pelo bebê. O "pai suficientemente bom" é aquele que renuncia esse lugar e fortalece a mãe no exercício da função materna... consegue aguardar para compartilhar as novas descobertas e aquisições com a mãe e o bebê. Os cuidados assumidos com a mãe permitirão ao pai viver uma estreita relação com seu bebê, como tornar-se o pai de "seu bebê". Aproveitando o caminho da mãe, o pai reencontra e reconhece também a complexidade das tarefas maternas.

A capacidade paterna de embalar a dupla mãe-bebê é uma função materna do pai que não deve suplantar àquela fundamental da mãe, ao contrário, contribuirá para sustentá-la.

Por último, gostaria de pensar sobre qual é o nosso papel como terapeutas no momento da pandemia para ajudar essas famílias, para ajudar os pais:

- Temos de cocriar.
- Coconstruir juntos, trocar e confrontar nossas percepções com as dos pais e dos filhos para possibilitar transformações, modificações.
- Transformar as competências do bebê em grandes performances (Lebovici), assim como narcisizar e valorizar as habilidades parentais.

Ao olhar o bebezinho na tela, é possível observar o bebê interagindo, assinalando as competências parentais, oferecer uma escuta aos estados emocionais dos pais e contribuir para a própria capacidade dos pais observarem seu bebê, convocando-o para a interação. Nesse momento, é fundamental nossa empatia com o sofrimento das famílias e maleabilidade psíquica para atender e escutar essas famílias, às vezes, nos horários mais inusitados possíveis.

Diante de tantas incertezas, nós, terapeutas (psicanalistas), estamos muito mais preparados. Lidar com a dúvida é lidar com a incerteza, com o desconhecido, e esse é o trabalho do psicanalista. A vida é imprevista, é imprevisível, nunca se sabe o que acontecerá amanhã. O instrumental da psicanálise nos ajuda, nós somos treinados, nós nos desenvolvemos como terapeutas para poder lidar com incertezas e, em tempos de incertezas, nós temos muitos recursos psíquicos para lidar com isso.

Será nossa também a função de embalar essas famílias com nossa escuta e capacidade empática, com a nossa capacidade de continência, com a nossa disponibilidade, maleabilidade psíquica. Nossas palavras são como canções (de ninar) para as famílias e seus filhos. Não se trata de dizer como ser ou como é preciso fazer, mas de permitir que as capacidades dos pais surjam e que nós a sustentemos.

Nas sessões online, temos de contar com a contribuição dos pais para a manutenção do *setting* – lugar, caixa ou pasta lúdica, com material gráfico. Eles são parceiros ativos mais do que nunca nesse momento.

Foi curioso observar que muitas vezes os pais ficaram próximos de nós nas sessões, especialmente com os pequenos; fomos nos oferecendo como modelo para essa função de atender as necessidades dos filhos.

Também pude observar pais que estavam com mais intimidade com as crianças, mais juntos e brincando, apesar da realidade externa com a pandemia ter invadido a mente das crianças em um tempo de criar, de brincar e de faz de conta.

15. O lugar dos pais na psicanálise com bebês e crianças: de coadjuvantes a coatores principais do processo analítico[1]

Neste capítulo, gostaria de compartilhar algumas ideias sobre o lugar dos pais[2] na psicanálise infantil que se desdobraram do modelo clássico da psicanálise com crianças e adolescentes e que, ao longo dos últimos anos, modificaram a teoria da técnica na clínica psicanalítica, favorecendo o desenvolvimento e o processo analítico.

Freud (1897/1976), em *Análise de uma fobia em um menino de cinco anos*, construiu uma narrativa da história de vida de Hans, técnica bastante atual na psicanálise contemporânea. Sugeriu a seus pais que o observassem para que fosse possível compreender seu

1 Esse trabalho ganhou o Prêmio Zaira de Bittencourt Martins 2023 e foi publicado na *Revista da SPPA*, *30*(3) (2023): Bion: transformações, evoluções e expansões I, p. 675-96.

2 Quando me refiro aos pais, estou considerando as diversas formas de parentalidade: homo, hétero e uniparentais.

sofrimento emocional e, a partir daí, sugeriu orientações. A qualidade da descrição que o pai fez do sintoma de seu pequeno filho, de seus medos, seus jogos lúdicos, seus sonhos e suas associações, lembra a qualidade das descrições de observações de bebês sugeridas pelo método proposto por Esther Bick (1967) anos depois. Freud realizou uma única consulta com a presença do pai e da criança, uma verdadeira consulta terapêutica, com um sucesso terapêutico ímpar. Posteriormente, o tratamento se realizou indiretamente por meio dos pais de Hans, em especial o pai, valorizando a parentalidade e a participação do cuidador. Por meio da troca de correspondências, o pai se tornou mais lúdico, recuperou o infantil dentro dele e construiu uma nova representação de seu filho. O pequeno Hans surpreendeu a todos com sua vivacidade e perspicácia, e sua colaboração para compreender seu inconsciente e suas "bobagens". Esse menininho ensinou psicanálise para todos nós, especialmente quando ele disse que "podia pensar" em vez de fazer, como uma forma de falar de si mesmo para um psicanalista (Freud, 1976, p. 81).

Esse encontro fluido e parceiro que Freud estabeleceu com os pais de Hans, ao longo do desenvolvimento da psicanálise com crianças foi se distanciando e se enrijecendo.

Esse artigo de Freud (1976), como na Clínica 0 a 3 – Intervenção nas Relações Iniciais Pais-Bebê[3] e nas avaliações conjuntas, utiliza:

a. Um *setting* ampliado, incluindo a presença dos pais no espaço analítico, aos quais se atribui um papel de fundamental importância

3 Esse é um modelo de atendimento que intervém nas relações iniciais pais-bebê com base em um sintoma específico manifesto pela criança ou pelo bebê, que, de alguma forma, está interferindo em seu desenvolvimento ou demonstrando um transtorno em sua interação com seus pais. O modelo parte das ideias de Serge Lebovici (1993b), que desenvolveu o modelo de D. Winnicott (1984) de consultas terapêuticas, no trabalho conjunto com crianças e pais, às quais agregamos as contribuições de Bick (1967) e outros autores (Silva & Mendes de Almeida, 2019).

na proximidade com a criança e no desenrolar do processo terapêutico.

b. O interesse pelos relatos, pelas histórias, pelos sonhos, pelas manifestações infantis, pelas brincadeiras etc., como um canal de comunicação e um instrumento para criar conjecturas que favoreçam a compreensão, pelos adultos cuidadores, das fantasias infantis e seus conteúdos latentes.
c. O estímulo do diálogo parental, refletindo sobre os sentimentos da criança no contexto familiar, conectando os conflitos do cotidiano com as representações lúdicas da criança.
d. A criação de um campo de continência criança-pais-psicanalista na investigação e acolhimento das angústias infantis.
e. A investigação do entorno do sintoma que se manifesta no cotidiano dos vínculos familiares; podemos observar o quanto o sintoma de uma criança (como com Hans) envolve toda uma rede de vinculações no âmbito familiar, portanto, se intervirmos nos vínculos, no ambiente da criança para promover a saúde, não somente ela se beneficiará, como também os demais componentes de sua família: pais, avós, irmãos etc.
f. A defesa da importância de que as crianças tenham acesso à verdade, favorecendo a comunicação; "[...] as crianças não mentem sem um motivo, e no todo são mais inclinadas para um amor da verdade do que os mais velhos" (Freud, 1897/1976, p. 110-111); e as crianças não gostam de ser enganadas, elas constroem teorias e percebem a verdade muito mais que os adultos podem crer.
g. O trabalho com a construção da parentalidade[4] (Silva, Callia & Almeida, 2011).

4 O termo *parentalidade* assinala que não basta ser genitor nem ser designado como pais. Para preencher todas as condições para "ser pai e ser mãe", é necessário "tornar-se pais", o que se faz por meio de um complexo processo, implicando níveis conscientes e inconscientes do funcionamento mental, que vão muito além do que costumamos denominar função dos pais.

É surpreendente a atualidade das intervenções de Freud relativas à função parental, ligadas ao desenvolvimento infantil e à curiosidade sexual, à origem dos bebês e à diferença dos órgãos sexuais, assim como o ciúme do novo irmão, a questão da vida e da morte. Ele destaca a importância da função parental como favorecedora do processo de simbolização. Podemos fazer um paralelo disso com o excesso de informações pedagógicas e psicológicas dos pais de hoje, no qual eles se apoiam para exercer a função parental, perdendo a espontaneidade, não seguindo os próprios valores, sendo muitas vezes invasivos, distantes do exercício de uma função parental genuína e adequada ao desenvolvimento infantil.

Além disso, Freud busca identificar os fenômenos transgeracionais. É comum se observar nos relatos dos pais e na interação com os filhos aspectos psíquicos inconscientes transmitidos por gerações: aspectos inter e transgeracionais. O que fica oculto se transforma em sintoma. Freud aponta que "em uma análise, no entanto, uma coisa que não foi compreendida inevitavelmente reaparece; como um fantasma inquieto, não pode descansar até que o mistério tenha sido resolvido e que o encanto tenha sido quebrado" (Freud, 1897/1976, p. 129). Sabemos que muitas vezes aspectos inconscientes dos pais que não podem ser contidos são projetados sobre a criança, que ainda é incapaz de metabolizar esses aspectos.

De fato, as contribuições da clínica da primeira infância e dos estudos sobre os fenômenos inter e transgeracionais ampliaram a escuta psicanalítica com relação à inclusão dos pais no *setting* da psicanálise infantil.

Alguns desdobramentos se destacam com os autores contemporâneos

Inicialmente, na psicanálise com crianças, os pais eram vistos como personagens coadjuvantes. Já na clínica contemporânea e, principalmente, na de crianças com autismo e na clínica 0 a 3, os pais passam a ser personagens ativos e parceiros, coatores principais (Silva, 2017), em um contexto de trabalho conjunto com o analista desde o início do processo de avaliação psicanalítica pais-filho (Mélega, 1998; Silva & Mendes de Almeida, 2019).

Nas primeiras entrevistas com os pais, procuramos colher a queixa (com os dados de anamnese[5]), a história inter e transgeracional da criança na relação com os pais e no contexto familiar em que se insere. Observa-se se os pais têm empatia com o sofrimento emocional da criança e a disponibilidade para um trabalho psicanalítico. Após as entrevistas com os pais, iniciam-se as observações lúdicas que podem incluir observações dos pais com a criança e com os irmãos, se houver. Nos encontros com toda a família, observam-se a capacidade de brincar dos pais, sua disponibilidade emocional e sintonia com as sugestões propostas pela criança, se há um campo de intimidade nas relações familiares e se há compreensão das demandas psíquicas da criança, assim como a relação do paciente com os demais familiares. Verificam-se, também, na criança, a expressão dos conflitos, a capacidade de brincar e as possibilidades de desenvolvimento com o trabalho psicanalítico. Às vezes, torna-se importante um diálogo com

5 Durante as entrevistas com os pais, procura-se conhecer como foi a chegada da criança, desde o momento do namoro dos pais até a gravidez e o parto, como foi a escolha do nome e com quem se parece. Colhem-se os dados do nascimento e sobre a amamentação, a introdução da alimentação, o desenvolvimento motor e da linguagem, o sono e o controle esfincteriano. É interessante conhecer qual é a rotina da criança desde o acordar até o adormecer, como são os fins de semana, quais são as brincadeiras e os brinquedos prediletos, quanto tempo por dia fica exposta às telas tecnológicas (TV, *videogame* ou computador). Recolhem-se os dados de como foram os processos de separação desde o desmame até a entrada na escola, a curiosidade epistemofílica e o processo de aprendizagem, a integração social fora e dentro da escola, condições de autonomia e independência. Também se buscam dados da história dos pais com os próprios pais e irmãos, fenômenos inter e transgeracionais, traumas familiares, doenças físicas e mentais de familiares, abortos, prematuridade, hospitalizações, cirurgias, acidentes etc. Por fim, busca-se ver a capacidade de empatia dos pais com o sofrimento emocional da criança.

a escola, os tutores e/ou outros profissionais que atendam a criança, formando uma grande rede (Silva, 2021b).

Nessa etapa inicial, contribuímos quando podemos empatizar com o sofrimento dos pais e os ajudamos a perceberem e compreenderem a dimensão das dificuldades da criança, propiciando a adesão ao tratamento e o fortalecimento das funções parentais. Ao longo do processo analítico, os encontros com os pais, em geral de periodicidade mensal, favorecerão a aliança terapêutica entre pais e analista, assim como a empatia com o sofrimento emocional da criança, e será beneficiada pela conciliação dos conflitos internos dos objetos parentais do próprio analista.

Após o início da análise, o trabalho com os pais segue *pari passu* com o trabalho analítico com a criança, em que está em jogo uma transferência múltipla e a ideia de um campo transferencial em que a presença do bebê/da criança é essencial para propiciar mudanças e transformações nos fantasmas parentais e na forma de parentalidade que lhe é oferecida (Aragão & Zornig, 2009). Cada vez mais se faz necessário ajudar os pais na construção de sua função parental. Muitas vezes estão distantes de seu próprio mundo infantil, dos aspectos dependentes do *self* e muito ligados às demandas contemporâneas, tornando seu filho logo autônomo e independente, esquecendo-se de suas necessidades emocionais (Golse, 2004). Diante das novas configurações familiares, a dissolução da função paterna e de autoridade, a comunicação virtual em que os vínculos se estabelecem muito mais pela prevalência da imagem, pelo anseio de ser visto, pelo mandato da iniciação sexual precoce e pela perda da noção de privacidade e intimidade, faz-se mister construir uma noção de intimidade, com a experiência de relações emocionais e criativas em todas as suas dimensões – como a de gerar sonhos e ampliar o mundo de fantasia e pensamento (reflexão) *versus* o do ato, da satisfação imediata do desejo e do alívio rápido do sofrimento (Ungar, 2015).

Nossa função será a de conter e transformar angústias e terrores, às vezes, inomináveis na convivência com o filho; desidentificar a criança de lugares não humanos ou sinistros; desvelar aspectos inter e transgeracionais, as identificações mórbidas,[6] as histórias traumáticas dos próprios pais e do paciente, ajudando-os a compreender o lugar que o filho ocupa na transmissão psíquica entre as gerações e criando redes de sentido (Mendes de Almeida, Marconato & Silva, 2004); fertilizar funções parentais, forças reparatórias e tropismos criativos; nomear e transformar a culpa inconsciente ante o filho com perturbações emocionais, que ferem o próprio narcisismo parental; oferecer uma nova compreensão sobre o sofrimento do filho, facilitando a comunicação afetiva entre os pais e a criança, criando um vínculo afetivo e parceiro, favorecedor do trabalho analítico (Silva, 2017).

Enquanto o brincar, como um sonho, na psicanálise clássica com crianças, foi tomado como uma atividade com sentido psíquico que aponta para o inconsciente, hoje, nas intervenções nos vínculos iniciais como nas avaliações conjuntas, trabalhamos com elementos anteriores à linguagem, estados emocionais primitivos e não integrados, experiências não verbais, angústias primitivas ligadas ao terror sem nome (Bion, 1962) ou ao medo do colapso (Winnicott, 1994a). Nesses momentos, com nossa capacidade de continência e *rêverie*, sintonizadas com o sofrimento da criança/do bebê e empáticos com os pais, oferecemo-nos como modelo para a construção do vínculo e da função parental, assim como traduzindo as comunicações inconscientes ou ambivalentes presente nas relações familiares.

6 As identificações mórbidas são aquelas comunicações inconscientes encarregadas da transmissão dos fenômenos transgeracionais e intergeracionais traumatizantes, em que o *self* é tomado por excessivas projeções de aspectos inconscientes dos objetos externos, impedindo que os pacientes possam olhar o seu meio ambiente de forma objetiva, como um objeto fora de si, fora do *self*, ou seja, não podem colocar a situação emocional sob o domínio da própria criatividade, não podem sequer sonhar ou brincar (Silva, 2007, 2023).

Com Bion, Winnicott e Roussillon, entre outros, em que as fantasias inconscientes passam a ter um correlato com o ambiente e as primeiras relações com os objetos externos (Ogden, 2013), o lugar dos pais passa a ter um novo estatuto na clínica psicanalítica. Destaco os conceitos de capacidade de *rêverie* materna/cuidador, continência ou *holding*, mãe suficiente boa ou objeto maleável (Roussillon, 1988), pois os fracassos dos primeiros encontros produzem feridas narcísicas primárias e mobilizam mecanismos de defesa primitivos.

> *Quando o ambiente primeiro se torna rígido, pouco adaptável, tendendo a submeter o bebê a seus imperativos próprios em vez de se adaptar a suas necessidades, portanto, quando a relação primeira tende a inverter os dados necessários, a simbolização fica prejudicada. O sujeito fará um esforço para tornar maleável esse ambiente rígido, mas quando esse trabalho falha, o sujeito se retira de si mesmo para um bunker interno e se protege do encontro com um objeto sobre o qual nenhuma ação lhe parece possível. (Roussillon, 2015, p. 45)*

Assim, a noção de um traumatismo por falta ou de uma clínica do negativo, como propõe Green (1988), indica a necessidade de valorizar o objeto enquanto referencial para a constituição do psiquismo na infância, não só em sua dimensão de presença/ausência, mas principalmente em função de sua presença. Presença que se traduz em investimento afetivo na relação com a criança, definindo um estilo interativo próprio entre o bebê e seu objeto primário, que constitui a fundação e a base do aparelho psíquico, assim como a passagem de um mundo interpessoal para a dimensão intrapsíquica se deve à qualidade das relações afetivas e pulsionais estabelecidas entre o bebê e seus objetos primordiais (Aragão & Zornig, 2009).

Portanto, os pais na psicanálise contemporânea ocupam um novo lugar com o deslocamento do intrapsíquico para o intersubjetivo, para o que acontece entre as duas pessoas e para o objeto que é capaz de conhecer, colocando em primeiro plano o analista como pessoa, a dimensão dialógica da relação terapêutica e a potencialidade transformadora para o indivíduo que participa desse processo.

A concepção de transferência que envolvia paciente e analista hoje foi ampliada para envolver um sistema de relações, um campo psicanalítico (Baranger & Baranger, 1962), incluindo os pais e a criança, assim como a presença do analista. Nesse sentido, poderíamos dizer que, na clínica atual, o contato do analista com sua contratransferência e com sua capacidade negativa (Bion, 1962) (tolerância, dúvidas, incertezas e não embarcar na busca irritante de fatos e razões) passa a ter um estatuto de grande importância no trabalho analítico, ou seja, a capacidade do analista para examinar as ressonâncias internas e os impactos evocados pelo contato com o paciente, e de utilizá-los na compreensão da criança, em suas intervenções e no manejo clínico. Assim como sua disponibilidade emocional, mantendo sua mente como ferramenta privilegiada para o trabalho clínico, por meio de análise, reanálise e troca de experiências entre colegas, supervisões, grupos de estudo.

Na clínica com bebês

Hanna

Hanna, uma menininha de quase 3 anos, entrou na sala de análise para o primeiro atendimento conjunto pais e filhos com uma matrioshka na mão. Curiosa e disponível para o brincar, sentou-se na mesinha e pediu nossa ajuda para abri-la: "o que tem dentro dessa bonequinha russa?". Que sentido teria essa solicitação? Foi o que começamos a desvendar ao ouvir seus pais contarem que Hanna estava mordendo e batendo em seus amigos e familiares inesperadamente e sem motivo aparente, e eles não sabiam o que fazer (Silva & Callia, 2011).

Gianna Williams (1997) utiliza essa mesma boneca russa como modelo para descrever certas relações pais-bebê. Aponta como a capacidade da mãe de receber as projeções do bebê e de contê-las, pode ser ampliada com a presença de um observador participativo que se coloca como um ser receptivo, com um espaço côncavo que a faz se sentir contida, como se fosse uma boneca dentro da outra, dentro da outra (matrioshka). O terapeuta recebe as ansiedades da mãe, e o tecido conjuntivo psíquico dela se fortalece por meio dessa forma de andaime e se torna capaz de conter melhor seu filho e de pensar. Nas situações em que os pais possuem patologias graves ou são incapazes de conter suas projeções sobre o bebê, o bebê se torna um "receptáculo" (e não um continente) desses "corpos estranhos" dos pais (em vez de conteúdos), pois ele ainda é incapaz de metabolizar esses aspectos. Então, tanto o observador como o terapeuta no trabalho de intervenção pais-bebê vão facilitar o processo de separação e de discriminação entre as projeções de aspectos inconscientes dos pais e o bebê/a criança pequena, enquanto uma pessoa com necessidades próprias.

Nesse sentido, Lebovici (1993c) assinala que, além das projeções intergeracionais, há o mandato transgeracional caracterizado por tudo aquilo que os avós do futuro bebê por alguma razão depositam, temporariamente, de modo inconsciente para eles e para seus próprios filhos: desejos, esperanças, ordens, imagens que os futuros pais trarão consigo inconscientemente desde criança. Essas fantasias e desejos, então, condicionarão suas próprias expectativas, imagens e desejos em relação a como serão seus filhos(as), o que farão estas crianças no futuro. Os pais quando têm o seu bebê podem se converter ou não em atores desses dramas ao interatuar com seu filho ou sua filha.

No trabalho com a família de Hanna ao longo das sessões, fomos observando como seu sintoma estava atrelado a mandatos transgeracionais e a fantasias inconscientes de seus pais e avós, ainda sem representação.

Hanna foi super desejada: "A mamãe sempre fala para Hanna que a mamãe queria uma menina para ser amiga dela, minha bonequinha, minha princesa".

Ariel, seu irmão, nasceu quando o avô materno veio a falecer. Hanna sentiu ciúmes do irmão. A mãe descreve um ambiente de luto muito pesado e acredita que Hanna percebeu tudo: "porque eu não estava legal, mesmo quando eu estava em casa evitava ficar muito com ela, pois não queria passar essa tristeza".

Hanna tem o nome da avó paterna, já falecida, mas tem o gênio da mãe:

> Minha mãe fala que eu estou pagando meus pecados, porque ela é minha cópia, com uma diferença: eu destruía os meus brinquedos, mas sabia parar... ela é muito parecida comigo, esperta, inteligente, rápida, resposta na ponta da língua. Minha mãe sempre rotulou a gente, ela dizia: "Você é um fracasso, não vai dar certo, não vai casar!". Eu falava: "Eu tenho coisa dentro! Eu existo!". Hanna veio igualzinha a mim... sou louca por ela. Não é, Hanna, eu não falo que você é tudo de bom?

Então apontamos como a história estava se repetindo. Havia um destino traçado pela avó materna e Hanna estava sem possibilidade de transformação e de subjetivação.

O pai olhou sua filha de um jeito orgulhoso e a descreveu como sensacional, à parte o fato dela bater e fazer birra. Os pais também disseram que Hanna era hiperativa, não tinha paciência, "não se controla, vem de uma hora para outra, imprevisível". Nessas ocasiões de impulsividade, "ela se assusta e depois não se lembra de nada". É difícil colocar limites e frustrar Hanna, pois ela grita desesperadamente.

Procuramos investigar se os lutos dessa família não teriam sido vividos por Hanna e por seus pais como experiências intrusivas e que, de alguma forma, ela reagia para não se sentir mortificada por elas.

Desde o início, percebemos uma violência no ar. As sessões corriam tumultuadas, os pais falavam alto e com muita excitação. Hanna falava coisas desconectadas, palavras soltas, e fomos tentando dar uma continência como as bonecas russas. Hanna nos falou que veio nos ver porque batia em seu irmão quando *ficava nervosa*... Ao mesmo tempo, queixou-se de ser mocinha e de cuidar da mãe e do irmãozinho, ela também queria ser nenê. Então, jogou coisas pela sala, balbuciou e não quis ir embora ao final das sessões. "Sou muito mamãe do Ariel, sou muito pequenininha, mamãe". Parece que ela comunicava uma condição revertida da função materna.[7] Hanna nos contava de seu lado bebê pedindo ajuda e de sua necessidade de "regredir" para poder recuperar alguma experiência de amparo, de sustentação que não lhe foi suficientemente fornecida quando ela necessitou (Winnicott, 1988).

Observamos também uma garotinha com algo tenso em seu sorriso e na sua forma de interagir, um incômodo, como se estivesse de sobreaviso – responsiva em excesso. Na medida em que ela pôde contar com um *setting* favorável, mais seguro, com um objeto que atendia às suas necessidades, ela pôde se conter, aceitar limites e lidar com sua impulsividade/agressividade. Da boneca russa e do recortar e colar aleatoriamente, Hanna passou a fazer bolas com papel e fita crepe para cada membro da família e os convidou a jogar ludicamente. Na sequência, seu pai lhe fez um aviãozinho e todos se aproximaram para voar o avião. Estávamos resgatando os aspectos infantis e a capacidade de brincar dos pais.

7 A relação de dependência revertida emerge quando a mãe, não sendo capaz de assumir a função adequada de *holding*, e angustiada ou ansiosa com o desamparo do bebê, impele-o a ter apenas aquelas necessidades que ela possa suprir e não outras. Desse modo, o bebê constrói uma forma de ser para evitar angustiar a mãe, cuidando dela. Com isso, o bebê retém o gesto espontâneo e fica impedido de constituir o seu próprio *self*, isto é, o bebê vai se constituir a partir da casca, e não de dentro de si (Silva, 2010).

Hanna elaborou criativamente uma brincadeira, encenando seu conflito inconsciente e comunicando algo de sua condição inicial de vida. Primeiro, eram meras partes cortadas de fita crepe que ainda não formavam esferas e, sim, possibilidades de separação. No segundo momento, essas partes foram paulatinamente coladas, integradas, de tal maneira que formou uma bola para cada um. Uma hipótese seria que sua brincadeira dizia respeito a sua demanda por uma continência mais consistente, por meio de três *selves* diferenciados que podiam ali, naquele momento, ser mutuamente articulados. Diferentemente da época da depressão da mãe e da ansiedade vivida por seu pai, Hanna sugeria que cada um tinha sua bola, ou seja, cada um ali tinha a sua história separada e ela não precisaria ficar como foco de projeção dos pais, principalmente no que dizia respeito à questão dos lutos familiares e das dinâmicas conflitivas com a figura materna. Ao mesmo tempo, ela desencadeou a capacidade de brincar em seu pai e entre todos os presentes na sessão, e o voo do aviãozinho indicava uma circulação dos conflitos e dos sintomas.

Os pais aceleravam demais a relação com as crianças, perguntavam e falavam muito e escutavam e brincavam pouco. Esse ritmo sem pausas resultava em um excesso de excitação – um carinho invasivo, uma forma de se relacionar intrusiva que se evidenciava mais no comportamento de bater de Hanna. Contratransferencialmente, nós também, como Hanna, vivíamos uma condição intrusiva do ambiente.

Ao longo das consultas, fomos tentando pensar o sintoma de Hanna como um pedido de ajuda, oferecendo significados, tentando subjetivá-la, discriminando-a da mãe. Mas os pais eram muito angustiados, às vezes, pedagógicos e moralistas, com poucas áreas de espontaneidade... Procuramos mostrar que Hanna, como a matrioshka, também tinha coisas próprias dentro dela e queria existir sem rótulos.

Os pais nos contaram que também foram crianças agressivas. O pai e a mãe batiam muito em seus irmãos menores. Então pudemos falar de ciúmes e quanto o reclamar, o bater de Hanna, podia representar um pedido de um olhar, de atenção, e o sentimento de que seu irmãozinho roubara seu lugar. A mãe diz: "Comecei a reparar os momentos em que ela bate e eu vejo que é para chamar minha atenção". Hanna precisava de uma qualidade de atenção que contivesse maior disponibilidade emocional da mãe.

Após algumas semanas, encontramos a mãe mais magra e arrumada, talvez mais diferenciada da filha e com mais espaço para ela, e o pai disse: "estes dias eu percebi que ela estava alegre, sorrindo e há tempos isso não acontecia, ela não sorriu por anos, desde que seu pai adoeceu".

Aproveitamos essa fala do pai para retomarmos a questão do luto que ambos viveram, que os uniu em uma aliança melancólica e na qual deveria estar implicado o sintoma da filha. Então a mãe nos disse:

> É, fiquei triste, isto deve ter influenciado Hanna, mas nossas diferenças enquanto casal também corroboraram negativamente, elas foram se acentuando com uma exigência imensurável. Depois que a mãe dele morreu, ele mudou muito. A família dele é bem diferente da minha. Nós somos muito unidos, eles são distantes, nunca o que eu faço está bom, sempre quer mais, como por exemplo, a questão da religião.

Nesse momento, o pai relatou que perdeu rapidamente sua mãe: "Não, comigo não teve esse problema de luto. Quando casei, fazia três anos que minha mãe tinha morrido. Minha mãe só se dedicava aos filhos, mais nada, muito diferente dela. Mas quando os filhos foram embora, ela morreu. Parece que sem os filhos a avó perdeu o sentido da vida".

A mãe retrucou dizendo que ela era mesmo diferente da sogra e insistiu que o marido, depois da morte de sua mãe, estava cada vez mais religioso, e isso gerava muitas discordâncias. Ficamos intrigadas e perguntamos o que havia acontecido.

Foi então que pôde se revelar o mandato transgeracional fundado pela questão da rejeição, em função da avó paterna ser judia convertida. Cada vez mais ele vem se tornando religioso para legitimar a linhagem judaica de sua mãe. Há um fantasma de que pode ser rejeitado se isso não for legitimado.

Dissemos que eles tiveram de elaborar muitos sentimentos complexos na mesma época: morte, casamento, nascimentos. O sintoma de agressividade de Hanna poderia ser a expressão de tanta discordância e confronto entre eles. Nessas condições, essa menininha precisou se tornar precocemente adulta, independente e com mais autonomia, cresceu para dar conta de tudo isso, para cuidar deles, especialmente para dar vida a sua mãe que esteve tão deprimida com a morte do avô materno. Parece também que, de certa forma, Hanna, ao bater, perpetua um clima de rejeição e de violência em torno dela.

Compreendemos que o pai vem se tornando mais religioso para legitimar a identidade judaica de sua mãe, às vezes com sucesso, outras não. Nessa conquista/desafio, revive toda a questão da rejeição e da discriminação. Há muita expectativa sobre Hanna, como se ela tivesse essa tarefa de legitimar sua conversão. Ela é a estrela da casa, embora o que víamos era uma criança que estava se tornando ativa na exclusão em vez de viver a exclusão passivamente.

Pudemos pensar que Hanna, ao nos pedir para ver o que havia dentro das bonequinhas russas, explicitava sua necessidade de continência e de acolhimento e anunciava que seu sintoma estava bem escondido/guardado ou resguardado em camadas profundas do mundo psíquico com conteúdos relacionados a mais de uma geração. Além disso, Hanna nos mostrava que as bonequinhas são iguais, mas de tamanhos diferentes, assim como mãe e filha, parecidas e diferentes potencialmente. Então, ela apontava que suas explosões de agressividade eram também um pedido de discriminação/proteção.

Estar com os pais, na sala de análise, foi fundamental para desvelar a trama transgeracional escondida e revelada na matrioska que

Hanna carregava em suas mãos e em seu sintoma, desde o nosso primeiro encontro.

Theo

Quando Theo chegou ao meu consultório, com 5 meses e meio, sua mãe não encontrava uma forma de consolá-lo e de ajudá-lo a conciliar o sono. Sentia-se desvitalizada e incapacitada de exercer a função materna. Ela me contou que, no início, tinha dificuldades com a amamentação, Theo apresentava refluxo e, até aquele dia, acordava várias vezes à noite e dormia só 20 minutos durante o dia. Theo sempre acordava gritando muito forte, de modo assustador. No entanto, na primeira consulta, Theo chegou dormindo e quando acordou sorriu para mim e se entreteve com brinquedinhos até o final da sessão (Silva, 2013).

Na troca de olhares, observo que ele faz movimentos circulares com a língua de forma frequente. Estaria Theo em uma experiência sensorial preenchendo toda sua cavidade bucal como uma forma de apagar sua percepção da falta ou seria resultado de um desencontro com um objeto que não atendia a suas necessidades?

Na segunda consulta, o bebê também chegou dormindo e acordou tranquilo sorrindo para mim como se reconhecesse meu tom de voz e minha sala. Ao longo da sessão com os brinquedinhos, ficou mais impaciente, a tonicidade de seu corpo era mais intensa e reclamava o olhar dos pais... fez cocô... mas os movimentos de língua já não apareciam.

Investigo com os pais se havia alguma preocupação com relação ao filho. O pai disse que não, mas a mãe com a voz trêmula e angustiada me contou que aos 20 anos foi operada do coração. Apresentava um defeito congênito, que a deixava muito cansada. Teme que Theo tenha algo parecido, mas só poderá se certificar quando ele fizer 1 ano. Quando perguntei sobre a cirurgia, ela se recordou de sua infância e disse que, quando tinha 11 anos, sua mãe se separou e foi morar com o namorado. Ela foi criada pelo pai, após uma separação litigiosa em que ele até hoje alimenta ódio e não divide o mesmo espaço com a ex-esposa. "Meu pai é muito difícil", ela confessa. Nesse momento, ela se emociona e mostra seu ressentimento de ter sido deixada pela mãe: "uma mãe não deveria ser assim com uma filha de apenas 11 anos". Pude conversar sobre a falta de um modelo de continência para as diferenças, os desconfortos, os desencontros e as frustrações, e como os gritos do Theo reatualizam suas experiências com "as bravezas" de seu pai, que tanto a assustam. Ao mesmo tempo, os desconfortos de Theo frustram o modelo de mãe idealizada que construiu para si. Digo que todas as vezes em que Theo acorda e grita forte, ele a reassegura de que tem um coração bem forte e vigoroso.

Esse diálogo com a mãe de Theo nos lembra como

> *o processo de ter um bebê requer um enorme ajustamento: novas introjeções, novas identificações por parte da mãe, não somente pela perda de sua identidade anterior e pela perda do bebê em seu interior, mas também pelo processo de digestão, de absorção do fato do nascimento, que é, a seu modo, tão chocante quanto a morte. (Alvarez, 1994, p. 142).*

Durante essa consulta, também pude assinalar as competências de Theo, desfazendo os fantasmas de que houvesse alguma patologia presente. Ela então se queixa de se sentir desamparada quando o marido viaja, dizendo que Theo sente falta do pai...

De fato, a função paterna é a de embalar[8] a dupla mãe-bebê (Barriguete *et al.*, 2004) e, na sua falta, a dupla se desmantela... Nós

8 Há, no pai, capacidades que vão facilitar a maternagem por meio das interações diretas e indiretas com seu bebê. Barriguete et al.(2004) nominou-as de capacidade de embalar e de apaziguar. Por exemplo, quando o bebê chora e a mãe está fatigada

sabemos que o pai constitui um dos polos da tríade familiar. Ele introduz a diferença nas trocas afetivas entre mãe e bebê, contextualiza e enquadra essas interações, ao mesmo tempo que representa uma separação no binômio mãe-bebê. Diferentemente do vínculo do bebê com a mãe, a ligação paterna é marcada por um ato de reconhecimento, um ato de vontade. A mãe reconhece o pai e este, por vir a ser pai, reconhecerá a criança e se associará na sua linhagem.

Em outro momento quando me contaram sobre a chegada de Theo, seu pai disse que sempre adorou crianças e já não era tão moço para ter um bebê. Intuí que havia alguma angústia de morte presente nessa declaração e, na quarta consulta, quando relatou um pouco de sua história, pude compreender. Ele é o caçula de uma prole de quatro filhos. Sua mãe teve duas gravidezes com complicações graves. Na sua adolescência, angustiou-se com a possibilidade de separação dos pais. Ele se emocionou ao se recordar que recentemente seu pai teve um derrame e suspeita-se de que ele esteja com Alzheimer. Pudemos pensar como a alegria de ser pai convivia simultaneamente com o processo de elaborar a perda de seu pai. Enquanto conversávamos sobre os fantasmas de morte do avô, Theo chorou. Nesse momento vivo, no aqui e agora da sessão, pudemos constatar como o bebê é capaz de perceber a aflição do papai e assinalar que "o papai estava bem forte para cuidar de você, Theo". Então Theo começou a balbuciar e contar suas histórias...

Esse momento ilustra como o bebê pode se tornar receptáculo das angústias parentais, como apontou Gianna Williams (1997).

---

pelas atividades do dia, não conseguindo acalmar a criança, então o pai pode intervir pegando o bebê no colo. Este fica surpreso com a diferença dos gestos e do tônus do pai e descobre um braço diferente do braço da mãe, e, por sua vez, a mãe se sente aliviada pelo conforto oferecido pelo companheiro. Essa capacidade de embalar está diretamente relacionada à flexibilidade do pai, que permitirá um novo modelo de relação com seu bebê, mas a função materna do pai não deve suplantar aquela fundamental da mãe, ao contrário, deve contribuir para sustentá-la.

Após essa consulta, os fantasmas parentais que assombravam o quarto do bebê puderam ser nomeados (Fraiberg, Adelson & Shapiro,1975). Theo passou a dormir mais durante o dia e à noite... Seu pai pôde desfazer seus fantasmas de morte, e Theo pôde viver com sua mãe o campo de ilusão ao sentir que seu pai poderia embalar esse momento inicial da dupla mãe-bebê. Sua mãe, por sua vez, desfez seus fantasmas de perder seu bebê, ampliou sua continência ficando mais em casa e oferecendo uma rotina mais constante... o que permitiu ao bebê construir a confiança[9] no objeto, pois a constância, como diz Winnicott (1990), é fundamental.

Na clínica com crianças

Pierre

Pierre tinha dificuldade para dormir até os 5 anos. Seus pais chegaram exaustos na primeira entrevista, relatando as maratonas noturnas pela casa na tentativa de conciliar o sono do pequeno.

Em uma sessão de avaliação conjunta, Pierre construiu uma vasta rede de água para abastecer uma enorme cidade. Apontei que ele estava buscando conectar redes e sentidos, às vezes, subterrâneos, fundamentais para se desenvolver.

Os pais eram bem sensíveis e sintonizados com o sofrimento emocional de Pierre e após a avaliação conjunta, Pierre iniciou sua análise. Em suas brincadeiras nas sessões, sempre aparecia algo escondido/subterrâneo impossível de encontrar. E o cenário da rede de água vinha a minha mente a todo momento.

---

9 Segundo Winnicott, "esse estágio envolve o reconhecimento, por parte do bebê, da existência contínua da mãe, não necessariamente um reconhecimento com a mente consciente. Considera, entretanto, que o 'estar só' tem sua origem no 'eu sou' e depende da consciência que o bebê possui da existência contínua de uma mãe confiável, cuja confiança faz possível ao bebê estar só e obter prazer disso por um período de tempo limitado" (Abram, 2000, p. 249-250).

Nas entrevistas mensais, procurava ampliar as relações intergeracionais ou mesmo algo das fantasias parentais transgeracionais que pudessem ampliar minhas conjecturas psicanalíticas.

Em uma dessas entrevistas, perguntei aos pais se havia algo de suas histórias de vida que não eu tinha perguntado e que eles gostariam de compartilhar.

Foi então que o pai descreveu com mais detalhes que, enquanto Pierre está brincando, a toda hora, sua esposa vai ver, ou pede a ele, para verificar se está tudo bem. A mesma situação se passa durante a noite. Ela investiga se Pierre está respirando enquanto dorme. Nas entrevistas iniciais, os pais haviam me dito que não tinham tido perdas significativas de pessoas queridas, nem de bebês anteriores ao nascimento de Pierre. Mas nessa fala, reconheço que estava presente uma angústia de morte.

Digo: você tem medo de perdê-lo? De onde vem essa preocupação de ver se ele está respirando?

Então a mãe, emocionada, relata que perdeu um irmão de mal súbito com 2 anos, e sua mãe mantém seu quarto intacto e comemora seu aniversário todos os anos. Ela chora, e seu marido a abraça.

A possibilidade de falar sobre um luto interditado permitiu que as relações com Pierre se tornassem mais fluidas e espontâneas. A nossa relação também se transformou, e uma verdadeira parceria se formou entre nós e aproximou os pais do sofrimento de Pierre e, especialmente, de seu jeito de ser.

Guilherme no processo analítico *pari passu* com o trabalho com os pais

Guilherme é um garotinho que me foi encaminhado aos 2 anos e 10 meses com um diagnóstico de transtorno do espectro autista, "embora com muitas portas abertas", disse-me sua mãe.

Quando Guilherme chegou, não falava, não interagia, não me dirigia o olhar, ficando em um estado encapsulado e isolado. Parecia que não me percebia – muitas vezes, não aceitava qualquer contribuição de minha parte.

Depois de algumas sessões conjuntas com os pais e Guilherme, iniciamos sua análise com quatro sessões semanais. Além das sessões com Guilherme, acontecia um encontro mensal com os pais no primeiro ano de análise.

O encontro com os pais implica trabalhar com as fantasias maternas e paternas, sendo essencial para que aceitem a ida da criança para a análise e colaborem com alta frequência. Nesse caso, pude contar com a colaboração familiar.

Nas primeiras sessões, ponho-me a observar e narrar para Guilherme como ele ia reencontrando as coisas que havíamos feito no dia anterior: "Você está vendo o carrinho que tem coisas dentro e você quer olhar o que tem dentro e guardar coisas dentro."

Em uma ocasião, Guilherme se dirige para sua caixa e encontra a cola. Pega o papel, passa a cola no papel, e diz: "*Aú*" (azul). Essa é uma brincadeira que também se repete nas sessões, em que, às vezes, desenhamos e colamos pedaços de papel de seda rasgados por mim e colados por ele. Ele novamente passa a cola e me pede: "*Aú*" (azul). Então, rasgo um pedaço de papel azul e lhe dou, e ele cuidadosamente o coloca sobre a cola. Em dado momento, percebo que ele desenha com a cola um carrinho. Reconheço porque em um dos encontros com o pai ele me contou que desenhavam juntos esses carrinhos. Ele me pede o papel azul e cola três pedaços de papel sobre o carro. Digo que o carro ficou azul e, com uma caneta preta, replico o carro sobre o papel azul. Ele me olha e diz: "Táxi...". "*É*", digo, "como o táxi que você pega com a mamãe e com o papai". Lembro também que estamos juntando as cores no papel: os pedacinhos do Guilherme com o papel da Cecília.

Com o desenvolvimento do trabalho analítico, em algumas sessões, Guilherme chegava chorando muito, era um choro desesperado. Ele não queria se separar de sua mãe. É comum que crianças como Guilherme, quando começam a sair de seu retraimento e percebem o outro e seu vínculo, expressem uma angústia de separação sem tamanho. A aliança terapêutica com os pais e a confiança no trabalho analítico são fundamentais para suportar esses momentos. Nesse período, ele entrava na sala muito agoniado (Winnicott, 1994a) e desmantelado (Meltzer, 1979), acompanhado de seu trem Thomas. Aos poucos, eu ia apresentando nossos brinquedos velhos conhecidos e ele começava a brincar com o trem no trilho/continente e, ainda soluçando, explorava esse cenário. E a sessão prosseguia, e o trabalho interno com as angústias de separação, tão despedaçantes, foi sendo possível.

Essas vinhetas ilustram dois momentos em que o trabalho que vinha desenvolvendo com os pais foram cruciais: quando, em um tempo sem linguagem verbal, reconheci o carrinho que Guilherme desenhou com a cola, o que permitiu uma compreensão e uma sintonia afetiva, e diante das quase intoleráveis angústias de separação, em que a confiança e a aliança estabelecida com os pais permitiram que prosseguíssemos.

Uma palavra sobre ser modelo para os pais e cuidadores

Assim como nas intervenções iniciais pais-bebê e no trabalho conjunto pais e filhos, nós, analistas, nos oferecemos como modelo para os pais e outros cuidadores, contribuindo para aproximá-los das necessidades infantis, respeitando o *timing* e a sintonia necessários, além da compreensão do sofrimento infantil. Essa experiência também se deu nos atendimentos online durante a pandemia.

Nossa atitude psicanalítica, ao observar e ao tomar em consideração movimentos, comportamentos e emoções de todos os presentes na sala de análise, sem julgamento moral e preconceitos, funciona como um modelo de mente continente que transforma a função parental.

Lara, uma menininha de 2 anos e meio com um retraimento grave, estava em análise há um ano quando a pandemia chegou. No trabalho online, por quase dois anos, contei com a ajuda dos pais e da babá para os recursos tecnológicos e a manutenção do *setting* (Silva, 2021a).

Especialmente, a babá foi uma excelente coterapeuta, mas também os pais, e foram modulando sua forma de se relacionar com Lara nos momentos mais disruptivos. Surpreendentemente, a partir das sessões online, utilizando-me como modelo, esse modo de se relacionar com Lara se amplificava durante toda semana, e Lara pouco a pouco foi evoluindo, adquirindo linguagem e estabelecendo na tela uma relação lúdica e intersubjetiva. Quando retornou ao presencial, seu olhar cintilante encontrou meus olhos e pudemos brincar no aqui e agora da sessão, compartilhando emoções e brincadeiras.

Dessa forma, nos oferecemos como modelo parental, com o qual os pais possam se identificar. Modelos com capacidade de sintonia com o bebê/a criança, acolhimento das necessidades do bebê/criança, capacidade de traduzir sentimentos e necessidades do bebê/da criança. O analista lida com o infantil que aparece nas sessões, em seu sentido mais amplo, considerando os aspectos primitivos.

É também nossa função desenvolver e fortalecer a função parental. Explicitar suas competências, narcisar os pais. Dar acolhimento e continência ao sofrimento dos pais para que as questões presentes possam ser reconhecidas por eles. Muitas vezes, os pais veem, mas não se dão conta do que estão vendo. Muitas vezes, é difícil ver sem um continente. São fundamentais as funções de continência e *rêverie* do analista. Trata-se de um estado de mente desprovido de julgamento moral, uma atitude receptiva e psicanalítica.

Considerações finais

Se pensarmos que o bebê nasce primeiro na mente do cuidador, há uma série de questões ligadas às fantasias e às expectativas parentais projetadas sobre a função parental e a subjetivação do bebê, que têm de ser tomadas em consideração. Então, toda a questão transgeracional está presente na constituição dos vínculos iniciais entre o cuidador e o bebê. Esses aspectos vão fazer parte do processo analítico, estão ligados aos sintomas da criança, e será necessário tomá-los em consideração para que se possa discriminar o que é próprio da criança e o que é um mandato transgeracional e, portanto, parte de sua herança psíquica (Silva, 2023).

Toda a questão da herança psíquica e dos objetos frutos das identificações mórbidas (Silva, 2007), unidos à influência ou ao lugar do ambiente na constituição do psiquismo, remete-nos à metapsicologia da presença: um campo a ser investigado e a ser considerado no processo psicanalítico de crianças e de adultos.

Outro aspecto importante que nossa experiência clínica mostra é que se não tivermos o mínimo de convivência com a família e se a família não tiver um mínimo de confiança no trabalho do analista, a adesão ao trabalho analítico será muito difícil, pois além de serem tratamentos longos, estamos sujeitos ao aparecimento frequente de fantasias, por parte especialmente das mães, de que a analista seria uma bruxa que vem roubar seu filho ou seria uma melhor mãe/pai do que eles mesmos.

Nosso trabalho psicanalítico com pais está norteado pelas ideias de que, para os bebês se desenvolverem de forma saudável, é importante que os pais sejam capazes de: "gerar amor, manter a esperança, conter a dor depressiva e promover o pensar" (Harris & Meltzer, 1990, p. 36). Também são levadas em conta as recomendações de Di Loreto (1997), que dizia que os bebês necessitam de cuidadores que exerçam as funções materna e paterna. Alguém que cuide com prazer e disponibilidade – função materna, o que permitirá a construção da confiança e da crença no encontro de um objeto que a compreenda; e alguém que coloque limite de forma firme e sólida – função paterna, o que favorecerá o processo de separação, individuação e simbolização. Se for mais de um cuidador, é fundamental que haja uma sintonia e parceria entre eles, um vínculo cooperativo, para que sejam capazes de conter os ataques dissociantes e incestuosos que venham a eclodir durante o crescimento. Na construção desse vínculo cooperativo, os cuidadores também devem transmitir às crianças valores éticos em relação à realidade e à verdade em que vivem (Silva, 2014).

Nosso trabalho será, então, o de despertar nos pais a capacidade de observar seu filho em suas competências e dificuldades e a cada momento de seu desenvolvimento, assim como desenvolver e/ou ampliar a flexibilidade e a maleabilidade psíquica dos pais, para que eles possam tolerar as intempéries do processo analítico e serem capazes de acolher as limitações e as transformações da criança.

Referências

Abram, J. (2000). *A linguagem de Winnicott*. Thieme Revinter.

Alvarez, A. (1994). *Companhia viva*. Artes Médicas, 1994.

André-Fustier, F., & Aubertel, F. (1998). A transmissão psíquica familiar. In A. Eiguer. *A transmissão psíquica entre gerações*. Unimarco.

Anzieu, D. (1986). Cadre psychanalytique et enveloppes psychiques. *Journal de la Psychanalyse de l'Enfant*, (2), 12-24.

Aragão, R. O., & Zornig, S. A. (2009). Clínica da relação pais/bebê: novos paradigmas para a psicanálise? *Pulsional Revista de Psicanálise*, *22*(4).

Bailey, J. M., Bobrow, D., Wolfe, M., & Mikach, S. (1995). Sexual orientation of adult sons of gay father. *Developmental Psychology*, *31*(1), 124-129.

Baranger, W., & Baranger, M. (1962). La situación analítica como campo dinámico. *Revista Uruguaya de Psicoanálisis.*, *4*(1), 3-54.

Barriguete, J. A., Lebovici, S., Salinas, L., Moro, M. R., Solís-Ponton, L., Botbol, M., ..., & Córdova, A. (2004). A função do pai: na consulta terapêutica pais-bebês e no tratamento do transtorno alimentar na criança. In L. Solis-Ponton (Org.), *Ser pai, ser mãe: parentalidade – um desafio para o terceiro milênio* (M. C. Pereira da Silva, revisão técnica da tradução). Casa do Psicólogo.

Bick, E. (1964). Notes on infant observation in psycho-analytic training. *International Journal of Psychoanalysis*, 45, 558-566.

Bick, E. (1967). Notas sobre la observación de lactantes en la enseñanza del psicoanálisis. *Revista de Psicoanálisis, 24*(1), 97-115.

Bick, E. (1968). The experience of skin in early object relations. *International Journal of Psychoanalysis*, (49), p. 484-86.

Bick, E. (1986). Further considerations on the function of the skin in early object relations: findings from infant observation integrated into child and adult analysis. *British Journal of Psychotherapy*, 2(4), 292-9.

Bion, W. R. (1962). *Learning from experience*. W. Heinemann.

Bion, W. R. (1967). *Second thoughts papers on psycho-analysis*. W. Heinemann.

Bion, W. R. (1967/1969). Notes on memory and desire, Psychoanalytic Forum, 2(3). *Revista de Psicoanálisis, 26*, 679-92.

Bion, W. R. (1970/1973). *Atenção e interpretação*. Rio de Janeiro: Imago.

Bion, W. R. (1962b/1990). Una teoría del pensamiento. *Volviendo a pensar* (p. 151-164). Ediciones Horme S.A.E.

Bion, W. R. (1991a). *Aprendiendo de la experiencia*. Paidos.

Bion, W. R. (1991b). *As transformações: a mudança do aprender para o crescer*. Imago.

Bydlowski, M. (1997). *La dette de vie, itinéraire psychanalytique de la maternité* (Coll. "Le Fil rouge"). Presses Universitaires de France.

Chauí, M. (1984). *Repressão sexual: essa nossa (des)conhecida*. Brasiliense.

Ciccone, A. (1998). A superposição imagoica e a fantasia de transmissão. In A. Eiguer, *A transmissão psíquica entre gerações*. Unimarco.

Costa, R. P. (1994). *Os onze sexos: as múltiplas faces da sexualidade humana*. Gente.

Devereux, G. (1970). *Essais d'ethnopsychanalyse générale*. Gallimard.

Devereux, G. (1972). *Ethnopsychanalyse complémentariste*. Flammarion.

Di Loreto, O. D. M. (1997). Da adoção (e dos erros do pensar) ou dos erros do pensar (e da adoção). *Psicologia em Estudo*, 2(2), 14-6.

Dunne, G. A. (1999). *The different dimensions of gay fatherhood*. Report to the Economic and Social Research Council, London School of Economics.

Eiguer, A. (1998). A parte maldita da herança. In A. Eiguer, *A transmissão psíquica entre gerações*. Unimarco.

Figueira, S. A. (1986). *Uma nova família? O moderno e o arcaico na família de classe média brasileira*. Jorge Zahar.

Fraiberg, S., Adelson, E., & Shapiro, V. (1975). Ghost in the nursery. *Journal of the American Academy of Child & Adolescent Psychiatry*, (14), 387-421.

Freud, S. (1897/1976). Análise de uma fobia em um menino de cinco anos. *Edição standard brasileira das obras psicológicas completas de Sigmund Freud* (v. X, p. 13-154). Imago.

Freud, S. (1913/1996). Totem e tabu. *Edição standard brasileira das obras psicológicas completas de Sigmund Freud* (v. XIII). Imago.

Freud, S. (1914/1976). Introdução ao narcisismo. *Edição standard brasileira das obras psicológicas completas de Sigmund Freud* (v. XIII). Imago.

Freud, S. (1921/1996). Psicologia coletiva e análise do ego. *Edição standard brasileira das obras psicológicas completas de Sigmund Freud* (v. XVIII). Imago.

Freud, S. (1924/1996). Neurose e psicose. *Edição standard brasileira das obras psicológicas completas de Sigmund Freud* (v. XIX). Imago.

Freud, S. (1976). Recordar, repetir e elaborar. *Obras completas* (v. XII). Imago, 1976.

Gaffiot, F. (1934). *Dictionnaire Illustré Latin Français*. Librairie Hachette.

Golse, B. (2004). O que nós aprendemos com os bebês? Observações sobre as novas configurações familiares. In L. Solis-Ponton (Org.), *Ser pai, ser mãe: parentalidade: um desafio para o terceiro milênio.* Casa do Psicólogo.

Golse, B. (2006). Conferência realizada no encontro *Intervenções Terapêuticas Precoces com Bebês: modelos, promessas, limites*. Infans, São Paulo.

Green, A. (1988). O trabalho do negativo. *IDE*, (16), p. 24-8.

Grimal, P. (1988). *Dictionnaire de la Mythologie Grecque et Romaine.* (9ème éd.). Presses Universitaires de France.

Harris, M., & Meltzer, D. (1990). *Familia y comunidad. Modelo Harris–Meltzer*. Spatia Editorial.

Houzel, D. (2004). As implicações da parentalidade. In L. Solis-Ponton (Org.), *Ser pai, ser mãe: parentalidade – um desafio para o terceiro milênio* (M. C. P. da Silva, revisão técnica da tradução). Casa do Psicólogo.

Kaës, R. (1986). Objets et processus de la transmission. In J. Guyotat, & P. Fédida, *Généalogie et transmission* (p. 15-24). Écho-Centurion.

Klein, M. (1946/1978). Notas sobre alguns mecanismos esquizoides. In M. Klein, P. Heimann, S. Isaacs, & J. Riviere. *Os progressos da psicanálise*. Zahar.

Kristeva, J. (1993). *Les nouvelles maladies de l'âme*. Éditions Fayard, Librairie Arthème Fayard.

Lebovici, S. (1986). À propos des consultations thérapeutiques. *Journal de la Psychanalyse de L'Enfant*, (3), 135-152.

Lebovici, S. (1991). Des psychanalystes pratiquent des psychothérapies bébés-parents. *La Revue Française de Psychanalyse,* (56), 733-857.

Lebovici, S. (1993a). On intergenerational transmission: from filiation to affiliation. *Infant Mental Health Journal, 14*(4), 260-272.

Lebovici, S. (1993b). Consulta terapeutica madre-lactante. *Revista de la Asociación Psicoanalítica de Buenos Aires (APdeBA), XV*(1), 125-146.

Lebovici, S. (1993c). On intergenerational transmission: from filiation to affiliation. *Infant Mental Health Journal, 14*(4), 260-272.

Lebovici, S., & Stoleru, S. (1983). *La mère, le nourrisson et le psychanalyste, les interactions prècoces.* Le Centurión.

Lebovici, S., & Weil-Halpern, F. (1989). *La psychopathologie du bébé.* Presses Universitaires de France.

Lebovici, S., Barriguete, A., Salinas, J., Mazet, P., & Maldonado, J. M. (1998). La consulta terapéutica en algunas alteraciones de alimentación del lactante. In T. L. Becerra, J. M. Madonado-Durán, & H. A. Rosas. *La alimentación en la primera infancia y sus efectos en el desarrollo* (p. 392-405). Plaza y Valdes Editores.

Lebovici, S., Mazet, P. H., & Visier, J. P. (Orgs.). (1989). *L'evaluation des interations precoces entre le bebe et se partenaires.* Eshel.

Levinzon, G. L. (2014). *Tornando-se pais – a adoção em todos os seus passos* (p. 45). Casa do Psicólogo.

Lisondo, A. D., & Ungar, V. (2002). *Permanencias y cambios en el método de observación de bebés de Esther Bick.* Trabalho apresentado no Congresso da FEPAL.

Lobo, R. (2003). *A ética de Fernandinho Beira Mar.* Trabalho apresentado na reunião científica da SBPSP em São Paulo.

Louro, G. L. (1997). *Gênero, sexualidade e educação: uma perspectiva pós-estruturalista.* São Paulo: Vozes.

Manzano, J., Palacio Espasa, F., & Zilkha, N. (2001). Os roteiros narcísicos dos pais. *Livro anual de psicanálise* (tomo XV, p. 34-47). Escuta.

Mattei, J.-F. (2004). Pais e filiação. A presença das questões éticas. In L. Solis-Ponton (Org.), *Ser pai, ser mãe: parentalidade – um desafio para o terceiro milênio* (M. C. P. da Silva, Revisão técnica da tradução). Casa do Psicólogo.

Mazet, P., & Stoleru, S. (1993). *Psychopathologie du nourrison et du jeune enfant* (2. ed.). Paris: Masson.

Mélega, M. P. (1998). Intervenções terapêuticas conjuntas pais-filhos. *Alter – Jornal de Estudos Psicanalíticos, XVII*(2).

Meltzer, D. (1979). La psicología de los estados autistas y de la mentalidad postautista. In D. Meltzer, J. Bremner, S. Hoxter, D. Weddell & I. Wittenberg, *Exploración del autismo: un estudio psicoanalítico* (p. 21-39). Paidós.

Meltzer, D. (1975/1986). Identificação adesiva. *Jornal de Psicanálise,* 19(38).

Meltzer, D. (1992/1994). *Claustrum: una investigación sobre los fenómenos claustrofóbicos.* Spatia Editorial.

Mendes de Almeida, M. (1999). *Transicionalidade numa consulta terapêutica filmada: uma re-criação a partir do olhar do observador.* Trabalho desenvolvido durante o Curso da 3ª Geracão de Diplomados a Distância em Psicopatologia do Bebê, na Universidade Paris XIII.

Mendes de Almeida, M., Marconato, M., & Silva, M. C. P. (2004). Redes de sentido: evidência viva na intervenção precoce com pais e crianças. *Revista Brasileira de Psicanálise, 38*(3), 637-648.

Moro, M. R. (1995). Le fundaments théoriques de l'ethnopsyquiatrie parents-enfant. *Parents en exil* (p. 47-94). Presses Universitaires de France.

Moro, M. R. (1998). *Psycotherapies transculturelle des enfants et des adolescentes.* Dunod.

Moro, M. R. (2005). Os ingredientes da parentalidade. *Revista Latinoamericana de Psicopatologia Fundamental, 8*(2), 258-273.

Moro, M. R. (2015). Psicoterapia transcultural da migração. *Psicologia USP, 26*(2), 186-192.

Moro, M. R., & Barriguete, A. (1998). Aspectos transculturales de la alimentación del lactante. In T. L. Becerra, M. Maldonado-Durán, & A. Rosas (Coords.). *La alimentación en la primera infancia y sus efectos en el desarrollo* (p. 337-362). Plaza y Valdes Editores.

Moya, J. (2019). *Sobre a cultura boliviana.* Palestra proferida, no dia 5 de fevereiro de 2019, no Centro de Atendimento Psicanalítico da SBPSP.

Ogden, T. H. (2013). Ogden lendo Suzan Isaacs: para uma revisão radical da teoria do pensar. *Livro Anual de Psicanálise, XXVII*(2), 85-100.

Oliveira, R. M. (2002). *Campo de ação das identificações na constituição da homossexualidade masculina.* Tese de doutorado, Universidade de Brasília, Brasília.

Prat, R. (1992). O diálogo das emoções. *Jornal de Psicanálise, 25*(48), 129-159.

Roussillon, R. (1988). Le médium malléable, la représentation de la représentation et la pulsion d'emprise. *Revue Belge de Psychanalyse, 13*, p. 71-87.

Roussillon, R. (2015). Para introduzir o trabalho sobre a simbolização primária. *RBP, 49*(1), 33-46.

Safra, G. (1999). *A face estética do self*: teoria e clínica (p. 168). Unimarco.

Salinas, J. L., Pérez, P., Viniegra, L., & Barriguete, J. A. (1992). Modelo psicodinámico sistémico de evaluación familiar. *Revista de Investigación Clínica, 44*(2), 169-188.

Santos, C. (2004). *A parentalidade em famílias homossexuais com filhos: um estudo fenomenológico da vivência de gays e lésbicas*. Tese de Doutorado, Faculdade de Filosofia, Ciências e Letras de Ribeirão Preto da Universidade de São Paulo.

Scott, J. (1995). Gênero: uma categoria útil de análise histórica. *Educação e Realidade, 20*(2), 71-99.

Shuttleworth, J. (1997). Psychoanalytic theory and infant development. In Miller, L. (Ed.). *Closely observed infants* (p. 22-51). British Library.

Silva, M. C. P. (1999b). Introjeção da função analítica: um esboço a partir da clínica. *Revista Brasileira de Psicanálise, 33*(2).

Silva, M. C. P. (2002a). *A herança psíquica na Clínica psicanalítica*. Tese de Doutorado em Psicologia Clínica na área de Psicanálise, Pontifícia Universidade Católica de São Paulo, São Paulo).

Silva, M. C. P. (2002b). Um self sem berço. Relato de uma intervenção precoce na relação pais-bebê. *Revista Brasileira de Psicanálise, 36*(3), 541-565.

Silva, M. C. P. (2007). *Identificação mórbida: comunicação transgeracional traumatizante. Revista da SPPA, XIV*(1), 137-165.

Silva, M. C. P. (2008). *Follow up de uma intervenção precoce: o fortalecimento da função parental*. Trabalho apresentado no VII Encontro Nacional sobre o Bebê. Rio de Janeiro.

Silva, M. C. P. (2009). *A construção da parentalidade em mães adolescentes com vistas à prevenção de transtornos de desenvolvimento.*

Pesquisa de pós-doutorado. Programa de Estudos pós-graduados em Psicologia Clínica. Núcleo de Psicanálise.

Silva, M. C. P. (2010). A depressão transmitida através da relação de dependência revertida na díade mãe-bebê. *Percurso, 44*, 125-132.

Silva, M. C. P. (2013). Embalando a relação pais-bebê – oferecendo continência às fantasias parentais. *Berggasse 19 – Revista da SBPRP, IV*, 83-100.

Silva, M. C. P. (2014). *A construção da parentalidade em mães adolescentes – um modelo de intervenção e prevenção*. Escuta.

Silva, M. C. P. (2017). A caixa lúdica do analista: uma reflexão sobre mudanças na teoria da técnica. *RBP, 51*(4), 71-88.

Silva, M. C. P. (2021a). Como tirar proveito de um mau negócio: controvérsias sobre os laços on-line. *Berggasse 19*, 11(2).

Silva, M. C. P. (2021b). Psicoterapia psicodinâmica na infância e na adolescência. In E. C. Miguel, B. Lafer, H. Elkis, & O. V. Forlenza (Orgs.), *Clínica psiquiátrica* (2a ed.). Manole.

Silva, M. C. P. (2023). *A herança psíquica na clínica psicanalítica* (2a ed.). Blucher.

Silva, M. C. P., & Azevedo, A. M. A. (2007). Sobre homoparentalidade. In E. Rotenberg, & B. Agrest. *Homoparentalidads*.

Silva, M. C. P., & Batistelli, F. M. V. (2017). Aurora e o processo de parentalização. *Jornal de Psicanálise, 50*(92), 209-224.

Silva, M. C. P., & Callia, M. M. M. (2011). ¿Qué es lo que hay ahí dentro? Relato de una intervención precoz. *Psicoanálisis, XXIII*, 45-54.

Silva, M. C. P., & Mendes de Almeida, M. (Orgs.). (2019). Infância, vínculos e diversidade profissional: espaços para interlocução. Blucher.

Silva, M. C. P., Callia, M. M. M., & Almeida, M. M. (2011). Infantis em psicanálise: o pequeno Hans e os primórdios da intervenção nas relações iniciais pais-bebê/criança. In *Trieb* (Sociedade Brasileira de Psicanálise do Rio de Janeiro). Nova Série (Vol. X (1 e 2), pp. 101-112). Imprima Express.

Silva, M. C. P., Serber, D., Mizne GR., Nogueira, M. T. F., & Vendramim, P. (2007). O impacto emocional da observação de bebê no observador e na relação mãe-bebê. *Percurso – Revista de Psicanálise*, (39), 69-80.

Silveira, M. M., Bechelli, I. A. B., Botelho B., Campos, M. L. F. S., Dittmers D. B., & Nakagawa, P. Y. (2000). Aplicação da psicanálise em saúde pública: sistematização de um serviço preventivo no desenvolvimento do bebê. Trabalho apresentado no *XXXI Congresso Brasileiro de Pediatria*. Fortaleza, CE.

Solis-Ponton, L. (Org.). (2002). *La parentalité – Défi pour le troisième millénaire – un hommage international à Serge Lebovici*. Presses Universitaires de France.

Solis-Ponton, L. (Org.). (2004). *Ser pai, ser mãe: parentalidade – um desafio para o terceiro milênio* (M. C. P. da Silva, revisão técnica da tradução). Casa do Psicólogo.

Ungar, V. (2000). Actitud analítica: transmisíon y interpretacíon. Trabalho apresentado no *Simpósio Interno da APdeBA*.

Ungar, V. (2015). O ofício de analista e sua caixa de ferramentas: a interpretação revisitada. *RBP*, *49*(1), 15-32.

Williams, G. (1990). Observação de bebê: sua influência na formação de terapeutas e profissionais que trabalham com educação e saúde mental. In *Publicações,* ano I, 2. Publicado pelo Centro de Estudos das Relações Mãe-Bebê-Família – SP.

Williams, G. (1997). O bebê como receptáculo das projeções maternas. In M. B. Lacroix, & M. Monmayrant (Orgs.). *Os laços do encantamento: a observação de bebês segundo Esther Bick e suas aplicações* (p. 105-112). Artes Médicas.

Winnicott, D. W. (1960). The theory of the parent-infant relationship. *International Journal of Psychology and Psychoanalysis*, (41), 585-95.

Winnicott, D. W. (1971). *Therapeutic consultations in child psychiatry*. Hogarth Press and the Institute of Psychoanalysis; Basic Books.

Winnicott, D. W. (1967b/1975). A localização da experiência cultural. In *O brincar e a realidade*. Imago.

Winnicott, D. W. (1982). Pormenores da alimentação do bebê pela mãe. *A criança e seu mundo* (p. 54). LTC.

Winnicott, D. W. (1984). *Consultas terapêuticas em psiquiatria infantil*. Imago.

Winnicott, D. W. (1988). *Textos selecionados: da pediatria à psicanálise*. Francisco Alves.

Winnicott, D. W. (1990). Teoria do relacionamento paterno-infantil. In *O ambiente e os processos de maturação: estudos sobre a teoria do desenvolvimento emocional* (p. 38-54). Artes Médicas.

Winnicott, D. W. (1993a). Consultas do departamento infantil. In *Textos selecionados. Da pediatria à psicanálise* (4a ed., p. 165-85). Francisco Alves.

Winnicott, D. W. (1993b). *A família e o desenvolvimento individual*. Imago.

Winnicott, D. W. (1963/1994a). Medo do colapso. In C. Winnicott, R. Shepherd, & M. Davis. *Explorações psicanalíticas* (p. 70-76). Artes Médicas.

Winnicott, D. W. (1994b). O valor da consulta terapêutica. In C. Winnicott, R. Shepherd, & M. Davis. *Explorações psicanalíticas* (p. 244-248). Artes Médicas.

Bibliografia consultada

Faimberg, H. (1985). El telescopaje de generaciones: la genealogía de ciertas identificaciones. *Revista de Psicoanálisis, 42*(5).

Fraiberg, S. (1980). *Clinical studies in infant mental health the first year of life*. Basic Books.

Freud, S. (1894/1996). Neuropsicoses de defesa. *Edição standard brasileira das obras psicológicas completas de Sigmund Freud* (v. III). Imago.

Freud, S. (1910/1996). As perspectivas futuras da terapêutica psicanalítica. *Edição standard brasileira das obras psicológicas completas de Sigmund Freud* (v. XI). Rio de Janeiro: Imago.

Guyotat, J., & Fedida, P. (1986). *Généalogie et transmission*. Écho-Centurion.

Kaës, R. (1989). Le pacte dégéneratif dans les ensembles transsubjectifs. In A. Missenard, G. Rosolato, J. Guillaumin, J. Kristeva, Y. Gutierrez, J.-J. Baranes, R. Kaës, R. Roussillon, & R. Moury., *Le négatif – figures et modalités* (pp. 101-136). Dunod.

Kaës, R. *et al.* (1993). *Transmission de la vie psyque entre générations*. Dunod.

Kaës, R. *et al.* (2001). Introdução ao conceito de transmissão psíquica no pensamento de Freud. In R. Kaës *et al. Transmissão da vida psíquica entre gerações* (p. 27-69). Casa do Psicólogo.

Kancyper, L. (1997). *La confrontation generacional*. Paidós.

Kreisler, L., & Cramer, B. (1981). Sur les bases cliniques de la psychiatrie du nourrisson. *Psichiatrie de l'Enfant*, *24*(1), 223-263.

Mazet, P., Conquy, L., Laoch, J. et al. (1990). Bébés et mères déprimées. *Devenir*, *4*, 71-80.

Mendes de Almeida, M. (2007). Transicionalidade numa consulta terapêutica filmada: resgatando a capacidade de dormir e sonhar – Intervençã o precoce no vínculo pais-bebê sob o víde(o)lhar do observador. In M. F. Afrânio (Org.), *Espaço potencial Winnicott – Diversidade e Interlocuçã o* (p. 191-201). Landy.

Moro, M. R. (1994). Interation parent-enfant n'a pas du Dehors. *Devenir*, *6*(2), 45-62.

Palacio Espasa, F., & Manzano, J. (1988). Problématique psychique et interactions parents-bébé lors des interventions thérapeutiques. In B. Cramer (Org.), *Psychiatrie du bébé – nouvelles frontieres* (p. 71-83). Eshel.

Roudinesco, E. (2002). *A família em desordem*. Jorge Zahar.

Silva, M. C. P. (1995). *A relação de dependência revertida na díade mãe-bebê*. Trabalho apresentando no XV Congresso Brasileiro de Psicanálise, Recife.

Silva, M. C. P. (1997). *La question d'introjection d'objet analytique: une esquisse a partir de la clinique*. Trabalho apresentado no 4º Colóquio Franco-Mexicano, Universidade de Verão de Paris e Associação Franco-Mexicano Mental.

Silva, M. C. P. (1999a). Maria Clara: o sintoma a serviço da sobrevivência psíquica da família, trabalho apresentado no Simpósio *O viver criativo com o olhar de D. W. Winnicott* promovido pelo Instituto de Psicologia da USP.

Sindzingre, N. (1989). La notion de transfert de représentations: l'exemple des aspects culturels de l'infortune. *Anthologie Medica*, 5-6.

Solis-Ponton, L., & Moro, M. R. (2004). Mulheres, mães e filhas. O papel da terapeuta mulher na consulta mãe-bebê. In L. Solis-Ponton, *Ser pai, ser mãe – parentalidade: um desafio para o terceiro milênio* (p. 67-76). Casa do Psicólogo.

Stern, D. (1992). *O mundo emocional do bebê*. Artes Médicas.

Stern, D. (1997). *A constelaçã o da maternidade: o panorama da psicoterapia pais/bebê* (p. 69). Artes Médicas.

Tisseron, S., Hachet, P., Nachin, C., Rand, N., Rouchy, J.-Cl., & Torok, M. (1995). *Le psychisme à l'épreuve des générations – la clinique du fantôme*. Dunod.

Winnicott, D. W. (1983). *O ambiente e os processos de maturação: estudos sobre a teoria do desenvolvimento emocional*. Artes Médicas.

Posfácio

Depois de colher os frutos da leitura deste livro, cujo tema me encanta e desafia, escrever o posfácio para ele é um presente e uma responsabilidade.

A experiência me toca de maneira especial: primeiramente, por ser um livro de Maria Cecília; nossos interesses e preocupações, os dela e os meus, a respeito dos encontros e desencontros na construção da parentalidade se avizinham. Sem falar na minha gratidão por ter sido nutrida por suas inspirações e contribuições a respeito da temática.

Parte deste trabalho, sua pesquisa de pós-doutorado, foi desenvolvida no mesmo lugar onde me dediquei a outra pesquisa, em um momento anterior, e que me trouxe frutos, fertilizando o caminho dos meus interesses e indagações. O que continua a me instigar.

A obra nos convida a fazer um atravessamento pelo tema central, o que se configura em um enorme campo, mas acresce-se aí, aos ingredientes da construção da parentalidade, a particularidade de ela acontecer paralelamente ao adolescer, ou à adoção (real e/ou psíquica, como a própria autora nos lembra) ou ao desenraizamento da terra materna. Bem como todos os assuntos satélites – sem que isso lhes tire qualquer brilho – que circundam todo o livro e servem como iluminação para pensarmos a importância deste trabalho.

Após essa travessia, a impressão é que Cecília faz uma espécie de cartografia da construção da parentalidade, começando pelo estudo do ir se tornando mãe e pai, e ir adolescendo ao mesmo tempo, passando pelo mapa dessa construção nas mais diversas populações, ou "regiões geográficas". Para percorrer esse trajeto, usa vários dispositivos retroalimentadores do terreno: consultas terapêuticas, intervenções na relação pais-bebês, conversas com equipes, observação de bebês, intervenções na clínica transcultural, a entrada dos pais nas cenas das análises das crianças, entre outros.

Na contribuição de sua pesquisa com meninas-mães, ou mães-meninas, vemos a autora passear de maneira bastante continente, ao mesmo tempo sem desviar do que precisa ser dito ou suportado. Isso requer uma imensa capacidade de pegar nas mãos e, com seriedade, fazer o que é preciso ser feito. Como vimos também acontecer nas várias cenas ao longo do trabalho.

Vivemos, junto com a autora, a enorme responsabilidade e a premência ética que ela tem nas mãos, uma vez que muitas dessas meninas-mães tiveram experiências iniciais com seus objetos cuidadores que não as ajudaram a ter uma experiência consistente e confiável para a introjeção de um objeto interno capaz de cuidar bem.

Que desafio ter uma criança quando ainda se é criança, ou se está lutando e está em curso a perda da infância! Há um atropelo no itinerário e no ritmo necessário, e que não deixa de ter reverberações.

A vinda de um filho nesses primeiros tempos frequentemente é vivida como uma ruptura de ritmo. Este que é tão precioso no início da vida de um bebê, na relação com seus cuidadores, para ser tecida uma rede de confiança e consistência interna. Consequentemente, deve haver um paulatino realinhamento das identidades dos pais, uma vez que vivências de perdas são frequentemente sentidas, mesmo quando a parentalidade é experimentada em outros contextos.

Desse modo, não é exclusividade da adolescência a expressão de dificuldades nessa seara, e o modelo que vemos dissecado de maneira didática nos serve para toda a população daqueles que vão se tornando pais e vivem desencontros mais ou menos severos com seus filhos. O bebê e a criança pequena expressam esses descompassos da forma como são capazes. Evidentemente, não se tira a atenção da especificidade das dificuldades descritas quando se desdobram na adolescência.

A vinda de um filho no horizonte parental pode trazer uma espécie de "tsunami" emocional, e os impactos decorrentes precisam ser vividos, os sofrimentos acolhidos e autorizados, para pouco a pouco serem transformados numa experiência que poderá ser representada de maneira mais fértil. Isso já acontece quando os bebês são recebidos em famílias que planejaram suas vindas, imaginem quando há inúmeros conflitos nessa travessia, como foram exemplificados nas variadas situações ao longo da obra.

Presenciamos emergir, em cenas vivas, a importância e o enorme potencial da construção de um modelo de intervenção e prevenção que, ao mesmo tempo, acolhe e dá a mão a esses pais, e auxilia a tecer os fios de um modelo de sustentação interna. Isso é desenhado de maneira sutil, e eles vão sendo auxiliados a se darem conta e a se apropriarem da assertiva de que tais delicadezas portam verdadeiras preciosidades!

Os pais estão sedentos por uma ajuda externa de um objeto capaz de contribuir para mudar uma situação psiquicamente desorganizadora. Isso vai podendo tingir de outras nuances as relações pais-filhos e promover transformações fundamentais rumo a outro destino para aquelas pessoas e famílias.

Para além da dimensão de orientação das equipes, as conversas representam uma enorme contribuição para os profissionais diretamente envolvidos no atendimento a essas pessoas, que frequentemente ficam inundados por angústias que transbordam o campo. E possivelmente reverberam nos atendimentos que prestam e se enlaçam em suas vidas particulares.

Torna-se indiscutível a relevância da escuta e da construção de dispositivos, nos quais se possa oferecer continência e atenção às vivências dos profissionais que trabalham com a população atendida, bem como das competências que o emprego desses recursos pode ajudar a desaguar em um trabalho conjunto promissor, reverberando numa melhor assistência a todos, inclusive impactando positivamente os próprios profissionais.

Nossa autora nos oferece, de maneira didática, um modelo de como fazer, como ela fez, como ela faz e inspira cada um de nós a nutrir, ao seu próprio modo, o modelo por ela oferecido, construindo sua própria possibilidade de "ser pai e mãe" das intervenções necessárias para se prevenir os agravos de situações que podem seguir sem cuidados, como infelizmente sabemos.

Não se pode deixar de falar que, além de usar suas próprias referências bibliográficas, fruto de sua trajetória, Cecília é permanentemente iluminada pela sua conversa com inúmeros teóricos que foram e continuam vitais para o enriquecimento desse campo de estudos, e aí também temos um bom norte para quem se interessa pelo estudo aprofundado e discussões decorrentes.

A ideia transmitida ao longo do percurso, de forma reiterada e que combina com o que penso, é que há uma enorme responsabilidade ética no trabalho balizado por uma psicanálise contemporânea, contida no que vimos desfilar na nossa frente ao longo da leitura. Penso que isso exige observação e cuidado permanente de quem se aventura nessas águas.

Um representante da importância de se observar detidamente as questões das subjetivações está contido nesse recorte trazido de Júlia

Kristeva (1993): "subjetividade amputada onde a experiência cotidiana parece demonstrar uma redução espetacular da vida interior. Não temos nem tempo nem o espaço necessário para construirmos nossa alma" (pp. 15-6).

Penso que se torna premente nos oferecermos contra a maré dessa atual tendência imperiosa de desnutrição das nossas almas. E a psicanálise e o trabalho delicado de intervenção nas relações iniciais, e da construção da parentalidade, são uma semente fundamental para servir como um movimento contracorrente.

A cartografia contida nessas páginas, o modelo de intervenção na construção da parentalidade e sua potência preventiva se configuram como um recurso potente e esperançoso, sem negligenciar de maneira nenhuma as dificuldades que se pode enfrentar nesse caminho e a importância dos seguimentos dessas famílias após algum tempo. Para fazer frente aos silêncios traumatizantes de que somos testemunhas na aventura da escuta e para acolher as angústias no terreno da parentalidade e subjetivação do pequeno ser. Presente e futuro da humanidade!

Cristiane da Silva Geraldo Folino

Psicanalista e docente do curso Relação pais-bebê: da observação à intervenção no Instituto Sedes Sapientiae. Mestre e doutora pelo Instituto de Psicologia da Universidade de São Paulo. Membro filiado do Instituto Durval Marcondes e da Clínica de 0 a 3, da Sociedade Brasileira de Psicanálise de São Paulo. Membro do Núcleo de Saúde Mental e do Núcleo de Depressão entre Crianças e Adolescentes da Sociedade de Pediatria de São Paulo.

GRÁFICA PAYM
Tel. [11] 4392-3344
paym@graficapaym.com.br